페린덴스는 인도에 있는 나무이다. 비둘기는 그 나무의 열매를 좋아해 페린덴스 나무에 산다. 용은 비둘기의 천적이지만, 페린데스 나무의 그림자조차 무서워해서 접근하지 못한다. 용은 나무 그림자가 서쪽으로 지면 동쪽으로 달아나고, 동쪽으로 지면 서쪽으로 달아난다. 하지만 용은 비둘기가 나무 그늘을 벗어나면 잡아서 죽인다. (247쪽)

사자는 자신에게 굴복한 자를 용서해주며, 자신과 싸우다 포로가 된 자들을 집으로 돌려보낸다. 그리고 사자는 수탉, 특히 하얀 수탉을 두려워한다. (36-37쪽)

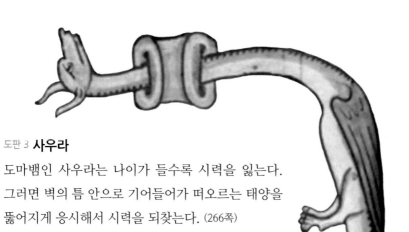

도판 3 **사우라**

도마뱀인 사우라는 나이가 들수록 시력을 잃는다. 그러면 벽의 틈 안으로 기어들어가 떠오르는 태양을 뚫어지게 응시해서 시력을 되찾는다. (266쪽)

도판 4 **유대인 모자를 쓰고 사람을 잡아먹는 만티코라**

사람의 얼굴에 붉은 피부를 가진 만티코라는 사람고기라면 사족을 못 쓴다. (73쪽)

도판 5 **유니콘**

처녀인 소녀를 유니콘이 사는 곳으로 데리고 가서 숲속에 홀로 남겨두면 유니콘이 무릎으로 뛰어들어 잠이 든다. 그러면 유니콘을 잡을 수 있다. (47쪽)

도판 6 **그리핀**

그리핀은 몸통은 사자와 같고, 날개와 얼굴은 독수리를 닮았다. 인간만 보면 갈기갈기 찢어서 죽이려고 달려든다. (50쪽)

도판 7 **모노케로스**

모노케로스는 소름 끼치는 울음 소리를 내는 괴물이다. 이마 한 가운데에 커다란 뿔이 솟아 있는데, 매우 날카로워 한 번의 공격만으로도 뭐든 뚫을 수 있다. (67쪽)

도판 8 **세이렌과 오노켄타우로스**

세이렌은 허리까지는 인간의 모습이고, 그 아래는 새의 모습이다. 오노켄타우루스는 허리까지는 인간의 모습이고, 그 아래는 나귀이다. (117쪽, 212쪽)

도판 9 **바실리스크**

바실리스크는 '기어다니는 것들의 왕'으로, 단지 바라보는 것만으로도 사람을 죽일 수 있다. 하지만 바실리스크는 족제비한테 진다. (252쪽)

도판 10 **용과 코끼리**

용의 힘은 이빨이 아니라 꼬리에 있다. 용은 꼬리로 휘감아 상대를 죽이기 때문에 독이 필요없다. 거대한 코끼리도 용한테서 벗어나지 못한다. (250쪽)

도판 11 **본나콘**

본나콘은 이마의 뿔이 아니라 내장으로 자신을 지킨다. 본나콘은 추격자들을 피해 똥을 싸며 달아나는데, 그 똥은 너무 뜨거워서 닿는 것마다 타버릴 정도이다. (59쪽)

도판 12 **불사조**

불사조는 500살이 되면 향나무 가지를 모아 쌓아 둔 장작더미 위로 스스로 올라가 자신을 불태운다. 그리고 9일째 되는 날 잿더미에서 다시 날아오른다. (220쪽)

도판 13 **칼라드리우스**

칼라드리우스는 병자가 살지 죽을지를 미리 안다. 칼라드리우스가 머리를 돌리면 가망이 없다는 뜻이고, 병자의 얼굴을 응시하면 치료할 수 있다는 뜻이다. (223쪽)

도판 14 **오소리의 헌신**

오소리 한 마리가 등을 대고 드러누워 있으면 다른 오소리들이 그의 배 위에 파낸 흙을 쌓는다. 누운 오소리는 입으로 나뭇가지를 물고 네 발로 흙을 움켜 안는다. 그러면 다른 오소리들이 누운 오소리를 구멍 밖으로 끌어내 흙을 퍼낸다. (122쪽)

도판 15 **이드루스와 악어**

이드루스는 악어의 천적이다. 이드루스는 잠들어 있는 악어의 입 안으로 스스로 들어간다. 그리고 악어의 내장을 찢고 밖으로 나온다. (262쪽)

늘어서 날개가 무거워지고 눈
도 흐려지면 검독수리는 태양
을 향해 날아오른다. 날개들이
불타오르고, 눈의 흐릿함도 햇
빛에 타버리면 검독수리는 샘
물에 세 번 몸을 담근다. 그렇
게 강한 날개 힘과 밝은 시력을
되찾는다. (237쪽)

도판 17 **표범의 입냄새를 좋아하는 동물들과 그것을 피해 숨는 용**

표범의 입에서는 온갖 향기가 뒤섞인 달콤한 냄새가 난다. 그 향긋한 냄새 때문에 표범
이 포효하는 소리가 들려오면 동물들이 몰려든다. 하지만 그 냄새를 참지 못하는 용만
은 땅 아래 깊은 굴로 달아나 마치 죽은 것처럼 꼼짝도 하지 못한다. (43쪽)

펠리컨은 자신의 옆구리를 쪼아 벌려서 죽은 새끼들의 몸에 피를 붓는다. 그러면 죽은 새끼들이 깨어난다. 펠리컨은 그리스도를 상징한다. (157쪽)

도판 19 **독수리**

독수리는 하늘을 날다가 시신을 보면 내려와 그것을 먹는다. 높은 곳에서 죽은 동물에게 내려와 죽음에 사로잡히는 것이다. 독수리는 천상에 머물다가 죽음에 휩싸인 인류를 보고 지상으로 내려온 그리스도를 상징한다. (183쪽)

도판 20 **안피베나**

안피베나는 머리가 두 개인 뱀이다. 겨울잠에서 가장 먼저 깨어난다. (260쪽)

도판 21 **스키탈리스**

스키탈리스는 놀라운 겉모습으로 정신을 어지럽게 만들어 먹잇감을 잡는다. (259쪽)

도판 22 **아스피스**

마법사은 아시피스를 굴에서 불러내려고 음악을 연주한다. 아스피스는 나오지 않으려고 한쪽 귀는 땅에 대고, 다른 귀는 꼬리로 막는다. (257쪽)

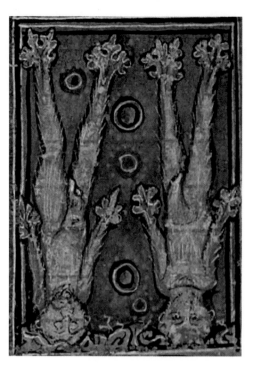

도판 23 **만드라고라**

코끼리는 짝짓기 욕구가 없다. 그래서 후손을 얻으려 할 때는 만드라고라 나무의 열매를 먹고 짝짓기를 한다. 그러나 곰은 만드라고라 열매를 먹으면 죽는다. (51쪽, 69쪽)

도판 24 **여우의 사냥법**

먹을 것이 없으면 여우는 붉은 흙에 몸을 굴려서 피투성이처럼 만들고는 혀를 입 밖으로 길게 늘어뜨리고 누워 있는다. 그리고 새들이 죽었다고 생각하고 그 위로 내려앉으면 냉큼 붙잡아 게걸스럽게 먹어치운다. (75쪽)

도판 25 **비버**

비버의 고환은 약으로
쓰인다. 사냥꾼이 쫓아
오면 비버는 자신의 고
환을 물어뜯어 던지고
달아난다. (55쪽)

도판 26 **악어**

나이든 여자와 한물간 매춘부도 악어 똥으로 만든 연고를 얼굴에 바르면, 그것이 씻겨
없어지기 전까지는 아름답게 보인다. (71쪽)

도판 27 **개**

개만큼 영리한 짐승은 없다. 개는 이름을 알아듣고, 주인을 사랑한다. 가라만테스의 왕이 포로가 되었을 때에는 2백 마리의 개가 왕을 구출하기 위해 나섰다. (83쪽)

도판 28 **사자 사냥**

사자가 다니는 길에 두 개의 구덩이를 파고, 양을 집어넣는다. 새끼들의 먹이를 구하던 암사자가 구덩이로 뛰어들면 양은 미리 파 놓은 굴을 통해 다른 구덩이로 도망친다. 이때 굴을 무너뜨리면 무사히 양도 되찾고, 사자도 잡을 수 있다. (38쪽)

도판 29 **레오파르두스**

레오파르두스는 암사자와 파르두스의 간통으로 태어난 산물이다. 이 동물은 악마나 죄인을 상징한다. (41쪽)

도판 30 **고슴도치**

고슴도치는 영리한 동물이다. 그 동물은 포도송이를 땅에 떨어뜨린 뒤 그 위에 몸을 굴려서 가시에 박힌 포도열매를 새끼들에게 가져다준다. (123쪽)

고래가 물 위로 등을 드러내고 꼼짝 않고 있으면, 바람에 실려 온 모래가 쌓여 나무가
자란다. 섬이라고 생각한 뱃사람들은 배를 세우고 그 위에서 요리를 한다. 불의 열기에
놀란 고래가 갑자기 물 안으로 들어가면, 배도 바다 깊은 곳으로 빨려 들어간다. (276쪽)

중세 동물지

중세 동물지 **Bestiarium**

Korean translation copyright ⓒ 2017 by Publishing house OROT
All right reserved.

이 책은 한국출판문화산업진흥원의 출판콘텐츠 창작자금을 지원받아 제작되었습니다.

중세 동물지
Bestiarium

주나미 옮김

오롯

○ 이 책의 번역은 13세기에 잉글랜드에서 제작된 〈애버딘 필사본〉 (Aberdeen, Aberdeen University Library, MS. 24)을 저본으로 삼고, 유실된 부분은 자매 필사본인 〈애쉬몰 필사본〉(Oxford, Bodleian Library, MS. Ashmole 1511)에서 내용을 찾아 보완하는 방식으로 이루어졌습니다.

○ 〈애버딘 필사본〉의 장과 면에 대해서는 'f. 00r'나 'f. 00v'과 같이 본문에 표시해 두었습니다. 'f. 00'은 필사본(folio)의 몇째 장인지를 나타내며, 'r'과 'v'는 각각 앞면(recto)과 뒷면(verso)인지를 가리킵니다.

○ 중세 동물지의 내용을 종합하기 위해서 저본으로 삼은 두 필사본에는 실려 있지 않지만 다른 계열의 필사본들에 전해지는 항목과 내용들도 되도록 풍부히 함께 수록하려 했습니다. 이 작업에는 12세기 후반부터 13세기까지 잉글랜드에서 제작된 〈로열 필사본〉(London, British Library, MS. Royal 2. C. XII), 〈노섬벌랜드 필사본〉(Los Angeles, J. Paul Getty Museum, MS. 100), 〈런던 필사본〉(London, British Library, MS. Additional 11283), 〈할리 필사본〉(London, British Library, MS. Harley 4751), 〈보들리 필사본〉(Oxford, Bodleian Library, MS Bodley 764) 등이 주로 이용되었습니다. 항목 자체가 추가된 경우에는 출처를 본문 아래에 각주로 밝혀 놓았습니다.

○ 본문의 [ ] 안의 내용은 애버딘 필사본에는 유실되었거나 누락되어 있지만 다른 필사본들에 전해지는 내용을 덧붙여 놓은 것입니다. 내용이 추가된 경우에는 출처를 책 뒤의 미주에 밝혀 놓았습니다.

○ 본문에 포함된 해설과 주석, 책 뒤의 미주는 모두 한국어판에서 옮긴이가 추가한 것입니다.

○ 본문의 〔 〕안의 내용은 옮긴이가 내용 이해를 돕기 위해 덧붙여 놓은 것입니다. 본문의 내용과 구분할 수 있도록 옮긴이가 덧붙인 내용은 고딕으로 서체를 다르게 했습니다.

표기 세칙

① 대상이 분명한 동물의 명칭은 현대 한국어에서 일반적으로 사용되는 표현에 맞추어 표기했습니다. 그러나 확인되지 않거나 실재하지 않는 동물들은 라틴어 필사본의 표기에 맞추어 나타냈습니다.

② 본문의 인명이나 지명 등의 외국어 표기는 해당 국가의 언어에 맞추어 나타냈습니다. 하지만 10세기 이전의 인물이나 교황의 이름 등은 라틴어를 기준으로 표기하였습니다. 다만, 성서의 인물이나 오늘날 영어식 발음 표기가 일반화되어 한국어에서 외래어처럼 폭넓게 사용되고 있는 것은 널리 통용되고 있는 것을 기준으로 표기했습니다.

③ 성서에 등장하는 인명은 성서의 표기에 맞추어 표기했습니다. 성서는 한국 가톨릭 공용 성서인 '한국천주교주교회의, 『성경』, 서울: 한국천주교중앙협회의, 2008'을 기초로 했습니다.

④ 서적이나 정기간행물은 『 』, 논문이나 문헌 등은 「 」로 표기했으며 원래의 외국어 제목도 함께 나타냈습니다.

⑤ 주요 개념은 본문에 외국어를 함께 표기했으나, 인명이나 지명 등의 외국어 표기는 책 뒤의 '찾아보기'에 수록했습니다.

목차

해설 ┃ 동물로 보는 중세 사회와 문화 _11

1. 신의 창조물

천지창조 _25 ┃ 세상의 모양 _28 ┃ 창조의 5단계 _28 ┃ 창조의 6세대 _29 ┃ 아담의 이름붙이기 _30

2. 걸어다니는 동물

사자 _33 ┃ 호랑이 _39 ┃ 파르두스 _41 ┃ 표범 _43 ┃ 안탈롭스 _46 ┃ 유니콘 _47 ┃ 스라소니 _49 ┃ 그리핀 _50 ┃ 코끼리 _51 ┃ 비버 _55 ┃ 아이벡스 _56 ┃ 하이에나 _57 ┃ 본나콘 _59 ┃ 원숭이 _60 ┃ 사슴 _62 ┃ 염소 _65 ┃ 모노케로스 _67 ┃ 곰 _68 ┃ 레우크로타 _70 ┃ 악어 _71 ┃ 만티코라 _73 ┃ 파란드루스 _74 ┃ 여우 _75 ┃ 산토끼 _76 ┃ 카멜레온 _77 ┃ 에알레 _78 ┃ 늑대 _79 ┃ 개 _83 ┃ 양 _90 ┃ 숫염소 _94 ┃ 멧돼지 _96 ┃ 황소 _99 ┃ 낙타 _104 ┃ 나귀 _107 ┃ 말 _110 ┃ 오노켄타우루스 _117 ┃ 고양이 _117 ┃ 쥐 _118 ┃ 족제비 _119 ┃ 두더지 _120 ┃ 겨울잠쥐 _121 ┃ 오소리 _122 ┃ 고슴도치 _123 ┃ 개미 _124

3. 날아다니는 동물

새들의 본성 _127 | 비둘기 _129 | 매 _142 | 산비둘기 _147 | 참새 _153 | 펠리컨 _157 | 헛간올빼미 _159 | 오디새 _161 | 까치와 딱따구리 _162 | 큰까마귀 _163 | 수탉 _167 | 타조 _173 | 독수리 _182 | 두루미 _185 | 솔개 _188 | 앵무새 _190 | 따오기 _191 | 제비 _192 | 황새 _196 | 지빠귀 _198 | 수리부엉이 _200 | 후투티 _202 | 올빼미 _203 | 박쥐 _204 | 갈까마귀 _205 | 나이팅게일 _208 | 거위 _209 | 왜가리 _211 | 세이렌 _212 | 계피새 _214 | 에르키니아 _215 | 자고새 _216 | 물총새 _218 | 물닭 _219 | 불사조 _220 | 칼라드리우스 _223 | 메추라기 _225 | 까마귀 _227 | 백조 _229 | 오리 _231 | 공작 _232 | 검독수리 _237 | 벌 _242 | 비둘기와 페린덴스 나무 _247

4. 기어다니는 동물

뱀에 대하여 _249 | 용 _250 | 바실리스크 _252 | 살무사 _254 | 아스피스 _257 | 스키탈리스 _259 | 안피베나 _260 | 이드루스 _261 | 보아 _262 | 이아쿨루스 _263 | 시렌 _263 | 셉스 _264 | 디프사 _264 | 도마뱀 _265 | 뱀의 본성 _268 | 벌레 _271

5. 물에 사는 동물

고래 _276 | 세라 _278 | 돌고래 _279 | 바다돼지 _280 | 황새치 _280 | 톱상어 · 바다전갈 _281 | 악어 _282 | 강꼬치고기 _283 | 노랑촉수 _283 | 숭어 _283 | 물고기의 습성 _285 | 놀래기 _290 | 빨판상어 _290 | 뱀장어 _291 | 곰치 _291 | 문어 _292 | 전기가오리 _292 | 게 _293 | 성게 _295 | 조개 · 뿔고동 · 굴 _297 | 거북이 _299 | 개구리 _299

6. 나무

나무에 대하여 _301 ㅣ 종려나무 _304 ㅣ 월계수 _306 ㅣ 사과나무 _306 ㅣ 무화과나무 307 ㅣ 나무딸기 _307 ㅣ 견과나무 _308 ㅣ 소나무 _310 ㅣ 전나무 _310 ㅣ 삼나무 _311 ㅣ 편백나무 _311 ㅣ 노간주나무 _312 ㅣ 플라타너스 _312 ㅣ 참나무 _312 ㅣ 물푸레나무 _313 ㅣ 오리나무 · 느릅나무 _313 ㅣ 포플러나무 · 버드나무 _313 ㅣ 고리버들 _314 ㅣ 회양목 _314

7. 인간

인간의 본성 _315 ㅣ 인간의 혼과 몸 _316 ㅣ 인간의 감각 _320 ㅣ 머리와 얼굴 _321 ㅣ 팔과 손 _329 ㅣ 가슴과 등 _332 ㅣ 허리와 다리 _336 ㅣ 근육과 장기 _340 ㅣ 인간의 생애 _347

8. 신비한 돌

부싯돌 _355 ㅣ 아다마스 _356 ㅣ 진주 _360 ㅣ 열두 가지 보석 _362 ㅣ 돌의 효능 _372

옮긴이 주석 _388

도판 목록 _452

찾아보기 _456

동물로 보는 중세 사회와 문화

주나미

　자연에 대한 지적 관심과 탐구의 역사에 관해서 우리 대부분은 특정한 형태의 편견에 사로잡혀 있다. 고대에 왕성했던 자연에 대한 관심과 탐구가 중세에는 종교의 영향으로 억압되다가 근대에 이르러 다시 부활했다는 생각이 그것이다. 중세를 '암흑의 시대'로 규정하고, '부흥'의 의미를 지니는 르네상스와 이전 시기의 단절을 강조하는 역사 서술들 때문에 그러한 생각은 더욱 굳건히 자리를 잡았다.

　하지만 역사에 대한 실증적 탐구로 얻을 수 있는 결과는 그러한 생각과는 다르다. 오히려 그러한 생각이 앞 시대와의 차이를 강조하기 위한 근대인의 자기 기만에 지나지 않는다는 사실을 확인시켜준다. 중세는 지금까지의 어느 시대 못지않게 자연에 대한 관심과 탐구의 욕구가 높았던 시기이기 때문이다. 나아가 중세인들은 한순간도 의도적으로 고대의 현인賢人들과 자신을 단절시키려 하지 않았으며, 오히려 그들이 거둔 지적 탐구의 결과들을 적극적으로 받아들이려 했기 때문이다.

　특히 농업생산력의 발달과 정치적 통합으로 사회에 새로운 활력이 나타난 서기 1천년 무렵에 이르러 중세 유럽에서는 자연에 대한 관심이 더욱 고조되었다. 당시의 지식인들이라고 할 수 있는 신학자들과 수도사들의 관심과 논의는 피조물들의 세계에 집중되었고, 그러한 흐름은 이슬람과 비잔티움 제국을 통해 새로 유입된 고전 문헌들의 번역과 연구 작업을 거치며 르네상스까지 그대로 이어졌다.

물론 그 관심의 목적과 내용은 오늘날과는 사뭇 다르다. 근대인들은 자신의 물질적 욕구를 충족시키려는 목적에서 자연을 정신으로부터 철저히 분리시켜 그것의 가치중립성과 효용성을 강조해왔다. 하지만 중세인들에게 자연은 결코 정신과 분리될 수 없는 것이었다. 신성神性의 '유출(Eranatio)'로 창조된 그 피조물의 세계에 세상을 창조한 신의 정신이 투영되어 있다고 여겼기 때문이다. 그들은 모든 피조물은 창조주의 형상을 닮을 수밖에 없다고 생각했고, 자연에서 창조주의 흔적을 찾으려 했다. 그리고 자연 안에 담긴 신의 정신을 이해하고 내면화할 때 신과의 합일과 천상으로의 귀환이 가능하다고 여겼다. 자연을 뜻하는 '나투라(natura)'라는 단어가 '사물의 본성'이라는 의미로도 쓰인 것은 바로 이러한 사고를 반영한다. 중세인들은 사물의 본성에서 그것을 창조한 '신의 지혜(divina sapientia)'를 찾으려 했던 것이다.

그래서 중세에 동물과 자연은 언제나 설교의 단골 주제였다. 그리고 그것에 대한 관심과 이해는 참된 신앙을 위한 핵심 덕목 가운데 하나로 여겨졌다. 이성을 지닌 인간은 신에게 부여받은 자유의지로 창조주의 뜻과는 다른 죄악의 삶을 살기 일쑤이지만, 동물과 자연에서는 세상을 창조한 창조주의 정신과 세상을 다스리는 창조주의 섭리를 찾아 이해할 수 있기 때문이다.

이러한 중세의 자연에 대한 관심과 사고를 직접적인 배경으로 하고 있으며, 그 특징을 가장 잘 보여주는 것이 바로 10~15세기에 중세 유럽에서 성행했던 '동물지(Bestiarium)'라는 장르의 문헌들이다. "성서는 분명하게 말하고, 자연은 그것을 확인시켜 준다"는 동물지 작가의 말은 자연을 바라보는 중세의 사고를 압축해서 보여준다. 그리고 이 문헌들이 어떤 목적에서 제작되고 유포되었는지도 알려준다. 아마도 속세를 벗어나 수도원에 몸을 담고 있던 수도사였을 동물지 작가는 "신의 섭리가 어떻게든 우리를 돕고자 하지 않았다면, 우리에게 동물의 본성을 보여주지 않았을 것"이라며, "동물들의 본성을 통해 종교적인 삶에 대한 가르침을 받을 수 있다"고 말한다. 심지어 "이성이 결핍된 동물들이 그릇된 행동의 본보기를 통해 이성을 가진 사람들에게" 가르침을 줄 수 있다고까지 말한다. 동물지 필사본들에 '동물의 본성에 관한 책(Liber de Naturis Bestiarum)'이나 '동물의 본성에 관한 베스티아리움(Bestiarium de naturis animalium)'과 같은 제목들이 붙어 있는 것도 이 때문이다. 곧 동물지의 배후에는 "사람이 동물의 모범으로 존재하지 않고, 동물이 사람의 모범으로 존재한다"는 중세의 고유한 사고가 놓여 있는 것이다.

동물지란 무엇인가

라틴어에서 중세 동물지를 가리키는 '베스티아리움(Bestiarium)'이라는 말은 '동물'을 가리키는 '베스티아(bestia)'에서 비롯된 것으로 '동물에 관한 것'이라는 의미이다. 영어로는 '베스티아리(Bestiary)', 프랑스어로는 '베스티에르(Bestiaire)'라고 한다.

이 장르에 속한 문헌들은 10세기 무렵에 처음 나타나기 시작해서 12~13세기에 프랑스와 잉글랜드를 중심으로 활발히 제작되고 보급되었다. 그러다 15세기 이후부터 점차 쇠퇴하였는데, 그 사이에 유럽 전역으로 퍼져나가 프랑스어·앵글로색슨어·앵글로노르만어·독일어·네덜란드어·베네치아어·토스카나어·카탈로니아어·갈리시아어 등 다양한 속어로도 번역되었다. 그래서 오늘날에도 상당한 수량의 필사본들이 전해지고 있는데, 이는 당시에 이 문헌이 얼마나 폭넓게 유포되고 인기를 끌었는지를 잘 보여준다. 지금까지 알려지고 연구된 140개의 필사본들 가운데 92개가 라틴어로 된 동물지이고, 나머지 48개가 속어로 된 동물지이다.

중세 동물지는 동물마다 항목을 구분해서 삽화와 함께 그 동물에 관한 내용을 서술하고 있다. 그래서 얼핏 보기에는 근대의 동물백과와 비슷해 보이기도 한다. 하지만 중세 동물지는 근대의 동물백과와는 달리 동물의 해부학적 구조나 행동 양태를 설명하는 데 초점을 맞추고 있지 않다. 오히려 동물의 본성, 곧 그 동물이 상징적으로 지니고 있는 도덕적·종교적·사회적 의미를 서술하는 것에 주된 목적을 두고 있다.

이처럼 중세 동물지에는 동물들의 다양한 특성들이 신앙이나 도덕, 인생의 교훈과 상징적으로 묶여 있다. 그리고 중세의 설교·조각·속담·도장·문장·우화 등의 다양한 분야에 폭넓게 활용되어 다양한 연령과 다양한 계층의 사람들에게 폭넓게 영향을 끼쳤다. 그래서 중세 동물지에 대한 연구는 중세의 동물 상징이 지니는 의미를 이해할 수 있는 밑바탕이 되며, 중세인의 신앙과 가치관, 풍속과 상식 등의 변화를 이해하는 데에도 중요한 단서가 된다. 동물지 안에는 중세 교회의 이데올로기·중세 유럽 사회의 민속과 상식 등이 생생하게 뒤섞여 있기 때문이다. 게다가 오늘날까지 필사본들이 비교적 풍부히 잘 보존된 상태로 전해지고 있어서 시대와 지역에 따른 차이와 변화를 살펴보는 데도 도움이 된다.

중세 동물지의 특징

시대와 지역, 작가에 따라 일부 차이가 있기는 하지만 중세 동물지라는 장르에는 대체로 다음과 같은 특징이 공통으로 나타난다.

첫째, 동물지에는 사자·곰·원숭이·개·까마귀·고래 등 실재하는 동물만이 아니라, 용·유니콘·불사조·그리핀처럼 다양한 지역의 다양한 전통들에서 유래한 상상의 존재들도 나온다. 신비한 돌이나 식물에 관한 설명이 포함되어 있는 경우도 있다. 물론 그 가운데 일부는 유니콘처럼 실재하지 않는 상상의 존재이다. 예컨대 인도에 있다는 '페린덴스(perindens)'라는 나무는 매우 달콤한 열매가 열릴 뿐 아니라, 비둘기의 천적인 용이 그 나무의 그림자만 봐도 기겁을 하고 도망치기 때문에 비둘기들의 안전한 휴식처가 된다는 식이다.

둘째, 실재하는 것이든 상상에만 있는 것이든 동물지에는 겉모습·행동·습성·본성뿐 아니라, 이름의 기원·관련된 신화와 믿음·다른 동물이나 인간과 맺는 관계 등이 그 동물의 '특성'으로 서술되어 있다. 동물지의 동물은 인간과 분리되어 있지 않으며, 늘 인간의 의식과 삶 안에서 어떤 특정한 의미를 획득한다. 그리고 동물지에서는 신화나 민속과 같은, 오늘날에는 비과학적이라고 여겨지는 것들에서 비롯된 요소들도 동물의 객관적인 특성으로 설명된다. 하이에나는 어떤 때는 수컷이었다가 어떤 때는 암컷으로 마음대로 변할 수 있는 동물이며, 딱따구리한테는 점치는 능력이 있다는 식이다. 이처럼 동물지에는 고대의 전통으로부터 이어진 유럽 사회의 민속과 신앙, 속설 등을 보여주는 내용들이 풍부히 담겨 있다.

셋째, 동물지는 두 개의 단어와 개념, 두 가지 사물·사건·상황 사이의 얼마간 막연한 유사성이나 상응성에 기초해서 관계를 밝히면서 감춰진 진실을 찾으려는 모습을 보인다. 중세 동물지에 등장하는 동물들은 생물인 동시에 초자연적인 것의 의도된 상징적 재현이다. 그래서 모두 감춰진 의미에 대한 어떤 상징적 역할을 담당한다. 유니콘의 이마에 솟아 있는 한 개의 뿔은 신과 그리스도가 하나라는 의미를 상징한다고 여겨졌고, 머리는 있고 꼬리는 없는 원숭이는 하늘의 천사였다가 종국에는 완전히 소멸될 악마를 나타낸다고 해석되었다. 곧 중세 동물지에서 자연은 신의 정신이 비추어지고 있는 거울이자, 신의 뜻을 이해하기 위한 단서인 것이다.

이처럼 중세 동물지의 인식과 서술에는 '상상(Imaginatio)'과 (동물이 인간과의 관계 안에서 다루어지고 있다는 점에서) '인문주의(Humanismus)', '알레고리(Allegoria)'가 중요한 특징으로 나타난다. 여기에서 중요한 것은 중세의 상징이 주관적인 독창성의 산물이 아니라, 관습과 제도로 교육되고 소통되면서 사회화된 것이라는 점이다. 곧 중세 동물지의 상징과 알레고리는 모호하고 주관적인 것이 아니라 보편성과 구체성을 지니며 소통되는, 이른바 '길들여진 상징'이었던 것이다.

이런 점에서 동물지는 중세 유럽 사회의 정치적·종교적·도덕적 규범들이 우의적으로 표현되어 있는 교화의 수단이었다고 볼 수 있다. 중세 동물지가 서구 기독교 사회가 교회를 중심으로 종교적 사회적 재통합을 추진해갔던 12~13세기에 가장 활발히 제작되고 보급되었던 것도 이러한 장르의 특성과 무관하지 않다. 중세에 교회는 끊임없이 속인들에 대한 지배력을 강화하기 위해 노력했다. 특히 중세 동물지가 한창 유행했던 12~13세기는 교회가 속인들의 일상적인 삶과 문화로까지 지배력을 넓혀갔던 시기이다. 중세 동물지가 상징과 알레고리를 이용해 유독 평신도들의 구원자로서의 교회와 성직자의 역할을 강조하고, 교회의 규범을 준수할 것을 요구한 것은 결코 우연이 아니었다.

요컨대, 중세 동물지는 중세의 사회와 문화가 지닌 특성과 그것의 변화 과정을 살펴볼 수 있는 중요한 자료이다. 중세 동물지의 알레고리와 상징체계는 관습과 교육 등으로 사회화된 감성에 뿌리를 두고 있다. 따라서 우리는 동물지 안에 교묘히 감춰져 있는 그 시대의 정치적·종교적·도덕적 메시지와 규범들, 지배 논리, 사회 갈등과 불안 등을 통해서 중세인의 사고와 문화를 더욱 생생하게 살펴볼 수 있게 된다.

중세 동물지의 기원과 변화

동물지라는 장르는 고대의 동물우의담집인『피지올로구스*Physiologus*』를 모태로 하고, 여기에 고대와 중세의 다양한 문헌들에서 가져온 내용들을 새롭게 덧붙이면서 나타났다. 암브로시우스Ambrosius의『천지창조 6일*Hexameron*』(4세기), 교황 그레고리우스 1세Gregorius I의『욥기 주해*Moralium in Iob*』(6세기)와 같은 교부들의 저술과 플리니우스Gaius Plinius Secundus의『자연사*Naturalis historia*』(1세기), 솔리누스Caius Julius Solinus의『세상의 경이*De mirabilibus mundi*』(3세기), 이시도루스Isidorus Hispalensis의『어원*Etymologiae*』(7세기), 라바누스 마우루스Rabanus Maurus의『만물에 대하여*De universo*』(9세기)와 같은 백과사전들, 그리고 호노리우스Honorius Augustodunensis의『세상의 상*Imago Mundi*』(12세기 전반), 위그 드 푸이로아Hugues de Fouilloy의『조류지*Aviarium*』(12세기 전반) 등의 문헌들에서 가져온 내용들이 시대와 지역에 따라 다양하게 추가되었다.

그래서 동물지는 10세기에 처음 모습을 드러낸 뒤로 15세기 중반 이후 쇠퇴할 때까지 끊임없이 내용과 구성의 변형이 이루어졌다. 20세기에 들어서면서 고문헌학자들은 이처럼 다양한 형태를 지니고 있는 동물지 필사본들의 계통성을 확인하기 위한 연구를 진행했는데, 이들의 연구는 동물지라는 장르의 형성과 발전 과정을 살펴보는 데 도움이 된다. 이러한 연구의 선구자는 영국의 고문헌학자인 몬터규 로즈 제임스(Montague Rhodes James, 1862~1936)이다. 그는 1928년에 동물지 필사본을 제1계열부터 제4계열까지 네 개의 계열로 분류하는 연구 결과를 발표했다. 오늘날에는 제임스가 제4계열로 분류한 문헌은 동물지라는 장르에 포함시키지 않지만, 제1계열에서 제3계열까지의 분류는 지금까지도 동물지 필사본의 계열을 분류하는 기본적인 틀로 통용되고 있다. 그 뒤 플로렌스 매컬로크(Florence McCulloch, 1937~1982)는 1계열 필사본들을

B-Is형 · H형 · 과도기형으로 세분화했으며, 윌레네 벅먼 클락(Willene Buckman Clark, 1932~2015)은 2계열 필사본들을 11283형 · 24&1151형 · 88A형 · 고유장르형으로 다시 나누었다.

1계열 동물지는 장르가 처음 출현했을 때의 모습이 드러나는 필사본들이다. 10세기 무렵부터 나타난 B-Is형 필사본들은 『피지올로구스』와 이시도루스가 쓴 『어원』에서 가져온 내용이 합쳐진 모습을 하고 있다. 그러나 이미 『피지올로구스』에는 없던 동물들이 등장하며, 항목의 서술에서도 『어원』에서 가져온 내용이 먼저 나오면서 『피지올로구스』와는 확연히 구별되는 장르의 특성을 보이기 시작한다. 프랑스에서 주로 발견되는 H형 필사본은 위그 드 푸이로아의 『조류지』와 결합하는 모습을 보이기 시작했다. 그리고 과도기형에서는 항목이 100여개로 크게 늘어나고, 뒤섞여 있던 동물들이 종의 특성에 따라 네발짐승 · 새 · 물고기 · 뱀으로 나뉘어 수록되었다. 인간과 나무에 관한 내용도 추가되었으며, 정교하게 그려진 채색삽화를 포함해 화려하게 제작되었다.

2계열 동물지는 장르의 형식이 비교적 완성된 모습으로 나타나는 필사본들이다. 12세기 후반부터 제작되었는데, 『조류지』를 아예 통째로 흡수하고 교부들의 설교와 백과사전 등에서 가져온 내용들로 서술도 더욱 풍부해졌으며, 항목의 수도 150여개로 늘어났다. 11283형은 1180년 무렵에 잉글랜드에서 제작된 〈런던 필사본〉(London, British Library, MS. Additional 11283)과 같은 계통으로 분류되는 필사본들이다. 24&1511형은 13세기에 잉글랜드에서 제작된 〈애버딘 필사본〉(Aberdeen, University Library, MS. 24)과 그것의 자매 필사본인 〈애쉬몰 필사본〉(Oxford, Bodleian Library, MS. Ashmole 1511)과 같은 계통으로 분류되는 필사본들이다. 이 필사본들도 정교한 채색삽화를 곁들여 매우 화려하게 제작되었다. 88A형은 13세기에 잉글랜드에서 제작된 〈옥스퍼드 두스 필사본〉(Oxford, Bodleian Library, MS. Douce 88A)과 같은 계통으로 분류되는 필사본들로 다른 2계열 필사본들과는 내용의 차이가 비교적 큰 편이다. 그리고 『보석지De Lapidibus』의 내용까지 동물지 안으로 끌어들이려는 모습을 보이기도 한다. 이 밖에 고유장르형은 이런 유형들로 분류되지 않는 2계열 동물지 필사본들을 가리킨다.

3계열 동물지는 13세기 이후에 나타나는데, 2계열 동물지와 많은 부분이 일치하지만 괴물과 전설의 종족과 같은 새로운 내용이 추가되어 있다. 그리고 베르나르 실베스트리Bernard Silvestre의 『우주지Cosmographia』(12세기), 존 솔즈베리John of Salisbury의 『정치체통치론Policraticus』(12세기) 등의 문헌에서 가져온 내용도 담겨 있다.

이러한 동물지 필사본의 계열 분류는 이 장르가 어떤 경로로 형성·발전해왔는지를 어렴풋하게나마 짐작할 수 있는 단서를 제공해준다. 하지만 이러한 계열 분류가 동물지가 순차적으로 발전해왔던 과정을 나타낸다고 섣부르게 단정해서는 안 된다. 각 계열로 분류된 필사본들이 제작된 시기를 보면 결코 순차적으로 분포하고 있지 않기 때문이다. 실제로 가장 초기에 나타난 B-Is형 동물지가 프랑스 지역에서는 13세기 말까지 제작되었으며, 1계열의 과도기형 동물지와 2계열 동물지는 거의 같은 시기에 제작되었다. 따라서 동물지 필사본의 계열 분류는 장르가 형성되는 과정의 대략적인 윤곽만을 보여줄 뿐이며, 필사본들의 제작에는 지역마다 전통의 영향도 크게 작용했던 것으로 보인다.

이처럼 12~13세기에 이르러 다양한 유형으로 장르의 고유한 형태를 갖추어간 동물지는 13세기 중반에 커다란 변형을 겪기도 했다. 1245년 무렵 리샤르 드 푸르니발(Richard de Fournival, 1201~1260?)은 기존의 동물지를 개작한 『사랑의 동물지Bestiaire d'amour』를 펴냈다. 그때까지 동물지는 종교적·도덕적 교훈이 주를 이루는 설교형 동물지, 곧 도덕적 동물지였다. 하지만 당시 유행하던 궁정식 사랑 문학과 동물지를 결합시킨 이 독창적인 작품은 동물들의 본성을 도덕적 동물지와는 근본

적으로 다른 방식으로 해석했다. 곧 여성과의 사랑이라는 세속적인 주제의 알레고리로 바꿔 해석해서 장르에 구조적 변형을 가져왔으며, 당시 사람들에게 큰 인기를 끌었다.

동물지의 의의

'동물'은 오랫동안 역사가들에게 냉대를 받아 왔다. 하지만 인간은 언제나 자신 이외의 다른 동물들과 관계를 맺으며 살아왔으며, 앞으로도 그들과 관계를 맺으며 살아갈 수밖에 없다. 그리고 인간과 동물의 관계는 인간이 생존을 유지해가는 사회적·문화적 양식에 따라 끊임없이 변화해왔다. 이런 점에서 동물도 인간 역사를 구성하는 중요한 요소 가운데 하나이다. 그러므로 우리는 한 사회가 동물에 대해 가지고 있는 가치판단이나 분류의 체계를 통해 그 사회 구성원들의 삶의 양식과 가치관을 엿볼 단서를 얻을 수 있다.

한때 동물지는 경멸과 조롱의 대상이 되기도 했다. 19세기 이후 많은 이들이 근대의 자연과학과 비교하며 그 내용의 '비과학성'을 강조했고, 동물지는 중세의 '낡고 뒤처짐'을 상징하는 것처럼 여겨지기도 했다. 하지만 현재가 아니라 그 시대의 맥락 속에서 바라볼 때 동물지는 중세인들의 삶의 양식과 가치관을 엿볼 수 있는 중요한 단서가 된다. 특히 역사학·인류학·문화학·언어학 등의 경계를 허물고 연구 주제의 범위를 넓히려는 역사인류학에 그것은 매우 흥미롭고 의미 있는 연구 대상이다. 특히 동물에 대한 가치체계는 사회가 변화해도 상징과 민속 등으로 끈질기게 이어지는 경향이 강하다. 그러므로 중세 동물지는 오늘날 다양한 문화 상품을 통해 전 세계에 영향을 끼치고 있는 서구의 동물 상징을 역사적인 시각으로 이해하는 데에도 중요한 의미를 지닌다.

＊　　＊　　＊

이 책의 번역은 13세기에 잉글랜드에서 제작된 〈애버딘 필사본〉을 저본으로 삼아 이루어졌다. 2계열 동물지의 24&1511형으로 분류되는 〈애버딘 필사본〉은 동물지 장르의 전성기라고 할 수 있는 12세기 말부터 13세기 초까지의 시기에 제작된 필사본 가운데 하나일 뿐 아니라, 장르의 고유한 특성을 비교적 완성된 형태로 갖추고 있기 때문이다. 〈애버딘 필사본〉은 보존 과정에서 일부 항목과 내용이 훼손되어 유실되었는데, 그 내용은 같은 계통에 속한 자매 필사본인 〈애쉬몰 필사본〉에서 찾아 보완했다. 안탈롭스 · 유니콘 · 스라소니 · 그리핀 · 악어 · 만티코라 · 낙타 · 나귀 항목과 세이렌 · 계피새 · 에르키니아 항목이 〈애쉬몰 필사본〉에서 가져온 것이다.

〈애버딘 필사본〉의 라틴어 원문과 영역본은 '애버딘대학 동물지 프로젝트'를 참조했다. 영국의 애버딘대학이 1996년에 개설한 이 웹사이트는 동물지 필사본을 디지털화해 현대어 번역과 함께 게시하고 있어서 연구자들에게 큰 도움이 된다. 다만 현대어 번역에서 지나치게 의역을 하거나 주관적으로 해석하고 있는 부분이 많으므로 라틴어 원문과 꼼꼼히 비교해가며 살펴볼 필요가 있다. 〈애쉬몰 필사본〉의 라틴어 원문과 현대어 번역은 프란츠 운터키르허(Franz Unterkircher, 1986)와 마리 프랑스 뒤퓌 · 실뱅 루이(Marie-France Dupuis · Sylvain Louis, 1988)가 펴낸 두 권의 연구서를 참조했다. 앞의 책은 라틴어 원문과 독일어 번역을, 뒤의 책은 프랑스어 번역을 해설과 함께 수록하고 있는데, 같은 필사본을 번역한 것들인데도 의미가 불확실한 몇몇 부분에서는 해석에 큰 차이를 보이고 있다.

그리고 앞에서도 언급했듯이 동물지는 끊임없이 내용의 변형이 이루어지며 발전해왔으므로 필사본마다 구성과 내용이 다 다르다. 그래서 다양한 필사본들의 내용을 최대한 종합해서 전달하기 위해 〈애버딘 필사본〉과 〈애쉬몰 필사본〉에는 담겨 있지 않지만, 다른 계열의 필사본들에 전해지는 항목과 내용들도 함께 수록하려 했다. 이를 위해 12세기 후반부터 13세기까지 잉글랜드에서 제작된 〈로열 필사본〉, 〈노섬벌랜드 필사본〉, 〈런던 필사본〉, 〈할리 필사본〉, 〈보들리 필사본〉 등의 내용을 검토해서 필요하다고 판단되는 내용을 추가했다. 세상의 모양·창조의 5단계·창조의 6세대·오노켄타우루스 항목은 〈노섬벌랜드 필사본〉에 수록된 것을 가져온 것이며, 산토끼·카멜레온·겨울잠쥐·오소리 항목은 〈보들리 필사본〉에 수록된 것을 가져온 것이다. 나머지 필사본들의 경우에는 각 항목의 서술에 내용을 추가했다. 그런 내용들은 '[ ]' 안에 넣어 〈애버딘 필사본〉의 서술과 구분했으며, 책 뒤에 수록한 주석에 출처를 밝혀 놓았다. 그리고 이 필사본들의 라틴어 원문과 현대어 번역을 살펴볼 때 참조했던 문헌들은 주석 앞에 목록을 만들어 첨부해 두었다.

아울러 동물지 필사본들은 채색삽화를 싣고 있는데, 매우 화려하고 정교하게 그려진 필사본도 있고, 매우 해학적이고 상징적으로 묘사된 필사본도 있다. 그래서 동물지의 채색삽화는 그 자체로 동물지가 제작되던 각 시대와 사회의 변화와 특징들을 보여주기도 한다. 그리고 뒷날 동물지의 내용과는 별도로 시도서 등의 가장자리 그림 등에 삽화만 재현되기도 했으며, 문장이나 교회 건축물의 장식물 등에 쓰이기도 했다. 이처럼 동물지의 채색삽화는 그 자체로 중세의 동물 상징 연구에 매우 중요한 자료이다. 그래서 한국어판에도 다양한 필사본에서 선별해 삽화를 되도록 풍부히 수록하려 했다. 본문 삽화와 책 앞에 수록된 도판의 출처는 책 뒤에 따로 목록을 작성해 밝혀 두었다.

동물의 본성에 관한 책

Liber de Naturis Bestiarum

이 책이 베스티에르라고 불리는 까닭은
동물의 본성에 관해 말하고 있기 때문이다.
― 피에르 드 보베 (13세기, 프랑스)

1
신의 창조물

천지창조[1]

f. 1r 태초에 신께서 하늘과 땅을 창조하셨다. 땅은 아직 모양을 갖추지 않고 비어 있었으며, 어둠이 심연을 덮고, 신의 영이 그 물 위를 감돌고 있었다.

신이 말씀하셨다. "빛이 생겨라." 그러자 빛이 생겨났다. 신이 보시니 그 빛이 좋았다. 신은 빛과 어둠을 갈라놓고서, 빛을 낮이라 부르고, 어둠을 밤이라 부르셨다. 저녁이 되고 아침이 되니 첫날이 지났다.[2]

f. 1v 신이 말씀하셨다. "물 한가운데에 창공이 생겨, 물과 물 사이를 갈라놓아라." 신이 이렇게 창공을 만들어 그 아래에 있는 물과 그 위에 있는 물을 갈라놓자 그대로 되었다. 신은 그 창공을 하늘이라 부르셨다. 저녁이 되고 아침이 되니 둘째날이 지났다.[3]

[신이 말씀하셨다. "하늘 아래에 있는 물은 한곳으로 모여, 뭍이 드러나라." 그러자 말씀하신 그대로 되었다. 신께서는 뭍을 땅이라 부르고, 물이 모인 곳을 바다라 부르셨다. 신이 보시니 좋았다. 신께서 말씀하

시기를 "땅은 푸른 싹을 돋게 하여라. 씨를 맺는 풀과 씨 있는 과일나무를 제 종류대로 땅 위에 돋게 하여라." 그러자 말씀하신 그대로 되었다. 땅은 푸른 싹을 돋아나게 하였다. 씨를 맺는 풀과 씨 있는 과일나무를 제 종류대로 돋아나게 하였다. 신께서 보시니 좋았다. 저녁이 되고 아침이 되니 셋째날이 지났다.

신이 말씀하셨다. "하늘의 창공에 빛 물체들이 생겨, 낮과 밤을 가르고, 표징과 절기, 날과 해를 나타내어라. 그리고 하늘의 창공에서 땅을 비추는 빛 물체들이 되어라." 그러자 말씀하신 그대로 되었다. 신께서는 거대한 빛 물체 두 개를 만드시어, 그 가운데에서 더 큰 빛 물체는 낮을 다스리고 작은 빛 물체는 밤을 다스리게 하셨다. 그리고 별들도 만드셨다. 신께서 이것들을 하늘 창공에 두시어 땅을 비추게 하시고, 낮과 밤을 다스리며 빛과 어둠을 가르게 하셨다. 신께서 보시니 좋았다. 저녁이 되고 아침이 되니 넷째날이 지났다.][4]

f. 2r 신이 말씀하셨다. "물에는 생물이 우글거리고, 땅 위 하늘 창공 아래에는 새들이 날아다녀라." 이렇게 신은 '큰 바다괴물들(Cete)'과 물에서 우글거리며 움직이는 온갖 생물들을 제 종류대로, 또 날아다니는 온갖 새들을 제 종류대로 창조하셨다. 신이 보시니 좋았다. 신은 이들에게 복을 내리며 말씀하셨다. "번식하고 번성해서 바닷물을 가득 채워라, 새들도 땅 위에서 번성하여라." 저녁이 되고 아침이 되니 다섯째날이 지났다.[5]

f. 2v 신이 말씀하셨다. "땅은 생물을 제 종류대로, 곧 집짐승과 기어다니는 것과 들짐승을 제 종류대로 내어라." 그러자 말씀하신 그대로 되었다. 신은 이렇게 들짐승을 제 종류대로, 집짐승을 제 종류대로, 땅바닥을 기어 다니는 온갖 것들을 제 종류대로 만드셨다.[6]

f. 3r 신이 말씀하셨다. "우리와 비슷하게 우리 모습으로 사람을 만들자. 그래서 그가 바다의 물고기와 하늘의 새와 땅 위의 온갖 짐승과 땅

[그림 1-1] 땅 위를 살아가는 동물들과 인간이 창조된 천지창조의 엿샛날

을 기어 다니는 온갖 것을 다스리게 하자." 신은 이렇게 자신의 모습으로 사람을 창조하셨다. 자신의 모습으로 사람을 창조하시되, 남자와 여자로 그들을 창조하셨다. 신이 그들에게 복을 내리며 말씀하셨다. "자식을 많이 낳고 번성하여 땅을 가득 채우고 지배하여라. 그리고 바다의 물고기와 하늘의 새와 땅을 기어 다니는 온갖 생물을 다스려라." 신이 보시니 손수 만드신 모든 것이 참 좋았다. 저녁이 되고 아침이 되니 여섯째날이 지났다.

　이렇게 하늘과 땅과 그 안의 모든 것이 이루어졌다. 신은 하시던 일을 이렛날에 다 이루셨다. 그분은 하시던 일을 모두 마치고 일곱째날에 쉬셨다.[7]

세상의 모양[8]

세상을 가리키는 '문두스(Mundus)'라는 말은 '사방의 움직임(undique motus)'이라는 말에서 비롯되었다. 그것은 끊임없이 움직이기 때문이다.

세상은 공처럼 둥근 모양이며, 그것을 이루고 있는 요소들이 마치 알의 내부처럼 나뉘어 있다. 알의 겉은 껍질로 완전히 둘러싸여 있다. 껍질 안쪽에는 흰자가 있고, 흰자 안쪽에는 노른자가 있으며, 노른자 안에는 '지방 방울(gutta pinguedinis)'이 있다. 세상도 마찬가지이다. '천상(Celum)'이라는 껍질로 사방이 둘러싸여 있고, 그 안에는 평온하고 맑은 '하늘(Ether)'이 흰자처럼 갇혀 있다. 그리고 맑은 하늘 안에는 혼잡한 '대기(Aer)'가 노른자처럼 있고, 다시 그 안에 노른자의 지방 방울처럼 '대지(Terra)'가 들어 있다.*

창조의 5단계[9]

세상의 창조는 다섯 단계로 나누어 설명할 수 있다.

1단계는 신의 마음 안에 우주가 잉태되는 것이다. 세상의 시간이 시작되기 전에 행해진 이 착상을 '원형의 세계(archetipus mundus)'라고 한다. 그래서 [성서에] "생겨난 모든 것이 그에게서 생명을 얻었으며"[10]라고 씌어 있는 것이다.

2단계에서는 지각할 수 있는 세상이 창조되었다. 우리가 읽은 "영원히 살아 계시는 분께서 만물을 창조하셨다"[11]라는 구절처럼 원형을 '본뜨는(exemplar)' 방식으로 말이다.

---

* '세상의 모양' · '창조의 5단계' · '창조의 6세대' 항목은 〈노섬벌랜드 필사본〉에서 내용을 가져왔다.

3단계는 6일 동안 창조가 이루어져 이 세상이 꼴을 갖춘 단계이다. 이에 대해서는 "신께서 보시니 6일 동안 손수 만드신 모든 것이 참 좋았다"[12]라고 씌어 있다.

4단계는 하나로부터 또 다른 것들이 생겨나는 단계이다. 예컨대 사람에게서 사람이 나고, 동물에게서 동물이 나고, 나무에게서 나무가 나고, 저마다 종의 씨들에서 그 종의 것이 나왔다. 그래서 "내 아버지께서는 지금도 일하고 계시니"[13]라고 말한 것이다.

5단계는 세상이 새로워지는 단계이다. "보아라, 내가 모든 것을 새롭게 만든다"[14]고 씌어 있는 것처럼 말이다.

창조의 6세대[15]

1세대의 시작에 세상의 창조가 있었다. 첫날에는 말씀이 빛이 되었고, 신은 천사들을 창조했다. 둘째 날에는 말씀이 창공이 되어 하늘이 만들어졌다. 셋째 날에는 분리가 일어나 물과 땅이 드러났다. 넷째 날에는 빛과 하늘이 창조되었다. 다섯째 날에는 물에서 살아 있는 것들이 만들어졌다. 여섯째 날에는 땅 위에서 살아 있는 것들과 아담이라고 불리는 인간이 만들어졌다.

1세대는 아담부터 노아까지이다. 2세대는 노아부터 아브라함까지이다. 3세대는 아브라함부터 다윗까지이다. 4세대는 다윗부터 유대인이 바빌론으로 추방당한 때까지이다. 5세대는 유대인의 추방에서부터 구세주께서 육신을 가지고 오신 때까지이다. 6세대는 그때부터 지금 우리까지이다.

아담의 이름붙이기[16)

f. 5v 아담은 최초로 모든 생물들을 그것들이 따르는 타고난 본성에 맞추어 현존하는 질서에 알맞은 이름으로 불러 주었고, 그것이 그대로 그들 저마다의 이름이 되었다.[17) 그리고 나중에 인간 종족들은 자신들의 언어로 제각기 동물들에게 이름을 붙였다. 아담이 처음 동물들에게 붙여준 이름은 라틴어도 그리스어도 아니었고, 또 다른 이방의 언어도 아니었다. 그것은 대홍수 이전에 두루 쓰이던 언어인 히브리어로 된 것이었다.

동물을 라틴어로는 '아니말리아(Animalia)'나 '아니만티아(Animantia)'라고 한다. 활기찬 생명력을 지니고, 생명의 숨으로 활동하기 때문이다.*

네발동물을 '콰드루페디아(Quadrupedia)'라고 부르는 것은 그들이 '네발(quatuor pedes)'로 움직이기 때문이다. 사슴·다마사슴·야생나귀와 같은 네발동물은 가축과 닮았지만, 사람의 손 안에 있지 않다. 그 동물들은 사자와 같은 야수는 아니지만, 인간의 필요를 위해 짐을 나르는 동물도 아니다.

사람의 말을 못하고 사람과 같은 겉모습을 지니지 못한 동물들을 '페쿠스(Pecus)'라고 부른다. 하지만 엄밀히 말하자면, 이 말은 양이나 돼지처럼 식용으로 쓰이거나, 소나 말처럼 인간이 이용하는 동물을 가리킬 때에나 사용하는 것이다.

'페코라(Pecora)'와 '페쿠데스(Pecudes)'에도 차이가 있다. 사람들은 오래전부터 페코라와 페쿠데스를 모두 가축을 뜻하는 말로 사용해 왔다. 그러나 페쿠데스는 '먹는 가축(pecu-ed-es)'인 식용 동물만을 가리키는 말이다.** 그리고 일반적으로 〔인간이 사육하는〕 모든 가축은 '방목한다

---

* '아니마레(animare)'는 '생기를 불어넣다, 활기를 띠게 하다'라는 뜻이다.
** 라틴어에서 '에데레(edere)'와 '에세(esse)'는 '먹다'라는 뜻이다.

[그림 1-2] 동물들에게 이름을 붙여주는 아담

(pascere)'는 의미에서 '페쿠스'라고 한다.

일을 하는 데 이용하는 역축役畜을 나타내는 '유멘타*(Iumenta)*'라는 말은 그들이 우리를 '도와*(iuvare)*' 짐을 나르고 쟁기질을 하는 것에서 비롯되었다. 황소는 짐마차를 끌고, 쟁기로 딱딱한 땅을 갈아엎는다. 말은 짐을 나르고, 사람들이 걷는 수고를 덜어준다. 이처럼 그들은 매우 센 힘으로 사람들을 돕기 때문에 '유멘타'라고 불리는 것이다.

마찬가지로 어떤 동물들을 '아르멘타*(Armenta)*'라고 부르는 것은 그 동물들이 전투를 할 때 이용되기 때문이다. 아르멘타는 '병기로 적합하다*(armis apta)*'는 뜻이다. 그러나 아르멘타가 '쟁기질'이라는 뜻의 '아란도*(arando)*', 다시 말해 '아라멘타*(aramenta)*'에서 왔다고 생각하는 사람들도 있다. 그리고 황소가 뿔로 '무장하고*(armata)*' 있기 때문에 그렇게 불린다고 보는 이들도 있다.

〔가축의 떼를 나타내는〕'아르멘타'와 '그레게스*(Greges)*'라는 말은 구분해서 써야 한다. 아르멘타는 떼를 이루고 있는 말이나 황소의 무리를 가리키고, 그레게스는 염소나 양의 무리를 가리키는 말이기 때문이다.

＊　　＊　　＊

f. 7r 이제 여기서부터 '동물의 본성에 관한 책*(Liber de naturis bestiarum)*'이 시작된다. 사자, 표범, 호랑이, 늑대, 여우, 개, 원숭이와 같은 동물들부터 살펴보자.

2

걸어다니는 동물

사자

"사자는 가장 강한 동물이다. 그 동물은 어떤 것이 다가와도 겁내지 않는다."[1]

맹수*(Bestia)*는 엄밀히 말하자면 사자·표범·호랑이·늑대·여우·개·원숭이처럼 이빨과 발톱으로 분노를 드러내는 모든 동물들을 가리키는 말이다. 뱀은 예외이다. 그들을 맹수라고 부르는 것은 그들이 분노했을 때의 폭력성 때문이다. 그들은 '야수*(Fera)*'라고도 불리는데, 야생에서 욕망을 따르며 자유롭게 살아가기 때문이다. 그들은 의지에 따라 자유로이 행동하고, 이곳저곳을 돌아다니며 본능이 이끄는 대로 움직인다.

사자의 라틴어 이름인 '레오*(Leo)*'는 그리스어에서 온 것으로, 그리스어에서 사자를 가리키는 '레온*(Leon)*'이라는 말의 일부가 변형되어 만들어졌다. 이 그리스어 낱말은 라틴어의 '렉스*(rex)*'와 마찬가지로 '왕'이라는 뜻도 가지고 있는데, 사자가 모든 동물들의 왕이기 때문이다.

사자에는 세 가지 종류가 있다고 한다. 그 가운데 몸이 짧고 갈기가 곱슬곱슬한 사자는 온순하다. 몸이 길고 갈기가 곧게 뻗은 사자는 난폭하다. 이마와 꼬리는 그들의 성미를 보여준다. 사자의 용기는 가슴에서, 사자의 단호함은 머리에서 나온다. 그들은 수레바퀴가 내는 덜컹거리는 소리에 겁을 낸다. 불은 훨씬 더 무서워한다.[2] 그렇지만 사자는 선천적으로 자부심이 강하다. 그들은 다른 야생동물들과 어울리지 않으며, 왕들이 그러하듯이, 무리를 지어 떼로 몰려다니는 것을 경멸한다.[3]

사자의 세 가지 특성

자연학자들은 사자한테 세 가지 주요한 특성이 있다고 말한다.

첫째, 사자는 산꼭대기에서 울부짖기를 좋아한다. 사냥꾼들이 쫓아오면 사자는 그들의 냄새를 맡고 꼬리로 자신의 자취를 지운다. 그래서 사냥꾼들은 사자를 추적할 수 없게 된다. 이와 마찬가지로 유대 민족의 영적인 사자, [성서에 다윗의 아버지로 나오는] 이새의 혈통, 다윗의 후손이신 우리의 구세주께서는 그의 아버지에 의해 보내져서 성모 마리아의 자궁으로 내려왔다. 그리고 길을 잃은 인류를 구원할 때까지 천국에서의 그의 사랑의 흔적을 숨기셨다. f. 7v 인간의 적인 악마는 그의 신성神性을 깨닫지 못하고는 평범한 인간에게 하는 것처럼 그분을 유혹하려 했다. 심지어 높은 곳의 천사들도 그분의 신성을 알지 못했다. 그래서 그분이 아버지에게 올라가려고 할 때, 그분과 함께 있는 이들에게 "이 영광스러운 왕은 누구십니까?"라고 묻기도 했다.

사자의 두 번째 특성은 잠을 잘 때도 눈을 뜨고 있다는 것이다. 이와 마찬가지로 우리 주님도 육체는 십자가 위에서 죽음의 잠에 빠져 땅에 묻혔으나, 신성은 늘 깨어 있었다. 그래서 「아가」에서 "나는 잠들었으나 내 마음은 깨어 있다"[4]고 하고, 「시편」에서는 "보라, 이스라엘을 지키시는 분께서는 졸지도 않으시고 잠들지도 않으신다"[5]고 한 것이다.

[그림 2-1] 사자의 세 가지 특성 : 꼬리로 흔적을 지우는 사자,
눈을 뜨고 자는 사자, 죽은 새끼를 3일째 되살리는 사자

사자의 세 번째 특성은 암사자가 새끼를 낳을 때 사산을 한다는 것이다. 어미 사자가 죽은 새끼들을 지키면 3일째 되는 날에 아비 사자가 와서 새끼들의 얼굴에 숨을 불어넣어 그들을 되살린다. 이와 마찬가지로 전능한 신도 죽은 지 3일째 되는 날에 우리 주 예수 그리스도를 깨우셨다. 야곱도 "그는 사자처럼 잠들 것이다. 그리고 사자의 새끼처럼 되살아나리라"[6]고 했다.

사자의 본성

사람들은 사자를 두려워한다. 하지만 사자들은 본래 위해를 받지 않으면 성을 내지 않는다. 그러므로 분별 있는 사람들은 이를 본보기로 삼아 해를 입지 않았는데도 화를 내는 것과 그리스도교의 법에서 풀어주라고 명한 무고한 이들을 탄압하는 것을 경계해야 한다. 사자의 너그러움을 보여주는 사례는 수없이 많다. 사자는 자기 앞에 엎드린 자를 용서해준다. 그리고 자신들과 싸우다 포로가 된 자들이 집으로 돌아갈 수 있게 해 준다.[7] 여성보다는 남성에게 화를 쏟아내며, 배가 몹시 고프지 않는 한 아이들은 죽이지 않는다.

그리고 사자는 과식을 하지 않는다. 그들은 하루 건너 한 번씩 물을 마시고 먹이를 먹는다. 그리고 이따금 음식이 소화되지 않을 때면 다음 번 식사를 미룬다. 먹을 수 있는 것보다 많은 양을 먹어 속이 불편할 때에는 스스로 발을 입 안에 넣어 먹은 음식을 게워낸다. 도망쳐야 할 때 배가 불러도 똑같이 행동한다. 이빨이 빠졌다는 것은 사자가 나이가 들었다는 뜻이다.

사자들은 〔배와 등을〕 '맞대고(aversa)' 짝짓기를 한다. 스라소니, 낙타, 코끼리, 코뿔소, 호랑이가 그러하듯이 말이다. 암사자는 첫 출산에서 다섯 마리의 새끼를 낳는다. f. 8r 그리고 해가 갈수록 낳는 새끼의 수가 줄어든다. 그러다 결국 새끼를 한 마리만 낳게 되면 생식능력은 사라지

[그림 2-2] 동물의 왕 사자

고 영원히 불임이 된다.[8]

사자는 전날의 음식을 먹는 것을 경멸하므로, 자신이 남겼던 음식은 거들떠보지도 않는다.

어떤 동물이 감히 사자에게 도전하겠는가. 사자가 포효하는 소리는 그 자체만으로도 공포를 불러일으킨다. 그 소리가 들려오면 살아 있는 모든 것들이 사자를 피해 최대한 빨리 도망친다. 마치 진짜 힘에 눌려 정신이 아찔해진 것처럼, 포효하는 소리에 압도당해 의식을 잃고 쓰러지기도 한다.[9] 사자는 병에 걸리면 몸을 치료하기 위해 원숭이를 잡아먹는다.

그러나 사자는 수탉, 특히 하얀 수탉을 두려워한다. 짐승의 왕인 사자는 전갈의 작은 침에 고통스러워하고, 뱀의 독에 죽기도 한다.[10] '레온토포네스(Leontophones)'*라고 불리는 작은 짐승이 있는데, 이 동물은

---

* 그리스어로 레온(leon)은 '사자', 포네우스(phoneus)는 '살해자'라는 뜻이다.

붙잡히면 불이 붙어 타오른다. 그 재를 뿌려서 오염시킨 고기를 교차로에 던져 놓으면 사자는 그것을 먹고 죽는다. 아주 조금만 먹어도 그렇게 된다. 그래서 사자는 본능적으로 레온토포네스를 증오한다. 그리고 기회가 될 때마다 그것을 뒤쫓아 잡아서는 입으로 물어뜯지 않고 발로 갈기갈기 찢어서 죽인다.[11]

[암사자는 인간의 마음을 나타낸다. 욥은 "당신은 암사자 같은 나의 자만심 때문에 나를 붙잡았습니다"[12]라고 말했다. 신의 섭리는 그 자신이 목표한 바를 위해 우리 주변의 모든 것들을 이용한다. 그리고 그것은 우리의 마음이 주제넘게 자만심으로 부풀어 오를 것을 염려하여 역경을 가져다주어 육신을 괴롭힌다. 곤경에 처해 있는 동안 우리는 하나뿐이신 창조주의 도움을 더 깊게 믿게 된다. 그러므로 "당신은 암사자 같은 나의 자만심 때문에 나를 붙잡았습니다"는 말은 옳다.

암사자는 새끼들을 위해 먹이를 찾을 때 도랑에 숨어서 먹잇감을 잡으려 한다. 여러 곳에서 전해지는 내용에 따르면, 사람들은 암사자가 다니는 길에 구덩이를 파고 그 안에 암사자의 식욕을 자극하게끔 양을 집어넣는다. 구덩이는 좁고 가파르므로 암사자는 한번 그 안으로 들어가면 뛰어서 빠져나오지 못한다. 구덩이 근처에 또 다른 깊은 구덩이를 파서 굴로 두 구덩이를 연결시켜 놓는데, 암사자가 구덩이로 뛰어들면 양은 겁에 질린 나머지 굴 안으로 숨어든다. 그러면 양은 해를 입지 않고 (다른 구덩이로) 무사히 몸을 피하게 되고, 이때 굴을 무너뜨리면 안전하게 양도 되찾을 수 있다.

이처럼 인간의 마음은 육신의 식욕을 채울 먹이를 찾는 동안 덫에 빠지기 쉽다. 그리고 그 덫은 '자유의지'라는 것에 숨겨져 있다. 이는 암사자가 새끼들에게 줄 먹이를 찾다가 함정으로 만든 구덩이 안에서 죽임을 당하는 것과 같다. 암사자의 적들이 그녀의 발을 금지된 먹잇감으로 이끌기 때문이다.][13]

[그림 2-3] 유리구슬에 속아 넘어가는 암호랑이

호랑이

호랑이(*Tigris*)는 달릴 때의 빠른 속도 때문에 그런 이름으로 불린다. 페르시아와 그리스, 메디아 사람들이 호랑이를 '화살(*tigri*)'이라고 불렀기 때문이다.

f. 8v 다채로운 무늬와 용감함, 빼어난 속도는 다른 동물들과 구분되는 호랑이만의 특징이다. 티그리스강의 이름도 호랑이에게서 비롯된 것이다. 그 강이 강들 가운데 가장 빠른 속도로 흐르기 때문이다. 호랑이는 원래 〔이라크 북쪽 카스피해 연안의〕 히르카니아 지방에서 살았다.[14]

호랑이 암컷은 굴에서 새끼를 도둑맞았다는 사실을 알게 되면 곧바로 도둑의 흔적을 뒤쫓는다. 도둑이 말을 타고 달아나도 호랑이의 속도를 이길 수 없다. 호랑이를 피해 달아날 방도가 없으므로 도둑은 속임수를 쓴다. 도둑은 암호랑이가 가까이 따라붙으면, 유리구슬을 던진다. 그러면 암호랑이는 유리에 비친 자신의 모습을 보고는 그것을 도둑맞은 새끼라고 생각한다. 그래서 추격을 포기하고 구슬을 주워 모으려고 한다.

그렇게 얼마간의 시간이 지난 뒤에 자신이 착각했다는 사실을 깨닫게 된 암호랑이는 다시 온힘을 다해 달려서 말을 탄 자를 따라잡는다. 잔뜩 화가 난 암호랑이는 달아나는 자를 금세 몰아세우며 위협한다. 그러면 도둑은 구슬 하나를 다시 던져 암호랑이를 붙잡아둔다. 속았던 기억도 어미의 헌신을 이기지는 못한다. 그래서 암호랑이는 헛된 모상模像을 향해 몸을 돌리고는 마치 새끼한테 젖을 먹이려는 것처럼 자리에 주저앉는다. 이렇게 암호랑이는 강렬한 의무감에 사로잡혀서 복수와 새끼를 모두 다 잃는다.[15]

파르두스

파르두스(*Pardus*)는 얼룩덜룩한 가죽을 가진 동물로 매우 빠르다. 그 동물은 피를 갈망하며, 단 한 번의 도약만으로도 상대를 죽인다.

레오파르두스(*Leopardus*)는 암사자와 파르두스가 간통하여 태어난 동물이다. 그 둘의 결합에서 제3의 종이 태어난 것이다. 플리니우스*는 『자연사』에서 수사자와 암컷 파르두스의 짝짓기와 수컷 파르두스와 암사자의 짝짓기는 모두 **f. 9r** 노새나 버새**처럼 열등한 후손을 만들어낸다고 말했다.[16]

[수수께끼의 동물인 파르두스는 온갖 악덕들로 가득 찬 악마나 범죄와 갖가지 잘못된 일로 더럽혀져 얼룩진 죄인을 상징한다. 그래서 예언자는 이렇게 말했다. "에티오피아 사람이 자기 피부색을, 레오파르두스가 자기 얼룩을 바꿀 수 있겠는가?"[17] 「요한 묵시록」에서 적敵그리스도는 온갖 악행으로 얼룩진 파르두스로 나온다. "내가 본 그 짐승은 레오파르두스 같았습니다."[18] 「요한 묵시록」에는 파르두스가 음험한 죄와 갖가지 비행을 계속 저지른 이들로 나온다.

하지만 "늑대는 새끼 양과 함께 살고, 레오파르두스가 새끼 염소와 함께 지내리라"[19]라는 구절도 있다. 이는 그리스도의 강림과 함께 그때까지 난폭하던 이들이 순진한 자들과 함께 살게 되고, 비행으로 얼룩져 있던 이들이 참회를 통해 진실한 신앙으로 개심하게 된다는 뜻이다.][20]

---

* 플리니우스(Gaius Plinius Secundus, 23-79) 로마의 학자로 37권으로 이루어진 백과사전인 『자연사*Naturalis Historia*』를 썼다.
** 노새는 암말과 수탕나귀 사이에서 태어난 것이고, 버새는 수말과 암탕나귀 사이에서 태어난 것이다.

[그림 2-4] 얼룩덜룩한 무늬의 파르두스

[그림 2-5] 정면을 응시하는 레오파르두스

표범

표범*(Pantera)*이라고 불리는, 다양한 색을 띠고 있는 매우 아름답고 매우 온화한 동물이 있다. 『피지올로구스』에서 말하기를, 표범은 용의 유일한 천적이라고 한다.

표범은 먹이를 먹고 배가 부르면 굴에 숨어서 잠을 잔다. 그리고 3일 뒤에 잠에서 깨어나 크게 포효를 하는데, 그 입에서는 온갖 향기가 뒤섞인 달콤한 냄새가 난다. 그 향긋한 냄새 때문에 표범의 소리가 들려오면 다른 동물들은 그곳이 어디든 쫓아간다. 오직 용만이 그 소리를 듣고 공포에 휩싸여 땅 아래 깊은 곳에 있는 굴로 달아난다. 그리고 그 냄새를 참지 못하는 용은 온몸이 마비되어 마치 죽은 것처럼 꼼짝도 하지 못한다.[21]

이와 마찬가지로 진정 표범과 같은 우리 주 그리스도는 하늘에서 내려와 악마의 힘에서 우리를 구해 주셨다. 그리고 (사람의 아들로 태어난) 육화肉化를 통해 우리를 그의 자식으로 묶어 주시고, 모든 것을 가지시고, "포로들을 사로잡으시고, 사람들에게 선물을 주셨다."[22]

표범이 지닌 다양한 색은 그리스도를 상징한다. 그분은 솔로몬이 말한 신의 지혜이고, 분별 있는 영혼이자, 독보적인 영혼이다. 그리고 다채롭고 진실하며, 상냥하고 적합하며, 인정 많고 강하며, 확고부동하고 고요하며, 전능하고 모든 것을 보신다.

표범은 아름다운 동물이다. 다윗이 그분에 대해 f. 9v "당신께서는 그 어떤 사람보다 수려하시며"[23]라고 말한 것처럼 말이다.

표범은 온화한 동물이다. 이사야가 "한껏 기뻐하고 즐거워해라 딸 시온아, 환호해라 딸 예루살렘아, 너의 임금님이 너에게 오셨다. 그분은 온화하시어"[24]라고 말한 것처럼 말이다.

표범은 배가 부르면 (굴에 들어가) 숨는다. 이것은 그리스도가 유대인

[그림 2-6] 표범의 향기에 매혹된 동물들과 도망치는 용

들의 조롱을 받고, 채찍질을 당하고, 매를 맞고, 모욕당하고, 욕보임을
겪고, 가시관을 쓰고, 십자가에 매달리고, 두 손이 못으로 박히고, 강제
로 담즙과 식초를 먹고, 창으로 찔린 뒤에 깊은 죽음의 잠에 빠지신 것
과 같다. 그분은 무덤에 묻혀 지하로 내려가셨고, 그곳에 있는 거대한
용을 곧장 붙들어 묶어두셨다.

3일 뒤 표범이 잠에서 깨어나 크게 포효하며, 달콤한 내음을 뿜어내
는 것은 우리 주 예수 그리스도가 죽음에서 깨어나신 것과 같다. 다윗
은 "그분은 잠에서 일어나는 사람처럼, 술에 취했던 건장한 남자가 일
어나는 것처럼 깨어나셨다"[25]라고 말했다. 그리스도께서는 큰 소리를
내지르셨다. 그렇게 그분의 외침은 온 땅으로 퍼졌고, 그분의 말씀도
땅 끝까지 도달했다.[26]

표범의 입에서 나오는 달콤한 내음은 가까이 있는 동물과 멀리 있는
동물을 모두 끌어당긴다. 이와 마찬가지로 한때는 짐승 같았으나 율법
을 준수해 그리스도와 가깝게 된 유대인들이나 율법이 없어 그리스도
와 멀리 떨어져 있던 종족들도 그리스도의 목소리를 들으면 모두 그분
을 따르게 된다. 예언자는 "당신 말씀은 저에게 어찌나 감미로운지! 그

말씀은 제 입에 꿀보다도 답니다"[27]라고 했다. 그리고 그리스도에 대해 "은총이 당신의 입술에 넘치도록 부어지니 신께서는 당신을 영원히 축복하셨습니다"[28]라고도 했다. 솔로몬도 "그대의 향유 내음은 그 어떤 향료보다도 감미롭습니다"[29]라고 말했다. "당신의 향유 내음은 우리로 하여금 당신을 따르게 합니다"[30]라고도 했다. 그리고 바로 뒤이어 "임금님이 나를 그의 내전으로 데려가셨네"[31]라고 말했다.

우리는 되도록 빨리 그리스도 계율의 향긋한 내음을 서둘러 따라가야 한다. 젊은 영혼들, 다시 말해 세례로 새로워진 영혼들처럼 말이다. 그리고 우리는 천상의 것을 위해 이 세상의 것을 끝내야 한다. 그러면 왕께서는 우리를 모든 성인들의 산 위에 있는 고결한 주님의 도시인 예루살렘의 궁전으로 이끌어주실 것이다.

표범은 작고 둥근 점으로 뒤덮인 짐승이다. 검은색과 흰색, 황갈색으로 된 눈 모양의 다양한 점들이 그것의 특징이다.[32]

암컷 표범은 단 한번만 출산을 한다. [거기에는 그럴 만한 이유가 있다. 세 마리의 새끼들이[33] 어미의 몸속에서 자라 태어나기 충분할 정도로 강해지면 그들은 더 이상 그곳에 머무르려 하지 않는다. 그들은 발톱으로 자궁을 할퀸다. 열매를 담고 있는 그 태가 마치 자신들이 태어나는 것을 막고 있다는 듯이 말이다. 그러면 어미는 괴로움을 못 이겨 새끼들을 밖으로 밀어낸다. 그리고 난 다음에는 자궁이 상처를 입고 망가져서 씨가 들어와도 뿌리를 내리지 못하고 그대로 흘러나가고 만다.

플리니우스는 날카로운 발톱을 가진 동물들은 새끼를 여러 번 가질 수 없다고 말한다. 새끼들의 움직임이 몸속에 치명적인 상처를 입히기 때문이다.][34]

[그림 2-7] 톱니 모양의 뿔이 덤불에 휘감긴 안탈롭스

안탈롭스[35)

안탈롭스(*Antalops*)라고 불리는 동물이 있는데, 매우 예민해서 어떤 사냥꾼도 가까이 다가가지 못한다. 그것은 톱 같은 긴 뿔이 있어 커다란 나무들도 베어 바닥에 쓰러뜨릴 수 있다. 안탈롭스는 목이 마르면 유프라테스강으로 간다. 거기에는 그리스인들이 '고슴도치 덤불(*Hercina*)'이라고 부르는, 잘고 가느다란 가지들이 뒤얽혀 덩어리를 이루고 있는 관목이 있다. 안탈롭스는 뿔로 그 덤불을 가지고 논다. 그러다 뿔이 가느다란 가지들에 휘감겨 엉켜 버린다. 오랫동안 애를 써도 혼자 힘으로 빠져나오지 못하면 안탈롭스는 큰 소리로 울어댄다. 그러면 사냥꾼이 곧바로 그 소리를 듣고 찾아와서 안탈롭스를 죽인다.*

---

* 안탈롭스 · 유니콘 · 스라소니 · 그리핀 항목은 유실된 내용을 〈애쉬몰 필사본〉에서 가져왔다.

그러니 그대 인간이여 정신을 바짝 차리고 순결하고 영적인 삶을 살도록 노력해라. 두 개의 뿔처럼 두 개의 성서가 그대에게 주어졌다. 그것들의 도움으로 그대는 육신과 영혼의 모든 악덕들을 베어내고 뿌리뽑을 수 있다. 술에서 벗어나야 한다. 욕정과 쾌락의 덫에 붙잡혀 악마에게 죽임을 당하지 않으려면 말이다. "술과 여자는 사람들이 신을 저버리게 한다"[36]고 했다.

유니콘[37]

그리스어로는 '리노케로스(Rinoceros)'라고 부르는 유니콘(Unicornis)은 다음과 같은 본성을 지닌다. 유니콘은 작은 동물로 어린 염소처럼 생겼는데 매우 재빠르며, 이마 한가운데 뿔이 하나 있다.

어떤 사냥꾼도 유니콘을 잡지 못한다. 그러나 다음과 같은 방법을 쓰면 유니콘을 잡을 수 있다. 처녀인 소녀를 유니콘이 사는 곳으로 데리고 가서 숲속에 홀로 남겨둔다. 유니콘은 소녀를 보자마자 무릎으로 뛰어들어 그녀를 끌어안고 잠이 든다.[38] 그러면 유니콘을 잡을 수 있다.[39]

우리 주 예수 그리스도는 영적인 유니콘이다. "나의 사랑은 유니콘의 새끼와도 같다"[40]라는 말처럼, 「시편」에서 "당신께서는 저의 뿔을 유니콘의 뿔처럼 치켜들어 주시고"[41]라고 한 것처럼, 즈가리야가 "그분은 그의 종 다윗 집안에서 우리의 구원을 위한 뿔을 치켜세우셨습니다"[42]라고 말한 것처럼 말이다.

유니콘 이마에 나 있는 하나의 뿔은 그분 스스로가 말씀하신 "아버지와 나는 하나이다"[43]라는 의미를 나타낸다. 사도가 "그리스도의 머리는 신이다"[44]라고 한 것처럼 말이다. 그분은 매우 빨라서 천사도, 권능도, 왕도, 군주도, 그분을 잡을 수 없다. 지하세계도 그분을 붙잡을 수

[그림 2-8] 처녀를 이용한 유니콘 사냥

없으며, 가장 교활한 악마라 할지라도 그분을 얽어맬 수 없다. 오로지 아버지의 의지만이 그분을 우리를 구하기 위해 성모 마리아의 태로 내려오시게 했다.

그분이 유니콘이라는 작은 동물로 불리는 이유는 스스로를 낮추어 육화하셨기 때문이다. 그분이 스스로 "나는 마음이 온유하고 겸손하니 나에게 배워라"[45]라고 말씀하신 것처럼 말이다. 유니콘이 새끼염소를 닮은 것은 우리 주님이 스스로 죄 많은 육신의 모습을 하고, 그 육신으로 죄를 처단하셨기 때문이다.[46]

유니콘은 코끼리와 싸우기도 하는데, 코끼리의 배에 상처를 입혀 쓰러뜨린다.[47]

스라소니[48)

스라소니가 '린스*(Lynx)*'라고 불리는 까닭은 그 동물이 '늑대*(Lupus)*'의 일종이기 때문이다. 스라소니는 파르두스처럼 등이 점으로 덮여 있지만, 늑대를 닮았다.

스라소니의 오줌은 굳으면 '리구리우스*(ligurius)*'*라고 불리는 값진 보석이 된다.[49] 스라소니들은 이것이 값지다는 것을 알고 있다. 스라소니들이 오줌을 싸고 난 뒤에 최선을 다해서 흙으로 덮어두려고 하는 것을 보면 알 수 있다. 그들은 본능적으로 질투심이 많아서 자신의 배설물이 인간의 손에 넘어가 쓰이는 것을 참지 못한다.[50]

플리니우스에 따르면, 스라소니는 새끼를 한 번만 낳는다고 한다.[51]

[이 짐승은 마음이 딱딱하게 굳어 있는, 질투심 많은 사람들을 나타낸다. 그들은 선한 일보다는 해로운 일을 하고, 세속적인 욕망에만 몰두한다. 그리고 자신이 가지고 있어 봤자 아무 쓸모도 없고 오히려 다른 이들에게 더 유용한 것일지라도 결코 포기하려 들지 않는다.][52]

[그림 2-9] 오줌이 보석으로 변하는 스라소니

---

* 리구리레*(ligurire)*는 라틴어로 '몹시 탐내다, 질투하다'라는 뜻이다.

그리핀[53)]

그리핀(Grifes)은 깃털이 있으면서도 네 개의 '발(pes)'을 가진 동물이라서 그렇게 불린다. 그 동물의 고향은 북쪽 끝에 있는 나라의 산악지대이다.[54)]

그리핀의 몸통은 사자와 같고, 날개와 얼굴은 독수리를 닮았다. 그것은 말들에게 매우 적대적이고, 인간들을 보면 달려들어 갈기갈기 찢어서 죽이려 한다.[55)]

코끼리

[코끼리*(Elephans)*라고 불리는 동물이 있는데, 이 동물은 짝짓기 욕구가 없다. 그리스인들은 코끼리의 이름이 마치 산처럼 보이는 그 크기에서 비롯되었다고 믿는다. '엘리피오*(eliphio)*'는 그리스어로 '산'을 가리키기 때문이다. 인도 사람들은 코끼리의 소리 때문에 그 동물을 '바루스*(Barrus)*'라고 부른다. '바리투스*(barritus)*'는 코끼리의 큰 울음소리를 의미한다.* 코끼리의 이빨인 상아는 '에부르*(ebur)*'라고 한다. 코끼리의 코는 입에 음식을 넣을 때 사용하기 때문에 '프로보스키스*(proboscis)*'라고 부른다.** 그 코는 뱀처럼 생겼는데 상아가 방어막이 되어 그것을 보호해준다.][56]

f. 10r 이 세상에 코끼리보다 큰 동물은 없다. 페르시아와 인도 사람들은 코끼리 등에 나무로 만든 탑을 싣고는 성벽 위에 서 있는 것처럼 창을 들고 싸운다.

코끼리는 영리하고 기억력도 좋다. 그들은 떼를 지어 움직이며, 쥐를 보면 피한다. 그들은 배와 등을 맞대고 짝짓기를 한다. 암컷은 2년 동안 임신을 하며 단 한번만 새끼를 낳는데, 그것도 여러 마리가 아니라 오직 한 마리만 낳는다. 그리고 코끼리는 300년이나 산다.[57]

코끼리의 특성[58]

코끼리는 후손을 얻으려 할 때는 동쪽의 에덴동산 부근으로 간다. 그곳에는 '만드라고라*(Mandragora)*'라고 불리는 나무가 자라고 있다.[59] 수컷 코끼리는 자신의 짝과 함께 그곳으로 간다. 암컷이 먼저 그 나무의 열매를 먹고, 그것을 자신의 짝에게도 준다. 그녀는 수컷 코끼리가 그

---

* 라틴어 '바리투스*(barritus)*'에는 '전장의 함성'이란 뜻도 있다.
** 그리스어로 '프로*(pro)*'는 '사전에', '보스코*(bosko)*'는 '먹기 위해'라는 뜻이다.

것을 먹도록 부추긴다. [그것을 먹은 뒤에 그들은 짝짓기를 한다.][60] 그러면 암컷 코끼리는 바로 임신을 한다.[61]

새끼를 낳을 때가 되면 암컷 코끼리는 못이 있는 곳으로 가서 가슴까지 물이 차오를 때까지 걸어 들어간다. 그리고 수컷 코끼리는 암컷 코끼리가 출산을 하는 동안 그녀를 지켜준다. 코끼리는 용이라는 적을 가지고 있기 때문이다.[62]

코끼리는 뱀을 발견하면 완전히 죽을 때까지 그것을 짓밟는다. 코끼리는 황소를 공포에 떨게 하지만, 쥐는 무서워한다.[63]

코끼리는 넘어지면 일어나지 못하는 특성도 지니고 있다. 코끼리는 무릎에 관절이 없기 때문에 잠을 잘 때면 나무에 기대서 엎드린다. 사냥꾼이 나무로 길을 막아 놓으면 코끼리가 그것에 기댄다. 그러면 코끼리는 나무와 함께 쓰러진다. 넘어진 코끼리는 코로 나팔을 불어 큰 소리를 낸다. 그러면 곧바로 커다란 코끼리 한 마리가 다가오지만 넘어져 있는 코끼리를 일으켜 세우지는 못한다. 이제 두 코끼리가 함께 울부짖는다. 그러면 열두 마리의 코끼리들이 다가오는데 그들도 넘어진 코끼리를 일으켜 세우지 못한다. 그들이 다시 함께 코로 나팔을 불면 작은 코끼리 한 마리가 다가와 자신의 코를 큰 코끼리 아래에 넣어 그를 일으켜 세운다.[64]

작은 코끼리의 털과 뼈는 불에 태우면 어떤 악도 접근하지 못하게 하는 효험이 있다. 용조차도 감히 가까이 다가오지 못한다.[65]

코끼리의 본성

큰 코끼리와 그의 짝은 아담과 이브를 상징한다. 그들은 신의 기쁨이었고, 죄를 짓기 전에는 어떻게 짝짓기를 하는지 몰랐으며 죄를 알지 못했다. f. 10v 그러나 여자가 나무의 열매를 먹었다. 다시 말해 그녀는 자신의 짝에게 지식의 나무 만드라고라의 열매를 주었고, 임신을 했다.

[그림 2-11] 전쟁터의 코끼리

그것이 그들이 천국에서 떠나야 했던 이유이다. 천국에 있는 동안 아담은 이브를 육신으로 알지 못했다. 그래서 "아담은 자신의 아내를 알았고 그녀는 임신을 했다"[66]고 한 것이다. 그녀는 죄의 물 안에서 아이를 낳았다. 이와 관련해 예언자는 "오, 하느님. 저를 구하소서, 제 영혼까지 물이 들어찼습니다"[67]라고 말했다. 용이 그들을 꾀었고, 그들을 성에서 쫓겨나게 만들었다. 다시 말해 그들은 신을 화나게 만든 것이다.

뒤이어 (구약의) 율법을 의미하는 커다란 코끼리가 왔으나 인간을 일으켜 세우지는 못했다. 강도를 만나 쓰러진 사람을 사제가 일으켜 세우지 않았던 것처럼 말이다. 열두 마리의 코끼리, 다시 말해 예언자들도 인간을 일으켜 세우지 못했다. 레위인이 상처를 입고 쓰러져 있는 남자

를 일으켜 세우지 않았던 것처럼 말이다.[68)]

그러나 영리한 코끼리이신 우리 주 예수 그리스도는 비록 모든 것보다 크시지만 스스로를 낮추어 모든 것들 가운데 가장 작은 존재가 되셨고, 인간을 일으켜 세우기 위해 죽음을 받아들이셨다. 그분은 강도들을 만나 상처를 입고 쓰러져 있던 사람을 자신의 노새에 태워 데려가 돌보아 준 착한 사마리아인이다. 예수 그리스도는 자신이 상처를 입으셨으면서도, 우리의 나약함을 짊어지셨고, 우리의 죄를 옮겨주셨다.

사마리아인은 수호자를 상징하기도 한다. 이 주제에 대해 다윗은 "주께서는 자녀들을 지키시니"[69)]라고 했다. 주님이 계신 곳에는 악마가 가까이 오지 못한다.

코끼리는 무엇이든 코로 감싸 올려서 부러뜨릴 수 있다. 그리고 마치 거대한 잔해가 떨어지는 것처럼 뭐든지 발로 짓밟아 으깨어 죽일 수도 있다.[70)]

코끼리들은 결코 암컷을 차지하려고 싸우지 않는다. 그들은 간통이 무엇인지 모르기 때문이다.

코끼리들은 자비로운 성품을 지니고 있다. 그들은 사막에서 길을 잃고 헤매는 사람을 보게 되면 익숙한 길로 그를 데려다 준다. 가축떼를 마주치게 되면, 사려 깊고 평화롭게 길을 내주어 자신들의 상아가 지나가는 다른 동물에게 상처를 입히지 않게 조심한다. 만약 어쩌다 전쟁에서 싸우게 되더라도 부상자를 돌보기 위해 애쓴다. **f. 11r** 그래서 그들은 지치고 상처 입은 이를 자신들의 무리 한가운데로 옮겨 놓는다.[71)]

[그림 2-12]

비버

비버(Castor)라는 동물이 있는데, 매우 온순하다. 비버의 고환은 약으로 쓰기에 매우 좋다. 『피지올로구스』에서 말하기를, 비버는 사냥꾼이 자신을 쫓는다는 것을 알게 되면 자신의 고환을 물어뜯어 사냥꾼에 면상에 던지고 달아난다고 한다.[72] 그리고 또 다른 사냥꾼이 쫓아오면 뒷다리를 들어올려 자신의 생식기를 보여준다. 그러면 사냥꾼은 고환이 없는 것을 보고는 비버를 내버려두고 가버린다.

이처럼 신의 계율을 따르고 순결하게 살고자 하는 사람이라면 누구나 자신의 악덕과 음란한 행위를 모조리 잘라내어 악마의 면상에 던져버려야 한다. 그러면 악마는 그 사람에게는 자신의 소유로 삼을 만한 것이 없다는 것을 깨닫고는 허둥지둥 물러난다. 신 안에서 사는 사람은 "내가 쫓아가서 그들을 붙잡아"[73]라고 말한 악마에게 잡히지 않는다.

비버의 라틴어 이름인 '카스토르(Castor)'는 〔'거세하다'라는 뜻의〕 '카스트라레(castrare)'라는 말에서 온 것이다.[74]

아이벡스

아이벡스(Ibex)라고 불리는 동물은 매우 강한 두 개의 뿔을 가지고 있다. 그래서 높은 산에서 낭떠러지 아래로 떨어지더라도 그 두 개의 뿔이 몸 전체를 지탱해준다.[75]

아이벡스는 학식 있는 자들을 나타낸다. f. 11v 그들은 두 개의 성서를 화음처럼 조화시켜 자신들에게 닥친 어떤 역경도 헤쳐 가곤 한다. 두 개의 뿔이 〔아이벡스를〕 지탱하는 것처럼, 그들은 구약과 신약을 읽고서 얻은 교훈으로 자신들의 선을 지탱한다.[76]

[그림 2-13] 절벽에서 뛰어내리는 아이벡스

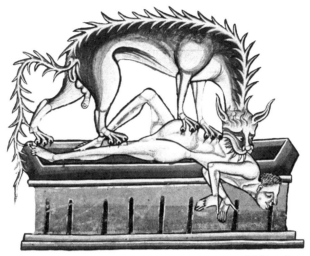

[그림 2-14]

하이에나

하이에나(Yena)라고 불리는 동물이 있는데, 묘지에 살며 시체를 먹는다. 그것은 어떤 때는 수컷이었다가 어떤 때는 암컷인 불결한 동물이다.[77] 하이에나는 척추가 딱딱하게 하나로 되어 있어서 몸 전체를 돌리지 않고서는 뒤를 돌아보지 못한다.

솔리누스*는 하이에나에 관한 놀라운 이야기들을 많이 남겼다.[78] 우선 하이에나는 양치기가 양을 우리에 가둬 키우는 곳에 몰래 접근해서, 밤마다 그들의 집 주위를 돌아다닌다. 그리고 사람들이 하는 말을 주의 깊게 듣고 익혀서는 인간의 목소리를 흉내 낸다. 한밤중에 누구든 꾀어내어서 구렁텅이로 떨어뜨리기 위해서 그렇게 하는 것이다. 하이에나

---

* 솔리누스(Gaius Julius Solinus, 3세기) 로마의 문법학자이자 저술가로 세계 각 지역의 지리와 자연환경, 종교, 문화 등을 다룬 『세상의 경이De mirabilibus mundi』를 써서 중세에 큰 영향을 끼쳤다.

는 사람이 토하는 시늉도 낸다. 구역질하는 소리를 가짜로 내서 개들을 유인하고는 잡아먹는 것이다.

하이에나를 사냥하던 개들이 우연찮게 하이에나의 그림자를 밟으면, 개들은 곧바로 목소리를 잃고 짖지 못하게 된다. 하이에나는 시체를 찾기 위해 무덤도 파헤친다.

〔유대인인〕 이스라엘의 자손들은 하이에나를 닮았다. 처음에 그들은 살아 있는 신을 섬겼지만, 나중에는 부와 사치에 탐닉하며 우상들을 숭배했다. 그래서 예언자는 "나의 선민이 하이에나 소굴이 되어"[79]라며 유대인을 불결한 동물에 비유했다.[80]

우리들 가운데 사치와 탐욕의 노예가 된 자들도 이 짐승과 같다. 그들은 남자도 아니고 f. 12r 여자도 아니며, 신도도 아니고 이교도도 아니다. 그들은 솔로몬이 "두 마음을 품은 사람은 항상 안정을 찾지 못한다"[81]라고 말한 자들이며, 주님이 "너희는 하느님과 재물을 함께 섬길 수 없다"[82]라고 말한 자들이다.

하이에나의 눈 안에는 '히에니아(hyenia)'라고 불리는 돌이 들어 있다. 그 돌을 혀 아래에 넣고 있으면, 누구든지 미래를 예언할 수 있다고 한다.[83] 그리고 어떤 동물이라도 하이에나가 그 동물 주변을 세 바퀴 돌면 움직일 수 없게 된다. 그래서 사람들은 하이에나가 마법의 힘을 갖고 있다고 보기도 한다.[84]

에티오피아의 어딘가에서는 하이에나가 암사자와 짝짓기를 한다. 그 결합에서 '크로코타(Crocota)'라는 괴물이 태어난다. 그 동물은 하이에나처럼 사람의 소리를 낼 줄 알며, 시선을 고정시키고 빤히 응시한다. 크로코타의 입에는 잇몸이 없다. 그리고 전체가 하나로 연결되어 있는 이 빨은 마치 여닫는 상자와 같아서 도무지 무뎌지지 않는다.[85]

[그림 2-15] 공격을 받자 똥을 분사하는 본나콘

본나콘

아시아에는 본나콘(*Bonnacon*)이라 불리는 동물이 있다.[86] 그 동물은 황소와 같은 머리를 가지고 있다. 몸집도 황소만 한데, 목에는 말처럼 갈기가 나 있다.

본나콘의 뿔은 나선형으로 안쪽으로 심하게 말려 있어서 남에게 상처를 입히지 못한다. 자신을 지키기 위해 이 괴물은 이마가 아니라 내장을 사용한다. 본나콘은 달아날 때면 3유제룸*이나 떨어진 곳까지 똥을 싸질러 놓는다. 그 똥은 너무 뜨거워서 닿으면 타버릴 정도이다. 이처럼 본나콘은 위험한 배설물을 이용해 추격자들을 따돌린다.[87]

---

* 유제룸(Jugerum) : 길이와 면적을 나타내던 고대의 단위. 1유제룸은 길이로는 240페데스(pedes), 너비로는 120페데스이다. 1페데스가 성인 남자의 발 크기를 기준으로 한 단위로 30cm 정도이므로, 3유제룸은 216m 정도의 거리를 가리킨다.

원숭이

f. 12v 원숭이(*Simia*)를 라틴어로 '시미아'라고 부르는 것은 그들이 이성을 지닌 인간과 많은 점에서 '유사해(*similitudo*)' 보이기 때문이다. 원숭이들은 자연의 변화에 매우 민감하다. 그들은 달이 새로 차오르면 기뻐하고, 작아지면 슬퍼한다.[88]

원숭이는 쌍둥이를 낳게 되면 하나는 사랑하지만 다른 하나는 미워하는 본성을 지니고 있다. 만약 사냥꾼에게 쫓기게 되면 어미 원숭이는 사랑하는 새끼는 두 팔에 안고, 미워하는 새끼는 어깨에 얹는다. 그러나 달아나다 지쳐서 서 있는 것조차 힘들 지경이 되면 어미 원숭이는 사랑하는 새끼는 스스로 내려놓지만, 싫어하는 새끼는 어쩔 수 없이 계속 어깨 위에 얹고 옮겨야 한다.[89]

원숭이는 꼬리가 없다. 악마도 머리는 있지만 꼬리는 없는 원숭이와 같다. 원숭이는 모든 것이 불결하지만 궁둥이는 특히나 역겹고 끔찍하다.[90] 악마는 애초에는 하늘의 천사였지만, 속은 위선자이자 사기꾼이었다. 그는 꼬리를 잃어버렸다. 종국에 가서 그는 완전히 소멸할 것이기 때문이다. 사도가 "주님이 입의 영으로 그를 멸하실 것이다"[91]라고 하였듯이 말이다.[92]

그리스어로 시미아(*symia*)는 '납작코'라는 뜻이다. 그래서 우리는 납작한 코와 오그라진 풀무처럼 주름이 너저분하게 퍼져 있는 추한 얼굴을 가진 원숭이를 '시미아'라고 부르는 것이다. 암컷 염소도 납작한 코를 가졌다.

키르코페티키(*Circopetici*)라고 불리는 원숭이는 꼬리를 가지고 있다. 그 꼬리는 키르코페티키가 앞에서 말한 원숭이들과 구별되는 유일한 특징이다.

케노팔리(*Cenophali*)도 원숭이에 포함된다. 그들 대부분은 에티오피아

[그림 2-16] 사냥꾼에게 쫓기는 어미 원숭이와 쌍둥이 새끼

에서 서식한다. 그들은 거칠게 뛰어오르고 f. 13r 사납게 물어뜯는데, 결코 길들여지지 않으며 늘 포악하다.

스핑게스(Spinges)도 원숭이에 속한다. 그들은 팔에 털이 많은데 교육으로 쉽게 야생 본능을 누그러뜨릴 수 있다.

사티로스(Satiros)라고 불리는 원숭이도 있다. 그들은 꽤 매력적인 얼굴을 하고 있는데, 잠시도 가만히 있지 못하고 끊임없이 움직인다.

칼리트리케스(Callitrices)라고 불리는 원숭이는 겉모습 전체가 다른 원숭이들과 다르다. 그들은 수염이 난 얼굴과 넓은 꼬리를 가지고 있다. 칼리트리케스를 잡는 것은 그리 어렵지 않지만, 사람들이 그들을 보기는 어렵다. 그들은 자신들의 고향인 에티오피아의 하늘 아래가 아니면 다른 곳에서는 살지 못하기 때문이다.[93]

사슴

사슴(Cervus)을 가리키는 '케르부스'라는 이름은 그들의 뿔에서 비롯되었다. 그리스에서는 '뿔'을 '케라타(cerata)'라고 한다.

사슴은 뱀의 천적이다. 사슴은 몸이 쇠약해졌다고 생각되면 콧바람으로 뱀을 유인해 구멍 밖으로 끌어내서는,[94] 치명적인 독도 아랑곳하지 않고 뱀을 잡아먹고 다시 기운을 차린다. 사슴은 꽃박하(Ditampnum) 풀도 먹는데 그렇게 하면 박혀 있는 화살을 빼낼 수 있다.[95]

사슴은 피리소리를 신기하게 여긴다. 사슴은 귀를 세우고 있을 때는 청력이 예민하지만, 귀를 내리면 아무것도 듣지 못한다.

사슴에게는 이런 특성도 있다. 그들은 새로운 곳을 좋아하기 때문에 먹이 먹는 곳을 늘 바꾸는데, 이동할 때는 서로 돕는다. 큰 강이나 길고 넓게 뻗어 흐르는 개울을 건널 때면 f. 13v 앞에 가는 사슴의 엉덩이에 머리를 올려 놓고 차례로 건너간다. 그러면 무게가 방해되지 않기 때문이다. 진창을 건널 때에도 그들은 빠지지 않으려고 재빨리 건너간다.[96]

사슴에게는 뱀을 먹은 뒤에는 샘으로 달려가 물을 마시는 특성도 있다. 그렇게 하면 오래된 털과 노화의 모든 징표들이 사라진다.[97]

신성한 교회의 구성원들도 사슴과 같은 본성을 지닌다. 그들은 천상의 고향에 대한 사랑으로 속세의 고향을 떠나며, 서로가 서로를 옮겨 주기 때문이다. 더 완성된 자들은 모범과 선행으로 덜 완성된 자들을 떠받쳐 준다. 죄악의 장소를 발견하게 되면 그들은 재빨리 그것을 뛰어넘는다. 악마가 나타나 죄를 저지르게 되면, 그들은 고해를 통해 진정한 샘물이신 그리스도에게 달려간다. 그리고 그분의 계명을 받아 마시고 새로워져 낡은 죄를 벗어버린다.

수사슴들은 특정한 시기가 되면 욕정에 휩싸여 사나워진다. 하지만 짝짓기를 하더라도 하늘에 (목동자리의 가장 밝은 별인) 아르크투루스가 뜰

[그림 2-17] 뱀을 잡아먹는 사슴

때까지는 새끼를 갖지 못한다.[98]

사슴은 새끼를 개방된 곳에서 아무렇게나 키우지 않고, 관목이나 수풀 깊숙이 숨겨서 살뜰하게 보살핀다. 위험해지면 발굽으로 두드려 새끼들에게 숨어 있으라고 알려준다. 그리고 새끼가 자라서 싸울 수 있을 만큼 충분이 강해지면, 사슴은 그들이 달리고 넓은 곳도 뛰어넘을 수 있게끔 훈련을 시킨다. 사슴은 개 짖는 소리가 들려오면 바람이 불어오는 방향으로 달려서 자신들의 체취를 반대 방향으로 보낸다. 그들은 놀라면 몸이 쉽게 굳어지는데, 이것 때문에 궁수의 표적이 되기 쉽다.

그들의 뿔에 대해 말하자면, 오른쪽 뿔이 약으로 쓰기에 더 좋다. 뱀을 쫓기를 바란다면 어느 쪽 뿔을 태워도 좋다.[99] 사슴이 이가 몇 개 없거나 아예 없다면 그들이 늙었다는 표시이다.

알렉산더 대왕은 사슴이 얼마나 오래 사는지를 알아보기 위해 많은 사슴들에게 목줄을 매어 놓았다. 그런데 한 세기가 지난 뒤에 그 사슴들을 다시 붙잡아 살펴보니 노화의 징후가 나타나지 않았다.

새끼 사슴을 가리키는 '힌눌레우스(Hinnuleus)'라는 말은 '고개를 끄덕이다'라는 뜻을 지닌 '인누에레(innuere)'라는 말에서 비롯된 것이다. 새끼 사슴들이 보이지 않으면 어미 사슴은 새끼들을 부르기 위해 머리를 끄덕이기 때문이다.[100]

f. 14r 어미의 자궁 안에서 죽은 새끼 사슴의 태막은 독을 치료하는 데 쓰인다. 그리고 사슴은 결코 열이 나지 않는다고 한다. 그래서 사슴의 골수로 만든 연고는 아픈 사람의 열을 내려준다.[101] 어린 시절부터 사슴 고기를 조금씩 꾸준히 먹은 사람은 열병의 영향을 받지 않고 오래 산다고 전하고 있는 문헌도 있다. 그러나 (칼이나 몽둥이로 치명적인) 가격을 당해 죽어가는 사람에게는 그런 치료가 그리 도움이 되지 않는다.[102]

[트라겔라푸스(Tragelaphus)는 그리스어에서 비롯된 명칭이다. 그것은 수사슴의 일종이지만 숫염소처럼 털이 많고 아래턱에 무성한 수염이 있다. 그 동물은 오직 흑해의 파시스강 부근에서만 발견된다.

담물라(Dammula)는 어린 사슴이다. 그들은 재빨리 달아나며 겁이 많고 온순한 동물이다. (고대 로마의 풍자시인인) 마르티알리스는 그들에 대해 이렇게 말했다. "멧돼지가 두려운 것은 엄니 때문이다. 수사슴을 방어하는 것은 뿔이다. 아무 해도 끼치지 못하는 어린 사슴은 먹잇감밖에 더 되는가?" 이 동물은 그리스도나 죄 없는 사람들을 나타낸다. 「아가」에서 신부는 "나의 연인은 노루나 어린 사슴과 같습니다"[103]라고 신랑에 대해 말했다. 자신을 낮추어 인간이 되신 그리스도는 노루와 같다. 아울러 죄 없고 온갖 덕을 갖추신 그분은 사슴에게서 어린 사슴이 나오는 것처럼 인간으로 육화하여 족장들에게서 나오셨다.][104]

[그림 2-18] 몸을 말고 있는 야생염소

염소

염소(Caper)를 라틴어로 '카페르'라고 부르는 이유는 험한 곳을 '차지하려 하기(captare)' 때문이다. 염소를 '카프레아(Caprea)'[105]라고 부르는 이들도 있다. 이는 '달그락거리는 소리'를 나타내는 '크레피타(crepita)'라는 말에서 온 것이다. 그리스인들은 야생염소를 매우 좋은 시력을 가졌다고 해서 '도르카스(Dorcas)'라고 부르기도 한다.* 그들은 높은 산에서 사는데, 아주 멀리 떨어진 곳에서도 다가오는 사람이 사냥꾼인지 여행자인지를 구분할 수 있다.[106]

우리 주 그리스도도 염소와 마찬가지로 높은 산들, 곧 예언자와 사도들을 사랑하신다. 「아가」에서 "보세요. 나의 사랑하는 이가 산을 뛰어오르고 언덕을 뛰어 넘어 오잖아요"[107]라고 말하고 있듯이 말이다. 염소가 골짜기에서 풀을 뜯어 먹는 것처럼, 우리 주님도 교회의 풀을 뜯

* 그리스어로 '데르코마이(dérkomai)'는 '잘 보다'라는 뜻이다.

으신다. 그분의 음식은 기독교인들의 선행이다. "너희는 내가 굶주렸을 때에 먹을 것을 주었고, 내가 목말랐을 때에 마실 것을 주었다"[108]고 말씀하신 것처럼 말이다. 산지의 골짜기들은 여러 지역들에 흩어져 있는 교회들을 가리킨다. 그래서 「아가」에서 "나의 연인은 야생염소나 젊은 사슴 같답니다"[109]라고 한 것이다.

시력이 매우 좋아서 멀리 떨어져 있어도 모든 것을 보고 그것이 무엇인지를 알아챌 수 있는 염소는 모든 것을 아는 우리 주님을 의미한다. 다른 곳에는 "주님께서는 높으셔도 낮은 이를 굽어보시고, f. 14v 멀리서도 교만한 자를 알아보신다"[110]라고 적혀 있다. 그분은 만물을 창조하고 세우고, 다스리고 심판하며, 늘 바라보고 계신다. 우리 마음에 어떤 것이 생겨나더라도 그분은 미리 보고 알아차리신다.

끝으로 염소가 저 멀리서 사냥꾼들이 다가오는 것을 알아차리는 것처럼 그리스도도 배신자의 음모를 미리 알고 계셨다. 그래서 "보라, 나를 팔아넘길 자가 가까이 왔다"[111]라고 말씀하시지 않았는가.

야생염소는 높은 곳에서 더 높은 곳으로 이동하며 풀을 뜯어 먹는 특성이 있다. 그들은 예리한 눈으로 나쁜 풀에서 좋은 풀을 가려내 잘 씹어 먹는다. 상처를 입었을 때에는 서둘러 꽃박하를 찾아서 상처에 붙이는데, 그러면 상처가 말끔하게 치료된다.[112]

훌륭한 설교가도 이와 마찬가지로 주님의 율법을 뜯어 먹으며, 덕이 계속 솟아나는 좋은 목초지처럼 선행을 기쁘게 여긴다. 그들은 마음의 눈으로 나쁜 말에서 좋은 경구를 걸러내고는, 자신들이 고른 것을 곰곰이 되짚는다. 그것들의 선을 정밀하게 탐색하고 되새겨 기억하기 위해 애쓰는 것이다. 그리고 만약 죄 때문에 상처를 입게 되면 그들은 고해를 통해 주님에게 곧바로 달려간다. 그러면 빠르게 치료된다. 그리스도는 참으로 꽃박하와 같다. 꽃박하가 상처에서 화살을 빼내 치료해주는 것처럼, 그리스도는 고해로 악마를 쫓아내고 죄를 사해 주신다.[113]

[그림 2-19] 매우 날카로운 뿔을 지닌 모노케로스

모노케로스

f. 15r 모노케로스(*Monoceros*)는 소름이 끼치는 울음소리를 내는 괴물이다. 그 동물은 몸은 말처럼 생겼고, 발은 코끼리, 꼬리는 사슴같이 생겼다. 그리고 이마 한가운데에 길이가 〔약 7.3m인〕 4패덤이나 되는 기묘할 정도로 커다란 뿔이 하나 솟아올라 있는데, 매우 날카로워서 한 번의 공격만으로도 뭐든 뚫을 수 있다.

인간은 살아 있는 모노케로스를 결코 손에 넣을 수 없다. 모노케로스는 죽이지 않고서는 결코 잡을 수 없기 때문이다.[114]

곰

곰(Ursus)을 가리키는 '우르수스'라는 이름은 '시작'이라는 뜻을 지닌 '오르수스(orsus)'라는 말에서 비롯되었다. 암컷이 '입으로(ore)' 갓 태어난 새끼의 형체를 만들어내기 때문이다. 곰은 아직 형체를 갖추지 못한 살덩어리 상태로 새끼를 낳는다. 어미 곰은 혀로 핥아서 새끼에게 몸의 각 부분을 만들어준다. 새끼가 형체를 지니지 못하고 태어나는 것은 곰이 매우 빨리 새끼를 낳기 때문이다. 곰은 밴 지 30일도 되지 않아 새끼를 낳는데, 이러한 빠른 출산 때문에 새끼가 형체를 지니지 못하고 태어나는 것이다.

곰의 강한 힘은 머리가 아니라, 팔과 허리에 있다. 그래서 곰은 이따금 똑바로 선 채로 있다.[115] 곰은 치명적인 충격을 입거나 부상을 당했을 때 어떻게 치료해야 하는지를 알고 있어서 자신을 치유하는 데 소홀하지 않다. 그들은 그리스어로 '플로무스(Flomus)'[116]라고 불리는 식물을 아픈 부위에 갖다댄다. 그러면 대고 있기만 해도 치료가 된다. 곰은 병이 들면 개미를 먹기도 한다.[117]

〔아프리카 대륙의 서북쪽에 있던 고대국가인〕 누미디아의 곰은 다른 지역의 곰들보다 f. 15v 털이 긴 것이 특징이다. 그러나 어떤 지역의 곰이든 번식은 같은 방식으로 한다. 그들은 짝짓기를 할 때에 다른 네발동물들과는 달리 마치 인간이 관계를 맺을 때처럼 서로 마주본 상태로 끌어안고 교미를 한다. 겨울은 그들의 욕망을 자극한다. 하지만 수컷들은 임신한 암컷들을 고려해 그들이 혼자 있도록 배려하고, 같은 굴에 있더라도 구덩이를 파서 따로 눕는다.

곰은 임신기간이 짧아서, 30일이면 자궁이 새끼를 밀어낸다. 이러한 빠른 번식 때문에 새끼는 형체를 갖추지 못하고, 어미는 눈이 없는 하얀색의 작은 살덩어리를 낳는다. 어미는 계속 핥아서 새끼에게 형체를

[그림 2-20] 혀로 핥아 새끼의 형체를 만드는 곰

만들어주고, 가슴에 끌어안아 따뜻하게 해서 생명의 기운을 불어넣어 준다. 이때 곰은 처음 2주 동안은 아무것도 먹지 않는다. 수컷은 깊은 잠에 빠져서 부상을 당하더라도 일어나지 않는다. 암컷은 새끼를 낳은 뒤 석 달 동안은 숨어 지낸다. 그 뒤 밖으로 나온 그들은 햇빛의 강렬함에 자신들이 장님이 되었다고 생각한다.

곰들은 벌통을 공격해 꿀을 얻으려 애쓴다. 꿀이야말로 그들이 가장 좋아하는 음식이다. 곰들은 만드라고라의 열매를 먹으면 죽는다. 그러나 개미를 먹으면 건강을 되찾아 불운이 재난이 되는 것을 막을 수 있다. 그들은 황소를 공격할 때에 어느 부분이 가장 위협이 되는지를 잘 알고 있다. 그들은 황소의 뿔이나 코를 노리는데, 코는 매우 연약해서 고통이 심한 부분이기 때문이다.[118]

[곰은 우리 주님의 양떼들을 강탈하는 악마, 정의롭지 않은 통치자들을 상징한다. 「열왕기」에서 엘리사를 조롱한 소년들은 숲에서 나온 두 마리 곰에게 잡아먹혔다.[119] 그 두 마리 곰들은 로마 황제인 베스파시아누스와 티투스를 상징한다. 그들은 우리 주님을 조롱하고 갈보리 언덕의 십자가에 매달았던 유대인들을 멸망시켰다. "사자와 곰이 와서 양 무리에서 양을 물어 가면"[120]이라는 말도 있지 않은가.][121]

레우크로타

레우크로타(Leucrota)라고 불리는 동물[122]은 인도에서 왔다. 그것은 모든 동물들 가운데 가장 빠르다.

레우크로타는 몸집은 나귀만 하고, 사슴의 엉덩이, 사자의 다리와 가슴, [말의 머리와 갈라진 발굽을 가지고 있다. 입은 한쪽 귀에서 다른쪽 귀까지 뻗어 있으며, 이빨이 있어야 할 자리에는 하나로 이어진 뼈가 있다. 이런 모양을 하고 있으면서 마치 사람이 말하는 것과 같은 소리를 낸다.][123]

[그림 2-21] 이빨 대신에 하나로 이어진 뼈가 있는 레우크로타

[그림 2-22] 네발동물처럼 그려진 악어

악어[124]

　악어(Cocodrillus)의 이름은 그 동물이 지닌 〔짙은 노란색인〕 '사프란색 (croceus)'에서 비롯되었다.* 나일강에서 온 악어는 다리가 4개인 생물로 물과 육지를 모두 집으로 삼고 있다. 이따금 길이가 〔9m인〕 20큐빗**에 달하기도 하며 거대한 이빨과 발톱으로 무장하고 있다. 악어의 피부는 매우 단단해서 무거운 돌로 등을 내려쳐도 상처를 입히지 못한다.

---

* 악어 · 만티코라 항목은 유실된 내용을 〈애쉬몰 필사본〉에서 가져왔다.
** 큐빗(cubit) : 가운뎃손가락 끝에서 팔꿈치까지를 기준으로 삼는 길이의 단위이다. 지역과 시대에 따라 구체적인 수치는 약 45~53cm까지 다양하지만, 잉글랜드에서 는 18인치(약 45cm)를 1큐빗으로 보았다.

악어는 밤에는 물에서 쉬고, 낮에는 물가에서 머무른다. 악어는 육지에 알을 낳으며, 수컷과 암컷이 번갈아가며 알을 지킨다. 톱 모양의 볏이 있는 어떤 물고기는 그 볏으로 악어의 부드러운 배 부분을 갈라서 악어를 죽인다.[125]

동물들 가운데서 악어만이 아래턱을 가만히 둔 채 위턱을 움직인다.[126] 나이든 여자와 한물간 매춘부도 악어 똥으로 만든 연고를 얼굴에 바르면, 그것이 땀에 씻겨 나가기 전까지는 아름답게 보인다.[127]

악어는 위선자나 방탕하고 탐욕스러운 사람을 나타낸다. 자만심을 덕지덕지 바르고 잔뜩 부풀어 오른 그는 방종의 타락으로 얼룩지고 탐욕의 병폐에 사로잡혔을지라도 사람들 앞에서는 엄격하고 나무랄 데 없이 계율을 잘 지키는 척을 한다. 악어는 밤에는 물에서, 낮에는 땅에서 산다. 위선자들은 방종한 삶을 살면서도 고결하고 올바른 삶을 산다는 평판을 즐긴다. 그리고 자신들의 악행을 깨닫고 비탄의 노래를 부르다가도 언제나 자신들이 살아왔던 익숙한 삶으로 되돌아간다.

위턱을 움직인다는 것은 말로는 다른 사람들에게 교부의 가르침을 많이 전하지만 스스로는 자신이 말한 것을 결코 실천으로 옮기지 않는다는 것을 뜻한다. 똥으로 연고가 만들어진다는 것은 사악한 이들이 무지한 이들로부터 그들의 악행을 칭송받고, 연고가 그러한 것처럼 이 세상의 칭찬이 그들을 부풀어 오르게 하는 것을 의미한다. 하지만 그들의 악행에 괴로워하던 최고 심판자의 분노가 극에 달하면 칭송의 아름다움은 이내 연기처럼 사라질 것이다.

[그림 2-23] 유대인 모자를 쓴 만티코라

만티코라[128]

　인도에는 만티코라(*Manticora*)라고 불리는 동물이 있다. 그 동물은 잇달아 교차하며 맞물리는 삼중으로 된 이빨과 사람의 얼굴, 회청색 눈을 가지고 있다. 그리고 피부는 피처럼 붉은 색이며, 사자와 같은 몸통과 전갈의 침과 같은 꼬리를 가지고 있다. 그리고 피리 소리 같은 날카로운 휘파람 소리를 낸다.

　만티코라는 사람고기라면 사족을 못 쓴다. 그 동물은 발 힘이 매우 강해서 아무리 넓고 높은 장애물이라도 뛰어넘을 수 있다.

파란드루스

[에티오피아가 고향인 파란드루스(Parandrus)라는 동물이 있다.[129] 그 동물은 황소만 하며, 갈라진 발굽을 지니고 있다. 그리고 가지처럼 뻗어 있는 뿔과 사슴의 머리, 곰과 같은 색의 두꺼운 털가죽을 가지고 있다.][130]

f. 16r 두꺼운 털가죽을 가진 파란드루스는 두려움을 느끼면 모습을 바꾸어 자신을 숨긴다. 하얀 바위이든 녹색 덤불이든 가까이 있는 그 어떤 사물로도 원하는 대로 변할 수 있다.

[그림 2-24] 카멜레온처럼 색을 바꿀 수 있는 파란드루스

[그림 2-25]

여우

　여우(*Vulpis*)의 이름인 '불피스'는 곧 〔'재빠르게 도는(*volubilis*)' '발(*pes*)'이라는 뜻의〕 '볼루피스(*volupis*)'이다. 여우는 발이 빠르고 유연해서 결코 곧바로 달리지 않고, 방향을 틀거나 이리저리 돌면서 달리기 때문이다.[131]

　여우는 영리하고 교활한 동물이다.[132] 배가 고픈데 먹을 것이 없으면 여우는 붉은 흙에 몸을 굴려서 피로 얼룩진 것처럼 만든다. 그러고는 바닥에 누워 목숨이 거의 끊어진 것처럼 숨을 참고 있다. 여우가 숨을 쉬지 않고 피투성이가 되어 혀를 입 밖으로 길게 늘어뜨리고 있으면, 그 모습을 본 새들이 죽었다고 생각해서 그 위로 내려앉는다. 그러면 여우는 냉큼 새들을 붙잡아 게걸스럽게 먹어치운다.[133]

　악마의 본성도 이와 같다. 악마도 육신의 욕망을 따르며 살아가는 모든 사람들을 목구멍으로 삼켜 벌을 줄 심산으로 죽은 척을 한다. 그러나 믿음 안에서 살아가는 영적인 사람들한테는 악마가 정말로 죽고 몰락해서 아무것도 아닌 존재가 된다. 악마의 일을 하고자 하는 이들은 죽을 것이다.[134] 사도가 "여러분이 육신에 따라 살면 죽을 것입니다. 그러나 성령의 힘으로 몸의 행실을 억제하면 살 것입니다"[135]라고 말한 것처럼 말이다. 다윗도 "땅속 깊은 곳으로 들어가리라. 칼날에 내맡겨져 여우들의 몫이나 되리라"[136]고 하지 않았는가.

산토끼[137]

산토끼(Lepus)의 이름인 '레푸스'는 곧 〔빠른 발이라는 뜻의〕 '레비페스 (levipes)'이다. 그 동물은 매우 빨리 달리기 때문이다.

산토끼는 재빠른 동물로 겁이 정말 많다.[138] 이러한 산토끼는 신을 두려워하는 사람들을 나타낸다. 그들은 믿음을 자기 자신이 아닌 창조주에게 둔다. 솔로몬이 "산토끼들은 나약하지만 바위 안에 자신들의 집을 만드는 속인들이다"[139]라고 한 것처럼 말이다.

「시편」의 저자는 "높은 산들은 고슴도치들의 은신처이고 바위들은 산토끼들의 피난처"[140]라고 말했다. 바위는 그리스도이다. 모세에 대해 쓰이기를 그를 주님의 산토끼이고, 바위의 갈라진 틈에 서 있을 것이라 했다. 모세는 우리 구세주의 수난을 통한 구원을 희망했기 때문이다. 고슴도치는 매우 작은 동물이지만 선천적으로 항상 갑옷을 두르고 있다. 그것의 피부는 굵고 날카로운 털로 둘러싸여 있다. 그러나 고슴도치는 선천적인 갑옷에만 의지하지 않는다. 그것은 해를 입지 않기 위해 늘 바위 사이에 숨어 있다. 고슴도치는 자신의 죄로 인한 심판을 두려워하며, 그리스도라는 바위가 굳건한 피난처가 되리라는 것을 아는 사람들이다.*

[그림 2-26]

---

* 산토끼 · 카멜레온 항목은 〈보들리 필사본〉에 수록된 내용을 가져왔다.

[그림 2-27]

카멜레온[141]

카멜레온(Cameleon)은 모든 색이 한꺼번에 나타나지는 않지만 파르두스처럼 다양한 색을 가지고 있다. 다른 동물들이 몸의 색을 쉽사리 바꾸지 못하는 것과는 달리 카멜레온은 몸의 색을 매우 쉽게 변화시킨다.

카멜레온파르두스(Cameleonpardus)*가 그런 이름으로 불리는 까닭은 파르두스와 같은 하얀 점이 있기 때문이다. 그 동물은 말의 목과 황소의 발, 낙타의 머리를 가지고 있다. 카멜레온파르두스의 고향은 에티오피아이다.

---

*이 항목에는 파충류 '카멜레온'의 특성과 '카멜로파르달리스(Camelopardalis)'라고 불리는 '기린'에 대한 설명이 뒤섞여 있다.

[그림 2-28] 뿔이 앞뒤로 움직이는 에알레

에알레

f. 16v 〔'예일'이라고도 불리는〕에알레(*Eale*)라고 불리는 동물이 있다.[142] 그
동물은 검고, 크기는 말만 하고, 코끼리의 꼬리와 멧돼지의 이빨, 유별
나게 길고 원하는 방향으로 움직일 수 있는 뿔들을 가지고 있다. 그 뿔
들은 고정되어 있지 않아서 필요에 따라 움직일 수 있다. 싸울 때에 에
알레는 하나의 뿔은 앞으로 향하게 해서 돌진하고, 다른 하나의 뿔은
뒤로 향해 접어 넣는다. 그렇게 하면 앞으로 향하게 했던 뿔이 공격하
면서 손상을 입더라도, 다른 뿔로 교체할 수 있기 때문이다.

늑대

늑대(Lupus)의 라틴어 이름인 '루푸스'는 그리스어에서 온 것이다. 그리스 사람들은 늑대를 '리코스(Licos)'라고 부른다. 이것은 '물다'라는 뜻을 나타내는 그리스어 단어에서 비롯된 것이다. 늑대는 식탐에 휩싸여 미치게 되면 눈에 보이는 대로 모조리 물어뜯어 죽이기 때문이다. 그리스어의 〔사자(Leo)의 '발(pes)'이라는 뜻의〕 '레오포스(leopos)'라는 말에서 왔다고 하는 사람들도 있다. 늑대의 힘도 사자처럼 발에서 나오기 때문이다. 그것에 붙잡히면 어떤 동물도 살아남지 못한다.[143]

이처럼 늑대는 자신들이 저지르는 약탈로부터 이름을 얻었다. 우리가 매춘부를 '암늑대(Lupa)'라고 부르는 것도 이런 이유 때문이다. 매춘부들은 연인들의 재산을 강탈한다.

늑대는 탐욕스러우며 피를 갈구하는 동물이다. 늑대의 힘은 가슴과 턱에 있으며, 허리에는 있지 않다. 늑대는 목을 뒤로 돌리지 못한다. 늑대는 때로는 먹이를 먹고, 때로는 흙을 먹으며, 가끔은 아무것도 먹지 않고 살아간다. 암컷 늑대는 5월에 천둥이 칠 때에만 새끼를 낳는다. 늑대는 교활해서 새끼들에게 줄 먹이는 자신의 굴 근처가 아니라 f. 17r 멀리 떨어진 곳에서 잡아온다.

늑대는 밤에 사냥을 할 때면 집에서 기르는 개처럼 이리저리 왔다 갔다 하면서 양이 있는 우리를 향해 다가간다. 그럴 때에는 개가 자신들의 냄새를 맡아 양치기를 깨우지 못하게 하려고, 바람이 불어오는 방향을 향해 다가간다. 그리고 작은 나뭇가지 같은 것이라도 밟아서 소리를 내게 되면, 그 벌로 자신의 발을 깨문다. 늑대의 눈은 밤이면 등불처럼 빛이 난다.

늑대의 특성

늑대는 다음과 같은 특성을 지닌다. 늑대가 먼저 사람을 보게 되면, 늑대는 사람한테서 말하는 능력을 빼앗은 뒤에 경멸하는 눈길로 쳐다본다. 목소리를 빼앗긴 이들에게 승리자처럼 구는 것이다. 하지만 사람이 먼저 쳐다보고 있다는 것을 느끼게 되면, 늑대는 사나움을 잃고 달아날 수조차 없게 된다.[144]

만물의 본성에 관한 많은 언급을 남긴 솔리누스는 이 동물의 꼬리에 사랑을 부르는 작은 털뭉치가 있다고 말했다. 늑대는 붙잡힐 것이 우려되는 상황이 되면 스스로 그 털을 이빨로 뽑아내는데, 살아 있는 늑대한테서 뽑은 털뭉치만이 그러한 효능을 지닌다고 한다.[145]

악마는 늑대의 본성을 지닌다. 악마는 언제나 악의 눈으로 인간들을 내려다본다. 그리고 교회 신도들의 울타리 주위를 끊임없이 맴돌면서 그들의 영혼을 파괴하고 망가뜨릴 기회를 노린다.

암컷 늑대가 5월의 첫 번째 천둥이 치는 날에 새끼를 낳는 것은 악마가 자만심을 처음 드러냈을 때 하늘에서 내쫓겼음을 나타낸다. 늑대의 힘이 몸의 뒤쪽이 아니라 앞쪽에 있는 것도, 악마가 전에는 천상에 사는 빛의 천사였으나 이제는 지상의 변절자가 되었음을 나타낸다.

늑대의 눈이 밤에 등불처럼 빛나는 것처럼, 눈 멀고 어리석은 인간들에게는 악마의 일이 아름답고 유익해 보인다. 암컷 늑대가 새끼들에게 먹일 먹이를 굴에서 멀리 떨어진 곳에서 잡아오는 것처럼, 악마도 지옥 (gehenna)*에 갇혀 자신과 함께 형벌로 고통 받게 될 것이 확실한 자들을 현세의 축복으로 품는다. 그리고 끊임없는 선행으로 스스로 악마로부터 멀어진 이들을 악마는 뒤쫓는다. 우리가 〔성서에서〕 읽었듯이 악마는 축복받은 욥이 마음속에서 주님을 저버리게 만들려고 그의 명성과 재

---

* 게헨나(gehenna)는 쓰레기를 버리던 예루살렘 부근의 골짜기로 언제나 불로 태우고 있었다고 한다. 중세에는 지옥을 뜻하는 말로 사용되었다.

[그림 2-29] 개한테 들키자 벌로 자신의 발을 깨무는 늑대

산, 아들과 딸들을 모두 빼앗아갔다. 늑대가 몸 전체를 돌리지 않고서는 뒤쪽으로 고개를 향하게 할 수 없는 것처럼, 악마도 f.17v 자신을 회개하여 바로잡지 못한다.

그렇다면 늑대에게 먼저 발견되어 외치는 능력과 말하는 능력을 빼앗긴 이는 어떻게 해야 할까? 멀리 있는 누군가에게 도움을 요청할 수 없게 된 그는 어떻게 해야 할까? 옷을 벗어서 발로 짓밟은 뒤에 돌맹이 두 개를 손에 들고 하나로 다른 하나를 내리치면 된다. 그러면 어떻게 될까? 늑대는 자신의 용기로부터 비롯된 대담함을 잃어버리고 달아난다. 그리고 영리함으로 위기에서 벗어난 사람은 그가 본디 그러했던 것처럼 자유로워질 것이다.

이것을 영적인 말과 높은 수준의 알레고리(allegoria)로 옮겨볼 수 있다. 늑대가 악마가 아니라면 무엇이겠는가? 사람이 죄인이 아니라면 무엇이겠는가? 돌이 우리 주님의 사도들이나 다른 성인들이 아니라면 무엇이겠는가? 예언서는 그들을 '단단한 돌'이라고 불렀다.[146] 우리 주님은 율법 안에서 스스로를 '걸려 넘어지게 하는 돌, 부딪히는 바위'라고 칭하셨다.[147] 예언자는 그분에 대해 "나는 단단한 돌산 위에 서 있는 남자를 보았다"고 했다.[148]

구원을 받기 전에 우리는 적의 힘 아래에 놓여 도움을 요청할 능력마저 잃었다. 우리의 죄 때문에 어쩔 수 없는 것이기는 했지만, 우리는 신에게 우리의 목소리를 들리게 할 수 없었으며, 성인들에게 도움을 요청할 수도 없었다. 하지만 자비로운 신께서 아들을 통해 자신의 영광을 우리에게 내려주신 뒤로, 우리는 세례를 통해서 마치 헌 옷을 벗고 새옷을 입듯이 예전의 모든 행실과 낡은 모습을 버리고 신의 모습으로 만들어진 새로운 사람이 되었다. 그때 우리는 손에 돌을 들고, 하나로 다른 하나를 내리쳤다. 그 이유는 우리가 지금은 천상에서 그분과 함께 군림하고 있는 신의 성인들을 부르고, 그들에게 우리의 기도가 심판자이신 신의 귀에 들어갈 수 있게 해달라고 요청하고, 우리의 죄에 대한 용서를 얻고, [저승의 문을 지키는 개] 케르베로스가 우리를 삼키면서 우리의 죽음을 기뻐하지 않게 하기 위해서이다.

늑대들은 1년에 12일 이상 짝짓기를 하지 않는다. 그들은 오랫동안 굶을 수 있으며, 아주 오래 굶은 뒤에는 먹이를 아주 많이 먹는다.

에티오피아에는 갈기를 가진 늑대가 있는데, 그 색깔이 너무나 알록달록해서 없는 색이 없을 정도라고 한다.[149] 에티오피아 늑대들의 특징은 이렇다. **f. 18r** 그들은 날개를 가진 것처럼 보일 정도로 매우 높게 뛰어오르는데, 그렇게 하면 달려가는 것보다 더 멀리 나아간다. 그러나 그들은 결코 사람을 공격하지 않는다. 겨울이 되면 그들의 털은 길어지고, 여름이 되면 털이 없어진다. 에티오피아 사람들은 이 늑대를 '테아스(Theas)'라고 부른다.[150]

개

개(Canis)의 라틴어 이름인 '카니스'는 그리스어에서 온 것으로 보인다. 그리스에서는 개를 '케노스(Cenos)'라고 부른다. 그러나 '노랫소리'를 뜻하는 '카노르(canor)'라는 말에서 비롯되었다고 하는 사람들도 있다. 개가 소리를 길게 뽑으면서 짖을 때면 마치 '노래하는(canere)' 것처럼 들리기 때문이다.

개만큼 영리한 짐승은 없다. 개는 다른 동물들보다 훨씬 이해력이 좋다. 그들은 자신의 이름을 알아듣고, 주인을 사랑한다.

개는 종류도 다양하다. 어떤 개는 숲속의 야생 동물들을 바짝 쫓아가서 잡는다. 어떤 개는 보초를 서면서 늑대의 공격으로부터 양떼를 지킨다. 집을 지키는 개는 주인의 재산을 지키는데, 밤에 도둑이 들지 않도록 하며 주인을 위해 목숨도 내놓는다. 그들은 주인과 함께 기꺼이 사냥도 간다. 그들은 주인의 몸을 지키며, 심지어 그가 죽더라도 곁을 떠나지 않는다. 개는 사람 없이는 살 수 없는 본성을 가지고 있다.[151]

f. 18v 우리는 주인을 향한 개의 크나큰 사랑에 관한 다양한 기록들을 찾아볼 수 있다. 〔고대 북아프리카에 살던 민족인〕 가라만테스의 왕이 적들에게 붙잡혀 포로가 되자, 2백 마리의 개들이 떼를 이루어 적들을 공격했다. 그리고 왕을 구출하기 위해 앞을 막는 자들과 싸우며 적의 대열을 뚫었다. 〔그리스 신화의 영웅인〕 이아손이 죽자 그의 개는 먹이를 먹지 않고 굶어 죽었다. 〔알렉산더 대왕의 후계자로 트라키아와 소아시아 북서부를 지배한〕 리시마쿠스 왕의 개는 주인의 장례식에서 시신을 불태우려고 장작더미에 불을 붙이자 불길 속으로 몸을 던져 함께 타죽었다.

〔1세기 로마제국의 정치인들인〕 아피우스 유니우스와 푸블리우스 실루스가 집정관이었을 때에는 개 한 마리가 사형 판결을 받은 주인의 곁을 떠나지 않아 함께 감옥에 갔다. 얼마 뒤 주인이 처형당하자 그 개는 주

인의 시신을 따라가며 길게 울어댔다. 로마 사람들이 그 개를 불쌍하게 여겨 먹을 것을 주자, 개는 그 음식을 날라 죽은 주인의 입으로 가져갔다. 그리고 마침내 주인의 시신이 티베르강에 던져지자 개는 헤엄을 쳐서 주인에게 다가가 그의 시신이 가라앉지 않게 했다.[152)

개는 산토끼나 사슴의 뒤를 쫓다가 두 갈래 길이나 여러 개로 나뉜 갈림길을 만나게 되면, 길들의 어귀로 가서는 마치 삼단논법으로 논증을 하듯이 자신의 예리한 후각을 근거로 혼자서 조용히 판단을 한다. 그러고는 스스로에게 이렇게 말한다. '동물은 이쪽으로 달아났거나, 저쪽으로 갔거나, 아니면 다른 방향으로 도망쳤을 것이다.' ['그러니 이쪽도 저쪽도 아니라면 남은 방향은 하나이다.'[153) 개는 거짓들을 제거하며 진실을 찾는 것이다.][154)

개의 또 다른 본성

f. 19r 개들은 이따금 살인자가 죄를 저질렀을 때, 죄인이 빠져나가지 못할 명백한 증거를 제공하기도 한다. 그들의 말없는 증언은 대부분 아주 믿을 만하다.

[고대 시리아의 도시인] 안티오크에서 한 남자가 살해당한 일이 있었다. 그는 해질녘에 개를 데리고 도시의 외딴 곳에 있다가 참변을 당했다. 범인은 강도짓을 하려던 어떤 군인이었다. 땅거미가 내려앉자 그는 시신을 파묻지도 않고 내버려 둔 채 달아났다. 개가 주인 곁을 떠나지 않고 울부짖으며 그의 죽음을 슬퍼하자 많은 사람들이 몰려들었다. 범인은 교활하게도 사람들에게 자신의 무죄를 확신시키기 위해 자신만만하게 행동해야겠다고 생각했다. 그는 구경꾼들 사이에 섞여 슬퍼하는 척을 하면서 **f. 19v** 시신 곁으로 다가갔다. 그러자 개가 갑자기 구슬픈 애도를 멈추고 복수심에 타올라 그 남자를 못 가게 붙잡고는 슬픔에 젖은 나지막한 소리를 냈다. 그것은 비극이 끝날 때에 나오는 노랫소리처럼

[그림 2-30] 주인을 죽인 살인자를 고발하는 개

모든 이들을 눈물짓게 만들었다. 개가 그곳에 있는 많은 사람들 중에서 그 남자 하나만 붙잡고 가지 못하게 한 것으로 사건은 입증되었다. 살인자는 이 명백한 증거에 어쩔 줄 몰라 했다. 그는 자신이 누군가의 증오와 적의, 시샘이나 악의의 희생자라고 변호할 수 없었다. 그는 혐의를 더 이상 반박할 수 없었다. 아무런 변명도 할 수 없었기 때문이다. 이렇게 정황이 매우 불리해지면서 그는 벌을 받았다.[155]

개의 혀로 핥으면 상처가 치료된다. 개의 생활 방식은 완전히 절제되어 있다고 한다. 특히 강아지의 혀는 몸 안의 상처를 치료하는 데 효과가 있다. 그리고 개는 게워낸 뒤에 그것을 다시 먹는 습성이 있다. 개는 고기 조각과 같은 먹을 것을 입에 문 채로 헤엄쳐서 강을 건너다가 자신의 그림자를 보고는 물에 비친 고기 조각을 물기 위해 입을 벌리는 바람에 옮기고 있던 고기를 잃어버리기도 한다.[156]

어떤 면에서 설교가들은 개와 같다. 그들은 언제나 은밀히 숨어 있는 악마를 훈계와 같은 정당한 방법으로 쫓아내서, 악마가 신의 보물인 그리스도교도들의 영혼을 붙잡아가지 못하게 막는다. 개의 혀로 상처를 핥으면 낫는 것처럼, 고해로 밝혀진 죄인들의 상처는 성직자의 교정으로 깨끗해진다. 개의 혀가 인간 내부의 상처를 치료하는 것처럼, 그의 마음속 비밀은 교회 스승들의 행적과 말로 정화된다.

개가 절제된 삶을 산다고 이야기되는 것처럼 다른 이들을 감독하는 설교가는 부지런히 지혜를 연마하고, 언제나 과음과 과식을 피해야 한다. 〔성서에 나오는 팔레스타인의 도시인〕 소돔도 탐식으로 멸망했다. 인간의 적인 악마가 인간을 자신의 소유물로 만드는 데 인간의 탐욕스러운 목구멍만큼 빠르고 쉬운 방법은 없다.

개가 게워낸 것을 다시 먹는 것은 고해를 한 다음에 부주의하여 다시 죄악으로 돌아가는 자들을 나타낸다. 개가 강물에 비친 그림자에 대한 욕심 때문에 고기를 잃어버리는 것은 **f. 20r** 알지 못하는 어떤 것을 향한 욕심 때문에 정당한 권리가 있는 것을 잃어버리는 어리석은 인간들을 나타낸다. 그 결과로 그들은 욕심을 내던 것도 얻지 못하고, 자신들이 가졌던 것마저 하릴없이 잃어버리는 처지에 놓이게 된다.

어떤 개들은 〔'늑대개'라는 뜻의〕 '리키스키(Licisci)'라고 불린다. 그들이 늑대와 개의 우연한 짝짓기에서 태어났기 때문이다. 인도에서는 밤에 숲에다 암캐들을 묶어 놓고는 야생 호랑이와 짝짓기를 하게 한다. 그러면 매우 사나운 개가 태어나는데, 힘이 아주 세서 사자도 쓰러뜨려 제압할 수 있을 정도이다.[157]

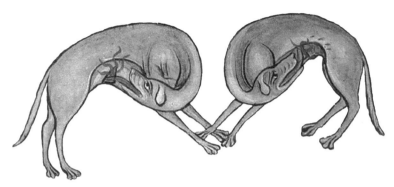

[그림 2-31] 혀로 상처를 핥는 개

영적인 선물, 약, 옷 *

죄인이 그의 창조주를 기쁘게 하기를 바랄 때에는 '영적인 안내자들 (spirituales conductores)' 셋을 찾는 것이 필요하다. 그러는 것이 그에게 바람직하다. 영적인 안내자들은 '영적인 사자(spirituales legatos)' 셋으로 하여금 창조주와 인간을 화해시킬 수 있는 세 가지 '영적인 선물들(dona spiritualia)'을 가져가게 할 것이다.

이들 안내자들과 사자, 선물들은 다음과 같다. 첫 번째의 영적인 사자는 '마음의 통곡(cordis ploratus)'이다. 두 번째 사자는 '진실한 고해 (vera confessio)'이고, 세 번째 사자는 '진심 어린 회개(vera penitentia)'이다. 그들의 안내자는 '신의 사랑(amor domini)', '선한 의지(bona voluntas)', '올바르게 하신 일(rectum opus)'이다. 영적인 선물들은 '육신과 영혼의 정

---

* '영적인 선물, 약, 옷'은 '북풍과 남풍'처럼 동물에 관한 설명 중간에 갑작스럽게 끼어든 짧은 설교이다. 과도기형 동물지에서는 '천지창조', '아담의 동물이름 짓기'와 함께 서문 역할을 하지만, 이 책이 기준으로 삼은 2계열 동물지에서는 설교가를 상징하는 동물인 개 항목 뒤에 나온다.

결(mundicia corporis et anime)', '순수한 기도(oratio pura)', '꾸준한 선행(boni operis perseverantia)'이다. 이 사자들과 안내자들은 영적 선물들을 지참하고 삼위일체 앞으로 나아간다. 통곡은 신의 사랑과 함께 성부 앞으로 나아가 육신과 영혼의 정결함을 바친다. 진실한 고해는 선한 의지와 함께 성부 앞으로 나아가 순수한 기도를 올린다. 진심 어린 회개는 신의 올바른 역사役事와 함께 성자 앞으로 나아가 선행의 지속을 보인다.

몸이 아픈 사람이 질병을 치료하기 위해서는 약이 필요한 것처럼, 영적인 타락을 치료하기 위해서도 약이 필요하다. 이 약은 네 가지 성분으로 이루어져 있다. 뉘우치며 슬퍼하는 마음, 진실한 고해, 진심 어린 회개, 선행이 그것들이다. 이 약은 몸 안의 영적인 병에 꼭 들어맞는 치료법이다. 영혼에 그 약을 바르면 곧바로 영혼의 나약함이 치료되기 때문이다.

그런데 치료를 받고 난 영혼이 천상의 궁전에 갈 때 점잖은 옷도 없이 f. 20v 그대로 창조주 앞에 나아가서야 되겠는가? 영혼을 치장하기 위해서는 반드시 점잖고 알맞은 옷을 입어야만 한다. 그래야 하늘의 천사들 앞에 훌륭한 모습으로 나아갈 수 있다.

영혼이 입을 첫 번째 옷은 '정결함(mundicia)'이다. 지금이나 앞으로나 어떤 영혼도 정결하지 않고서는 천상의 궁전으로 갈 수 없다. 갖춰 입어야 하는 또 다른 옷으로는 '신앙심(pietas)'과 '자비(misericordia)', 그밖의 선한 덕들이 있다.

이러한 옷을 갖추어 입은 영혼은 '순수한 성찰(cogitatio pura)', '선한 말(verbum bonum)', '완성된 행동(opus perfectum)'이라는 세 수행원과 함께 한다면 천상의 영광을 향해 명예롭게 나아갈 수 있다. 그곳에서는 천사들의 즐거움인 지복의 상태가 보상으로 주어질 것이다. 신은 그것을 위해 인간을 만드실 때 인간에게 세 조언자인 '영적인 지각(spiritualis intellectus)', '선행을 할 능력(potestas bene agendi)', '지혜(sapientia)'를 주셨다.

사람들이 그것들의 조언을 받아들인다면, 그는 자신의 천상의 왕국을 놓치지 않을 것이다. 하지만 그것들의 조언을 받아들이지 않는다면, 그는 자신의 유산을 잃어버리게 될 것이다.

[자, 형제들이여! 생명의 여정을 떠나자. 우리가 정식 시민으로 명부에 올라있는 천상의 도시로 돌아가자. 우리는 손님이나 이방인이 아니라 신의 성인들과 종복들의 시민들이다. 우리는 그분의 상속자이다. 그리스도와 더불어 공동상속자이다.[158] 굳건함이 우리에게 도시의 문들을 열어 주리라. 믿음이 입구를 넓혀 주리라. 그러니 우리는 할 수 있는 데까지 그 도시의 고명한 행복을 숙고해야 한다. 그러니 친애하는 이들이여, 굳건한 마음과 단단한 신념, 강인한 덕, 완벽한 자비로 신의 모든 뜻을 행할 준비를 해야 한다. 주님의 계율들을 굳건하게 지켜야 한다. 소박함 안에서 순결하고, 사랑으로 화합하고, 겸허함으로 겸손하고, 목회활동을 열심히 하고, 고통 받는 이들을 돕기 위해 애쓰고, 가난한 자들을 돌보며 측은하게 여기고, 사랑을 계속해서 옹호하고, 엄격한 규율을 철저히 따라야 한다. 그렇게 하면 우리에게 선행이 부족할 일은 없을 것이다.][159]

[그림 2-32] 숫양

양

몸이 털로 덮여 있는 양*(Ovis)*은 해롭지 않고, 천성이 훌륭하고 온화한 동물이다. 그 동물의 이름은 '봉헌'이라는 뜻을 나타내는 '오블라티오*(oblatio)*'라는 말에서 비롯되었다. 옛 사람들은 소가 아니라 양을 제물로 바쳤기 때문이다.

양을 〔'뻐드렁니'라는 뜻의〕 '비덴테스*(Videntes)*'라고 부르는 사람들도 있다. 양은 8개의 이빨 가운데 2개가 유독 도드라져 있기 때문이다. 이교도들은 특히 이것을 제물로 많이 바쳤다.[160]

겨울이 다가오면 양은 걸신들린 것처럼 음식을 탐한다. 그래서 게걸스럽게 풀을 뜯어 먹고서도 결코 만족해 하지 않는다. 혹독한 계절이 다가오는 것을 알고는 **f. 21r** 매서운 추위 때문에 풀이 없어지기 전에 미리 배를 채워 두려고 하기 때문이다.[161]

〔양은 그리스도교도 중에서 때 묻지 않고 천진한 이들을 나타낸다.

주님 자신이 양의 온화함과 인내를 보이셨다. 이사야는 무고한 구원자의 죽음에 대해 "도살장에 끌려가는 어린 양처럼, 털 깎는 사람 앞에 잠자코 서 있는 어미 양처럼, 그는 자기 입을 열지 않았다"[162]고 말했다.

복음서들에서 양은 신자들을 가리킨다. "양은 그의 목소리를 알아듣는다."[163] 그리고 「시편」에는 "당신은 그의 발 아래 모든 것들을 두셨습니다. 저 모든 양과 소, 게다가 들짐승 하며"[164]라고 나온다. 양은 그분이 먹이는 두 종류의 사람들이다. 선지자가 그들에 대해 말하길 "그날이 오면 사람마다 젊은 암소 한 마리와 양 두 마리를 키울 것이고, 이것들이 내는 젖이 넉넉하여 그는 버터를 먹게 되리라"[165]고 했다. 그러나 "그들은 양들처럼 무덤에 버려지고, 죽음이 그들의 목자가 되리라."[166]라는 구절처럼 「시편」에는 사악한 양도 나온다.][167]

숫양

거세한 숫양을 가리키는 '베르벡스(Vervex)'라는 이름은 그 동물의 '힘(vires)'에서 비롯되었다. 숫양은 다른 양들보다 힘이 세기 때문이다. 남자를 가리키는 '비르(vir)'라는 말에서 비롯되었다거나, 그것의 머리 안에 사는 벌레인 '베르메스(vermes)'라는 말에서 비롯되었다고 보는 사람도 있다. 벌레 때문에 가려워서 신경질이 날 때면 숫양들은 전투를 벌이는 것처럼 서로 머리를 동시에 세게 들이박는다.[168]

숫양을 '아리에스(Aries)'라고 부르기도 하는데, 이것은 그리스에서 전쟁의 신을 나타내는 '아레스(Ares)'라는 말에서 비롯된 것이다. 라틴어에서는 전쟁의 신을 '마르스(Mars)'라고 부르는데, 무리를 지은 남자들을 '마레스(mares)'라고 부르는 것도 이 때문이다. 옛날에 이교도들이 이동물을 자신들의 '제단(ara)'에 올려 놓고 제물로 바쳤기 때문에 '아리에스'라고 부르게 되었다고 보는 사람도 있다. 우리는 "숫양을 제단에 바친다"[169]는 구절로 이와 같은 사실에 관해 잘 알고 있다.[170]

[숫양은 사도들이나 교회의 군주들*을 의미한다. 우리는 「이사야서」에서 "느바욧의 숫양들이 너의 목자가 되어"[171]라는 구절을, 「시편」에서는 "주님에게 숫양의 자식을 데려가라"라는 구절을 읽었다.[172] 교회의 군주들은 양떼를 이끄는 목자처럼, 그리스도교도들을 주님의 길로 이끌 것이다. 그리고 우리가 들은 것처럼 숫양의 자식들을 바치는 것은 사도들의 설교 때문이지, 사악한 가르침을 행하는 일부 다른 사람들 때문이 아니다.

숫양은 사도와 같다. 이 짐승은 강한 이마를 가졌고, 공격하고자 하는 것은 무엇이든 들이박기 때문이다. 이와 마찬가지로 사도들도 그들의 설교를 가지고 여러 미신들과 달콤한 말로 견고하게 확립된 우상 숭배를 타파했다. 그러나 「에제키엘서」에 나오는 것처럼 어떤 곳에서는 숫양이 사악한 통치자를 나타내기도 한다. "아라비아와 케다르의 제후들도 새끼 양과 숫양과 숫염소로 너와 거래를 하였으며"[173]와 같은 구절이 그러하다.][174]

새끼 양

새끼 양을 가리키는 '아그누스(Agnus)'라는 이름은 그리스어에서 '경건하다'는 뜻을 나타내는 '아그노스(agnos)'라는 말에서 비롯된 것으로 보인다. 그러나 라틴어에서 비롯된 이름으로 보는 사람들도 있다. 새끼 양이 다른 어떤 동물들보다 자신의 어미를 잘 '알아보기(agnoscere)' 때문에 그렇게 불리게 되었다는 것이다. 새끼 양은 수많은 무리 한가운데에서 길을 잃어버렸을 때에도 어미의 울음소리를 알아듣고[175] 재빨리 어미한테 달려간다. 새끼 양은 비슷한 것들 가운데에서 어미의 젖도 잘 찾는다. 어미 양도 다른 수천 마리의 양들 가운데에 섞여 있어도 자기

---

* 오늘날에는 가톨릭교회의 추기경들을 가리키는 단어로 쓰이지만, 중세에는 세속 군주 못지 않은 특권과 지위를 지니던 교회 성직자들을 지칭하는 말로 쓰였다.

[그림 2-33] 뿔이 없는 새끼 양

새끼를 알아본다. 똑같이 생긴 수많은 새끼 양들이 똑같이 '매애' 하고 울더라도, 어미 양은 다른 새끼 양들 가운데 자신의 새끼를 바로 찾는다. 그리고 자신의 새끼가 맞는지 확인하고는 매우 잘 보살펴 준다.[176]

[새끼 양은 우리의 신비로운 구원자이신 이를 뜻한다. 그분의 무고한 죽음이 인류를 구원했다. 요한은 이렇게 말했다. "보라, 세상의 죄인들을 치우실 신의 어린 양이시다."[177]

새끼 양은 나무랄 데 없는 삶을 사는 신도들이기도 하다. 그들은 어머니인 교회를 따르고, 그녀의 목소리를 알아듣고, 그녀의 곁으로 다가가 그녀의 계명을 받는다. "내 어린 양들을 돌보아라."[178] 새끼 양들은 복음 안에서 축복을 받았다.][179]

숫염소

f. 21v 숫염소*(Hircus)*는 음탕하고 방정맞은 동물로 늘 성행위를 갈구한다. 그 음란함 때문에 숫염소의 눈은 옆으로 째져 있다. 숫염소의 이름도 거기서 비롯되었다. 〔2세기 초 로마의 역사가인〕 수에토니우스에 따르면 '히르키*(hirci)*'는 '찢어진 눈'을 뜻한다.[180] 숫염소는 타고나기를 열이 매우 많은 동물이어서, 그것의 피는 불이나 쇠붙이에도 손상되지 않는 다이아몬드도 녹일 수 있다.[181]

새끼 염소*(Hedi)*의 이름은 '먹는 것*(edendum)*'이라는 말에서 비롯되었다. 새끼 염소는 지방이 매우 많고 맛이 좋다. 그래서 그들을 '먹을거리*(ede)*'나 '먹을 만한 것*(edulium)*'이라고 부르기도 한다.[182]

[새끼 염소들은 심판의 날에 신의 왼편에 서게 될 죄인을 의미한다. 마찬가지로 양으로 상징되는 정의로운 이들은 그분의 오른편에 서게 될 것이다. 실제로 복음서에도 "그는 양들은 자기 오른쪽에, 염소들은 왼쪽에 세울 것이다"[183]라고 씌어 있다. 그러나 이따금 정의로운 이들도 자신의 죄를 고백할 때 이 이름으로 불리기도 했다. 「예레미야서」에는 "바빌론 한가운데에서, 칼데아인들의 땅에서 도망하여라. 양떼 사이에 있는 새끼 염소들처럼"[184]이라고 나온다.

그리스도는 '육신의 죄'라는 측면에서 새끼 염소와 같다. 그래서 「신명기」에서는 "너희는 새끼 염소를 그 어미의 젖에 삶아서는 안 된다"[185]고 했다. 그러나 "당신은 저에게 친구들과 즐기라고 염소 한 마리 주신 적이 없습니다"[186]라는 구절에서처럼, 새끼 염소가 적그리스도를 나타내는 경우도 있다.][187]

[숫염소는 유대의 율법에서 죄의 속죄로 바쳐졌다. 이것은 죄인들이 그분의 피흘림으로 자신들의 단단하게 굳어 있는 죄를 녹인다는 것을 나타낸다. 「시편」에서 교회는 주님께 "수송아지와 염소들을 바치오

[그림 2-34] 째진 눈의 숫염소

리다"[188]라고 말한다. 「다니엘서」에서 염소는 죄인들이나 이교도이다. "보라. 숫염소 한 마리가 서쪽에서 온다."[189]

두 마리의 숫염소는 두 민족, 곧 유대인들과 이교도들을 의미한다. 「레위기」에서 그들은 죄의 포도나무 가지에서 나왔다. 그러나 두 마리의 숫염소를 그리스도와 〔재판에서 예수 대신 석방된 강도인〕 바라바로 이해하는 이들도 있다.

황소는 설교가들을 상징한다. 그들은 말로 사람들 마음의 땅을 잘 갈아서 천상의 풍작을 가져올 씨앗을 받아들일 수 있게 한다. 하지만 숫염소는 악마의 타락을 따르고, 스스로를 악덕의 털로 덮는 자들이다. 숫염소를 라틴어로 '히르쿠스'라고 하는 것은 '털이 많다'는 뜻인 '히르수투스(hirsutus)'라는 말과 관련이 있다. 교회는 그들을 황소와 함께 바쳐서 그리스도를 그들의 주님으로 받아들이게 개종시킨 것이다.][190]

멧돼지

멧돼지를 나타내는 '아페르(Aper)'라는 이름은 그 동물이 지닌 '야생성(feritas)'에서 비롯되었다. 철자만 바뀐 것이다. 마찬가지의 이유로 그리스에서는 멧돼지를 '야생'이란 뜻의 '수아그로스(Suagros)'라고 불렀다. 우리는 길들여지지 않은 야생의 모든 것들은 대충 뭉뚱그려 '아그레스테(Agreste)'라고 부른다.[191]

[멧돼지는 이 세상 지배자들의 난폭함을 의미한다. 그래서 「시편」의 저자는 주님의 포도밭에 대해 이렇게 말했다. "숲에서 나온 멧돼지가 그것을 헤쳐 놓고 들짐승이 뜯어 먹습니다."[192] 그는 유대인들을 그들의 고향 경계 밖으로 데려와 흩어 놓았다. 아마도 멧돼지는 베스파시아누스 황제일 것이다. 그는 유대인들에게 혹독하고 잔인하게 대했다. 다시 말해 그는 유대인의 적이었다. 그래서 유대인들은 멧돼지를 불결하다고 생각한다. 들짐승은 베스파시아누스의 아들 티투스이다. 그는 들판의 풀을 뜯어 먹는 것처럼 휴전 중에 유대 민족과 그들의 도시를 파괴했다. 포도밭은 점령되었고, 울타리는 허물어졌다.*

정신적인 의미에서 멧돼지는 악마를 의미한다. 그 짐승이 지닌 난폭함과 힘 때문이다. 야생인데다가 제멋대로여서 '숲의 짐승'이라고 부르기도 한다.][193]

[암퇘지가 '수스(Sus)'라고 불리는 것은 음식을 '헤집기(subigo)' 때문이다. 곧 음식을 찾으려고 산만하게 땅을 헤집어대어 그렇게 불린다. '돼지(Porcus)'는 '더러운(spurcus)' 동물이다. 그 동물은 오물을 빨아들이고, 진흙을 삼키며, 스스로 온 몸에 진흙을 바른다.

암퇘지는 죄인들, 불순한 자들과 이단들을 의미한다. 유대교의 법은

---

* 베스파시아누스(Vespasianus, 재위 69~79)와 티투스(Titus, 재위 79~81)는 로마의 황제들로 유대 지역의 반란을 진압하고, 예루살렘을 점령했다.

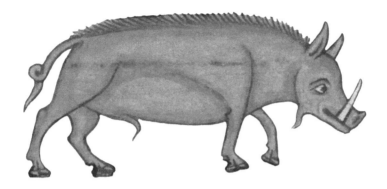

[그림 2-35] 날카로운 엄니와 뻣뻣한 털을 가진 멧돼지

발굽이 갈라지고 되새김질을 하지 않는 동물을 먹으면 안 된다고 신도
들에게 명했다. 구약과 신약, 율법과 복음서들도 이를 뒷받침한다. 이
단들은 영의 음식을 되새김질하지 않기 때문이다. 그들은 불순하다.

　암퇘지는 참회를 게을리 하고, 예전의 통탄스런 시기로 되돌아가는
자들이다. 베드로가 서간에서 "개는 자기가 토한 데로 되돌아간다. 그
리고 돼지는 몸을 씻고 나서 다시 진창에 뒹군다"[194]라고 말한 것처럼
말이다. 개는 토하면서 자신의 숨을 막고 있는 음식물을 밖으로 내보낸
다. 그러나 곧 자신을 해방시켜 주었던 토사물로 돌아가서는 고생을 자
초한다. 그렇게 어떤 사람들은 넌더리가 날 만큼 내면을 짓누르는 가슴
속 죄악을 밖으로 내뱉으며 눈물을 흘린다. 고해로 그것을 내보내는 것
이다. 그러나 그들은 고해를 하고서 다시 원래의 방식으로 돌아간다.
몸을 씻고 나서 진창을 뒹구는 암퇘지는 전보다 더 더러워진다. 흐느끼
며 죄를 인정했으나 죄 짓기를 그만두지 않는 자는 더 큰 벌을 받는다.
참회로 금했어야 할 악행 때문에 유죄판결을 받는 것이다. 이는 더러운

물에 빠지는 것과 같다. 그는 신의 눈앞에서 오염된 그러한 눈물로 자기 삶의 정결함을 없앤다.

복음서에서 돼지는 불결하고 탐욕스러운 사람들을 나타낸다. "저희를 쫓아내시려거든 저 돼지 떼 속으로나 들여보내 주십시오"라고 했다.[195] 그리고 "너희의 진주를 돼지들 앞에 던지지 마라"고도 했다.[196]

아울러 돼지는 영혼이 더러운 사람이다. "그는 그를 자기 소유의 들로 보내 돼지를 치게 하였다"고 했다.[197]

돼지는 불결한 자와 죄인을 동시에 나타낸다. 「시편」에서는 그들에 대해 "그들의 배가 당신께서 숨겨 놓으신 부로 채워집니다. 그들은 돼지처럼 배를 채우고도 남아 자식들에게도 부를 남깁니다"[198]라고 했다.

유대인들은 돼지를 주님께서 감추어두신 불결한 것들이라 부른다. 다시 말해서 그들에게 금지된 것들이다. 그러나 죄인들은 그들의 자식에게 자신들의 죄를 남길 것이다. "그러자 온 백성이 '그 사람의 피에 대한 책임은 우리와 우리 자손들이 질 것이오'라고 대답했다"[199]고 하지 않았던가.

암돼지는 죄인들과 사치스러운 생활을 하는 사람을 나타낸다. 우리가 솔로몬을 맞게 이해했다면 말이다. 그는 "예쁘지만 분별력이 없는 여자는 돼지 코에 금 고리 격이다"[201]고 했다.

암돼지는 사악한 생각이나 사치스런 행위를 불러오는 육신의 것들로도 여겨진다. 이사야가 "돼지고기를 먹고 자기 그릇에 부정한 고기국물을 담는 사람들"[201]이라고 말한 것처럼 말이다. 여기서 그릇은 그들의 마음이다.][202]

[그림 2-36] 황소

황소

거세한 어린 황소는 '유벤쿠스(Iuvencus)'라고 불린다. 사람들이 밭을 가는 것을 '돕기(iuvare)' 때문에 그렇게 불리게 되었다는 말도 있고, 이 교도들이 〔로마의 최고신인 유피테르를 뜻하는〕 요비스에게 반드시 그냥 황소가 아니라 거세한 수송아지만 바쳤기 때문에 그렇게 불리게 되었다는 말도 있다. 제물을 고를 때에는 나이가 중요했기 때문이다.[203)]

황소(Taurus)를 가리키는 '타우루스'라는 이름은 소(Bos)와 마찬가지로 그리스어에서 비롯되었다. 인도의 황소는 황갈색이며 새처럼 빠르다. 그 소는 털이 반대 방향으로 뻗어 있으며, 입을 자기 머리통만큼이나 크게 벌린다. 그들은 원하는 방향으로 유연하게 뿔을 돌릴 수 있고, 단단한 털가죽은 어떤 무기라도 막을 수 있다.[204)] [황소는 매우 사납고 야성적이라 붙잡히면 제 분을 이기지 못하고 정신을 잃는다.][205)]

[황소는 그리스도이다. 「창세기」에는 "그들은 분노에 사로잡혀 황소의 힘줄을 끊어버렸다"[206)]고 씌어 있다. 다른 곳에서 황소는 자만심의 뿔로 평민들을 나둥그러지게 한 이 세상의 군주들을 나타낸다. 「예레미

야서」에서 "너희들은 황소처럼 큰 소리로 울부짖고"[207]라고 말한 것이
나, 「이사야서」에서 "그리고 군주들과 함께 황소들은"[208]이라고 말하고
있는 것처럼 말이다.

황소는 선과 악을 동시에 나타낸다. 선한 것은 복음서에서 찾아볼 수
있다. "보시오. 내가 잔칫상을 이미 차렸소. 황소와 살찐 짐승을 잡고
모든 준비를 마쳤으니."[209] 악한 것은 「시편」에 나온다. "살찐 황소들이
저를 에워쌌습니다"[210]라고 한 것처럼 말이다.][211]

소[212]

소(Bos)는 그리스어로는 '보엔(Boen)'이라고 한다. 라틴어에서는 소를
'트리오(Trio)'라고 부르기도 하는데, 소가 단단한 '땅(terra)'을 '갈기(tero)'
때문이다.

소는 동료에 대한 애정이 각별하다. 그들은 자신과 함께 목에 멍에를
졌던 동료가 보이지 않으면 '음매' 하며 지칠 때까지 걱정스럽게 울어
댄다.[213] 소는 비가 오면 외양간에서 머물러야 한다는 것을 알고 있다.
그리고 날씨의 변화를 본능적으로 감지하여 날이 갤 것 같으면 외양간
밖으로 목을 길게 빼고 하나같이 나가고 싶어한다.

[소의 목부터 앞다리까지 축 쳐진 부분을 '팔레아르(palear)'라고 부른
다. '가죽(pellis)'에서 온 '펠레아리아(pellearia)'라는 말이 그렇게 변한 것
이다.[214] 성서에서 소는 감각적인 삶을 사는 이들의 광기, 설교가들의
힘과 노력, 이스라엘의 겸손 등 여러 의미를 나타낸다. 첫 번째의 사례
는 여자들의 간계에 대한 솔로몬의 말에서 찾아볼 수 있다. "그가 선뜻
그 여자 뒤를 따라가는데 도살장에 끌려가는 소와 같다."[215] 그리고 율
법과 사도의 편지에서는 "타작 일을 하는 소의 입에 망을 씌워서는 안
된다"[216]며 설교가의 일을 묘사하는 데 소를 이용하기도 했다.][217]

[그림 2-37] 소

들소와 물소

'우루스(Urus)'는 게르마니아의 들소이다. 그 동물의 뿔은 매우 거대해서 왕의 식탁에 놓일 커다란 음료 용기를 만드는 데 쓰인다. 인도에는 뿔이 하나인 황소도 있다. 매우 사나운 이 황소는 갈라지지 않은 단단한 발굽을 가지고 있다. 물소(Bubalus)의 이름은 그것이 소와 닮았기 때문에 붙여진 것이다. 그들은 매우 야성이 강하고 난폭해서 목에 멍에를 씌우는 것을 허락하지 않는다.[218]

[들소와 물소는 사람들에게 으스대며 자만에 빠진 교사들에 빗댈 수 있다. 그들의 지위는 좋은 교사들과 같다. 그러나 그들은 자만심에 부풀어 있고, 신의 도움보다 세속의 힘의 뿔을 더 신뢰한다. 그리고 사도의 법에 어긋나게, 성직자들을 양떼처럼 이끌려 하기보다는 다스리려 한다. 주님은 예언자의 입을 빌어 그들을 이렇게 저주했다.[219] "불행하여라. 자기들만 먹는 이스라엘의 목자들! 양떼를 먹이는 것이 목자가 아니냐? 그런데 너희는 젖을 짜 먹고 양털로 옷을 해 입으며 살진 놈을 잡아먹으면서, 양떼는 먹이지 않는다. 너희는 약한 양들에게 원기를 북

돌아 주지 않고 아픈 양을 고쳐 주지 않았으며, 부러진 양을 싸매 주지 않고 흩어진 양을 도로 데려오지도, 잃어버린 양을 찾아오지도 않았다. 오히려 그들을 폭력과 강압으로 다스렸다."]²²⁰⁾

암소

암소의 이름 '바카(Vacca)'는 '보아카(Boacca)'라는 말에서 비롯된 것이다. 〔소(Bos)와 암소(Boacca)는〕 사자(Leo)와 암사자(Leena), 용(Draco)과 암룡(Dracena)처럼 성에 따라 철자의 변형이 이루어진 것이다.²²¹⁾

[암소는 이따금 좋은 의미로 사용된다. 「민수기」에는 "얼룩과 흠이 없고 멍에를 메어 본 일이 없는 붉은 암소"²²²⁾를 죽여 주님의 신성한 제단을 정화하라는 명령이 나온다. 대개 수컷은 힘을, 암컷은 나약함을 나타낸다. 암소가 바로 그 경우이다. 그것은 나약함을 입고 육화한 주님의 희생을 상징한다. "그리스도께서는 약한 모습으로 십자가에 못 박히셨지만, 이제는 신의 힘으로 살아 계십니다"²²³⁾라고 씌어 있는 것처럼 말이다. 그분이 '붉은 암소'라고 불리는 까닭은 그분의 인간의 형상이 수난의 피로 붉게 되었기 때문이다. 그분의 인성은 흠이 없고 그분의 행실은 완벽했다. 그분의 인간 형상에는 얼룩이 전혀 없었다.]²²⁴⁾

송아지

수송아지(Vitulus)와 암송아지(Vitula)의 이름은 '푸르름(viriditas)', 다시 말해 그들의 젊은 나이에서 비롯된 것이다. 처녀를 '비르고(virgo)'라고 부르는 것처럼 말이다. 작고 새끼를 낳은 적이 없는 것이 암송아지이고, 새끼를 낳은 경험이 있다면 암소이다.²²⁵⁾

[송아지는 좋은 의미로는 순수한 믿음이나 경건한 헌신에 대한 진실한 찬양을 나타낸다. "이제 저희는 입술로 송아지를 바치렵니다"²²⁶⁾라고 한 것처럼 말이다.

「시편」에는 "그때에는 사람들은 당신 제단 위에 송아지들을 바치리다"[227]라고 나온다. 「시편」의 저자는 송아지를 〔헤로데 임금에게 살해당한〕 무고한 아기들을 나타내는 데 사용한 것이다. 한 살밖에 되지 않은 그들은 목에 있는 죄의 멍에가 익숙하지 않았다. 아니면 「시편」의 저자는 복음서의 설교가들을 예언하고 있다. 송아지는 복음사가 루카의 상징이다. 그는 헛된 울음으로 공중에 메아리를 만들지 않았다. 대신 지상을 주님에 대한 믿음의 설교로 채웠다. 나아가 송아지는 성스러운 제단의 감미로움 안에서 자신의 생명을 바친 사람들이기도 하다. 거룩한 교부 아우구스티누스는 복음사가들의 상징에 대해 논하면서 주님을 송아지라고 부르기도 했다. 「시편」의 저자가 의도한 것이 아기이든 설교가든 순교자든 예언자이든 간에 그들은 그리스도교에 딱 알맞은, 주님 제단의 약속된 송아지들이다.

복음서에서도 송아지는 그리스도를 나타낸다. "살찐 송아지를 끌고 와서 죽여라"[228]라고 한 것처럼 말이다. 그밖에 「시편」에서는 "그분은 그들을 송아지처럼 뛰게 했다"[229]고 나온다. 송아지는 거룩한 신앙 안에서 자라며 율법의 멍에로부터 자유로운 이들이다.

송아지는 음탕한 유대인을 나타내기도 한다. 「시편」에서 "수많은 송아지들이 저를 에워싸고 살찐 황소들이 저를 공격합니다"[230]라고 한 것처럼 말이다.〕[231]

[그림 2-38] 쌍봉낙타

낙타[232]

낙타(Camelus)가 '카멜루스'라고 불리는 데에는 까닭이 있다. 낙타는
짐을 짊어질 때면 엎드려서 자신을 낮추고 작게 만든다. 그리스어에서
'카미(cami)'는 낮거나 작다는 뜻을 나타내는 말이다. 낙타의 등이 굽은
데에서 비롯되었을 수도 있다. 그리스어에서 '카무르(camur)'는 구부러
지는 것을 나타내는 말이다.*

낙타는 다른 곳에서도 살지만, 가장 많이 나는 곳은 아라비아이다.
가장 힘이 센 낙타가 나는 곳은 〔중앙아시아 초원지대의〕 박트리아이지만,
낙타가 가장 많이 나는 곳은 아라비아이다. 두 곳의 낙타는 생김새가
다른데, 아라비아 낙타는 등에 혹이 두 개이지만, 박트리아의 낙타는
혹이 하나이다.[233]

낙타는 발굽이 결코 닳지 않는다. 그들은 탄력 좋은 살이 볼록하게
나온 두툼한 발바닥을 가지고 있다. 그러한 발바닥은 발을 내디딜 때

---

* 낙타와 나귀 항목은 유실된 내용을 〈애쉬몰 필사본〉에서 가져왔다.

충격이 가해지지 않도록 해서 낙타가 편하게 걸을 수 있게 해준다.

낙타는 두 가지 쓰임새가 있다. 어떤 낙타는 짐을 나르기에 적합하다. 그렇지만 어떤 낙타는 움직임은 빠르지만 평균 이상의 짐을 싣지 못하고, 평소보다 먼 거리는 가려고 하지 않는다.

그리고 낙타는 발정기가 오면 욕망을 억누르지 못한다. 그래서 짝짓기를 바라며 사납게 변하기까지 한다. 낙타는 말들을 싫어하며, 3일 동안 물을 마시지 않아도 견딜 수 있다. 그러나 물을 마실 기회가 생기면 그때까지 마시지 못했던 양을 한꺼번에 보충하고, 앞으로도 오랜 기간 사용할 만큼 충분히 마셔둔다. 그런데 낙타는 흙탕물을 마시며, 깨끗한 물을 싫어한다. 심지어 물이 탁하지 않으면 발로 흙을 휘저어 흙탕물을 만들기도 한다.

낙타는 100년이나 살며, 우연한 기회에 먼 타국의 땅으로 가게 되면 바뀐 공기에 적응하지 못해 몹시 쇠약해진다. 암컷 낙타는 전투 훈련을 위해 짝짓기 욕망을 억제시킨다. 짝짓기를 삼가면 암컷 낙타가 더 강해진다고 생각하기 때문이다.[234]

[낙타는 우리의 모든 죄를 짊어지신 그리스도의 겸허함이나 개종한 그리스도교도들을 의미한다. 복음서에서는 "부자가 신의 왕국에 들어가는 것보다 낙타가 바늘구멍을 통과하는 것이 더 쉽다"[235]고 했다. 이 말은 그리스도교로 개종한 사람보다 이 세상에 현혹된 사람들 때문에 그리스도가 더 고통을 받는다는 뜻이다. 그분은 기꺼이 낙타의 일부가 되어, 우리의 나약함의 짐을 짊어지셨다. 그분은 겸허하게 그 일을 행하셨다. "그대가 높아질수록 자신을 더욱 낮추어라"라는 성서의 구절이 뜻하는 내용도 바로 이와 같은 것이다.[236]

그리고 바늘은 우리에게 찔림을, 다시 말해 그분이 수난을 당하면서 겪은 찔림의 고통을 상기시킨다. 바늘구멍은 주님의 수난의 곤경을 의미한다. 그것은 그분이 얼마간 빌려 입으신 인간의 본성이다. 그분은 그 옷을 입을 가치가 있다고 여기셨다. 그리하여 타락했던 우리는 훌륭한 옷을 입게 되었다. "그리스도와 하나 되는 세례를 받은 여러분은 다 그리스도를 입었습니다"[237]라는 사도의 말처럼 말이다.][238]

단봉낙타

단봉낙타는 낙타의 일종으로 크기는 작지만 더 빠르다. 그것의 라틴어 이름인 '드로메다리우스(Dromedarius)'도 이와 같은 특성에서 비롯되었다. 그리스어에서 '드로모스(dromos)'는 '달리기', '재빠름'이란 뜻을 나타낸다. 실제로 단봉낙타는 하루에 100마일 이상을 걷기도 한다.

이 동물은 양 · 황소 · 낙타처럼 되새김질을 하는 동물이다. '되새김질'을 뜻하는 '루미나티오(ruminatio)'라는 말은 '후두喉頭'를 뜻하는 '루마(ruma)'라는 말에서 비롯되었다. 후두는 식도의 앞부분으로, 어떤 동물들은 이것을 통해 내려갔던 음식물을 다시 역류시킨다.[239]

[그림 2-39] 단봉낙타

[그림 2-40] 짐을 실은 나귀

나귀[240)

'나귀'를 가리키는 '아시누스*(Asinus)*'와 '작은 나귀'를 가리키는 '아셀루스*(Asellus)*'라는 이름은 '앉다'라는 뜻을 지닌 '세덴도*(sedendo)*'라는 말에서 비롯되었다. '자리에 앉아 있다'는 뜻을 나타낼 때 '아세두스*(assedus)*'라고 하는 것처럼 말이다. 말한테 더 잘 어울릴 것 같은 이런 이름을 나귀가 지니게 된 까닭은 말을 길들이기 전부터 사람들이 나귀를 타왔기 때문이다. 나귀는 몸이 느리고 별로 저항도 하지 않아서 사람들은 원하면 곧장 그것을 길들일 수 있었다.

아르카디아 나귀가 그렇게 불리는 이유는 아르카디아 지방에서 처음 들여왔기 때문이다. 그것들은 몸집이 있고, 키가 크다. 작은 나귀는 야생나귀보다도 작지만 훨씬 쓸모가 있다. 힘든 일도 잘 견디고, 게으름을 피우며 반항하는 일이 거의 없기 때문이다.[241)

[나귀와 암컷 나귀는 음란한 바람둥이를 가리킬 때 쓰이기도 하고, 순한 사람이나 어리석은 이교도들을 가리키는 말로 쓰이기도 한다. 영적인 의미에서 나귀는 야비하고 음탕한 존재로 이교도들을 의미한다. 그들을 다스릴 만한 가치가 있다고 여기신 주님께서는 예루살렘으로 들어가서 그들을 굴복시키고 천상의 나라로 이끌었다.

나귀는 속세의 쾌락만을 쫓는 어리석은 사람을 의미하기도 한다. 야곱은 아들인 이사카르에 대해서 "이사카르는 두 개의 짐 사이에 엎드린 튼튼한 나귀"[242]라고 했다. 이교도들은 전에는 잔인하고 음란해서 마치 이성이 없는 동물들과 같았다. 그러나 주님이 자신이 흘린 피로 대신 죄를 씻어 구원해 주신 지금은 실로 강해졌으며, 주님에게 온 마음을 복종하고, 구세주의 지배에 몸을 맡기고 있으며, 복음의 가르침이라는 멍에를 짊어지고 있다. 그들은 자신들의 왕인 그리스도에게 좋은 선물과 믿음에 기초한 선행을 바치게 되었다.

다른 곳에서 나귀는 어리석은 자를 나타내기도 한다. 「신명기」에서는 "너희는 소와 나귀를 함께 부려서 밭을 갈아서는 안 된다"[243]고 했다. 현명한 설교가 무리에 어리석은 사람을 들이지 말아야 한다는 것이다. 「창세기」에서는 〔야곱이 아들 유다를 축복하며〕"그는 새끼 나귀를 좋은 포도나무에 매고"[244]라고 했다. 이 구절에서 나귀는 유대교 예배당을 〔포도나무는 율법을〕 나타낸다.[245] 나귀의 첫 새끼는 음탕한 삶의 시작을 의미한다. 「탈출기」에는 "그러나 나귀의 첫 새끼는 양으로 대속해야 한다"[246]고 나온다. 여기에서 나귀는 죄의 짐을 짊어지고 삶이 끝나는 날까지 살의 욕망을 행하는 어리석은 자를 의미한다. 그래서 〔「창세기」에는〕 아나가 아버지의 나귀를 치다가 사막에서 온천을 발견했다고 쓰여 있는 것이다.[247] 예언자가 음탕한 자에 대해 "그녀는 물건이 나귀의 것과 같은 정부들을 갈망하였다"[248]고 한 것처럼 말이다.〕[249]

야생나귀[250]

야생나귀(Onager)는 길들여지지 않은 나귀이다. 그리스 사람들은 나귀를 '온(On)', 야생나귀를 '아그리암(Agriam)'이라고 불렀다.

아프리카에는 들판을 돌아다니는 길들여지지 않은 야생나귀들이 많은데 수컷 야생나귀 한 마리가 여러 마리의 암컷을 거느린다. 수컷 야

[그림 2-41] 야생나귀

생나귀는 새끼가 수컷으로 태어나면 질투심에 사로잡혀 이빨로 새끼의 고환을 물어뜯는다. 그래서 신중한 어미는 수컷 새끼를 은밀한 장소에 숨겨 놓는다.[251]

『피지올로구스』에 따르면,[252] 야생나귀는 3월 25일이 되면 낮과 밤에 각각 12번씩 시끄럽게 운다. 사람들은 이를 통해서 그날이 낮과 밤이 같아지는 주야평분시(aequinoctium)임을 알 수 있다. 그리고 그날 야생나귀는 매 시간마다 울며 시간을 나타낸다고 한다. 이는 악마의 형상이다. 악마는 낮과 밤이 같다는 것을 알게 되면, 다시 말해 밤이 낮과 같아지는 것처럼 어둠속을 배회하던 사람들이 신을 향해 돌아서서 의로운 자들의 믿음과 같아질 때면 밤낮으로 매 시간마다 울어대며 먹잇감을 찾아다닌다. 야생나귀는 먹이를 원할 때만 울어댄다. 욥은 "풀이 있는데 야생나귀가 울겠는가?"[253]라고 했다. 사도도 "악마가 으르렁거리는 사자처럼 누구를 삼킬까 하고 찾아 돌아다닙니다"[254]라고 했다.

말

[말의 라틴어 이름은 '에쿠스(Equus)'이다. 그들은 마구가 채워지면 같은 크기의 보폭과 속도로 서로 '균등하게(æquo)' 마차를 끌기 때문이다. '카발루스(Caballus)'도 말을 가리킨다. 이것은 '움푹한(cavo)' 발에서 비롯된 이름이다. 말은 다른 동물들과는 달리 걸어가면서 땅에 말굽 자국만 남긴다. 또 '소리(sonat)'를 내는 '발(pedibus)' 때문에 '시끄러운 발'이라는 뜻을 나타내는 '소니페스(Sonipes)'라는 이름으로 불리기도 한다.

말은 활력이 넘치는 동물로 껑충거리며 들판을 내달린다. 그리고 말은 전쟁의 냄새를 맡는다. 나팔소리는 말들에게 싸울 용기를 북돋아주고, 인간의 목소리는 그들을 다그쳐 달리게 한다. 그들은 패배하면 낙담하고, 승리하면 기뻐한다. 말들 가운데 일부는 전쟁터에서 적들을 구분해 깨물기도 한다.][255]

어떤 말들은 주인만 알아보고, f. 22r 주인이 바뀌면 훈련한 것을 잊어버린다. 어떤 말들은 자신의 주인 이외에는 아무도 등에 태우려 하지 않는다.[256] 다음과 같은 이야기들을 예로 들 수 있을 것이다.

알렉산더 대왕의 말은 ['소머리'라는 뜻의] '부케팔라(bucefala)'라고 불렸는데, 그 이름은 야성이 강한 겉모습과 어깨에 찍힌 황소머리 모양의 낙인, 이마에 난 작은 뿔에서 비롯되었다. 이따금 저항하지 않고 사육사를 태웠던 적도 있지만, 왕실의 안장을 얹은 뒤에는 결코 자신의 주인인 대왕 이외의 다른 사람을 태우려 하지 않았다. 이 말에 대해서는 전쟁터에서 있었던 수많은 일화가 전해지는데, 전투가 아무리 격렬하게 벌어져도 알렉산더 대왕이 다치지 않게끔 스스로 알아서 그를 태우고 움직였다고 한다.[257]

[기원전 1세기 로마 장군인] 가이우스 카이사르의 말도 그 이외에 아무도 등에 태우려 하지 않았다. 스키타이인들의 왕이 일대일 전투에서 죽자

[그림 2-42] 전쟁터의 말

승리한 그의 적이 왕의 몸을 약탈하려 했는데, 왕의 말이 난폭하게 굴며 그 사람을 차고 물었다는 이야기가 전해진다. 〔소아시아의 고대 왕국 비티니아의〕 니코메데스 왕이 죽자 그의 말은 스스로 굶어 죽었다. 〔서아시아의 고대 제국 셀레우코스의 황제〕 안티오쿠스가 갈라티아인들을 정복했을 때 그는 전투에서 죽은 킨타레투스라는 장군의 말 위로 껑충 올라타 싸움을 계속하려 했다. 하지만 재갈 물리는 것을 싫어한 말은 일부러 넘어져 자신은 물론 자신의 등에 탄 이도 고꾸라져 다치게 만들었다.[258]

 이런 종류의 동물들은 수컷이 더 오래 산다. 우리는 말이 70년이나 산다는 것을 이미 잘 알고 있다. 그리고 우리는 '오푼테스(Opuntes)'라고 불린 종마가 40살까지 종마로 쓰였다는 사실도 알고 있다.

 암말들은 갈기를 자르면 성적인 욕망이 사라진다. 태어났을 때 망아지의 이마에는 사초莎草 풀의 꽃술처럼 황갈색인 사랑의 부적이 나타나는데, 이를 '히포마네스(hippomanes)'라고 부른다. 이 〔갓난 망아지의 머리를 덮은 막피인) 히포마네스가 제거되면 어미 말은 어떤 일이 있어도 새끼에게 젖을 빨지 못하게 한다. 그리고 말은 물을 마실 적에 콧구멍을 더 깊이 담그는 말일수록 정력이 좋아 종마로 쓰기에 좋다.[259]

말은 주인이 죽거나 죽임을 당하면 눈물을 흘리는데, 오직 말만이 사람을 위해 눈물을 흘리고 슬픔의 감정을 느낀다. (신화에 나오는 반인반마의 종족인) '켄타우루스(Centaurus)'는 말과 사람의 특질이 섞여 있다. 말을 타고 전장에 나가는 사람은 그들이 탄 말의 기백이 높고 낮은지에 따라 결과가 어떻게 될지를 예측할 수 있다고 한다.[260]

말의 혈통

옛 사람들이 전하는 이야기에 따르면, 말의 혈통이 좋은지는 f. 22v 생김새·아름다움·기질·색깔의 네 가지를 보면 알 수 있다고 한다.

생김새에 대해 살펴보면, 몸은 건실하고 단단해야 한다. 말의 크기는 힘에 비례한다. 옆구리는 길고 좁아야 하며, 엉덩이는 넓고 둥글고, 가슴은 넓어야 한다. 몸 전체에 근육이 꽉 들어차 있고, 말굽은 건조하고 곡선 모양의 (말굽 바닥의 각질 연골인) 제차蹄叉가 받치고 있어야 한다.

아름다움에 대해 살펴보면, 머리는 작고 말라 있어야 한다. 피부는 뼈를 팽팽하게 감싸고 있어야 하며, 귀는 짧고 깔끔해야 한다. 눈은 커야 하고, 콧구멍은 넓고, 목은 세우고 있어야 한다. 갈기와 꼬리는 털이 풍성해야 하며, 말굽은 확실한 곡선 모양이어야 한다.

기질에 대해 살펴보면, 마음은 담대하고, 발걸음은 날래며, 사지를 흔들어 용감함을 드러낼 줄 알아야 한다. 쉬고 있다가도 곧바로 달려나갈 수 있어야 하고, 일단 질주를 시작하면 제어하기 어렵지 않아야 한다. 말의 기민함은 귀를 보고 알 수 있고, 용감함은 사지를 떠는 것으로 알 수 있다.

색깔은 적갈색·금색·붉은색·밤색·사슴색·옅은 노란색·푸른

[그림 2-43]

회색 · 얼룩무늬 · 밝은 회색 · 빛나는 흰색 · 일반 흰색 · 점박이 · 검은 색인 것이 가장 좋다. 그 다음이 검은색과 적갈색이 따로 노는 혼합색이고, 다른 혼합색이나 화산재 색깔의 말이 가장 하급이다.[261]

말의 색깔[262]

옛 사람들은 적갈색의 말인 바디우스*(Badius)*를 '힘센 녀석'이란 뜻의 '발디우스*(Validus)*'라고 부르곤 했다. 걸음걸이가 다른 어떤 동물보다도 힘차기 때문이다. '자주색'이라는 뜻의 '페니카투스*(Fenicatus)*'라고도 불렸으며, 시리아 사람들이 대추야자의 색을 가리키던 '스파딕스*(Spadix)*'라는 말로 부르기도 했다.

푸른 회색의 말인 글라우쿠스*(Glaucus)*는 눈도 같은 색인데 밝은 색으로 칠하고 채워진 것 같다. 옅은 노란색의 말인 길부스*(Gilvus)*는 황백색이라고 하는 편이 더 정확할 것이다. 점박이 말인 구타투스*(Guttatus)*는 흰색 바탕에 검은 점이 있다. 빛나는 흰색 말과 일반 흰색 말은 각각 칸

디두스(Candidus)와 알부스(Albus)라고 구분해서 불린다. 일반 흰색 말은 빛깔이 옅지만, 빛나는 흰색 말은 눈처럼 완전히 하얀색의 빛이 난다. 밝은 회색의 말인 카누스(Canus)는 빛나는 흰색과 검은 색이 섞였기 때문에 그렇게 불린다. 얼룩무늬 말인 스쿠툴라투스(Scutulatus)는 흰색이 적색 바탕에 원 모양으로 얼룩져 있어 그렇게 불린다. 혼합색의 말인 바리우스(Varius)는 다양한 색의 줄무늬 때문에 그렇게 불린다.

그리고 흰 발을 가진 말들은 '미덥지 못하다'는 의미에서 페틸루스(Petilus)라고 불리며, 이마에 흰 점이 있는 말은 '불같은 성미'라는 뜻의 칼리디우스(Callidius)라고 불린다.

사슴색의 말인 케르비누스(Cervinus)은 회갈색을 뜻하는 가우란스(gaurans)라고 불리기도 한다. 도시누스(Dosinus)라는 말은 f. 23r 그 털가죽이 '나귀(Asinus)'의 색이기 때문에 그렇게 불린다. 그 말은 '잿빛'이란 뜻의 키네레우스(Cinereus)라고 불리기도 한다.

에쿠이페리(Equiferi)라고 불리는 야생마들은 야생에서 태어난 것들이라 길들이지 못한다. 마우루스(Maurus)는 검정말을 가리킨다. 이 이름은 그리스어에서 검정색을 뜻하는 '마우로스(mauros)'라는 말에서 왔다.

마누스(Mannus)는 〔다리가 짧고 튼튼한 콥종cob의〕 작은 종류의 말들로 흔히 '갈색'이라는 뜻의 브루니우스(Brunius)라고도 한다. 옛 사람들이 역마驛馬를 베레두스(Veredus)라고 부른 것은 그들이 '마차를 나르기(redas vehere)', 다시 말해 끌기 때문이다. '마차(reda)'가 다니는 공공 '도로(via)'를 달리기 때문이기도 하다.

말의 종류 [263)]

말에는 세 가지 종류가 있다. 첫 번째는 좋은 종자의 말로 전쟁과 짐 나르기에 모두 적합하다. 두 번째는 보통의 평범한 말로 짐을 끄는 데 사용하지만 타고 다니기에는 적합하지 않다. 세 번째는 노새처럼 다른 종과의 교배로 태어난 말로 '잡종'이란 뜻의 비게네룸(*Bigenerum*)이라고 불린다.

노새(*Mulus*)라는 이름은 그리스어에서 왔다. 제분업자를 위해 멍에를 매고서 천천히 빙빙 돌면서 '연자방아(*mola*)'로 곡물을 '빻기(*molere*)' 때문이다. 유대인들의 말에 따르면, 에사우의 증손의 아들인 아나는 황야에서 암말을 나귀와 교배시킨 첫 번째 사람이고, 그 때문에 본성을 거스르는 새로운 노새들이 많이 태어났다고 한다. 그리고 야생나귀가 암나귀와 짝짓기를 하면 발이 매우 빠른 나귀가 태어난다고 한다. 실제로 인간은 일부러 다양한 동물을 교배시켰고, 이러한 법칙을 어긴 교배에서 새로운 종들이 태어났다. 야곱이 자연을 거슬러 같은 색의 동물을 얻었던 것처럼 말이다.

야곱의 암양들은 교배를 한 뒤에 물에 비친 숫양들을 보고는 그들과 같은 색의 양들을 임신했다.[264] 암말에게도 같은 일이 일어났다. 사람들이 임신한 암말들 앞에 고귀한 종마를 가져다 놓자, 암말들은 그 종마와 모습이 닮은 새끼를 낳았다고 한다. 비둘기 사육사가 매우 아름다운 비둘기를 무리 안에 놓으면, 그것을 본 임신한 비둘기들은 그 아름다운 새와 닮은 새끼들을 낳았다. 이것이 임신한 여성들에게 흉악한 용모를 가진 짐승들을 보지 말라고 하는 이유이다. 개머리유인원(*Scenophalos*)이나 원숭이와 같은 짐승 말이다. 임산부가 그것들을 보고 그와 닮은 아이를 낳으면 안 되기 때문이다. 여성들은 임신을 해서 열정이 절정에 달해 있을 때에 보거나 상상한 것을 닮은 자식을 낳는 본성을 지니고 있다고 한다. 실제로 동물들은 짝짓기를 하는 동안 밖에서 본 모양을 안으로 전하고, 그렇게 전해진 모습을 자신의 것으로 만든다.

생물들 가운데 '잡종'이라 불리는 것은 서로 다른 종들 사이의 교배로 태어난 것들이다. 예컨대 암말과 나귀 사이에서 태어난 노새, 종마와 암나귀 사이에서 태어난 버새, 멧돼지와 암퇘지 사이에서 태어난 잡

종, 암양과 숫염소 사이에서 태어난 티리우스(*Tyrius*)라는 이름의 동물,
숫양과 암염소 사이에서 태어나 양떼의 우두머리 노릇을 하는 무지노
(*Musino*) 등이 그에 해당한다. [리키사(*Licissa*)는 늑대와 길들인 암캐 사
이에서 태어난 잡종이다.

노새는 짐을 짊어지는 짐승이라서 〔다윗의 셋째 아들〕 압살롬처럼 어리
석은 방식을 따르는 사람을 나타낸다. 그는 노새를 타고 아버지에 대항
해 반란을 일으켰다가 쫓기던 도중에 응당한 죽임을 당했다.

「시편」의 작가는 청중들에게 이렇게 경고한다. "지각 없는 말이나 노
새처럼 되지 마라. 재갈과 굴레를 입에 물려야 그 극성을 꺾으니, 그러
지 않으면 네게 달려든다."[265] 그는 이러한 종류의 사람들이 악마의 책
략에 빠져 악덕의 짐에 짓눌리는 것을 막으려 했다. 그렇게 하지 않으
면 그들은 자만심에 잘못 복종하다가 완전히 저주를 받게 될 것이기 때
문이다. 하지만 그가 그러한 사람들에게 무슨 말을 할 수 있겠는가? 명
청한 동물들에게는 명령이 최선이다. 그는 어리석은 자들에게 억지로
라도 진리를 깨닫게 하려 했던 것이다.

여기에서 '재갈(*Frenum*)'은 '말'에 물리는 것을 가리킨다. 재갈이 그런
이름으로 불리는 것은 그것이 '야생동물(*fera*)'을 길들이는 데 사용되기
때문이다. 옛 사람들은 말을 '페라'라고 부르기도 했다. 노새에게 씌우
는 것은 '굴레(*Camus*)'라고 한다. 이런 동물들은 이러한 것들로 제압해
서 구속해야만 제멋대로 돌아다니지 않고 주인이 원하는 방향으로 간
다. 입은 동물들이 음식을 씹고 생명을 유지하는 수단이다. 「시편」의 작
가도 복종하지 않는 자는 음식을 먹지 못하게 그 입을 묶어 굶겨야 창
조주에게 굴복하게 될 것이라고 했다.][266]

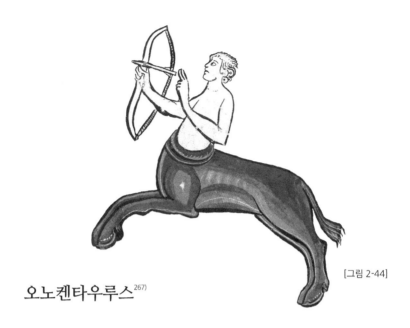

[그림 2-44]

오노켄타우루스[267]

『피지올로구스』에 따르면, 오노켄타우루스(Onoceantaurus)는 두 가지 본성을 가진다. 그 동물의 상반신은 사람과 같고, 하반신은 나귀와 같다. 오노켄타우루스는 어리석고 기만적인 사람들을 나타낸다. 사도가 "겉으로는 신심이 있는 체하여도 실제로는 신심을 부정할 것이다"[268] 라고 한 것처럼 말이다. 「시편」의 작가는 "영화 속에 있었으면서도 지각없는 사람"[269]이라고 했다.*

고양이

고양이는 〔'쥐잡이'라는 뜻의〕 '무지오(Musio)'라고 불린다. 고양이는 쥐(Mus)의 천적이기 때문이다. 흔히 고양이를 '카투스(Catus)'라고 부르기도 하는데, 이것은 〔'포획'이라는 의미의〕 '캅투라(captura)'라는 말에서 비롯

---

* 오노켄타우루스 항목은 〈노섬벌랜드 필사본〉에서 내용을 가져왔다.

[그림 2-45]   [그림 2-46]

된 것이다. 〔'포착하다'라는 뜻의〕 '카프타레(captare)'라는 말에서 비롯되었다
고 보는 사람도 있다. 고양이가 날카로운 눈으로 쥐를 잡기 때문이다.
고양이는 그러한 날카로운 눈빛으로 밤의 어둠도 꿰뚫을 수 있다. 그래
서 〔'타오르다(kagestai)'라는 뜻의〕[270] 그리스어에서 비롯된 '카투스'라는
말에는 '날카롭다'나 '매섭다'는 뜻도 있다.

쥐

쥐(Mus)는 아주 작은 동물이다. 그것의 라틴어 이름 '무스'는 그리스
어에서 온 것이다. 쥐를 '무레스(Mures)'라고 부르는 이들도 있다. 쥐가
땅의 '습기(humor)'에서 태어나기 때문이다. '후무스(humus)'는 '땅'을 뜻
하고, 거기에서 '무스'가 나왔다. 쥐들의 간은 달이 차오를수록 커진다.
달이 이지러짐에 따라 조수가 차오르고 밀려나는 것처럼 말이다.

〔뒤쥐(Sorex)는 '톱(serra)'처럼 갉아내고 자르기 때문에 그러한 이름을
갖게 되었다.[271] 쥐는 속세의 재물을 쫓고 다른 이들의 재물을 자신의
먹이로 삼는 탐욕스러운 사람들을 나타낸다.〕[272]

족제비

족제비*(Mustela)*의 이름인 '무스텔라'는 곧 기다란 '쥐*(Mus)*'라는 뜻이다. 그리스어에서 '테온*(theon)*'은 '길다'라는 뜻을 나타내는 말이다.

족제비는 본성이 교활하다. 둥지에 새끼를 낳은 뒤에, 새끼들을 이리저리 옮겨서 끊임없이 다른 곳에 있게 한다. **f. 24r** 족제비는 뱀과 쥐를 사냥한다.

족제비에는 두 가지 종류가 있다. 하나는 상대적으로 크기가 훨씬 크고 숲에서 살아간다. 그리스인들이 이러한 족제비들을 '이크티다스*(Ictidas)*'라고 불렀다. 다른 종류의 족제비들은 집 주변을 돌아다닌다.[273]

족제비가 귀로 수태를 하고 입으로 새끼를 낳는다고 말하는 사람도 있다. 반대로 족제비들이 입으로 수태를 하고 귀로 새끼를 낳는다고 말하는 이들도 있다.[274] 족제비에게 치유의 능력이 있다고 말하는 사람들도 있다. 우연찮게 죽은 새끼 족제비가 부모 족제비에게 발견되면 그들은 새끼를 살려낸다.[275]

족제비들은 신의 말씀의 씨앗을 기꺼이 잘 듣기는 하지만, 세속의 것들에 대한 사랑에 사로잡힌 나머지 자신들이 들은 것을 무시하고 대수롭지 않게 여기는 적지 않은 사람들을 나타낸다.[276]

[족제비는 도둑을 의미한다. 「레위기」에 나오는 것처럼 말이다.][277]

[그림 2-47]

두더지

두더지는 '탈파(Talpa)'라고 불린다. 앞을 보지 못해 평생을 '어둠 (tenebra)' 속에서 살아야 할 운명이기 때문이다. 두더지들은 눈이 없기 때문에 항상 땅을 파고 흙을 퍼내며 그리스 사람들이 '아팔라(aphala)'라 고 부르는 식물의 뿌리를 먹고 산다.[278]

[평생을 장님으로 살아갈 운명인 두더지는 장님이자 귀머거리이며 벙어리인 이교의 우상을 상징한다. 무지와 어리석음의 영원한 어둠을 배회하는 그들의 숭배자들을 나타내기도 한다. 이사야는 그들에 대해 "그날 인간은 자기의 우상들을 두더지와 박쥐들에게 던져 버리니"[279] 라고 했다. 다시 말해 장님이 장님을 숭배한다는 것이다.

두더지는 이단들이나 거짓된 그리스도교도들을 상징한다. 눈이 없는 두더지가 땅을 파서 흙더미를 쌓아올리고 농작물의 뿌리를 갉아먹는 것처럼, 그들은 진실한 지식의 빛이 부족해 스스로를 세속적인 일들에 바친다. 그들은 육신의 욕구를 열렬히 탐해 쾌락의 유혹에 굴복하고, 반대로 가능한 모든 수단을 동원해서 선한 모든 것들의 뿌리를 갉아먹 는다.][280]

[그림 2-48]

[그림 2-49]

겨울잠쥐[281]

　겨울잠쥐(Glis)가 그렇게 불리는 이유는 잠이 그들을 뚱뚱하게 만들기 때문이다.* '글리스케레(gliscere)'는 '뚱뚱해진다'는 뜻이다. 그들은 겨우내 잠을 자며, 죽은 것처럼 꼼짝 않고 엎드려 있다. 그러다가 여름이 되면 다시 살아난다.[282]

　겨울잠쥐는 게을러서 느려터지고 뜻있는 일을 하지 않는 쓸모없는 사람들을 나타낸다. 이런 사람들에 대해 "게으름뱅이는 추울 때에 밭을 갈지 않아 수확 철에 아무리 찾아도 거둘 것이 없다"[283]고 했다. 게을러서 지상의 삶을 활발하게 살지 않는 사람들은 수확을 거두어들이는 때인 심판의 날에 아무리 구걸을 해도 소용없을 것이다. 그런 사람들은 의로운 이들과 천상의 삶의 즐거움을 함께 나눠 가질 수 없다.[284]

---

*　겨울잠쥐 · 오소리 항목은 〈보들리 필사본〉에서 내용을 가져왔다.

오소리²⁸⁵⁾

오소리*(Taxus)*는 '멜로타*(Melota)*'라고도 불리며, 뭐든 물어뜯어대는 불결한 동물이다. 이 동물은 산이나 바위가 많은 곳에 사는데, 발로 긁고 파내서 땅에 구멍을 뚫는다.

어떤 오소리들은 다른 오소리들에게 헌신할 운명으로 태어난다. 그가 등을 대고 드러누워 있으면 다른 오소리들이 파낸 흙이 그의 배 위에 쌓인다. 누워 있는 오소리는 나무 조각 하나를 입에 문 다음에 네 발로 흙을 움켜 안는다. 그러면 다른 오소리들이, 이빨로 나무 조각을 꽉물고 누워 있는 오소리를 〔흙과 함께〕 구멍 밖으로 끌어낸다. 이 모습을보고 놀라지 않는 사람은 없을 것이다.

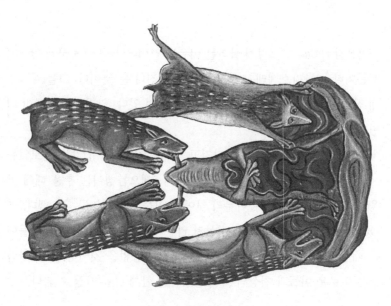

[그림 2-50] 굴을 파는 오소리

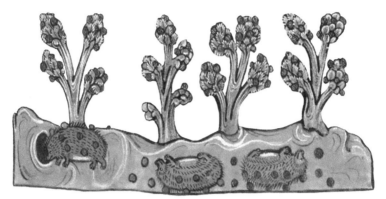

[그림 2-51] 가시에 박힌 포도송이를 새끼들에게 가져다주는 고슴도치

고슴도치

고슴도치(Ericius)는 온몸이 가시로 덮여 있다. 고슴도치는 털을 곤두세워 몸을 둘러싸는 방식으로 사방의 공격에 대비해 그런 이름을 갖게 되었다. 어떤 낌새라도 느껴지면 고슴도치는 곧바로 털을 곤두세우고 몸을 공처럼 둥글게 만다. 그렇게 갑옷 뒤에서 용기를 되찾는 것이다.

고슴도치는 일종의 영리함을 지니고 있다. 그 동물은 포도송이를 땅에 떨어뜨리고는 몸을 뒤집은 채 그 위를 굴러서 [가시에 박힌] 포도열매를 새끼들에게 가져다준다.[286]

고슴도치는 [성게와 마찬가지로] '에키누스(Echinus)'라고 불리기도 한다.[287] **f. 24v** 성게처럼 앞날을 내다보는 지혜가 있는 고슴도치는 스스로를 보호하기 위해 통풍 구멍을 두 개 만든다. 북풍이 불어올 것 같으면 북쪽 구멍을 막고, 남풍이 공기 안에 습기를 몰고 오면 자신에게 해를 끼칠 수 있는 습한 바람을 피하려고 반대 방향인 북쪽 통로로 간다.[288]

[영적인 상징에서 고슴도치는 가시와 같은 악덕들로 가득한 죄인을 나타낸다. 그것은 사악한 잔꾀와 속임수, 강탈에 능하다. 그는 다른 이

의 노동으로 맺어진 과일을 훔쳐서 자신의 음식으로 삼는다.

〔성서에서는〕고슴도치에 대해 "그곳에서는 고슴도치가 둥지를 꾸리고 새끼를 키울 것이다"[289]라고 했다. 「시편」에서는 "바위는 고슴도치의 피난처이다"[290]라고 했다. 고슴도치는 무척 겁이 많은 동물이라 본성에 따라 언제나 갑옷을 입고 자신을 보호한다. 날카롭고 빽빽하게 밀집해 있는 말뚝 같은 가시들은 마치 요새처럼 고슴도치를 숨겨 준다. 그러나 고슴도치는 그것만으로는 자신을 지키지 못한다. 그래서 속임수를 쓸 수 없을 때는 바위 사이에 숨는 것이다.

고슴도치는 죄가 차고 넘쳐서 심판의 날을 두려워하는 사람과 같다. 그리스도라는 바위야말로 그의 가장 안전한 피난처이다.〕[291]

개미

개미*(Formica)*는 세 가지 특징을 지닌다.[292]

개미의 첫 번째 특징은 저마다 입에 곡식 낟알 하나씩 물고 나를 때에 줄을 지어 행진을 한다는 점이다. 그들은 다른 개미들에게 "너의 곡식을 좀 다오"라고 말하지 않는다. 그 대신 앞선 개미가 곡물을 발견한 장소로 쫓아가서 자신들의 둥지로 함께 곡물을 나른다. 이것은 현명한 사람을 상징한다. 개미처럼 단합하여 행동하는 이들은 미래에 그에 대한 보상을 받을 것이다.

개미의 두 번째 특징은 곡물을 둥지에 옮긴 뒤에 두 군데로 나누어 저장한다는 점이다. 곡물이 겨울비에 젖어서 싹이 트면 굶어 죽을 수도 있기 때문이다. 마찬가지로 그대들도 구약과 신약의 말씀을 나누어야 한다. 영적인 것과 육체적인 것을 구분해야 한다. 율법을 문자로만 해석하는 것은 그대를 죽음에 이르게 할 것이므로, 율법은 영적으로 다루

[그림 2-52]

어야 한다. 사도도 "문자는 사람을 죽이고, 성령은 사람을 살린다"[293]고
했다. 유대인들은 율법의 문자에만 관심을 쏟고, 그것을 영적으로 해석
하는 일을 업신여겼기 때문에 굶어 죽었다.

 개미의 세 번째 특징은 가을걷이를 할 때가 되면 농작물이 있는 곳으
로 가서 이삭을 갉아먹어 보고는 그것이 보리인지 밀인지를 구별한다
는 점이다. 만약 그것이 보리이면 개미는 다른 이삭으로 가서 코를 킁
킁거린다. 그리고 밀이면 이삭의 꼭대기까지 기어올라가 곡물을 떼어
둥지로 나른다. 보리는 가축을 위한 먹이이기 때문이다.* 욥은 "밀 대
신 보리가 자란다"[294]고 했는데, 이것은 이단들의 교리를 의미한다. 이
단은 보리와 같으므로 멀리 쫓아내야 한다. 그것은 사람들의 영혼을 부
수고 파괴하기 때문이다. 그러므로 그리스도교도들이여, 모든 이단으
로부터 벗어나라. 그들의 가르침은 거짓된 것이어서 오히려 진실과 대
립된다.

 f. 25r 성서에서는 "게으름뱅이야, 개미에게로 가서 그 사는 모습을 보
고 지혜로워져라"[295]라고 했다. 개미들은 경작을 배우지 않았고, 어느
누구도 그들에게 무엇을 하라고 강요하지 않았다. 음식을 어떻게 저장

---

* 중세 유럽에서는 봄에 나는 보리는 가축을 위한 사료로 사용하고, 가을에 나는 보
리는 씨종자로 주로 사용했다.

하라고 말하는 지배자의 명령에 따라 행동하는 것도 아니다. 그러나 그들은 일을 해서 수확물을 거둬들인다. 비록 가끔은 배를 곯을지언정 아주 빈털터리는 아니다. 개미에게는 문이 막혀 들어가지 못하는 창고도, 접근하지 못하는 식량더미도 없다. 도둑을 지키는 야경꾼도 그들을 막을 수 없으며, 자신의 것을 잃어버렸다는 사실을 알게 된 주인도 그들에게 보복할 수 없다. 개미들은 들판을 가로지르는 검은 색 기둥처럼 전리품을 나르고, 그 주변은 호위대처럼 다른 개미들이 떼를 이루어 에워싸고 있다. 그들은 몸도 작고 입도 작기 때문에 곡물을 물지 못하고 어깨로 나른다. 이를 지켜보는 곡물 주인은 자신이 별 볼 일 없이 여겼던 낟알을 개미들이 그토록 꾸준하고 근면하게 힘을 모아 가져간다는 생각에 부끄러워져 얼굴을 붉힐 뿐이다.[296]

개미는 날씨가 좋을 때를 잘 살펴야 한다는 사실도 알고 있다. 저장해둔 곡물이 비에 젖으면, 개미는 공기를 조심스럽게 살펴서 날씨가 좋은지를 알아본다. 그런 뒤에 저장고를 열어서 땅밑에 저장해 두었던 곡물들을 어깨로 날라 햇볕이 좋은 곳에서 말린다. 그러므로 개미가 본래의 저장고로 곡물을 다시 나르지 않으면, 얼마 동안은 결코 비가 내리지 않는다고 봐도 무방하다.[297]

[개미의 이름인 '포르미카'는 '곡물(far)'의 '부스러기(mica)'를 나르기 때문에 붙여진 것이다. 그것은 매우 영리한 동물이다. 개미들은 앞날을 생각해 겨울에 먹을 식량을 여름에 미리 준비해둔다. 가을걷이 때에도 밀은 모으지만, 보리는 손대지 않는다. 저장한 곡물이 비에 젖으면 그것을 모두 밖으로 꺼내 놓는다.

에티오피아에는 개처럼 생긴 개미들도 있다고 한다.[298] 이 개미들은 발로 황금 곡물을 파내고, 그것을 다른 이가 훔쳐가지 못하게 지킨다. 그리고 만약 도둑이 들면, 끝까지 쫓아가서 죽인다.][299]

3

날아다니는 동물

새들의 본성

여기서부터는 새에 관해 설명한다. 새는 통틀어 '아비스*(Avis)*'라는 이름으로 불리지만 종류가 매우 다양하다. 그리고 그런 다양한 종류의 새들은 겉모습이 모두 다른 것처럼 본성도 다 다르다. 비둘기처럼 순수한 새도 있고, 자고새처럼 교활한 새도 있다. 매처럼 인간의 손길에 복종하는 새도 있고, '가라만테스*(Garamantes)*'라고 불리는 새처럼 인간의 손길을 거부하는 새도 있다. 제비처럼 기꺼이 사람들과 함께 살아가는 새도 있고, 산비둘기처럼 야생에서의 고독한 삶을 사랑하는 새도 있다. 거위처럼 곡물만 찾아서 먹는 새도 있고, 솔개처럼 고기를 먹으며 먹잇감을 사냥할 생각만 하는 새도 있다. 무리를 이루며 사는 새도 있다. 찌르레기나 메추리처럼 떼를 지어 날아다니는 새들이다. 하지만 어떤 새들은 하늘을 혼자서 돌아다닌다. 그런 새들은 독수리나 매처럼 갑자기 달려들어 먹잇감을 채갈 요량으로 그렇게 한다. 제비처럼 지저귀는 새도 있고, 백조와 지빠귀처럼 달콤한 노래를 부르는 새도 있다. **f. 25v** 앵무새나 까치처럼 사람의 말과 목소리를 따라하는 새도 있다. 이 밖에도 서로 다른 습성을 가진, 셀 수 없이 많은 종류의 새들이 있다. 얼마나 많은 종류의 새들이 있는지 모두 다 알기란 불가능하다. 스키타이와 인도, 에티오피아에 있는 황무지들을 가로지른 자라 할지라도 그곳에 있는 모든 새들을 알지 못하며, 그 새들을 다 분간하지도 못한다.

새들을 '아베스(Aves)'라고 부르기도 하는 것은 그들이 정해진 '길(via)'이 아니라, '길을 벗어나(avia)' 마구잡이로 날아다니기 때문이다. 그들은 '날개(Ale)'가 있다는 뜻에서 '알리테스(Alites)'라고도 불린다. 새들은 날개를 퍼덕이며 하늘 높은 곳까지 날아오른다.

새들은 '볼루크레스(Volucres)'라고도 불린다. 그들이 '날기(volare)' 때문인데 '날기'와 '걷기(ambulare)'는 사실 같은 말에서 비롯되었다. 우리는 손이나 발의 한가운데 움푹 들어간 곳을 '볼라(vola)'라고 부른다. 새에게 그곳은 날개의 중심, 어깨의 한가운데로 그곳의 날개 깃털을 움직여 추진력을 얻는다. 그래서 새를 '볼루크레스'라고 부르는 것이다.

어린 새들은 '풀리(Pulli)'라고 부른다. 네발동물의 새끼도 '풀리'라고 부른다. 인간의 아이도 마찬가지이다.[1] 갓 태어난 것들을 '풀리'라고 부르는 것은 그들이 '더럽기(polluti)' 때문이다. 거무튀튀한 옷을 '풀라(pulla)'라고 부르는 것도 마찬가지 이유 때문이다.

새들은 날개를 가지고 있다. 날개에 순서대로 고정되어 있는 깃털은 새들이 날 수 있게 해준다. 날개를 '알레'라고 부르는 것은 새들이 그것으로 새끼를 따뜻하게 끌어안아 '기르기(alere)' 때문이다. 깃털을 가리키는 '펜나(Penna)'라는 말은 '펜덴도(pendendo)', 곧 '공중에 떠 있다'는 뜻의 '펜데레(pendere)'에서 온 것이다. 새들은 공중에 몸을 내맡길 때 깃털을 움직여 이동한다. 새털인 '풀마(Pulma)'는 '털(piluma)'과 같다.

많은 새들의 이름은 그것들이 내는 소리에서 비롯되었다고 한다. 두루미, 큰까마귀, 백조, 수리부엉이, 솔개, 소쩍새, 뻐꾸기, 갈까마귀 등을 예로 들 수 있다. 그들이 내는 특별한 소리는 사람들에게 그들을 어떤 이름으로 불러야 하는지를 알려준다.[2]

비둘기

비둘기(Columba)의 날개는 은으로, 등 뒤의 꼬리는 파리한 금색으로 칠한 것은 내가 의도한 것이다. 이렇게 그린 것은 평신도들의 마음을 고양시키기 위해서이다. 그와 같은 방법은 그들의 영혼이 마음의 눈으로 보기 어려운 것을 적어도 육체의 눈으로는 볼 수 있게 해줄 것이고, 귀로 이해하기 어려운 것을 눈으로라도 느낄 수 있게 해줄 것이다.

나는 비둘기를 실제로 그릴 뿐 아니라, **f. 26r** 글로도 묘사하려고 한다. 글로 그림을 보여 주기 위해서이다. 그러면 단순한 그림으로 감흥을 받지 못한 청중이라 할지라도, 글의 도덕적 내용에서 기쁨을 얻을 수 있을 것이다. 그러니 그대여! 비둘기의 날개를 얻어 멀리 달아나서 광야에 머물며 안식을 취하라.[3] 그대여! 까마귀처럼 〔'내일 내일'이라는 의미의〕 '크라스 크라스(Cras Cras)' 하고 떠들어대며 미루지 말고, 비둘기처럼 탄식하며 참회하라.[4]

그대여! 일러두건대 나는 이번에 비둘기만이 아니라 매도 함께 그릴 것이다. 보라, 매와 비둘기는 같은 횃대에 함께 앉아 있다. 우리 모두는, 다시 말해 성직자인 나와 전사인 당신은 모두 다 개심했다. 그러니 우리는 함께 수도사의 삶을 나누어야 한다. 마치 같은 횃대에 앉아 있는 것처럼 말이다. 늘 버릇처럼 길들여진 새들을 훔쳐왔던 그대여, 이제는 야생의 새들을 개심시켜라. 덕 있는 행동으로 그들을 끌어들여라. 내가 말하는 야생의 새는 세속적인 사람들을 의미한다.

그러므로 비둘기야, 구슬피 울어라.[5] 매야, 고통에 찬 소리를 내질러

라. 비둘기의 소리는 탄식이고, 매의 소리는 하소연이다. 이런 이유 때문에 나는 이 작업의 첫머리에 비둘기를 가장 먼저 놓는다. 성령의 영광은 언제나 참회하는 자를 위해 준비되었고, 성령의 영광 없이 용서받을 수 있는 자는 없기 때문이다. 매에 관한 설명은 비둘기 다음에 온다. 매는 귀족 구성원들을 상징한다. 귀족은 개심을 하면, 덕행으로 가난한 자들의 모범이 되어야 한다.

나는 교육을 받지 못한 사람들을 위해 글을 쓰는 것이니, 경청하는 청중 가운데 진보를 이룬 이들은 내가 복잡한 주제들을 단순한 방식으로 말한다고 놀라워하지 말라. 그리고 내가 매나 비둘기를 그린 것을 하찮게 여기지도 말아야 한다. 축복받은 야곱과 예언자 다윗도 자신들의 가르침을 친절하게 설명하기 위해 새들을 보기로 들었기 때문이다. 말로 적힌 것은 교사를 위한 것이고, 그림은 교육을 받지 못한 자들을 위한 것이다. 현명한 자가 글의 복잡함에 기쁨을 느끼는 것처럼, 평범한 사람들은 그림의 단순함에 마음이 끌린다. **f. 26v** 나는 학식이 있는 이들을 위해 말하기보다는 교육을 받지 못한 이들의 마음에 들도록 말하려고 애쓸 것이다. 그릇 안에 물을 따르듯이 말이다. 현명한 이를 말로 가르치려 하는 것은 이미 가득 찬 그릇에 물을 또 따르는 것과 같다.[6]

세 비둘기[7]

이제 세 비둘기에 관한 이야기를 시작하겠다.[8] "너희가 몫들 사이에서 자고 있다면 〔너희는〕 날개가 은으로 씌워져 있고 등 뒤의 꼬리는 파리한 금빛인 비둘기……."[9] 형제들이여, 나는 성서를 읽으면서 세 비둘기를 찾았다. 그 비둘기들이 신중히 살펴진다면 교육을 받지 못한 이들의 마음에 더할 나위 없는 가르침을 줄 수 있을 것이다. 그것은 노아의 비둘기, 다윗의 비둘기, 예수 그리스도의 비둘기이다.

노아는 평온을, 다윗은 용맹을, 예수는 구원을 나타낸다. 죄인에게

[그림 3-1] 비둘기와 매

이르기를 "그대 죄를 지었느냐? 더 이상 죄 짓지 말라"[10]고 했다. 그러므로 만약 그대가 노아가 되기를 원한다면 죄 짓는 것을 그만두어야 한다. 다윗이 되기를 원한다면 용기 있게 행동해야만 한다. 만약 그대가 구원받기를 원한다면 구세주에게 구원을 청해야만 한다. "악을 멀리하고 선을 행하라. 평화를 추구해라."[11] 노아의 방주로 향하라. 주님의 전쟁터들에서 다윗과 함께 싸워라. 예루살렘에서 예수와 함께 평화를 추구하라. 구원의 은혜를 참을성 있게 기다려라.

노아의 비둘기는 "비둘기가 저녁에 그에게로 왔다. 그 비둘기는 올리브 가지를 입에 물고 있었다"[12]라고 씌어 있다. 비둘기는 노아의 방주로 돌아왔다. 영혼이 외적인 것들로부터 마음의 내적인 평화로 귀환하는 것처럼 말이다. 비둘기는 저녁에 돌아왔다. 마치 세속적인 기쁨의 빛이 바래기 시작하는 것 같은 저녁에 말이다. 밤의 어둠과 마주치는 것이 두려웠던, 다시 말해 영원한 저주의 심연이 두려웠던 영혼은 공허한 영광의 겉치레로부터 달아났다. 비둘기가 옮겨 온 올리브 가지는 영혼이 자비를 구한다는 것을 뜻한다. 비둘기가 입으로 올리브 가지를 물어 온 것은 영혼이 자신의 죄를 용서받기 위해 기도로 간청하는 것을 나타낸다. 다윗의 비둘기에 관해서는 "등 뒤의 꼬리는 파리한 금빛"이라고 나온다. 비둘기의 꼬리 깃털은 황금색이다. 스스로 덕 있게 행동한 자는 뒷날 용서를 얻는다는 약속을 받기 때문이다. 우리가 구세주에 관해 읽은 내용에 따르면, 비둘기가 그에게 내려왔을 때 이런 소리가 들려왔다. "이는 나의 사랑하는 아들, 내 마음에 드는 아들이다."[13] 비둘기는 성령의 은총이다. 성령은 요르단에서 예수에게 내려왔다. 은총은 겸허하고 죄로부터 깨끗한 이를 위해 준비되었기 때문이다.

이처럼 회개하는 이들에게는 자비가 내려질 것이며, 덕 있게 행동하는 이들에게는 용서가 약속될 것이다. 그리고 충실한 이들에게는 은총이 주어질 것이다.

비둘기의 신비한 면들[14]

f. 27r "너희가 몫들(cleros) 사이에서 자고 있다면 (너희는) 날개가 은으로 씌워져 있고 등 뒤의 꼬리는 파리한 금빛인 비둘기……." 은으로 덮인 비둘기는 거룩한 말씀의 가르침을 받은 교회를 뜻한다. 교회의 '설교단(rostrum)'은 구약과 신약의 사상을 받아들이기 위해 둘로 나눠졌다고 한다. 이것은 비둘기의 '부리(rostrum)'가 보리와 밀의 낟알을 모으기 위해 갈라져 있는 것과 유사하다. 왼쪽과 오른쪽에 하나씩 있는 비둘기의 눈은 도덕적인 자각과 신비적인 자각을 상징한다. 비둘기는 왼쪽 눈으로는 자기 자신을 보고, 오른쪽 눈으로는 신을 응시한다.

비둘기의 두 날개는 활동적인 삶과 명상적인 삶을 의미한다. 비둘기는 휴식을 취할 때는 날개로 몸을 덮는다. 그러나 날아오를 때는 날개로 천상의 것들을 향해 솟구쳐 오른다. 우리는 날아오를 때 황홀한 상태에 빠진다. 그리고 휴식을 취할 때에는 형제들 사이에서 마음을 차분히 가라앉힌다. 날개에는 깃털들이 붙어 있다. 그것은 의로운 행동과 신에 대한 성찰이라는 날개에 붙어 있는 교사들을 뜻한다.

라틴어로 '소르테스(*sortes*)'라고 하는, '클레로스(*cleros*)'라는 그리스어 단어는 '몫'이라는 뜻이다. 두 개의 몫, 다시 말해 두 개의 성서가 있다. 그리고 그 사이에 구약과 신약의 작가들을 믿고 따르는 이들이 있다.

"등 뒤의 꼬리는 파리한 금빛인 비둘기"라는 구절을 보자. 비둘기의 등은 태어날 때부터 날개가 이어져 있는 몸통 부분이다. 심장도 바로 그곳, 비둘기의 등쪽 황금 깃털 바로 아래에 있다. 그것은 덮여 있다가 때가 되면 영원한 지복至福의 황금과 함께 나올 것이다. 금이 은보다 훨씬 귀한 것처럼, 지복은 순간의 즐거움보다 훨씬 값지다. 그래서 비둘기 등의 꼬리 깃털은 파리한 금빛이다. 정의가 영원한 지복 안에서 압도적인 광채를 내며 빛날 것이기 때문이다.

비둘기에 대한 또 다른 설명[15]

"너희가 몫들 사이에서 자고 있다면 〔너희는〕 날개가 은으로 씌워져 있고 등 뒤의 꼬리는 파리한 금빛인 비둘기……." 은빛 깃털의 비둘기는 모든 충실하고 순박한 영혼, 미덕으로 평판이 높고 널리 알려진 이들을 뜻한다. 비둘기는 식량을 위해 곡물의 씨를 많이 모은다. 영혼이 정의로운 자들을 덕행의 귀감으로 삼는 것처럼 말이다.

비둘기가 오른쪽과 왼쪽에 가지고 있는 두 개의 눈은 '기억(*Memoria*)'과 '지각(*Intellectus*)'을 의미한다. 지각은 다가올 것은 예견하고, 기억은 행해진 일을 슬퍼한다. 우리의 선조들은 이집트에서 눈을 감고 있었다. 그래서 그들은 신의 행위를 이해할 수 없었고, 그분의 수많은 자비를 기억해내지 못했다.

비둘기의 두 날개는 이웃에 대한 사랑과 신에 대한 사랑을 의미한다. f. 27v 하나는 이웃에 대한 연민에서 나오고, 다른 하나는 신에 대한 묵상에서 생겨난다. 이들 날개들에서 깃털, 다시 말해 영적인 덕들이 자라난다. 이 깃털들은 훌륭한 명성을 통해 어슴푸레 은빛 광채를 내뿜는다. 듣는 자들에게 감미로운 은색 울림을 일으키기 때문이다.

우리가 라틴어로 '소르테스'라고 부르는 그리스어 단어 '클레로스'는 분배된 몫이다. 네 가지 몫이 있다. 바로 두려움, 희망, 사랑, 욕망이다. 그것들은 우리가 아버지에게 유산으로 물려받은, 우리에게 나눠진 몫들이다. 두려움과 욕망은 극단에 있는 몫들이다. 희망과 사랑은 그들 사이에 있다. 두려움은 영혼을 혼란에 빠뜨리고, 욕망은 마음을 고문한다. 만약 뭔가가 그들 사이를 중재하지 않는다면 영혼에 평화는 없을 것이다. 그러므로 우리는 욕망과 두려움 사이에 희망과 사랑을 놓아야 한다. 희망은 두려움을 치유하고, 사랑은 욕망을 제어한다. 따라서 희망과 사랑이라는, 중재의 두 몫 사이에 있는 자는 푹 잠들 수 있을 것이다. 그렇지만 두려움과 욕망이라는 극단의 두 몫 사이에 있는 자는 누워도 잠들지 못하고 분별력을 잃을 것이다. 그러므로 만약 그대가 한 마리 비둘기나 비둘기의 날개라면, 두려워하거나 욕망에 휩싸여 있을 때에는 극단의 몫들 사이에서 잠들지 못하고 누워 있을 것이고, 희망을 품고 사랑을 행할 때에는 중재의 몫들 사이에서 잠을 푹 잘 수 있게 될 것이다.

"등 뒤의 꼬리는 파리한 금빛인 비둘기"라는 구절을 보자. 짐은 언제나 등에 짊어지고 옮긴다. 그러므로 등은 노고勞苦를 의미한다고 볼 수 있다. 그런데 꼬리 깃털들은 등 뒤에 놓여 있다. 이것은 기대되는 보상을 의미한다. 우리는 지상에서의 노고를 견뎌내면, 미래에 정의가 보상으로 주어질 것이라고 믿는다. 신은 성인들에게 노고에 맞는 보상을 할 것이고, 그들을 신비로운 길로 이끌 것이다. 이러한 우리의 믿음처럼 '파리한 금색'은 "성인들의 죽음이 주님의 눈에는 소중하다"[16]는 것을 뜻한다. 은색의 날개 깃털은 혀로 하는 웅변이고, 금색인 등 뒤의 꼬리 깃털은 그러한 노고에 뒤따르는 보상이다.

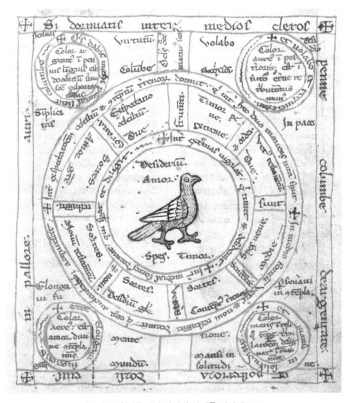

[그림 3-2] 비둘기의 상징적 의미를 나타낸 도표

비둘기에 대한 또 다른 설명[17]

"너희가 몫들 사이에서 자고 있다면〔너희는〕날개가 은으로 씌워져 있고 등 뒤의 꼬리는 파리한 금빛인 비둘기……." 은색 비둘기는 이제 까지 그 어떤 악의의 담즙도 품지 않고 살아온 고위성직자(*prelatus*)를 뜻 한다.[18] "너희가 몫들(*cleros*) 사이에서 자고 있다면"이라는 구절에서 그 리스인들이 '클레로스'라고 부르고 우리가 '소르테스'라고 부르는 것은 분배된 몫이다. 그러므로 '클레리모니아(*clerimonia*)'는 유언으로 증여받 은 상속 재산이다. **f. 28r** 이스라엘의 자손들 사이에 있던 레위의 자손들은 결국 몫을 나눠 받지 못했다. 곧 유산으로 물려받은 것이 없었다. 하지만 그들은 십일조로 자신들을 유지했다.[19)

두 개의 상속재산이 있다. 구약은 이 세상의 상속재산이고, 신약은 영원한 상속재산이다. 그 사이에서 자는 이는 삶이 끝나는 날이 오면 이 세상의 것들을 무시하고 천상의 것들을 갈망한다. 그는 현세에 속한 것을 간절히 응시하지 않으므로 앞으로 올 것들을 참을성 있게 기다릴 수 있다.

"등 뒤의 꼬리는 파리한 금빛인 비둘기"라는 구절을 보자. 정의로운 자의 눈에는 수려한 모습의 왕이 보일 것이다.[20) 때가 되어 거룩한 위엄이 모습을 드러내면 그대는 금색 꼬리 깃털을 갖게 될 것이다. 왕관은 순금으로 만든다. 그리고 왕의 초상화가 새겨진 주화는 진짜 은으로 만든다. 흔히 주화에는 인물의 형상이 있는데, 거기에서 왕관은 승리를 상징한다. 신의 말씀의 주화는 우리에게 그리스도의 삶을 모방하도록 가르친다. 그리고 그분의 승리의 왕관은 이 세상에서의 우리의 싸움이 끝난 뒤에 모든 대립이 종식된다는 사실을 알려준다. 비둘기의 금색 꼬리 깃털은 황금 왕관이고, 은색 날개 깃털은 설교의 은화이다. 몫을 나눠 받을 때가 오면, 설교가의 웅변이 더 이상 필요하지 않게 되고, 완벽한 순수함 속에서의 영원한 삶이 보상으로 주어질 것이다.

비둘기의 발[21)

비둘기는 붉은 발을 가지고 있다. 이러한 비둘기는 교회를 상징한다. 교회는 세상 전체를 덮을 만한 발을 가지고 있다. 교회의 발은 순교자들이다. 그들은 지상을 가로지르며, 그 수많은 걸음만큼 선행으로 모범을 보여 뒤따르는 자들에게 정의로움의 길을 뚜렷이 보여주었다. 그들은 불명예를 가져오는 세속의 행위와 욕망을 비난하려고 땅을 디뎠다. 그들이 지상을 걸을 때 그들의 발은 지상의 가혹함에 상처를 입었다.

교회의 발이 붉게 변한 것은 순교자들이 그리스도의 이름으로 피를 흘렸기 때문이다. 비둘기의 붉은 발은 이렇게 순교자들이 흘린 피를 나타낸다.

비둘기의 은색 깃털[22]

f. 28v 붉은 발을 가진 비둘기는 예언자의 말에서 은색 깃털을 지니고 있는 것으로 나타난다. 다윗은 비둘기의 날개가 은으로 씌워져 있다고 했다. 이러한 비둘기 날개의 은색 깃털은 교회의 설교가들을 뜻한다.

은은 주님의 말씀, 은이 울리는 소리는 그 말씀의 달콤함을 나타낸다. 은은 참으로 순수한 하얀 광채를 지니고 있다. 교사가 말로 순수함을 설교하고, 마음을 깨끗이 하고, 가르치는 교리를 사랑하고, 내면의 사랑을 외적인 선행으로 드러내는 것처럼 말이다. 주님의 거룩한 말씀은 불로 단련된 은과 같다.[23] 주님의 말씀은 순수하다. 거짓으로 오염되지 않았기 때문이다. 불로 단련된 은은 아무리 강한 공격에도 끄떡없다. 이러한 깃털의 은색 광채는 신의 말씀을 매력적이고 유창하게 설교하는 이들의 입에서도 찾아볼 수 있다.

비둘기 날개의 색[24]

나는 비둘기 날개의 색에 대해서는 참조할 문구를 찾을 수 없었다. 하지만 그것은 실제 비둘기로 유추해 볼 수 있을 것이다. 만약 그대가 비둘기를 그리기를 원한다면 그대는 현실의 비둘기가 가진 색을 부정하지 말아야 한다. 비둘기의 겉은 사파이어 빛깔로 채워져 있다. 명상하는 사람의 영혼은 천상의 모습을 띠기 때문이다. 날개의 사파이어색은 눈부신 흰색에서 나온 것이다. 눈의 흰색이 사파이어색을 띠는 것처럼 말이다. 날개에 있는 눈 같은 흰색과 사파이어색의 혼합은 육신의 순결함과 명상에 대한 사랑을 나타낸다.

비둘기의 꼬리 깃털[25]

예언자는 비둘기의 금빛 꼬리 깃털에 관해 말했다. 도덕적인 의미에서 그것은 인간의 지상에서의 삶이 끝나는 것을 나타낸다. 금빛은 마음의 순수함을 뜻하고, 파리한 금빛은 육신의 고행을 의미한다. 파리함은 고통 받는 영혼과 고행을 하는 육신이 지닌 본래의 색이다. 비둘기의 금빛 꼬리 깃털은 파리함을 지니고 있다. 죽어 가는 인간이 마지막을 맞이할 때 마음의 순수함과 육신의 고행이 우세해지는 것처럼 말이다. 그리고 이 때문에 비둘기 꼬리 깃털의 금색에는 사파이어색이 섞여 있다. 묵상하는 사람의 영혼에는 천상의 영광이 바로 뒤따를 것이다. 따라서 꼬리 깃털의 금색은 그가 받을 영원한 보상을 의미한다.

비둘기의 눈[26]

f. 29r "그대는 비둘기의 눈을 가졌다오"[27]라는 구절이 있다. 비둘기는 많은 시간을 물 위에 앉아서 보낸다. 머리 위를 나는 매의 그림자가 물에 비추면 달아날 수 있기 때문이다. 마찬가지로 교회도 성서로 스스로를 지켜야 한다. 몰래 숨어 있는 악마의 속임수를 벗어나려면 말이다.

비둘기는 사프란색의 눈을 가지고 있다. 비둘기 눈의 사프란색은 깊은 생각에 뒤따르는 분별력을 뜻한다. 자신이 무엇을 행하고 판단할 것인지를 신중히 고려하는 사람은 영혼의 눈이 사프란색으로 꾸며진다. 사프란색은 잘 익은 곡물의 색깔이다. 그러므로 사프란색의 눈은 원숙함에 기초한 분별력을 나타낸다.

비둘기의 나머지 부분이 지닌 색[28]

비둘기 몸의 나머지 부분의 색은 거센 바다와 같다. 바다는 세찬 물결로 소용돌이가 친다. 육신도 감각의 움직임이 끓어오르면 격렬해진다. 사나워진 바다는 모래를 끌어올리고 밀어낸다. 살의 쾌락에 빠진 육신도 연약한 영혼을 마구 때린다. 경계를 넘어서 몰아친 바다는 고요한 강물을 향해 돌진한다. 욕망에 찬 육신도 눈물의 고요한 줄기를 향해 돌진한다. 사방에서 폭풍우가 불어닥치는 바다는 배가 나아가는 것을 막는다. 육신의 폭풍우도 올바른 삶의 원칙들을 침몰시킨다.

　바다에 거센 폭풍우가 휘몰아칠 때면 파도의 영향으로 땅과 바다가 뒤섞인다. 그렇게 바다와 땅이 격렬하게 뒤섞이면서 바다는 혼합된 색을 띠게 된다. 마찬가지로 영혼이 육신의 욕망을 속죄하지 않으면 흰색과 검은색이 섞인 것과 같은 어떤 색을 몸에 만들어낸다. 반대되는 것끼리 만들어내는 이런 색을 모호한 색이라고 부른다. 그러므로 비둘기 가슴의 바다와 같은 색깔은 인간의 마음이 고뇌하고 있음을 뜻한다.

비둘기의 특성[29]

　나는 비둘기의 여러 특성들에 대한 다양한 언급들을 발견했다. 나는 그것들을 이 작품에 수록하고 해석을 덧붙였다. 비둘기의 첫 번째 특성은 노래를 하는 대신에 비탄을 내뱉는다는 것이다. 두 번째 특성은 담즙이 없다는 것이다. 세 번째 특성은 입맞춤을 좋아한다는 것이다. 네 번째 특성은 떼를 지어 날아간다는 것이다. 다섯 번째 특성은 약탈로 살아가지 않는다는 것이다. 여섯 번째 특성은 질 좋은 곡식을 모은다는 것이다. 일곱 번째 특성은 시체를 먹지 않는다는 것이다. 여덟 번째 특성은 바위 구멍을 둥지로 삼는다는 것이다. 아홉 번째 특성은 흐르는 물에 머무르면서 매의 그림자를 발견해 매가 다가오는 것보다 재빠르게 피한다는 것이다. 열 번째 특성은 쌍둥이를 기른다는 것이다.

　f. 29v 비둘기는 노래 대신에 비탄을 내뱉는다. 이것은 어떤 행동이든 쾌락에 따른 것이라면, 하고 난 뒤에는 탄식하며 통곡을 하게 되기 때문이다. 비둘기는 담즙이 없다. 담즙은 분노에서 오는 쓴 맛이다. 비둘기는 입맞춤을 좋아한다. 평화가 널리 퍼지는 것을 기뻐하기 때문이다.

비둘기는 떼를 지어 날아간다. 공동체의 생활을 좋아하기 때문이다. 비둘기는 약탈로 먹고 살지 않는다. 이웃의 것을 아무것도 가져오지 않기 때문이다. 비둘기는 질 좋은 곡식, 다시 말해 훌륭한 가르침을 모은다. 비둘기는 시체를 먹지 않는다. 시체는 육신의 욕망이다. 비둘기는 바위 구멍을 둥지로 삼는다. 그리스도의 수난 안에 자신의 희망을 놓기 때문이다. 비둘기는 흐르는 물에 머무르면서 매의 그림자를 발견해 매가 다가오는 것보다 재빠르게 피한다. 악마의 계략에 빠지는 것을 피하기 위해 성서를 공부하는 것처럼 말이다. 비둘기는 쌍둥이를 기른다. 쌍둥이는 신에 대한 사랑과 이웃에 대한 사랑이다.

이러한 특성들을 가진 자는 누구든 묵상의 날개를 지니고 천상으로 날아오르게 될 것이다.[30]

북풍과 남풍[31]

북풍은 매우 차가운 바람이다. "북쪽에서 악이 터져 나올 것이다"[32]라는 말처럼 그곳에는 사탄이 거주하며, 따라서 파멸의 근원이다. 북풍은 무거운 유혹을 나타낸다. 북풍의 입김은 유혹에 관한 첫 번째 암시이다. 북풍의 냉기는 태만에 둔감해지게 만든다. 그러므로 북풍이 불어오는 것은 무거운 유혹이 마음을 지배하는 것을 뜻한다. 북풍이 사라지면 유혹도 영혼으로부터 물러난다.

"북쪽으로부터, 그리고 바다로부터"[33]라고 했다. 북풍은 유혹을 나타내고, 바다는 세상을 의미한다. 그러므로 그리스도는 북풍으로부터, 바다로부터 도망친 자신의 추종자들을 모으셨다. 그분은 정의로운 이들만이 아니라, 죄인들까지도 유혹의 폭풍우로부터 구해 주셨다.

사탄은 "나는 북녘에 있는 나의 왕좌에 앉아서 지극히 높으신 분과 같아질 것이다"[34]라고 말했다. 그는 자만심의 날개를 들어 올려 북쪽의 왕좌에 앉기를 바랐다. 그는 주제넘게도 자신이 예속되어 있는 지극히 높으신 분과 같아지기를 갈망했다. 심지어 그는 자신을 그의 주인과 비교할 뿐 아니라, 자신이 더 낮다고까지 생각했다. 악마는 스스로를 높이려고 했기 때문에 추락했다. 그러므로 지상에서 위로 오르고자 하는 이라면 자신을 낮추어야 한다.

남풍은 매우 따뜻한 바람이다. 신은 남쪽에서 올 것이라고 한다.[35] 그곳에 지극히 높으신 분의 자리가 있다. 그곳에는 **f. 30r** '사랑(Dilectio)'의 불꽃이 있고, 순수한 진실도 그곳에서 온다.

남풍은 고요한 곳에서 불어온다. 신은 성정이 차분하시기 때문이다. 그곳에는 먹을 것과 쉴 곳이 있다. 그곳에서는 마음에 평화가 찾아오고, 그곳에서의 묵상은 원기를 회복시켜 준다.

남풍은 성령의 은총을 의미한다. 남풍의 숨결은 성령의 호의를 나타내고, 남풍의 열기는 '사랑(Amor)'을 뜻한다. 남풍이 불어올 때면 언제든 성령의 은총이 인간의 마음 안에서 자라난다. 남풍이 사라지면 은총도 인간의 마음에서 물러난다.

신은 남녘에서 오실 것이라고 한다. 악마는 북쪽에서 오고, 신은 남쪽에서 온다. 악마는 무지의 어둠 속에서 살고 있다. 신은 '사랑(Caritas)'*의 고요함을 좋아하신다. 북풍의 냉기는 육신의 구멍들을 단단하게 닫지만, 남풍의 열기는 그것들을 다시 열어놓는다. 차가운 탐욕은 주먹을 꽉 움켜쥐게 만들지만, 따뜻한 사랑은 손을 벌려 아낌없이 자선을 베풀게 한다. 오래된 날개가 영혼을 지옥으로 떨어뜨린다면, 새로운 날개는 영혼을 갈망하는 천상으로 올려놓는다. 죄는 영혼을 내리누르고, 덕은 영혼을 가볍게 만들기 때문이다.

---

* 여기에서는 세 종류의 '사랑'이 등장한다. '딜렉티오(Dilectio)'는 상대를 보살피는 다정하고 책임감 있는 사랑이다. '아모르(Amor)'는 가장 일반적인 사랑의 개념으로 남녀 사이의 사랑을 나타내는 말로도 쓰인다. 그리고 '카리타스(Caritas)'는 기독교적인 사랑의 개념으로 신과 이웃에 대한 사랑이다.

[그림 3-3]

매

매(Accipiter)는 발톱보다는 정신으로 무장을 한 새로 작은 체구 안에 큰 용기를 지니고 있다. 매를 가리키는 '아키피테르'라는 이름은 '아키페레(accipere)'라는 말에서 비롯된 것이다. 이것은 '포획', 다시 말해서 '사로잡기'란 뜻의 '카페레(capere)'와 같은 뜻의 말이다. 매는 다른 새들을 '낚아채는(rapere)' 것에 몰두한다. 그래서 매는 '포획하는 자'라는 의미의 '아키피테르'나 '강탈자(Raptor)'라고도 불리는 것이다. 바울은 "여러분은 누가 여러분을 포획해도(accipit) 참아줍니다"[36]라고 말했다. '포획한다'는 것은 '강탈한다(rapit)'는 것이나 마찬가지이다.

매는 부모가 되어도 새끼를 잘 보살피지 않는다고 한다. 새끼가 날 수 있을 것처럼 보이면, 매는 먹이를 주지 않고 날개로 새끼들을 쳐서 둥지 밖으로 던져버린다. 그래서 매의 새끼들은 나이가 어려도 스스로 먹이를 잡아야 한다. 그러지 않고 다 자랄 때까지 그대로 두면 매는 게을러질 것이다.[37] 매는 새끼들이 게을러지거나, 쾌락에 빠지거나, 움직이지 않아 약해지거나, 스스로 먹이를 찾기보다는 그냥 주어지기를 바라거나, 그들 본연의 힘을 잃지 않게 돌보는 것이다. 이처럼 매가 새끼들에게 먹이를 주는 수고를 멈추는 것은, 새끼들이 스스로 먹이를 잡을 수 있게끔 그들을 용감하게 키우려고 그러는 것이다.[38]

매와 그것의 털갈이에 대한 교황 그레고리우스 1세의 해설[39]

f. 30v "너의 슬기로 매가 날아오르고 남녘을 향해 그 날개를 펴느냐"[40]라는 구절에 대해 축복받은* 그레고리우스**는 이렇게 해석했다.

매는 야생에서 남풍이 불어올 때 날개를 펼친다. 그렇게 하면 남풍에 날개가 데워져 오래된 깃털들이 빠진다. 바람이 불지 않으면 매는 태양의 광채를 마주하고 날개를 펼치고는 날개들을 부딪쳐 바람을 만들어 낸다. 그렇게 하면 몸의 구멍들이 열려서 오래된 깃털들이 빠지고 새로운 깃털들이 자라난다.

이렇게 매가 남풍에서 털갈이를 하는 것은 성인이 성령의 숨결을 접하고, 그 온기를 받아 오래된 삶을 던져버리고 새로운 사람이 되는 것과 마찬가지가 아니겠는가? 이러한 교훈에 관해 사도는 우리에게 이렇게 말했다. "여러분은 옛 인간을 그 행실과 함께 벗어버리고, 새 인간을 입은 사람입니다."[41] 그리고 "우리의 외적 인간은 낡아 가더라도 우리의 내적 인간은 나날이 새로워집니다"[42]라는 말을 남기기도 했다.

오래된 깃털을 던져버리는 것은 오랫동안 이어온 거짓된 삶의 방식을 버리는 것이다. 새로운 깃털을 갖는 것은 온화하고 간결한 삶의 방

---

* '베아투스(beátus)'는 '축복받은', '은혜받은'의 뜻을 나타내며, 가톨릭에서 공경의 대상이 될 만하다고 지정한 '복자(福者)'에게 붙여지는 칭호이기도 하다.
** 그레고리우스 1세(Gregorius Magnus, 재위 590-604) : 로마 교황으로 서방 교회를 개혁하고 로마 교회의 독립성을 확보하는 등 많은 성과를 남겨 '대교황'이라고 불린다. 성서 주해서 등 수많은 저술을 남겨 중세로의 전환기에 큰 영향을 끼쳤다.

식을 지니는 것이다. 오래된 깃털과 오래된 삶의 방식은 그대를 밑바닥으로 누르지만, 새로운 변화는 그대를 위로 들어 올릴 것이다. 새로운 깃털이 날기에 더 가볍기 때문이다.

"남녘을 향해 그 날개를 펴느냐"라는 구절은 참으로 옳은 말이다. 여기에서 '펼치다'라는 말은 성령을 접해 고해로 우리의 생각을 고백하고, 우리의 죄를 더 이상 숨기지 않고 스스로 드러내는 것을 뜻한다. 그러므로 매가 남풍을 향해 날개를 펼치고 털갈이를 하는 것은, 성령을 향해 고해로 자신의 생각을 드러내서 우리 모두가 스스로 덕의 깃털을 입는 것과 같다. 고해로 자신의 오래된 죄를 드러내지 않는다면, 그대는 결코 새로운 삶을 이룰 수 없다. 자신을 짓누르고 있는 죄를 통탄해하지 않는다면, 그대는 결코 무거운 짐을 내려놓지 못할 것이다. 오직 참회의 힘만이 가슴의 구멍을 열 수 있고, 덕의 깃털을 자라나게 할 수 있다. 스스로 과거를 버리려고 열심히 노력할 때에만 마음은 새로워지고 따뜻하게 되살아날 것이다.

축복받은 욥이 "너의 슬기로 매가 날아오르고 남녘을 향해 그 날개를 펴느냐"고 말한 것은 이 때문이다. f. 31r 신은 선택받은 모든 이들에게 통찰력을 부여하였다. 그들은 성령의 고취로 생각의 날개를 펼쳐서 낡은 삶의 방식의 무게를 떨쳐버리고, 새롭게 날아오르기 위한 덕의 깃털을 얻을 것이다. 욥은 그러한 통찰력이 인간 내부에서 얻을 수 있는 것이 아니며, 〔신이 아닌〕 다른 누군가에게서 전해 받을 수 있는 것도 아님을 암시해주고 있다.

길들인 매와 야생 매[43]

매에는 길들인 매와 야생 매의 두 종류가 있다. 둘 다 똑같은 매로 경우에 따라 야생 매가 될 수도 있고 길들인 매가 될 수도 있다. 야생 매는 길들여진 새를 먹이로 삼고, 길들인 매는 야생의 새를 먹이로 삼는다. 야생 매는 먹이를 잡자마자 먹어 치운다. 길들인 매는 잡은 먹이를 주인에게 가져간다. 그러면 주인은 매가 잡아온 새의 배를 갈라 심장을 끄집어내서 매한테 먹이로 준다. 똥이 든 창자는 버리는데, 그것을 그대로 두면 부패해 악취를 풍기기 때문이다.

도덕적인 의미에서 야생 매가 길들여진 새들을 사냥해서 잡아먹는 것은 악한 사람이 끊임없이 순박한 사람들의 행동과 생각을 파멸시키는 것을 뜻한다. 반대로 길들인 매는 영적인 아버지와 같다. 길들인 매는 야생의 새들을 잡는데, 이것은 영적인 아버지가 설교로 세속적인 사람을 개심의 길로 이끄는 것과 같다. 길들인 매가 잡아온 새를 죽이는 것처럼, 영적인 아버지는 세속적인 사람들이 육신의 고행으로 세속적인 삶을 끝낼 수 있게 한다.

길들인 매의 주인이 먹이의 배를 가르는 것처럼, 전능한 주님은 성서로 사람들을 꾸짖어 육신을 나약함을 쫓아버린다. 매의 주인이 심장을 끄집어낸 것처럼, 그분은 고해로 세속적인 사람들의 생각을 밖으로 끄집어낸다. 매의 주인이 똥이 든 창자를 던져버리는 것처럼, 그분은 우리를 위해 불쾌한 죄의 기억을 던져버린다. 이렇게 매가 잡은 새들이 주인의 식탁으로 향하는 것처럼, 죄인들도 교사들의 이빨에 붙잡혀 교회의 몸으로 돌아온다.[44]

매는 어떻게 털갈이를 하는가[45]

길들인 매가 쉽게 털갈이를 하려면 안전하고 따뜻한 새장이 필요하다. 안전한 새장은 수도원과 같다. 야생 매를 길들일 목적으로 그 안에 두려 한다면, 반드시 새장의 문을 잠가야 한다. 그곳에서 매는 낡은 깃털을 버리고 f. 31v 새 깃털을 얻는다. 수도원에 들어간 사람이 예전의 악덕들을 버리고 미덕을 갖춘 새로운 사람이 되는 것처럼 말이다. 낡은 깃털이 다 빠지고 새로운 깃털이 굳건히 자리를 잡을 때까지 매를 새장에서 풀어주면 안 된다. 날 수 있을 만큼 충분히 굳건해진 뒤에 풀어주면, 매는 팔 위에 앉는다. 마찬가지로 '개심자(Conversus)'*도 수도원 밖으로 나갔더라도 반드시 돌아와 선행의 손 위에 앉게 마련이다. 그런 뒤에 날려 보내면 그는 그리던 천상을 향해 온 마음을 다해 힘껏 솟구쳐 올라갈 것이다.

매를 왼손으로 날려야 하는 이유[46)]

관례에 따라 매는 왼손으로 날려야 한다. 그래야 사냥을 위해 날려 보냈던 매가 오른손으로 날아오기 때문이다. "그이의 왼팔은 내 머리 밑에 있고, 그이의 오른팔은 나를 껴안는답니다"[47)]라고 하였듯이, 왼손은 일시적인 소유를 나타내고 오른손은 영원한 삶을 뜻한다. 일시적인 소유를 누리는 이들은 왼손에 앉는다. 그러나 온 마음을 다해 영적인 삶을 열망하는 이들은 오른손을 향해 날아간다. 그곳에서 매는 비둘기를 잡을 것이다. 다시 말해 개선된 이는 성령의 은총을 받을 것이다.

---

* 12~13세기에 '콘베르수스(conversus)'는 이교도에서 기독교로 개종한 사람이라는 뜻이 아니라 속인으로 지내다 개심하여 수도서원을 하게 된 '평수사(lay-brother)'를 가리키는 말로 쓰였다. 이들은 출신 성분도 다양하고 수도사와는 다른 복장을 하고 지냈으나, 수도원이나 교회의 일반적인 고용 일꾼과는 성격이 달랐다.

산비둘기

비둘기와 매에 관한 설명은 끝났다. 이제부터는 산비둘기와 참새에 관한 설명을 시작할 것이다. 비둘기의 탄식과 매의 하소연에 관한 이야기에 너무 오래 머물러 있었으므로, 산비둘기의 비탄과 참새의 울음에 관해서는 짧게 쓰려고 한다. 산비둘기와 참새에 관해서는 글로 적을 뿐 아니라, 그림으로도 묘사할 것이다. 내 목적은 산비둘기가 야생에서의 고독한 생활을 얼마나 소중히 여기는지, 참새가 지붕 위에서 홀로 얼마나 끊임없이 울어대는지를 보여주는 것이다. 그대는 산비둘기를 본보기로 삼아서 순결로부터 오는 순수함을 굳게 지키고, 참새를 본보기로 삼아서 빈틈없이 예민하게 행동하라. 순수하게 살아가고, 신중하게 그대의 길을 가라.[48]

산비둘기를 '투르투르(Turtur)'라고 부르는 것은 그 새가 그런 소리를 내며 울기 때문이다. 산비둘기는 부끄러움이 많은 새로 언제나 산꼭대기의 인적이 없는 외진 곳에서 지낸다. 산비둘기는 사람들의 집이나 사회를 피해서 숲에 머무른다. **f. 32r** 심지어 겨울에 깃털이 빠졌을 때에도 속이 빈 나무줄기 안에서 산다고 한다.[49] 산비둘기는 자신의 둥지를 해총 잎으로 덮어 늑대가 어린 새끼들을 공격하지 못하게 한다. 늑대는 대개 이러한 종류의 식물을 꺼리기 때문이다.

산비둘기의 암컷은 짝을 잃고 혼자가 되더라도 혼례성사와 아내라는 이름을 존중하고 지킨다고 한다. 첫 번째 사랑의 경험이 그녀를 속이고, 사랑하는 이가 죽음으로 그녀를 기만했다. 수컷 산비둘기는 영원히 약속을 지킬 수 없게 되었다. 이것은 쓰라린 기억이다. 그가 애정으로 그녀에게 준 기쁨보다 그의 죽음이 가져다준 슬픔이 더 크기 때문이다. 그렇지만 암컷은 다시 결혼하기를 거부하고, 한때 그녀를 기쁘게 했던 그 수컷과 맺은 계약과 정절의 맹세를 풀지 않는다. 그녀는 홀로 죽은

[그림 3-4] 산비둘기

짝을 위해 사랑을 그대로 남겨두고, 아내라는 이름을 지킨다. 여성들이
여, 이를 본받아라. 얼마나 위대한가. 새마저도 과부 생활을 고상하게
지켜가지 않는가.

그렇다면 누가 산비둘기에게 이러한 법을 가져다 주었는가? 이 법을
가져다 준 '사람'은 아무리 찾으려 해도 찾지 못할 것이다. 누구도, 심
지어 사도 바울조차도 감히 과부 생활을 지키라는 법을 요구할 수는 없
을 것이기 때문이다. 바울은 단지 이렇게 말했을 뿐이다. "그러므로 나
는 젊은 과부들이 재혼하여 자녀를 낳고 집안을 꾸려 나가, 적대자에게
우리를 헐뜯는 기회를 주지 않기를 바랍니다."⁵⁰⁾ 그리고 다른 곳에서는
이렇게 말하기도 했다. "그럴 수만 있다면 그들은 계속 그렇게 지내는
것이 좋습니다. 그러나 자제할 수 없으면 혼인하십시오. 욕정에 불타는

것보다 혼인하는 편이 낫습니다."[51]

이처럼 바울은 여성들이 산비둘기와 같은 참을성 있는 성정을 지니기를 바랐다. 그러나 다른 곳에서 그는 젊은 여성들에게 결혼하라고 독려한다. 우리의 여성들이 산비둘기의 덕을 지니기는 어렵기 때문이다. 그러므로 산비둘기에게 이러한 은총, 다시 말해 애욕에 대한 자제력을 불어넣고, 그들에게 절제의 덕을 부여한 이는 신이다. 오직 신만이 모두에게 따라야 하는 법을 명령할 수 있기 때문이다.

산비둘기는 혈기왕성함 때문에 흥분하거나 f. 32v 유혹에 넘어가지 않는다. 산비둘기는 첫 번째 사랑의 맹세를 되돌리지 않는다. 그리고 산비둘기는 결혼의 첫 번째 의무로 맹세한 순결을 지켜야 한다는 사실을 너무나 잘 알고 있다.[52]

종려나무와 산비둘기[53]

"나의 날들을 종려나무*처럼 무성하게 하리라"[54]라는 구절에 대해서 알아보자. 종려나무의 날들은 무성하다. 종려나무는 완전히 클 때까지 서서히 성장하기 때문이다. 마찬가지로 의인은 얻고자 하는 것을 위해 서서히 성장한다. 그는 하늘의 왕국에 닿기를 간절히 소망한다. 그러나 세속적인 열망이 그가 선택한 목표를 이루는 것을 방해하므로, 그는 느리게 나아갈 수밖에 없다.

종려나무의 날들은 무성하다. 겨울의 추위도 여름의 무더위도 종려나무가 늘 번성하는 것을 막을 수 없기 때문이다. 마찬가지로 의인은 계속해서 번창한다. 덕 있는 행동을 추구하는 그를 막을 수 있는 것은 없다. 겨울의 추위는 종교적인 열의를 떨어뜨리는 마음의 게으름과 부주의를 나타낸다. 여름의 무더위는 정욕이나 욕망, 격노의 불꽃, 연기

---

* 종려나무는 십자가를 만든 나무이고, 산비둘기의 둥지가 있는 곳이다.

가 피어오르는 갈망의 불길을 나타낸다. 종려나무가 추운 겨울에도 무더운 여름에도 시들지 않는 것처럼, 의인은 어떤 유혹에도 흔들리지 않는다.

종려나무의 날들이 무성하다는 것은 다른 의미로 의인이 지나간 그의 날들을 상기하고 영원할 날들에 대해 마음 깊이 숙고하는 것을 나타내기도 한다. 그는 자신의 지난날의 부족함을 되새기면서, 앞으로 다가올 영원한 날들을 기다린다. 이러한 가르침을 마음 깊이 담아둔다면, 그대는 종려나무처럼 매우 크게 자라날 것이고, 그대의 날들도 무성할 것이며, 그대는 모든 역경을 극복할 수 있을 것이다.

다시 종려나무에 대하여[55]

"그대의 키는 야자나무 같고"[56]라는 구절처럼, **f. 33r** 교회와 충실한 신도들의 영혼의 키는 종려나무에 빗댈 수 있다. 사람의 키는 팔다리가 길거나 짧거나 하는 몸의 겉모습이다. 그러나 의인은 종려나무의 키를 가진다. 만약 그가 자신을 겸손하게 드러낸다면 신 앞에서 그는 커진다. 그가 스스로를 겸손하게 낮추면 신 앞에서 그는 원대해진다.

종려나무는 그리스도이다. 의인은 그리스도에 빗댈 수 있다. 그는 그리스도가 겪은 것 같은 고난을 견디며 종려나무와 같은 키를 갖게 되었다. 사도는 "우리와 고난을 함께 하는 이들은 영광도 함께 받을 것입니다"[57]라고 말했다. 그대는 몸의 사지처럼 머리가 행하는 일을 경험하게 될 것이다. 종려나무는 이미 완전히 자라나 꼭대기가 벌써 하늘을 찌른다. 꼭대기에는 잎이 무성하다. 종려나무의 꼭대기는 곧 사람들 가운데 선택받은 이들을 뜻한다. 그리고 거친 껍질로 둘러싸인 종려나무의 줄기는 가혹한 시련으로 둘러싸인 교회이다. 그것은 땅에 굳건히 자리를 잡고 있다. 그리고 종려나무의 가지, 다시 말해 성인들은 영원한 행복을 누리고 있다.

다시 종려나무에 대하여[58]

"의인은 종려나무처럼 번성하고"[59]라는 구절처럼, 의인은 심기고, 번성하고, 열매를 맺는다. 그는 주님의 집 안에, 신의 집 뜰 안에 심긴다. 신의 집은 개심의 집이다. 집 앞에는 뜰이 있다. 개심의 집 앞에 있는 그것은 분명히 포기의 뜰이다. 세상을 넘어서고 속세를 포기한 이들은 영광의 종려나무인 주님의 집 앞뜰에 심긴다. 그러므로 의인은 개심의 집 안에 심기고, 스스로의 명성으로 번성하며, 덕행의 열매를 맺는다. 그렇다면 그는 어떻게 뿌리내리고, 어떻게 자라며, 어떻게 단단해질까? 그는 신념으로 뿌리내리고, 희망으로 자라며, 자선으로 단단해진다.

그런데 「시편」에서 의인에 대해 "그는 주님의 집 안에 심겨 신의 앞뜰에서 돋아난다"[60]고 한 말은 뭔가 이상하다. 집 안에 심긴 그들이 앞뜰에서 꽃핀다는 것은 기이하다. 하지만 이 말은 그들이 믿음으로 집 안에 심기고, 선행으로 밖에서 꽃피고, 명성으로 꽃향기를 밖으로 퍼뜨린다는 것을 뜻한다. 그렇지 않으면 의인이 집 안에 심기지만 앞뜰에서 꽃을 피운다는 것은, 그들이 지상의 교회에 심겨서 영생 안에서 시들지 않는 꽃을 피운다는 것을 뜻하는 것이리라. 그곳에서 그들은 꽃과 열매를 지니고, 다시 말해 순수한 몸과 영혼을 지닌 채로 앞으로 올 보상을 받을 것이다.

다시 종려나무에 대하여[61]

f. 33v "나는 종려나무 위로 올라가 그것의 큰 가지를 붙잡으리라"[62]라는 구절을 보자. 땅 가까이에 있는 종려나무는 가늘고 조잡하지만, 하늘로 향할수록 두껍고 아름답다. 그러므로 오르기는 어렵지만, 열매는 달콤하다. 열매의 향기 때문에 매달려 올라가면서 느끼는 고됨도 줄어든다. 열매의 달콤한 맛은 매달려 올라간 고됨을 잊게 한다.

종려나무는 그리스도이고, 그 열매는 그리스도의 구원이다. "나는 사람들의 구원이다."[63] "너희는 맛보고 눈여겨보라. 주님이 얼마나 좋으신지"[64]라고 했다. 구원의 희망은 십자가 나무에 있다. 종려나무에 오르는 것은 십자가의 승리를 위해 싸우는 것을 뜻한다. 십자가의 사다리에 매달려 올라감으로써 그대는 영광의 옥좌를 얻을 것이다. 그리고 그대는 그리스도를 따라 그대 자신의 십자가를 나를 수 있다. 육신의 고행을 하는 자는 누구나 십자가를 나르고 있는 것이나 마찬가지이다.

종려나무는 승리한 사람의 손을 꾸민다. 그리고 의인은 덕행을 통해 승리의 종려나무로 손을 장식한다. 의인은 반드시 세 가지를 상대로 승리를 한다고 한다. 바로 세속, 육신, 악마이다. 그는 세속과 세속의 즐거움을 경멸함으로써 세속에 대해 승리를 거둔다. 그는 절제로 육신을 제압함으로써 육신을 극복한다. 그는 자신의 삶에서 악마를 쫓아냄으로써 악마를 정복하고 강제로 복종시킨다. 그는 덕행으로 이 세 가지를 상대로 승리를 거둔다. 그러므로 그의 손에는 승리의 종려나무가 쥐어진다.[65]

참새

　삼나무*(Cedrus)*와 그 가지로 둥지를 만드는 참새*(Passer)*에 대해 알아보자. 삼나무와 '레바논*(Libanus)*'이란 단어가 함께 나오는 것은 좋은 의미이다. 솔로몬은 「아가」에서 "그의 용모는 레바논 같고 삼나무처럼 빼어나다"[66]고 했다. 레바논은 유대의 북쪽 경계선에 있는 페니키아의 산맥이다. 레바논의 나무들은 키와 겉모습, 단단함에서 다른 곳의 나무들을 압도한다.

　우리는 레바논 산맥을 최고의 덕으로 이해한다. 유대의 북쪽 경계에 우뚝 솟아 있는 레바논 산맥은, 주님을 신실하게 찬미하는 자들의 마음을 유혹에 빠뜨리려고 수단과 방법을 가리지 않는 악마를 막아준다. 레바논의 나무들이 키와 겉모습, 단단함에서 다른 곳의 나무들을 압도하는 것처럼, 모든 신실한 자들의 영혼은 소망의 높음, 사랑의 아름다움, 믿음의 불변성에서 다른 이들을 압도한다.

　우리는 삼나무를 그리스도라고 이해한다. 그분은 히솝풀*(Ysopo)*과 비슷하게 생긴 레바논의 삼나무처럼 키가 크지만, ᶠ·³⁴ʳ 높게 자라도 겸허하다. 참새는 설교가들이며, 참새 새끼는 설교가의 말로 태어난 이들이다. 둥지가 있어야 마음의 평화가 있다. 그러니 삼나무로 그대의 둥지를 지어야 한다. 그대가 평화롭게 살고자 하며, 영원한 지복의 소망을 포기하지 않은 이라면 말이다.

　주님이 심은 레바논의 삼나무가 있다. 그들은 세상의 부자들을 의미한다. 참새는 수도원의 우두머리들이고, 참새 새끼는 그들의 제자들이다. 둥지는 수도원의 건물들이다. 참새는 삼나무에 둥지를 만든다. 영적인 지배자들은 수도원을 부자들의 재산 위에 세운다. 수도원에는 끊임없이 울어대며 신에게서 양식을 찾는 참새들이 있다. 그들은 신의 말씀을 양식으로 삼고, 그것에서 자신들의 양분을 얻는다. 그리고 참새가 밤낮으로 울어대는 것처럼, 그들은 후원자를 대신해 온 마음을 기울여 신에게 기도를 한다. 세상의 한가운데에서 그들은 평화로운 마음으로 자신들의 묵상의 날개를 돌본다. 이 날개로 그들은 삼나무를 찾아 되도록 재빨리 날아가, 레바논 나무들의 주위를 날아다닌다. 교회에서 명성이 높은 사람들의 삶과 행동을 배우기를 원하기 때문이다. 우리가 읽었듯이 솔로몬은 레바논 산맥의 나무들로 가마를 만들었다.[67] 교회가 명성이 높고 지칠 줄 모르는 사람들로 만들어지는 것처럼 말이다.

다시 삼나무에 대하여[68]

주님이 심지 않은 삼나무들도 있다. 그분은 그것들을 자신의 의지로 심지 않았고, 그것들의 숫자가 늘어나기를 바라시지 않았다. "하늘의 내 아버지께서 심지 않으신 초목은 모두 뽑힐 것이다"[69]라고 말씀하신 것처럼 말이다. 이런 레바논의 삼나무들은 부유하고 거만한 자들이다. 그 삼나무에 둥지를 트는 것은 **f. 34v** 참매(Herodius) · 새매(Accipiter)와 같은 맹금류들뿐이다.[70] 이 새들은 강도들이 성채를 세우는 것처럼 부자들의 재산 위에 둥지를 튼다. 그들의 새끼는 그들의 공범이나 졸개들이다. 이 새들은 먹이를 잡으려고 삼나무 안에 숨는다. 강도들이 악한 통치자들로부터 범죄를 저지를 권한을 부여받는 것처럼 말이다.

그러나 "주님이 레바논의 삼나무를 부러뜨린다."[71] 다시 말해 그분은 세상의 부자들을 파괴하실 것이다. 누군가는 참회로, 누군가는 복수로 말이다. 주님은 누군가는 참회로 부러뜨릴 것이다. "그분은 그들을 레바논의 송아지처럼 산산조각낼 것이다."[72] 부자들은 그리스도의 삶을 모방하고, 저마다 송아지를 제물로 바치고, 고행으로 육신을 누르고, 그리스도와 함께 십자가를 질 것이다. 그분은 그렇지 않은 이들은 복수로 부러뜨릴 것이다. 그들은 영원한 불 안으로 던져질 것이다.

삼나무가 잘려 쓰러지는 것에서 많은 이익이 생겨난다. 그리스도가

[그림 3-5] 참새와 삼나무

자신의 죽음으로 세상을 구원한 것처럼 말이다. "밀알 하나가 땅에 떨어져 죽지 않으면 한 알 그대로 남고, 죽으면 많은 열매를 맺는다"[73]고 했다. 그러므로 삼나무가 쓰러지는 것은 그리스도의 죽음을 나타낸다. 참으로 많은 이들이 그리스도의 죽음으로 은혜를 입었다. 그분은 지옥으로 내려가고, 죽음에서 일어나고, 하늘로 올라가 죽은 이들에게 부활의 희망을 주었다. 만약 구원의 희망이 따라오지 않는다면, 괴로움에 고통 받으며 살아가든 끝내 죽음을 맞이하든 무슨 차이가 있겠는가? 인간이 영원한 삶을 살아간다 해도 끝없는 형벌뿐이라면 부활이 무슨 의미가 있겠는가?

주님이 심으신 삼나무가 쓰러지면 큰 이익이 생겨날 것이다. 영원한 지복의 거처로 옮겨질 것이기 때문이다. 하지만 주님이 심지 않은 삼나무가 쓰러져도 적지 않은 쓸모가 있을 것이다. 레바논에서, 다시 말해 속세에서 열매를 맺지 못한 그 나무는 잘려 쓰러지고 난 뒤에 주님의 신전에서 건물의 무게를 지탱할 것이기 때문이다. 그러나 이것은 오직 참회로 자만심이 꺾인 삼나무들에만 해당되는 이야기이다. 복수로 잘려진 삼나무들은 지옥의 불 속으로 던져 영원히 파멸시켜 재로 만들어 버려야 한다.[74]

펠리컨

"나는 황야의 펠리컨과 같아졌다"[75]라는 구절처럼, 펠리컨(Pellicanus)은 이집트 나일강 유역의 황야에 사는 새라서 그러한 이름을 갖게 되었다. 이집트는 '카노포스(Canopos)'라고 불리기도 했기 때문이다.

펠리컨은 자신의 새끼들에게 헌신한다. 태어나서 자라기 시작한 펠리컨 새끼들은 부리로 부모의 얼굴을 쪼아댄다. 그러면 부모는 똑같이 쪼아 새끼들을 죽인다. 그러나 3일째 되는 날에 어미 새는 자신의 옆구리를 쪼아 벌린 다음에 f. 35r 죽은 새끼들의 몸에 피를 들이붓는다. 그러면 죽은 새끼들이 깨어난다.[76]

신비적 의미에서 펠리컨은 그리스도를 상징하고, 이집트는 세상을 상징한다. 펠리컨은 외따로이 살아간다. 그리스도가 유일하게 남자와의 결합 없이 처녀에게서 태어난 것처럼 말이다. 펠리컨은 홀로 지내기 때문에 그리스도의 삶이 그러한 것처럼 죄로부터 자유롭다. 펠리컨은 부리로 새끼들을 쪼아 죽인다. 신의 말씀을 설교해서 믿음이 없는 자들을 개심시키는 것처럼 말이다. 펠리컨은 새끼들을 위해 끊임없이 울어댄다. 그리스도가 라자로를 일으켜 세울 때 불쌍히 여겨 눈물을 흘린 것처럼 말이다.[77] 3일 뒤 펠리컨은 제 피로 새끼를 살린다. 그리스도가 자신의 피로 인류의 죄를 대신 씻어 우리를 구원해준 것처럼 말이다.

도덕적인 의미에서 펠리컨은 의인이 아니라, 육체적 욕망으로부터 자신을 멀리 떼어놓은 사람으로 이해할 수 있다. 이집트는 무지의 어둠에 가려 있는 우리의 삶을 뜻한다. '이집트(Egiptus)'는 '어둠'이라는 뜻으로도 옮겨지기 때문이다. 그래서 이 세상의 욕망과 집착에서 멀리 떨어지려 할 때에는 이집트를 황야로 만든다.[78] 의인은 인간의 나약함이 허락하는 데까지 자신을 죄로부터 자유롭게 해서 도시 안에서 자신만의 황야를 만든다.

펠리컨은 부리로 새끼를 쪼아 죽인다. 의인도 자신의 죄스러운 생각과 행동을 입으로 뱉어낸다. f. 35v "저는 저의 죄를 주님께 고백합니다. 그러자 당신께서는 제 죄의 허물을 용서하여 주었습니다"[79]라고 하였듯이 말이다. 펠리컨은 새끼들을 위해 3일 동안 눈물을 흘린다. 이것은 생각으로든 말로든 행동으로든 우리가 어떤 잘못을 저지르면 눈물이 그것을 지워주리라는 것을 가르쳐준다. 펠리컨은 제 피를 새끼들에게 뿌려 새끼들을 소생시킨다. 그러니 우리 자신들도 덕 있게 행동해서 육신과 피의 문제에 관심을 덜 기울이고 영적인 행위에 전념해야 한다.[80]

펠리컨이라는 새는 언제나 수척함 때문에 고통을 받는다. 그 새는 뭐든 삼키면 곧바로 소화가 된다. 펠리컨의 위는 음식을 담아두는 공간이 분리되어 있지 않기 때문이다. 음식은 그 새의 몸을 살찌우지 못한다. 단지 지탱할 만한 힘을 줄 뿐이다. 은둔자의 삶은 펠리컨을 본보기로 삼아야 한다. 은둔자도 음식을 먹지만, 그것으로 위장을 채우려고 해서는 안 된다. 먹기 위해 사는 것이 아니라, 살기 위해 먹는 것이기 때문이다.

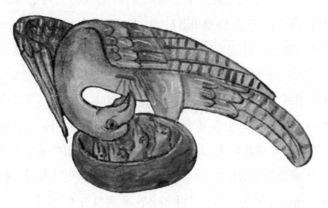

[그림 3-6] 자신의 피로 새끼들을 살리는 펠리컨

[그림 3-7]

헛간올빼미

"나는 폐허의 올빼미처럼 되었습니다"[81]라는 구절처럼, 헛간올빼미 (*Nicticorax*)는 밤의 어둠을 사랑하는 새이다.[82] 그 새는 허물어진 담벼락 안에서 산다. 지붕 없는 폐허에 집을 짓기 때문이다. 헛간올빼미는 빛을 피해서 밤에 음식을 찾아 날아다닌다.[83]

신비적 의미에서 헛간올빼미는 그리스도를 상징한다. 그리스도는 밤의 어둠을 사랑한다. 그분은 어둠을 상징하는 죄인들이 죽는 것을 원하지 않으며, 그들이 개심해서 살아가기를 바라기 때문이다.[84] 신은 세상을 너무나 사랑한 나머지 세상의 속죄를 위해 아들을 지상으로 보냈다.[85] 죄인들은 '어둠'으로 불린다. 사도도 이렇게 말했다. "여러분은 한때 어둠이었지만 지금은 주님 안에 있는 빛이다."[86]

헛간올빼미는 담벼락의 갈라진 틈에서 산다. 그리스도가 "나는 오직 이스라엘 집안의 길 잃은 양들에게 보내졌을 뿐이다"[87]라며 유대 사람들 가운데 한 명으로 태어나기를 원한 것처럼 말이다. 그러나 그리스도는 담벼락의 틈 안에서 부서졌다. 유대인들이 그분을 죽였기 때문이다.

그리스도는 빛을 피한다. 이것은 그분이 자만심을 혐오하고 싫어한다는 의미이다. 그분이 나병환자를 돌본 것은 우리에게 겸손의 교훈을 알려주기 위해서였다. f. 36r 그리스도는 나병환자에게 "아무에게도 말하지 않도록 조심해라"[88]고 말하셨다. 빛에 대해서는 "악인들에게서 빛을 빼앗고"[89]라고 말하셨다. 그 빛은 현세의 삶의 영광이지만, 그분은 그와는 감히 견줄 수 없는 "모든 이들을 비추는"[90] 빛이다. 그러므로 그 빛은 빛을 꺼린다. 진리는 속세의 영광이 지니는 공허함을 꺼리게 마련이기 때문이다. 헛간올빼미는 음식을 찾으러 밤에 날아다닌다. 그리스도가 설교로 죄인들을 교회의 육신으로 개심시키는 것처럼 말이다.

도덕적 의미에서 헛간올빼미는 어떤 의인이 아니라, 사람들 사이에서 되도록 눈을 띄지 않게 피해서 숨어 살아가는 이를 나타낸다. 그는 빛으로부터 도망친다. 이것은 그가 사람들이 숭배하는 영광을 추구하지 않는다는 의미이다. 빛에 대해서는 "악인의 빛은 꺼지고 그의 불꽃은 빛나지 않지 않느냐"[91]라는 구절도 있다. 이때의 '빛'은 현세의 삶의 번영을 뜻한다. 악인의 빛이 꺼진다는 것은 우리의 덧없는 삶의 번영이 삶 자체와 함께 끝난다는 사실을 나타낸다. "그의 불꽃은 빛나지 않는다"라는 말에서 '불'은 현세의 욕망을 향한 열정을 가리킨다. 불꽃은 내면의 불에서 나온 힘의 발현이거나 화려함을 뜻한다. 그러나 그 불꽃은 빛나지 않는다. 죽음의 날에 모든 외적인 화려함과 힘이 사라질 것이기 때문이다.

헛간올빼미는 밤을 감시한다. 의인들이 잘못을 저지르는 것을 피하기 위해 죄인들의 어둠을 경계하는 것처럼 말이다. 헛간올빼미는 벽의 틈에서 살아가는데 이것은 그가 세상의 부실함을 살펴보고 그것이 붕괴될 것을 기다리고 있다는 뜻이다. 헛간올빼미는 밤에 음식을 찾아다닌다. 이것은 의인이 죄인의 삶을 돌아보고 그들을 본보기로 삼아 자신의 마음을 기르는 것을 뜻한다.

오디새

f. 36r 오디새*(Epopus)*라고 불리는 새는 부모가 늙고 눈이 침침해지면 오래된 깃털을 뽑고 눈을 핥아주고 따뜻하게 해서 부모의 건강을 다시 되찾아준다. 마치 오디새는 부모에게 이렇게 말하는 것 같다. "당신들이 나를 먹여준 수고를 했던 것처럼, 나는 당신들을 위해 같은 일을 할 것입니다."

이성이 부족한 새도 이렇게 하는데 이성의 힘을 가진 인간은 훨씬 더 부모를 잘 섬겨서 보답해야 한다. 율법도 "자기 아버지나 어머니를 욕하는 자는 사형을 받아야 한다"[92]고 말하고 있다. 그러는 것은 부친 살해나 모친 살해의 죄를 저지르는 것이나 마찬가지이다. 오디새조차도 부모의 건강을 되찾아 주기 위해 부모의 깃털을 뽑고 그들의 눈을 핥는다는 사실을 명심해 두어야 한다.[93]

[그림 3-8]

[그림 3-9] 까치

까치와 딱따구리

f. 36v 까치(*Pice*)는 시인(*Poetice*)과 같다. 사람처럼 정확한 소리로 단어를 말하기 때문이다. 까치는 나뭇가지에 걸터앉아 방정맞게 조잘거리는데, 말을 진짜로 하지는 못하지만 인간들의 말을 곧잘 흉내 낸다. 이를 적절히 표현한 말도 있다. "재잘거리는 까치인 나는 또렷한 소리로 주인인 당신께 인사를 합니다. 만일 당신이 저를 못 보았더라면 새라고 생각하지 않았을 것입니다."[94]

딱따구리(*Picus*)의 이름은 〔고대 로마의 농경의 신인〕 사투르누스의 아들인 피쿠스에게서 비롯되었다. 피쿠스가 딱따구리를 점치는 데 이용했기 때문이다.[95] 사람들이 말하기를, 이 새는 **f. 37r** 점을 치는 신성한 능력이 있다고 한다. 그 증거는 다음과 같다. 만약 딱따구리가 어떤 나무에 둥지를 지으면 그 나무에 못이나 다른 무언가를 박아 넣어도 오래 버티지 못한다. 그 새가 둥지에 앉자마자 그것은 밖으로 떨어져 나온다.[96]

큰까마귀

f. 37r 큰까마귀가 '코르부스(*Corvus*)'나 '코락스(*Corax*)'라고 불리는 이유는 목구멍으로 내는 '까악까악 하는(*coracinare*)' 소리 때문이다. 큰까마귀는 새끼들이 알에서 깨어나도 자신과 닮은 검은색 깃털이 나기 전까지는 충분히 먹이지 않는다. 그러다 어두운 색깔의 깃털이 나기 시작하면 자기 새끼인 줄 알고 아낌없이 먹이를 준다. 그리고 큰까마귀는 시체를 파먹는데, 눈부터 먼저 먹는다.[97] 성서에서 큰까마귀는 설교가이거나 죄인, 악마로 여겨지는 등 때에 따라 다양한 방식으로 이해된다.[98]

f. 37v 이시도루스*가 『어원』에서 말한 것에 따르면,[99] 큰까마귀는 시체에서 가장 먼저 눈부터 파먹는다. 악마가 육신을 가진 사람들의 판단력을 파괴하는 것처럼 말이다. 그런 다음에는 눈구멍으로 뇌수를 파먹는다. 큰까마귀가 눈구멍으로 뇌수를 파먹는 것은 악마가 우리의 판단력을 파괴해서 정신적인 능력을 망가뜨리는 것과 같다.

큰까마귀는 죄인을 의미하기도 한다. 요컨대 큰까마귀는 죄악의 검은 깃털을 몸에 걸치고 있다. 신의 자비를 체념한 죄인들도 있고, 경건한 사람들의 기도로 도움을 받을 수 있게 해달라고 기원하는 죄인들도 있다. 두 번째 종류의 죄인들에 대해서는 "큰까마귀들이 엘리야에게 음식을 가져다주었다"[100]는 말이 있다. 여기에서 큰까마귀는 자신들의 부로 종교인들을 지원하는 죄인들을 의미한다. 그리고 엘리야는 수도회의 건물과 의복으로 덮여서 살아가는 자들을 뜻한다.

앞서 말한 체념한 죄인들은 속세의 것을 갈구해서 내면의 것을 찾아야 할 때 외면의 것을 찾는다. 성서에서는 이들에 대해 "큰까마귀는 방주로 돌아오지 않았다"[101]고 말하고 있다. 아마도 큰까마귀는 홍수에

---

* 이시도루스(Isidorus Hispalensis, 560?-636) : 스페인 세비야 대주교로 중세의 백과사전인 『어원』을 펴내 고대의 식을 중세에 전하는 데 중요한 역할을 했다.

휩쓸려 죽었을 것이다. 그렇지 않으면 시체들을 발견해 그 위에 앉았기 때문일 수도 있다. 이렇게 육체적 욕망에 휩싸여 자신의 외면만 충족시키는 죄인은 방주로 돌아오지 않은 큰까마귀처럼 외적인 것에 대한 집착에 사로잡혀 있다.

하지만 큰까마귀는 학식 있는 설교가처럼 좋은 의미로 해석되기도 한다.[102] 신은 축복받은 욥의 입을 빌어 이렇게 말했다. "누가 큰까마귀에게 먹이를 장만해 주느냐? 새끼들이 하느님에게 아우성치며 먹을 것 없이 헤매 돌아다닐 때에 말이다."[103] 축복받은 그레고리우스는 이 큰까마귀가 학식 있는 설교가를 뜻한다고 했다.[104] 그 설교가는 자신을 둘러싼 시커먼 죄들을 떠올리며 큰 소리로 울부짖는다. 그는 신앙 안에서 제자들을 키운다. 그러나 그 제자들은 아직 자신들의 결점을 숙고할 수 없으며, 자신들이 저지른 죄에 대한 기억을 피하려고만 한다. 그래서 그들은 세속의 영광을 적대시해야 얻을 수 있는 겸손의 검은색을 드러내지 못한다. 그들은 큰까마귀 새끼들이 먹이를 찾아 입을 벌리는 것처럼 높은 곳의 신비에 대한 가르침을 찾는다. 그러나 그들의 교사는 f. 38r 그들이 과거의 죄를 제대로 참회하는 모습을 보일 때에만 장엄한 설교의 양분을 나누어준다. 그는 그들이 이러하기를 바라며 훈계한다. 먼저 참회의 슬픔으로 현세의 삶의 눈부심에서 벗어나 어두운 색으로 바뀌어야 한다. 그런 다음에야 필요한 양분을 받아들일 수 있다. 매우 복합적인 주제들에 관한 설교의 형태로 말이다.

큰까마귀는 새끼들이 먹이 주기를 기다리며 입을 벌린 것을 보면 먼저 그들의 몸이 검은색 깃털로 덮여 있는지를 확인한다. 마찬가지로 분별 있는 교사도 제자들이 아직 이 세상을 거부하지 않은 것처럼 보이면 그들의 마음에 내적 신비를 나누어 주지 않는다. 속세의 영광을 스스로 잘라내지 않는 한, 그들은 영적인 양분을 얻지 못하고 굶주려야 한다. 큰까마귀가 자신의 부리에서 음식을 뱉어내 입을 벌리고 있는 자신의

[그림 3-10]

새끼들에게 넣어주는 것처럼, 교사는 자신이 얻은 이해를 끄집어내서 배고픈 제자들에게 삶의 양식이 될 말을 나누어준다. 제자들이 더 진지하게 속세의 화려함을 포기하고 참회의 슬픔으로 어두워진 것처럼 보이면, 교사는 고차원적인 문제들에 대한 가르침의 형태로 그들에게 더 열심히 먹을 것을 준다.

큰까마귀의 새끼들은 검은색 깃털을 갖게 되면 날아갈 것을 약속한다. 마찬가지로 교사의 제자들도 자신의 하찮음을 깨달아 스스로를 멸시하고 괴로워할수록, 높은 왕국으로 오르겠다는 그들의 약속은 더욱 커진다. 그러므로 교사는 어떤 징표들로 판단을 내려 다른 이들에게 쓸모가 있는 능력을 지닌 자들에게는 먹이를 더 빨리 줄 수 있게끔 주의를 기울여야 한다. 교사가 설교를 하면서 이러한 판단력을 가지고 있다면, 그는 신의 뜻으로 설교를 할 더 큰 기회를 얻게 될 것이다. 교사는 사랑에서 우러나서 제자들의 어려움을 어떻게 나누어야 할지 알게 될 때, 그리고 가르침을 줄 올바른 시기를 알게 될 때, 스스로도 더 큰 이해의 재능을 받을 수 있을 뿐 아니라, 그가 노력과 관심을 쏟는 제자들에게도 이해의 재능을 줄 수 있게 된다.

이를 분명히 나타내는 말도 있다. "누가 큰까마귀에게 먹이를 장만해주느냐? 새끼들이 신에게 아우성치며 먹을 것 없이 헤매 돌아다닐 때에 말이다."[105] 어린 새끼들이 먹이를 달라고 조르면 큰까마귀가 그들을 위해 먹이를 마련한다. 마찬가지로 신의 말씀에 굶주린 올바른 청자들은 더 큰 지식을 가진 그들의 교사로부터 음식을 얻는다.

큰까마귀의 새끼는 설교가가 직접 그의 가르침으로 길러낸, 다음 세대의 설교가들이다. 그들은 자기 자신이 아니라 그들의 구세주의 힘을 믿는다. **f. 38v** 이는 "새끼들이 신에게 아우성치며"라는 말에서도 잘 드러난다. 그들은 자신의 덕만으로는 아무것도 할 수 없다는 사실을 알고 있다. 아무리 경건한 목소리로 자신들의 영혼의 풍요를 갈구해도 말이다. 그래서 그들은 내면의 모든 것을 가져다주신 그분으로부터 생겨나는 것들을 경건한 목소리로 갈망한다. 그들은 진실한 믿음으로 다음과 같은 사실을 이해한다. "그러나 심는 이나 물을 주는 이는 아무것도 아닙니다. 오로지 자라게 하시는 신만이 중요합니다."[106]

"그들은 먹을 것이 없어 헤매 돌아다닌다"라는 구절에서 '헤매 돌아다닌다'는 말은 열정적으로 움직이겠다는 설교가들의 서약을 의미한다. 그들은 커다란 열의에 불타 이리저리 돌아다니며 자신의 새끼들이 교회의 품안으로 들어올 수 있도록 하고, 이 사람 저 사람을 불러 모으려고 애쓴다. 사실 그들이 지닌 열정의 의도 자체가 돌아다니는 데 있다. 결국 '헤매 돌아다닌다'는 말은 영혼들을 돕기 위해 수많은 사람들이 살아가는 온갖 장소를 찾아서 다양한 지역의 셀 수 없이 많은 길들로 구석구석 열의를 다해 바삐 돌아다니는 설교가들의 방법을 뜻한다.

성서의 그 구절은 다른 방식으로도 해석할 수 있다.[107] 큰까마귀는 교회의 고위 성직자들을, 검은색은 그들이 저지른 죄의 검댕을 의미한다. 그들은 자신을 위해 음식을 마련하고, 옷을 차려입으며, 다른 사람들보다 훨씬 사치스러운 삶을 살아간다. 이러한 해석에서 큰까마귀의 새끼는 고위 성직자의 제자들을 나타낸다. "새끼들이 신께 아우성친다"고 했다. 제자들은 그들의 스승들이 너무 잘 먹는다고 투덜대며, 수도원을 떠나 풍족한 먹이를 찾아 헤맨다. 큰까마귀는 걸출한 힘과 지위를 가진 고위 성직자들이다. 이들은 신도들을 교회 안에 모아놓고 단식을 하라고 설교한다. 그들 자신은 단식일에도 고기를 먹으면서 말이다. 그렇게 그들은 평범한 사람들을 괴롭히고 분개하게 만든다. 그래서 사람들의 마음에 의심을 불러일으키고, 단식을 찬양하는 고위 성직자들이 정말로 그것이 가치 있다고 믿는지를 의심하게 만든다.

누군가 큰까마귀의 또 다른 의미에 대해 말할지도 모르겠지만, 지금은 이 정도만으로도 충분한 듯하다.

수탉

수탉(Gallus)의 이름은 거세를 하는 것에서 비롯되었다. 고대 사람들은 거세된 남자들을 '갈리(galli)'라고 불렀다.[108] 수탉은 새들 가운데 유일하게 고환이 잘리는 새이다. **f. 39r** 암탉(Gallina)의 이름은 수탉에서 비롯되었다. 암사자(Leena)의 이름이 숫사자(Leo)에서, 암컷 용(Dracena)의 이름이 수컷 용(Draco)에서 비롯된 것과 마찬가지이다. 사람들이 말하기를 수탉의 고환은 녹인 금에 섞으면 없어진다고 한다.[109]

수탉이 밤에 우는 소리는 유쾌할 뿐 아니라, 쓸모도 있다. 수탉은 좋은 친구처럼 그대가 일어나야 할 때에 깨워주고, 그대가 근심에 빠져 있을 때에는 용기를 북돋아주며, 그대가 여행을 하고 있다면 마음을 편안하게 해준다. 그리고 수탉은 밤이 지나간 것을 듣기 좋은 노랫소리로 알려준다. 수탉이 우는 소리는 숨어 있던 강도도 쫓아내며, 샛별도 깨워 하늘로 올라가 밝게 빛나게 한다. 그 소리는 저녁 바람으로 거세졌던 폭풍우와 파도도 잠잠하게 만들어, 선원도 걱정을 내려놓게 한다.

수탉이 우는 시간에는 기도를 하려는 독실한 마음이 생겨나 성무일과를 한 번 더 읽을 수 있다. 수탉이 마지막 울음을 울 때마다 교회의 반석인 베드로는 수탉이 울기 전에 그리스도를 부인했던 죄를 씻어낸다. 그리고 수탉의 울음은 예수의 말씀처럼 모두에게 희망을 전해준다. 병자의 괴로움을 가라앉히고, 상처의 고통을 줄여주며, 성난 열을 누그러뜨리고, 넘어졌던 자들의 믿음을 회복시켜준다. 예수는 비틀거리는 이들을 보살피고, 길 잃은 이들을 바로잡아 주신다. 요컨대 그분은 베드로를 살펴 그의 죄를 바로 용서하시고, 그의 마음에서 부정을 몰아내고 고백을 이끌어내셨다. 이는 우리에게 주님의 뜻을 벗어나 일어난 사건은 없다는 사실을 알려준다.[110]

수탉과 그레고리우스[111]

"누가 수탉에게 그러한 '지각능력(Intelligentia)'을 주었는가?"[112] 수탉의 울음소리에 누가 그러한 능력을 주었는가 하는 질문에 대한 답은 축복받은 그레고리우스의『욥기 주해Moralia in Iob』에서 찾을 수 있다.[113] 그레고리우스는 수탉이 지각능력을 부여받아서 밤을 쫓아버리는 울음을 먼저 울고, 끝으로 잠을 깨우는 울음을 뱉어낸다고 했다. 마찬가지로 거룩한 설교가도 먼저 신도들의 사정을 고려한 뒤에 그들을 가르치기에 적합한 설교방식을 개발해야 한다. f. 39v 죄인들이 얼마나 벌을 받아야 할지를 결정하는 것은 밤의 시간들을 표시하는 것과 같다. 밤의 시간을 표시하는 것은 그들이 저지른 행실의 어두운 면을 적절한 비난으로 꾸짖는 것이다. 그러므로 앞서 말한 지각능력이 수탉에게 주어진 것은, 신의 의지에 따라 진실한 교사에게 판결의 덕이 주어진 것과 마찬가지이다. 그래서 그는 누가 무엇을 언제 어떻게 해야 하는지를 알려줄 수 있다.

[그림 3-11]

　그러나 같은 권고가 모든 사람들에게 적합한 것은 아니다. 우리 모두
가 똑같은 행동 기준에 매여 있는 것은 아니기 때문이다. 누군가에게
해로운 것이 누군가에게는 도움이 될 때도 있다. 어떤 동물에게는 기력
회복에 도움이 되는 풀이 다른 동물에게는 목숨을 빼앗는 독초가 될 수
있는 것처럼 말이다. 부드럽게 부는 휘파람도 말들은 진정시키지만, 젊
은 개들은 흥분시킨다. 누군가의 병을 고치는 치료법이 누군가에게는
병을 악화시키는 요인이 되기도 한다. 어른에게는 몸을 튼튼하게 해 주
는 음식이 아이들에게는 치명적인 것일 수도 있다. 그러므로 교사의 언
어는 반드시 청중의 상황에 맞추어져야 한다. 그렇게 하면 저마다의 필
요를 채워주면서 모든 이들을 가르칠 수 있는 힘을 지니기에 결코 모
자람이 없을 것이다. 경청하는 청중의 마음은 〔하프를 닮은 현악기인〕 키타
라의 팽팽하게 뻗은 줄들과 같다. 음악가가 줄들을 저마다 따로 튕겨야
소리가 잘 어우러진다. 하나의 채를 사용하더라도 줄들을 동시에 튕기
지 않아야 조화로운 소리가 난다. 교사도 청중들의 줄을 그렇게 연주해
야 한다. 곧 하나의 교리에서 나온 단일한 사랑의 덕으로 그들 모두를
가르치되, 그들에 대한 권고의 형태는 같아서는 안 되는 것이다.
　아울러 우리는 수탉의 지각능력이 상황에 따라 다르게 나타난다는 사실도 염두에 두어야 한다. 수탉은 밤이 아주 깊었을 때는 매우 크고 우렁차게 울지만, 새벽이 다가올수록 부드럽고 덜 우렁찬 소리를 낸다. 여기에서 볼 수 있는 수탉의 지각능력은 설교가들의 신중한 판단을 뜻한다. 설교가들은 이제까지 악하게 살아온 이들에게 설교를 할 때에는 목소리를 가장 크게 높여서 그들에게 영원한 심판의 공포를 알려준다. 마치 밤이 가장 깊었을 때 수탉이 우는 것처럼 말이다. 그러나 그 청중들의 마음에 이미 진실의 빛이 주어졌다고 생각되면, f. 40r 목소리를 감미롭고 부드럽게 바꾸고, 심판의 공포를 보상의 기쁨보다 많이 이야기하지 않는다. 그들은 새벽의 수탉처럼 조용히 운다. 아침이 다가오기 때문이다. 그들은 신비들에 관해 정교하게 설교한다. 그렇게 해서 그들을 따르는 자들은 천상의 것들에 관해 더 상세하게 들을 수 있고, 진실의 빛에 더 가까이 다가설 수 있게 된다.

수탉의 긴 울음소리는 잠들어 있는 이들을 깨운다. 그리고 수탉이 짧게 우는 것은 그들이 깨어난 것을 기뻐하는 것이다. 잠에서 깨어난 이들은 회개하여 마음을 바르게 고치고, 우선 신의 심판이 가져올 재난을 두려워한 뒤에 신의 통치가 가져올 기쁨에 대해 자세하게 배우는 자들이다. 이것은 모세의 사례로 잘 설명될 수 있다. 신은 모세에게 군대를 앞으로 나아가게 하려거든 나팔을 짧게 불라고 명했다. 이렇게 적혀 있다. "은나팔을 두 개 만들어라"[114] 그리고 조금 뒤에는 이렇게 적혀 있다. "너희가 나팔을 짧게 불면 진영들이 앞으로 나아갈 것이다"[115] 군대는 두 개의 나팔로 움직인다. 사람들이 두 가지 사랑의 명령으로 신앙을 위한 싸움에 소환되는 것처럼 말이다.[116] 나팔들을 은으로 만들라고 명하신 것과 마찬가지로, 설교가들의 말도 밝은 빛에 있는 것처럼 명확해야 청중들의 마음을 애매함으로 혼동시키지 않는다. 나팔들은 두드린 은으로 만들어졌다. 설교하는 이의 삶이 현세의 고난으로 단련되어야 하는 것처럼 말이다. 그러므로 "너희가 나팔을 짧게 불면 진영들이 앞으로 나아갈 것이다"라는 구절도 적절하다. 실제로 설교의 말들은 매우 정밀하고 세심한 주의를 기울여 전달해야 듣는 이들의 마음에 유혹과 싸울 수 있는 불꽃을 더 크게 일으킬 수 있다.

다시 수탉에 대하여[117)

우리가 수탉에 관해 신중하게 살펴야 할 것이 또 있다. 수탉은 울음 소리를 내뱉기 전에 먼저 날개를 파닥거린다. 이는 자신을 쳐서 스스로 더 많이 경계하도록 하기 위해 그러는 것이다. 거룩한 설교가들의 삶에 서도 이와 같은 모습이 드러난다. 거룩한 설교가들은 우리에게 설교의 가르침을 주기 전에 자신이 먼저 거룩한 행동을 한다. 자신이 게으를 때에는 차마 다른 사람을 꾸짖지 못한다. 그들은 먼저 고결한 행동을 해서 스스로를 흔들고, 그런 뒤에야 다른 사람들에게 행동을 잘하라고 전한다. 그들은 먼저 생각의 날개로 스스로를 때리는데, 이것은 쓸모없 는 게으름을 피우고 있지는 않은지 f. 40v 꼼꼼히 돌아보는 것이다. 그리 고 엄하게 반성하며 스스로 바로잡는다. 그들은 먼저 세심하게 자신의 잘못을 벌하고, 자신들이 저지른 행위를 애통해한다. 그런 뒤에야 다른 이들의 잘못이 어떤 벌을 받아야 하는지를 알려준다. 그들은 울기 전에 날개를 요란하게 파닥거린다. 이것은 그들이 격려의 말을 전하기 전에, 그들이 말할 모든 덕들을 행실로 증명한다는 것을 의미한다. 그들은 자 신이 완전히 깨어난 뒤에야 다른 이들을 잠에서 깨운다.

그렇다면 교사는 어디에서 깨달음을 얻어 완전히 깨어나고, 잠들어 있는 이들을 깨우는 것일까? 교사는 어디에서 지각능력을 얻어서 먼저 조심스럽게 죄의 어둠을 흩어버리고, 설교의 빛을 저마다의 상황에 알 맞으면서도 모든 이들이 동시에 따를 수 있게끔 드러내는 판단을 내리 는 것일까? 그의 창조주가 내적 가르침을 주지 않는다면, 교사가 그와 같이 섬세한 지도를 할 수 있겠는가? 그러한 위대한 지각능력은 설교가의 특성이 아니라 창조주의 특성이다. 그러므로 창조주는 내가 앞서 이미 인용했던 것과 함께 이렇게 말할 것이 분명하다. "누가 수탉에게 그러한 지각능력을 주었겠는가? 놀랍게도 교사들의 마음에 없는 것을 만들어낸 것이, 그리고 훨씬 더 놀랍게도 감춰진 것들을 이해할 수 있도록 그들을 가르친 것이 내가 아니면 누구이겠는가?"[118]

수탉은 교회의 어떤 고위 성직자들을 나타내는 것이기도 하다.[119] 그들도 신에게 지각능력을 부여받기는 했다. 하지만 그들은 자신을 돕기 위해 날개를 퍼덕이지 않으며, 다른 이들을 깨우고 선한 삶으로 이끌려고 돕지도 않는다. 그들은 자기 만족을 위해 게으름을 피우고, 쾌락을 즐기는 것에만 열심이다. 그들은 수탉처럼 밤 시간들을 알려주지 않는다. 이것은 그들이 사악한 이들의 죄를 비난하지 않는다는 의미이다. 그들은 고해나 참회를 하는 데 자신들의 분별력을 쓰지 않는다. 그들은 신이 주신 지각능력을 일시적인 것들을 얻기 위해 사용할 뿐이다. 그들은 어떻게 해야 영혼에 이로운지를 알고는 있으나, 마음이 온통 육신의 쾌락과 관련된 것들에 빠져 있다. 그들 가운데에는 지나치게 단순하고 못 배운 자들도 있다. 이들은 통치의 횃대, 곧 고위 성직에 앉아 있지만, f. 41r 자리는 차지하고 있으면서도 신의 법이 명한 자신들의 직무를 알지 못한다. 그들은 앉아서 아무것도 말하지 않는다. 그들은 자기 배만 채우려 하지, 신도들을 이끌고 영원한 푸른 목초지로 가기 위해 헌신하지 않는다.

그러므로 지각능력을 부여받고서도, 그것을 신의 말씀을 설교하는 데 쓰지 않는 이들과, 무엇을 말해야 할지 몰라 아무것도 말하지 않는 이들은 횃대에서 떨어진 수탉처럼 되지 않게 조심해야 한다. 엘리는 이따금 자신의 아들들을 꾸짖었다. 하지만 바로잡게 이끌지 못했기 때문에 의자에서 넘어져 목이 부러져 죽었다. 그는 죽기 전에 아들들의 죽음을 겪었고, 주님의 궤가 다른 부족에게 넘어갔다는 것도 알았다.[120]

[그림 3-12]

타조

'아시다*(Assida)*'라고 불리는 동물이 있다. 그리스어로는 '스트라토카멜론*(stratocamelon)*', 라틴어로는 사람들이 '스트루티오*(strutio)*'라고 부르는 이 동물은 타조이다. 그 동물은 날개가 있으나 날지 못하고, 발은 낙타의 발처럼 생겼다.

타조는 알을 낳을 때가 되면 눈을 들어 하늘을 올려다보며〔플레이아데스 성단을 가리키는〕비르길리아가 나타났는지 확인한다. 그 별들이 보여야 타조는 알을 낳는다. 6월 무렵에 나타나는 그 별들이 보이면, 타조는 땅을 파서 구덩이 안에 알들을 넣고는 모래로 덮는다. 구덩이를 벗어나면 타조는 금세 알에 관한 것은 잊고 다시는 그곳으로 돌아가지 않는다. 그렇지만 고요하고 부드러운 바람이 여름의 열기로 모래 안에 있는 알들을 부화시켜 새끼가 세상으로 나올 수 있게 한다.

이렇게 타조도 때를 알고는 어린 새끼도 잊은 채 지상의 것들을 거부하며 천상의 것들을 추구하는데, 하물며 인간은 어찌해야 하겠는가. 오! 인간들이여, 그대들은 높은 곳으로의 소환이라는 상을 받기 위해 노력해야 한다.[121] 그대들은 인간을 창조하고, 그대들을 어둠의 힘에서 구해내서 **f. 41v** 자기 백성들의 군주들과 함께 영광의 왕국에 둔 신을 위해 온 힘을 다해야 한다.

다시 타조에 대하여[122]

"타조의 날개는 참매나 새매의 날개와 닮았다."[123] 참매와 새매가 나는 속도가 다른 새들보다 빠르다는 것을 모르는 이가 있는가? 타조는 확실히 그들과 같은 날개를 가지고 있으나, 그들처럼 빨리 날지는 못한다. 타조는 지면에서 떠오를 힘조차 없다. 단지 나는 것처럼 날개를 펼치는 시늉만 할 뿐이다. 타조는 지면 위로 자신을 들어올리지 못한다.

이런 점에서 타조는 경건한 삶을 살고 있는 척만 하는 위선자들과 꼭 닮았다. 그들은 거룩한 행동을 실제로는 하지 않으며 시늉만 낸다. 그들도 분명히 날개를 가지고 있다. 하지만 겉모습과는 달리 제구실을 하지 못한다. 그들은 땅 주변을 기어다닐 뿐이다. 그들은 오로지 신성하다는 환상을 주기 위해 날개를 펼치기 때문이다. 그러나 그들은 스스로를 땅 위로 들어올릴 수 없다. 세속적인 것에 대한 집착의 무게가 그들을 무겁게 내리누르고 있기 때문이다. 주님은 날개를 내보이며 날 수 있는 척만 하는 타조와 같은 바리사이인들의 가식을 비난하며 이렇게 말씀하셨다. "불행하여라, 너희 율법학자들과 바리사이인들, 위선자들아!"[124] 이것은 마치 이렇게 말씀하시는 것과 같다. "너의 날개가 너를 들어 올릴 힘이 있는 것처럼 보여도, 너의 삶의 무게는 너를 나락으로 끌어내릴 것이다." 이러한 무게에 대해서는 예언자들도 이렇게 말했다. "사람들아, 언제까지나 무거운 마음을 지니고 있을 것이냐?"[125]

주님은 예언자를 통해 "들짐승들이 나를 경배할 것이다. 용과 타조들도 그리할 것이다"[126]라고 말씀하시며, 타조의 위선을 변화시키겠다고 약속하셨다. 여기에서 '용'이라는 낱말이 가리키는 것이 영원히 땅 위를 기어다니며 스스로 가장 저열한 생각을 드러내는, 악의로 가득 찬 마음들이 아니면 무엇이겠는가? '타조'라는 말이 가리키는 것이 고상한 척하는 자들이 아니면 무엇이겠는가? 그들은 겉으로만 신성한 삶을 사는 척한다. 마치 날 수 있는 능력이 있는 것처럼 보이지만, 실제로는 그렇게 할 수 없는 타조의 날개처럼 말이다. 주님은 용과 타조에게 경배받을 것이라고 선언하셨다. 그분이 공공연하게 악하거나 고상한 척하는 그 두 부류의 사람들을 마음속 깊은 곳에서부터 개심시켜서 그분에게 순종하게 만들 때에 그렇게 될 것이다.

우리는 타조에 관한 것을 염두에 두고 참매와 새매에 대해서도 더 자세히 살펴보아야 한다. 그들의 몸은 작다. 하지만 그들의 깃털은 매우 조밀하게 꽉 들어차 있다. 그래서 그들은 무척 재빠른 속도로 날 수 있다. 그들은 무게가 거의 나가지 않아 자신을 아주 잘 들어올릴 수 있기 때문이다. 반대로 f. 42r 타조는 깃털을 거의 가지고 있지 않고, 커다란 몸의 무게에 짓눌려 있다. 그래서 날아보려고 해도, 깃털이 부족해 공중에서 그 커다란 몸뚱이를 지탱하지 못한다. 그러므로 참매와 새매는 선택받은 이들을 가리킨다. 이번 삶에서 그들은 아무리 사소한 것이라고 해도 분명히 죄에 물들어 있다. 하지만 그들을 가라앉히는 죄의 양은 매우 적고, 머지않아 그들을 높은 곳으로 들어올릴, 선행으로 쌓은 덕의 양은 매우 크다.

그렇지만 위선자들은 설령 그가 자신을 들어올릴 만한 선행을 조금 했다고 하더라도, 그가 저지른 너무나 많은 악행들 때문에 끌어내려진다. 그는 선해지는 데 완전히 실패하지는 않았다. 그러나 그가 저지른 많은 죄들이 그의 선행을 덧없게 만든다. 이렇듯 몸뚱이를 들어올리지 못하는 타조의 앙상한 깃털은, 자신이 저지른 수만 가지의 악행들에 비해 선행은 너무 보잘것없어서 끌어내려지는 위선자를 나타낸다.

타조의 날개는 참매와 새매의 날개와 유사한 색깔을 가졌다. 하지만 힘은 같지 않다. 참매와 새매의 날개는 빽빽하고 단단해서 비행할 때 그 밀도로 공기를 내리누를 수 있다. 반대로 타조의 날개는 앙상해서 비행을 할 수 있을 정도가 되지 못한다. 내리눌러야 할 공기가 위로 빠져나가 버리기 때문이다. 여기서 우리가 보는 것이 인간의 쾌락을 내리누르는 선택받은 이들의 단단한 덕이 아니고 무엇이겠는가? 그러나 위선자들의 행실은 비록 그들이 바로잡은 것처럼 보이더라도 비행을 지탱하지 못한다. 인간이 찬미하는 공기가 느슨한 덕의 날개를 지나쳐서 흘러가 버리기 때문이다.

하지만 우리도 알다시피 겉보기에 선과 악은 유사하고, 선택받은 이들과 죄지은 이들이 신앙을 지키는 모습도 매우 흡사하다. 그러므로 죄인들 사이에서 선택받은 이들을 구별해내고, 거짓된 자들 사이에서 진실한 자를 골라낼 수 있으려면, 그렇게 할 수 있을 뭔가를 알아야 한다. 우리가 스승의 말을 기억 속에서 지우지 않고 늘 간직하고 있다면, 우리는 그들을 빨리 구분해낼 수 있을 것이다. 그는 이렇게 말했다. "너희는 그들이 맺은 열매를 보고 그들을 알아볼 수 있다."[127] 이렇게 그대는 그들이 보여주는 모습이 아니라, 그들이 행동을 지속하는지를 보고 그들을 판단해야 한다.

다시 타조에 대하여

[〔욥기〕에서는] 이렇게 타조의 모습을 묘사한 뒤에 타조의 행실에 대해서는 "타조는 땅에 알을 낳아 버려둔다"[128]고 했다. 여기에서 타조의 알이 뜻하는 것이 아직 돌봄을 받아야 할 아이가 아니라면 무엇이겠는가? 알은 누군가 오래 품어 주어야 살아 있는 새가 된다. 알은 f. 42v 감정을 스스로 느끼지는 못하지만, 계속 따듯하게 해주면 살아 있는 새들로 변화한다. 마찬가지로 아이와 젊은이들도 스승이 세심한 격려로 따듯하게 해주지 않으면, 차갑고 무감각한 사람으로 남게 된다. 이는 예외 없는 사실이다. 따라서 방치해서 둔감하고 무감각하게 자라지 않게 하

려면, 스승의 부지런한 가르침으로 그들을 품어야 한다. 그들이 스스로의 지각능력으로 살아가고, 묵상의 날개로 날 수 있을 때까지 말이다.

위선자들은 평생 잘못을 저지르면서도, 경건한 연설을 내뱉기를 그치지 않는다. 그들은 유창한 연설로 신자들과 개종자들 사이에서 새끼를 만들어낸다. 그러나 위선자들은 몸소 본보기를 보이며 새끼를 제대로 키울 수 없다. 이것은 "타조는 땅에 알을 낳아 버려둔다"는 말과 정확하게 일치한다. 위선자들은 새끼 돌보기를 소홀히 한다. 그는 새끼들에 대한 친밀한 사랑을 외적인 것들에 대한 집착으로 대체한다. 그것에 더 빠져들수록 그는 새끼가 눈앞에 없어도 신경을 쓰지 않게 된다.

땅에 알을 낳고 버려두는 것은 사람들 사이에 새끼를 낳아 놓고서도, 그들을 영적인 격려라는 둥지로 보호하지 못하고, 지상의 것들을 멀리하게끔 기르는 데 실패하는 것을 뜻한다. 다시 말해 새끼들에게 천상의 삶의 본보기를 보여주는 데 실패하는 것이다. 위선자들은 마음속에 사랑의 불을 지피고 있지 않기 때문에, 새끼들이 비활동적이어도 괴로워하지 않는다. 타조가 알들이 차갑게 되어도 신경 쓰지 않는 것처럼 말이다. 위선자들은 세속의 일들에 더 몰입해갈수록 무관심도 더욱 커져서, 새끼들이 세속적인 삶에 이끌려가도 그대로 내버려둔다.

그렇지만 신의 보살핌은 위선자의 방치된 새끼들도 그대로 버려두지 않는다. 그분은 그들 가운데 일부를 예지력과 남모를 선택으로 가려내서 아낌없는 은총으로 따뜻하게 품어주신다. 그러므로 성서에 다음과 같은 꼭 알맞은 구절이 덧붙여진 것이다. "너는 흙 위에 놓인 그들을 따뜻하게 해줄 수 있느냐?"[129] 이것은 신이 "내가 흙 위에 놓인 그들을 따뜻하게 해주었다. 나는 죄인들 사이에 놓인 어린 영혼들에게 내 사랑의 불을 붙였기 때문이다"라고 말씀하신 것과 같다. 주님은 땅에 버려진 새끼들을 따뜻하게 해주셨다. 이것은 설교가의 보살핌을 받지 못하고 죄인들에게 둘러싸여 있었던 젊은이들의 영혼을 신이 자신의 사랑의 불꽃으로 불붙여 주신 것을 뜻한다. 이로부터 우리는 무리의 게으른 삶의 방식을 나누어 받지 않고 있는 많은 사람들이 있음을 알 수 있다. 이로부터 우리는 f. 43r 사악한 자들이 일으킨 소란을 피하지는 못했지만, 천상의 것들을 향한 열의는 여전히 불타오르고 있는 많은 사람들이 있음을 알 수 있다. 이로부터 우리는 내가 말한 것처럼 많은 이들이 비록 냉담한 삶을 살고 있을지라도 따뜻하게 되리라는 것을 알 수 있다. 누군가는 지상의 타락한 삶에 둘러싸여 있으면서도 천상의 희망에 대한 열망을 키우고 있다는 것이다.

차가운 마음에 둘러싸인 이들이 어떻게 따뜻해질 수가 있겠는가? 전능한 신이 미리 알고 땅에 버려진 알들을 따뜻하게 해주지 않는다면 말이다. 그분은 냉담함 때문에 생긴 무관심을 없애고, 그들의 영혼에 생기를 불어넣는다. 그래서 이 세상에서 움직임 없이 누워 있는 것을 멀리하게 하고, 그들을 날 수 있는 생명체로 변화시킨다. 그리고 비행으로, 다시 말해 묵상으로 그들 자신을 천상의 것들을 향해 들어올리게 하신다.

이와 같은 말은 위선자의 악을 비난하기 위한 것만이 아니다. 정의로운 교사들도 자신도 모르게 자만심이 비집고 나오지는 않았는지 돌아보라는 의미임을 명심해야 한다. 주님이 흙먼지 속에 버려진 알들을 따뜻하게 하신 이가 자신이라고 말씀하셨을 때, 그분은 교사의 말을 통해 내적으로 행동하셨음을 분명하게 보여주셨다. 그분은 원하신다면 그 누구의 말이 없이도 흙먼지의 냉기에 놓인 그들을 따뜻하게 해주실 수 있는데도 말이다. 이것은 그분이 교사들에게 이렇게 분명하게 말씀하신 것과 같다. "그러니 너희는 너희들이 말할 때 너희들을 통해 내가 작용한다는 것을 의심하지 말라. 보라. 만약 내가 원한다면 나는 너 없이도 사람들의 마음에 말을 할 수 있다."

다시 타조에 대하여

이렇게 생각하는 교사들은 겸허하다. 그들은 위선자들을 향해 설교하며, 타조의 행동에 관한 다음과 같은 구절로 위선자들의 나태함을 드러낸다. "타조는 발로 알들을 뭉개는지, 들판의 짐승이 알들을 짓밟는지 잊어버린다."[130] 여기에서 '발'이 뜻하는 것이 매일의 삶의 궤적이 아니면 무엇이겠는가? '들판'이 뜻하는 것이 세상이 아니면 무엇이겠는가? 이 주제에 관해 주님은 복음서에서 "들판은 세상이다"[131]라고 말씀하셨다. '짐승'이 뜻하는 것이 세상을 약탈할 음모를 꾸미고 사람들의 죽음으로 매일 스스로를 배불리는 자인 오래된 적이 아니면 무엇이겠는가? 이에 대해 주님은 예언자의 입을 빌어 이렇게 약속했다. "어떤 굶주린 짐승이라도 거기에는 들어서지 못하리라."[132]

알을 버려둔 타조가 그것들이 발에 뭉개지는 것을 잊어버리는 것처럼, 위선자들은 자신들이 사람들과 어울리면서 만들어낸 제자들을 내버려둔다. 위선자들은 충실한 격려나 꼼꼼한 가르침으로 제자들이 악한 본보기에서 벗어나도록 돕지 않으며, 제자들이 어떻게 되든 신경 쓰지 않는다. 만약 그들이 자신이 낳은 알들을 사랑했다면, 알들이 악한 본보기 때문에 누군가에게 f. 43v 밟혀 뭉개질 것을 염려했을 것이다. 그리고 타조가 들짐승들이 알을 짓밟는지를 잊어버리는 것처럼, 위선자들은 교화를 통해 낳은 자기 새끼들이 이 세상에서 날뛰는 악마에게 낚아채여도 전혀 신경 쓰지 않는다. 진정한 교사들은 자신들이 지닌 사랑의 덕으로 제자들을 깊이 걱정한다. 그러나 위선자들은 자신들의 책임에 관심을 갖지 않는다. 그들은 참으로 걱정스럽게도 자신조차 다잡지 못한다. 위선자들은 마음이 차갑게 굳어서 충실한 사랑의 방식으로 자기 새끼들을 돌보지 않기 때문이다. 다시 타조의 모습으로 돌아가면, "새끼들을 제 것이 아닌 양 거칠게 다룬다"[133]는 것이 이를 설명해준다. 자비의 은총에 감화되지 않은 사람은 비록 그가 신에게서 나왔더라도 자신의 이웃을 낯선 사람으로 대하는데, 위선자들이 바로 그렇게 한다. 나아가 위선자들은 계속해서 외적인 것들을 추구하고, 감정을 느끼는 내적인 마음을 완전히 상실한다. 그들이 행하는 모든 것은 자신의 이익을 위한 것이다. 이웃을 향한 그 어떤 사랑의 연민도 그들의 마음을 움직이지 못한다. 그들은 깊은 수준의 사랑을 알지 못하고, 그들의 마음은 자신에 대한 사랑으로 굳어져 있다. 마음이 세속적인 갈망으로 밖을 향해 열려 있는 것만큼 말이다. 갈수록 그들의 마음은 차가워지고, 내면은 더욱 무감각해진다. 마음은 외적인 것을 비난하는 사랑으로만 부드러워지기 때문이다.

위선자의 마음은 스스로를 돌아볼 능력이 부족하다. 그렇게 하려는 최소한의 바람도 없기 때문이다. 위선자의 마음은 스스로 반성하지 못한다. 스스로를 통제하지 못하기 때문이다. 그렇게 할 수 있는 힘을 갖고 있지도 않다. 위선자의 마음은 그것이 사로잡혀 있는 욕구들과 수많은 허상들로 조각나 있기 때문이다. 위선자의 마음은 심연에 흩어져 있다. 만약 마음이 하나로 되어 있고 간절히 바랐다면 위로 올라갈 수 있었을 것이다. 그러나 정의로운 자의 마음은 규율을 지켜서 눈에 보이는 것들에 대한 덧없는 욕구들을 억제하기 때문에 언제나 통일성을 유지하고 새로워진다. 정의로운 자의 마음은 신이나 이웃을 향해 어떤 태도를 지녀야 하는지를 분명하게 알고 있다. 스스로의 통제를 벗어나는 것이 전혀 없기 때문이다. 마음은 외적인 것들을 억제할수록 깊은 불꽃을 내며 더 잘 타오르는 힘을 지니고 있다. 마음이 더 타오를수록, 더 밝은 빛이 악덕들을 비춘다. 그래서 통일된 내면을 가지고 있는 거룩한 사람들은 놀라울 정도로 예리한 통찰력으로 f. 44r 다른 사람들의 감춰진 죄를 간파할 수 있는 것이다.

"때가 오면, 타조는 자신의 날개를 높이 치켜든다"[134]고 했다. 타조의 날개가 의미하는 것이 현실의 생각들에 갇혀 있는 위선자들의 단단히

접힌 두 날개가 아니면 무엇이겠는가? 때가 오면 타조는 날개를 높이 치켜드는데, 이것은 자만심을 드러낼 기회를 찾았기 때문이다. 날개를 높이 치켜드는 것은 억제되지 않은 자만심으로 생각을 드러내는 것이다. 위선자들은 스스로를 거룩하게 포장하고, 마치 겸손함이라는 몸통 안에 날개를 접어 넣은 것처럼 자신의 생각을 드러내지 않는다. 그래서 위선자는 어떤 때는 칭찬을 갈구하고, 어떤 때는 이웃들의 삶을 비난한다. 그리고 언제나 창조주를 비웃는데 몰두하고, 자만심에 가득 찬 자신의 생각만 쫓아가다 혹독한 처벌이 기다리는 곳으로 곤두박질친다.

다시 타조에 대하여

"타조는 발로 알들을 뭉개는지, 들판의 짐승이 알들을 짓밟는지 잊어 버린다"라는 구절을 살펴보자. 땅에 버려진 알들이 발에 뭉개지고 들 짐승에게 짓밟히는 것과 마찬가지로 지상의 것들과 저속한 짓거리들에 끊임없이 몰두할 때 사람의 마음은 들짐승, 곧 악마의 발 아래로 던져져 짓밟히게 된다. 다시 말해 저속한 생각에 오랫동안 물든 자는 언젠가는 중대한 죄를 저질러 파멸되고야 말 것이다.

"타조는 자기 새끼들을 제 것이 아닌 양 거칠게 다룬다"는 구절이 이어진다. 위선자는 자신의 새끼들이 자신이 가르친 대로 살지 않을 때에도 그들이 자기와 무관한 것처럼 여긴다. 그리고 화가 나면 자신의 새끼들을 무섭게 대하고, 그들을 몹시 괴롭힌다. 불타오르는 증오의 낙인에 자극을 받은 위선자는 자신의 새끼들을 살리려고 노력하지 않고, 죽이는 데에만 몰두한다.

그러므로 우리가 위선자를 타조로 나타내는 것은 다음과 같은 특징 때문이다. 타조는 자신 이외에는 아무도 신경 쓰지 않고, 스스로를 미화하는 데에만 몰두한다. 그가 하는 선행도 다른 누구가 아니라, 오로지 자신만을 위한 것이다.

[그림 3-13]

독수리

독수리(*Vultur*)는 '천천히 날기(*volatus tardus*)' 때문에 그러한 이름을 갖게 된 것으로 보인다. 실제로 독수리는 몸이 커서 빨리 날지 못한다. 그러나 독수리는 검독수리처럼 바다 너머에 있는 시체까지 감지할 수 있다. 그들은 매우 높이 날아다니면서 산 그림자에 감춰져 있는 온갖 것들까지 내려다본다.[135] 독수리는 성교를 탐하지 않으며, f. 44v 이성과 짝짓기를 하지 않는다고 한다. 암컷은 수컷의 씨 없이도 임신할 수 있으므로, 수컷과 결혼하지 않고서도 새끼를 낳는다. 그리고 수명이 길어서 새끼들은 100년도 넘게 살 수 있고, 때 이른 죽음도 쉽게 그들을 덮치지 못한다.

태어날 때부터 그리스도교 신앙의 신비들을 조롱하는 데 익숙해진 이들은 처녀가 아이를 낳았다는 것에 대해 남자와 성교를 하지 않은 미혼의 순결한 여자가 출산을 하는 것은 불가능하다고 주장한다. 그러나 이것은 도대체 무슨 억지란 말인가. 그들은 독수리가 그렇다는 것을 부인하지 않으면서도, 신의 어머니에게는 그것이 불가능하다고 생각하는 것일까? 암컷 새가 수컷 없이 출산을 한다는 것에 대해서는 아무도 따지려 들지 않는다. 그러나 그들은 약혼한 처녀인 마리아가 출산을 했다는 것에 대해서는 그녀의 순결성에 의문을 나타낸다. 그들에게 우리 주님의 본성을 깨닫게 하고, 진실을 수긍하게 할 수는 없는 것일까?[136]

독수리는 사람들의 죽음을 어김없이 예언한다. 이것은 일종의 징조와 같은 것이므로, 그것을 미리 알아채고 준비해 두어야 한다. 전쟁터에 나선 군대가 비극적인 전투를 준비할 때 독수리들이 거대한 무리를 이루며 따라가는 것은, 그들이 전쟁에서 패해 그 새의 먹이가 될 것임을 의미한다.[137]

다시 독수리에 대하여[138]

"새는 그 길은 알지 못하고, 독수리의 눈도 본 적이 없다"[139]는 구절에서, '독수리'라는 말이 의미하는 이가 **f. 45r** 하늘로 올라가 천국에 우리의 육신을 위한 자리를 만드신 그분이 아니라면 누구겠는가? 그리스도는 참으로 '독수리'라는 말로 표현하기에 알맞다. 실제로 독수리는 하늘을 날다가 시신을 보면 내려와 그것을 먹는다. 지극히 높은 곳에서 죽은 동물에게 내려와, 이따금 그렇게 죽음에 사로잡히는 것이다. 그러므로 신의 중재자이자 우리의 구세주인 그리스도를 '독수리'라는 이름으로 나타내는 것은 옳다. 높은 곳을 떠다니는 독수리처럼 높은 곳에 머물던 그분의 신성은 밑에 있는 우리 인류의 시신을 보고는 천상에서 땅으로 내려오셨다. 참으로 황송하게도 그분은 우리를 구원하기 위해 인간이 되셨다. 영생의 삶을 가졌던 그분은 영생의 삶을 갖지 못하고 살아가는 인간이 되어 우리의 손에 죽임을 당하셨다. 독수리인 그리스도의 목표는 우리의 구원이었다. 그분은 3일 동안의 죽음으로 우리를 영원한 죽음에서 구해주셨다. 배반자 유대인들은 그리스도를 유한한 인간으로 여겼다. 그래서 그분의 죽음을 보았으나, 그분의 죽음으로 우리의 죽음이 없어지게 되리라는 것은 알지 못했다. 그들은 독수리를 보았으나, 그것의 눈은 보지 못한 것이다. 그들은 우리를 높이 들어올리는 그리스도의 인성의 길을 보지 못했다. 새가 길을 알지 못하는 것처럼 말이다. 그들은 그리스도의 인성이 우리를 천국으로 들어올리고, 그분의 죽음의 목적이 우리에게 생명을 돌려주는 것임을 진지하게 생각하지 못했다.

그러므로 "새는 그 길은 알지 못하고, 독수리의 눈도 본 적이 없다"는 구절은 이런 사실을 의미한다. 유대인들이 그리스도를 보고 처형했다. 그러나 그분의 죽음으로 우리의 삶에 영광이 얼마만큼이나 뒤따르게 될지를 보려고 하지는 않았다. 그래서 그들은 격앙되어 잔혹한 박해 행위를 저질렀다. 그들은 생명의 말씀을 들으려 하지 않고 하늘나라 왕국의 설교가들을 체포하고, 잔인하게 다루고, 죽음으로 내몰았다. 배척을 당한 설교가들은 유대인들을 떠나 자신들이 보내진 곳으로 가서 그리스도교도들 사이로 흩어졌다.

독수리의 본성은 죄인을 나타내는 것이기도 하다. 독수리가 시신을 먹기 위해 군대를 따라다니는 것처럼, 죄인도 악마 군대에 속한 사악한 사람들을 따라다니면서 그들의 행위를 본받으려고 한다. 독수리가 죽은 시신을 먹는 것처럼, f. 45v 죄인은 죽음을 가져오는 육신의 욕구들에 기쁨을 느낀다. 독수리는 '걷는 자'라고 불릴 정도로 걷는 것을 꺼리지 않는데, 죄인들도 그와 마찬가지로 지상의 것들을 사랑하고 갈구한다. 때때로 독수리가 하늘 높이 나는 것처럼 죄인들도 천상의 것들을 향해 이따금 마음을 돌리지만 어느 누구도 왜 그런지는 알지 못한다. 그렇다면 독수리의 눈을 보는 자, 다시 말해 사람들의 생각 너머에 무엇이 있는지를 보는 이는 누구인가? 전능한 신만이 이러한 능력을 가지고 계신다. 오로지 그분만이 사람들의 생각을 알고 계신다.

이시도루스는 〔'느린 비행'이라는 의미의〕 '볼라투스 타르두스*(volatus tartus)*'라는 말에서 독수리의 이름이 비롯되었다고 했다는 사실도 알아 둘 필요가 있다. 독수리는 비행을 할 때 지면에서 천천히 날아오른다. 마찬가지로 죄인도 지상의 욕망들을 거의 포기하지 못하거나, 조금도 포기하지 못한다.

두루미

두루미*(Grus)*의 이름은 그 새가 내는 낮게 중얼거리는 것 같은 특이한 소리*로부터 비롯되었다.[140)]

두루미들이 여행을 하는 모습을 지켜보면 매우 흥미로운 사실을 알 수 있다. 그들은 얼마 동안 군대처럼 대형을 이루어 날아가다가, 목적지로 가는 길의 맞은편에서 바람이 불어오면 모래를 먹는다. 작은 돌들로 적당한 무게를 유지해서 스스로를 안정감 있게 만드는 것이다. 그렇게 해야 그들은 원하는 만큼 높이 날 수 있고, 높고 유리한 곳에서 찾고자 하는 땅을 찾을 수 있는 것이다.[141)] 그들은 빨리 날아갈 때에는 알파벳 '브이' 자 모양으로 대형을 이루어 다른 새를 뒤따라간다.[142)] 그리고 가는 방향이 확실하다고 생각되면 무리를 지어 날아간다. 두루미는 느린 동료를 꾸짖으며 울음소리로 대형을 유지하는데, 한 새가 목이 쉬면

---

* 그룬니레*(grunnire)*는 라틴어에서 '(돼지가) 꿀꿀대다, 투덜대다'라는 뜻이다.

[그림 3-14]

다른 새가 이어받는다. 두루미들은 무리 안에서 누군가가 낙오될 정도
로 지쳐 보이면, 함께 힘을 모아 지친 새를 에워싸고 그 새가 휴식으로
힘을 되찾을 때까지 도와준다.[143]

　두루미들은 밤이면 경계 태세를 유지한다. 그대는 자기들의 머무는
곳에서 보초를 서는 두루미들을 볼 수 있을 것이다. 다른 두루미들이
무리를 지어 잠을 자는 동안, **f. 46r** 몇몇 두루미들은 여기저기를 걸어다
니며 잠자리가 기습을 당하지 않도록 지킨다. 그들은 지칠 줄 모르는
열정으로 그렇게 완벽하게 경계의 임무를 수행한다.

　경계를 서던 두루미는 임무를 마치면 잠을 자기 위해 자리를 잡은 뒤
에 울음소리로 잠자고 있던 다른 두루미를 하나 깨운다. 그리고 잠에서
깬 두루미가 임무를 이어받는다. 새로운 보초도 기꺼이 책임을 떠맡는
다. 우리들이라면 싫은 내색을 하며 계속 잠자려고 할 텐데, 두루미는

잠자리에서 바로 일어나 자신의 임무를 받아들인다. 그리고 자신에게 베풀어졌던 봉사를 똑같은 노력으로 보답한다.

두루미들은 동료들을 버리지 않는데, 천성이 그렇기 때문이다. 그들은 조심스럽게 경계 태세를 유지하는데, 스스로의 자유로운 의지로 그렇게 하는 것이다.[144] 그들은 밤마다 순번에 따라 돌아가며 보초를 서는데, 잠드는 것을 피하기 위해 발톱으로 작은 돌들을 움켜쥐고 있다. 그리고 그들은 주의해야 할 일이 생기면 울음소리로 알린다. 두루미는 색깔로 나이를 나타내는데, 나이가 들수록 더 어두워진다.[145]

두루미의 본성[146]

보초를 서는 두루미에게서 우리는 통찰력 있는 형제들의 모습을 찾아볼 수 있다. 그들은 공동체의 형제들에게 세속의 것들을 경계하게 하고, 공동체 구성원 모두의 영성에 특별한 관심을 쏟는다. 그들은 형제들의 순종을 지키고, 그들이 할 수 있는 만큼 형제들을 이 세상의 침입과 악마들의 습격으로부터 빈틈없이 보호한다.

다른 이들을 지키는 보초로 선발된 두루미들은 잠이 들까봐 걱정되어서 발에 작은 돌을 움켜쥔 상태로 한 발을 들고 서 있다. 잠이 들면 돌이 발에서 빠져나가 떨어진다. 그러면 두루미는 깨어나서 울어댄다.

여기에서 '돌'은 그리스도이다. 그리고 '발'은 마음의 〔신을 향한〕 '정감 (Affectus)'이다. 사람이 두 발로 걸어가는 것처럼, 마음은 정감을 발처럼 사용하여 목적지로 나아간다. 그러므로 만약 누군가 그 자신이나 그의 형제들을 위해 경계를 서고 있으면 그는 발에 돌을 쥐고 있는 것, 다시 말해 그리스도를 마음에 품고 있는 것이다. 그는 죄의 잠에 빠져들어 돌이 발톱에서 빠져나가지 않을까, 다시 말해 그리스도가 자신의 마음에서 멀어지지 않을까 매우 조심한다. 그러다 돌이 떨어지면 그는 고해라는 방법으로 소리쳐서 잠든 이들을 깨운다. 그의 형제들에게 자신과 같은 잘못을 할지 모르니 주의 깊게 경계하라고 촉구하는 것이다.

두루미의 색은 그들의 나이를 나타내는데, 나이가 들수록 색이 더 어두워진다. 이것은 나이 먹은 이들이 자신들이 저지른 죄 때문에 눈물을 흘리는 일과 관련이 있다. 나이 먹은 이들은 자신들의 잘못을 기억하기 때문에, 늙어갈수록 색이 변하는 것이다. **f. 46v** 나이 든 두루미는 지난날 가졌던 쾌락에 대한 사랑을 후회의 슬픔으로 바꾼다. 보라, 새들의 본성을 통해 종교적인 삶에 대한 가르침을 받을 수 있지 않은가.

솔개

솔개(*Milvus*)는 힘이 약해 세차게 날지 못한다. 그 이름도 '허약한 새'라는 의미의 '몰리스 아비스(*mollis avis*)'라는 말에서 온 것이다. 그러나 솔개는 매우 탐욕스러워 늘 집에서 기르는 새들을 노린다.[147] 이시도루스는 『어원』에서 솔개의 이름이 '힘없는 비행(*mollis volatu*)'이라는 의미의 말에서 비롯되었다고 했다. 솔개는 힘이 약하기 때문이다.

솔개는 유약하고 쾌락에 현혹된 사람들을 의미한다. 솔개는 시체를 먹는다. 쾌락을 쫓는 자들이 육체적 욕망들에 기쁨을 느끼는 것처럼 말이다.

솔개는 부엌과 정육점들 위를 계속 맴돌다가 날고기 조각이 버려지면 재빨리 잡아챈다. 그러므로 솔개는 자신의 배를 불리는 데만 관심이 있는 사람을 뜻한다. 세속의 사람들은 쾌락을 쫓고, 정육점에 자주 가고, 부엌을 갈망하는 눈빛으로 쳐다본다.

솔개는 강자에게는 약하고, 약자에게는 강하다. 솔개는 야생 새들은 감히 잡을 엄두도 내지 못한다. 그저 습관처럼 집에서 키우는 새들만 먹이로 삼는다. 솔개는 어린 새끼 새들을 붙잡으려고 숨어서 몰래 기다

[그림 3-15]

리고 있다가, 부주의한 새끼들과 마주치면 재빨리 죽인다.

이와 마찬가지로 유약하고 쾌락을 추구하는 자들도 어린 새끼들을 붙잡는다. 그들은 자신들보다 더 단순하고 분별없는 이들을 가르쳐 타락으로 이끈다. 솔개가 방심한 새들의 머리 위를 천천히 날아다니며 속이는 것처럼, 쾌락을 쫓는 자들은 달콤한 말로 아첨하여 조심성 없는 사람들이 길을 잃게 만든다. 이성이 결핍된 새들이 그릇된 행동의 본보기를 통해 이성을 가진 사람들에게 어떻게 가르침을 주는지를 보라.

[그림 3-16]

[그림 3-17]

앵무새

앵무새(*Psittacus*)는 오직 인도에서만 나는 새로, 몸은 녹색이고 목은
짙은 붉은색이다.[148] 이 새는 혀가 다른 새들보다 크고 넓어서 낱말을
정확하게 발음할 수 있다. 그 새가 말하는 것을 보고 있지 않으면, 사람
이 말하고 있다고 착각할 정도이다. f. 47r 앵무새는 이러한 본성 때문에
라틴어와 그리스어로 〔'안녕하세요'와 '평안하소서'라는 뜻의〕 '아베(*Ave*)'나 '케
레(*Kere*)'와 같은 인사를 할 수 있다. 만약 당신이 앵무새를 가르치면, 그
새는 다른 말도 배울 수 있다. 이를 나타내는 다음과 같은 글도 있지 않
은가. "앵무새인 나는 그대로부터 다른 사람들의 이름을 배울 것이다.
그러나 이것은 스스로 깨우쳐 말하는 것이다. '카이사르 만세!'"[149]

앵무새의 부리는 매우 단단하다. 그래서 높은 바위에서 떨어지면 남
다른 혀를 깔고, 입으로 내려선다. 앵무새의 두개골은 매우 두꺼우므로
때리면서 가르쳐야 한다. 앵무새가 사람 같은 소리를 내게 하려면 쇠막
대기로 앵무새를 때려야 한다. 앵무새는 어렸을 때에는, 다시 말해 두

살까지는 듣는 것을 잘 기억하고 빨리 배운다. 그러나 더 나이가 들면 가르치기도 어렵고, 가르친 것도 잘 잊어버린다.[150]

따오기

따오기(Ibis)라는 이름의 새가 있다. 이 새는 부리로 배를 깨끗이 청소한다. 따오기는 뱀의 알과 썩은 고기를 먹는다. 그리고 그것들을 새끼들에게도 가져다주는데, 그러면 새끼들은 매우 즐겁게 먹는다. 그런데 따오기는 수영을 못하기 때문에 물에 들어가는 것을 무서워한다. 그래서 따오기는 물가를 밤이고 낮이고 거닐면서 크기가 작은 죽은 물고기나 떠내려 온 사체를 찾아다닌다.

따오기는 죽음과 같은 행동들을 먹이로 삼고 있는 세속의 사람들을 의미한다. 그들은 자신의 비참한 영혼이 유죄 판결을 받을 때까지 그러한 죽음과 같은 행동들로 스스로에게 양분을 공급한다.[151]

그러나 그리스도교도들은 물과 성령으로 다시 태어난다. '신의 신비'라는 영적인 물로 들어가고, f. 47v 사도가 이렇게 말한 가장 순결한 음식을 먹는다. "성령의 열매는 사랑, 기쁨, 평화, 인내, 관용 등입니다."[152] 해와 달이 빛을 내뿜지 않는다면, 밝게 빛날 수 없을 것이다. 새들이 날개를 펼치지 않는다면, 하늘을 날 수 없을 것이다. 오! 인간들이여, 십자가의 표지로 스스로를 지키지 못한다면, 접혀 있는 사랑의 두 날개를 펼치지 못한다면, 그대는 이 세상의 폭풍우를 뚫고 신의 땅인 평화로운 하늘나라로 갈 수 없을 것이다. [성서에서도] "모세가 손을 들면 이스라엘이 우세하고, 손을 내리면 아말렉*이 우세하였다"[153]고 하지 않았는가.

---

* 아말렉(Amalek)은 모세가 이끈 이스라엘 민족과 대립한 고대의 민족이다.

[그림 3-18]

제비

"산비둘기와 제비, 황새도 때맞춰 돌아오는데 이스라엘 백성은 주님의 심판을 알지 못하는구나."[154] 산비둘기에 대해서는 이미 말했다. 이제 제비와 황새에 대해 차례로 이야기하겠다.

제비(yrundo)에 대해 이시도루스는 이렇게 말했다. "제비가 '이룬도'라고 불리는 것은 땅으로 내려와 음식을 먹지 않고, 먹이를 잡으면 '공중(aer)'에서 먹기 때문이다. 제비는 몸을 비틀어 방향을 바꾸면서 빠르게 날고, 지지귀며 허공을 날아다니는 새이다. 제비는 둥지를 만들고 새끼를 기르는 기술이 매우 뛰어나다. 그리고 제비는 일종의 예지력을 지니고 있는데, 제비가 꼭대기에 둥지를 지으려고 하지 않는 건물은 머지않아 무너질 곳이다. 아울러 제비는 사나운 새들로부터 괴롭힘을 당하거나 희생되지 않는다. 제비는 바다를 건너 날아가 겨울을 보낸다."[155]

제비의 특성[156]

이처럼 제비는 작은 새이지만 훌륭하고 빼어난 성정을 지니고 있다. 모든 것이 부족한 상황에서도 제비는 황금보다도 훨씬 값진 둥지를 만들어낸다. 제비는 지혜롭게 둥지를 짓기 때문이다. 지혜의 둥지는 황금보다도 훨씬 값지다.

제비는 빠르게 날 수 있는 능력을 지닌 새이지만, 그보다 더 뛰어난 점은 사람들이 사는 집에 둥지를 만들어 새끼를 키우는 영리함에 있다. 그곳에서는 어떤 동물도 제비를 공격하지 못할 것이기 때문이다. 이런 방법은 새끼들을 일찍부터 사람의 무리에 익숙하게 만들고, 천적 관계에 있는 다른 새의 공격으로부터 보호할 수 있다는 이점이 있다.

그 다음으로 f. 48r 뛰어난 점은 제비가 어떤 도움 없이도 숙련된 장인처럼 때를 맞추어 멋지게 균형 잡힌 집을 짓는다는 것이다. 제비는 입으로 지푸라기를 모으고, 거기에 진흙을 발라서 함께 굳힌다. 발톱으로는 진흙을 옮겨올 수 없으므로 날개 끝을 물에 적셔 흙이 쉽게 달라붙게 한다. 그리고 그렇게 만든 진흙을 지푸라기나 잔가지와 함께 붙여두어 얼마 동안 굳힌다. 제비는 이런 방식으로 둥지의 모든 구조를 만드는데, 이것은 마치 단단한 바닥 위에 지어진 땅 위의 집에 사는 것처럼 새끼들을 안전하게 키우기 위해서이다. 얼키설키 엮어만 놓은 구조물에서는 작은 틈새 사이로 발이 끼거나 찬 기운이 스며들 수 있기 때문이다. 이런 식의 성실함은 다른 새들에게서도 흔히 찾아볼 수 있다. 하지만 제비는 유독 부모로서의 책임감이 강하고, 지적인 영민함과 뛰어난 이해력을 지니고 있다는 점에서 유별나다.

제비의 또 다른 능력은 치유이다. 만약 새끼가 장님이 되거나 눈을 쪼이게 되면 제비는 자신의 치료 능력으로 새끼의 시력을 회복시킬 수 있다.

제비의 본성[157]

성서가 증명하는 것처럼, 제비는 때로는 자만심을 나타내고, 때로는 고통 받는 마음으로 회개하는 것을 상징하기도 한다.

자만심을 나타내는 제비는 「토빗기」에 나온다. 토빗은 담 옆에 누워 잠을 자고 있다가 제비 둥지에서 따뜻한 배설물이 떨어지는 바람에 앞을 볼 수 없게 되었다고 한다.[158] 이에 대해 [교회사를 쓴 8세기 잉글랜드의 수도사] 베다는 이런 내용의 주해를 달았다. "제비는 가볍게 날기 때문에 마음의 자만과 경솔함을 나타낸다. 그들의 배설물은 사람을 곧바로 장님으로 만들어 앞을 볼 수 없게 만든다."[159]

제비를 회개하는 마음으로 해석해야 한다는 것에 관해서는 예언자가 "저는 제비처럼 두루미처럼 울고"[160]라는 구절로 밝혀 놓았다. 그러므로 우리는 제비를 식견이 넓은 교사로, 울어대는 제비의 새끼들은 교사의 제자들로, 울음은 회개하는 마음으로 이해해야 한다. 새끼 새들이 울어대는 것처럼, 제자는 교사에게 고해로 자신의 회개하는 마음을 드러내 보인다. 그대도 알고 있듯이 f. 48v 만약 내가 잘못 알고 있는 것이 아니라면, 제비의 울음은 회개하는 영혼이 슬퍼하면서 탄식하는 것을 나타낸다.

제비는 땅바닥으로 내려와 음식을 먹지 않고, 먹이를 잡아서 공중에서 먹는다. 이것은 지상의 것들을 결코 사랑하지 않고, 멀리 있는 천상의 것들을 사랑하는 이들과 같다. 그리고 지저귀는 제비는 애절한 간청을 자주 즐겨하는 사람들과 같다고도 알려져 있다. 몸을 비스듬하게 기울인 채로 원을 그리면서 나는 제비는 교회의 규율을 따르는 데 온 마음를 기울이고 있는 사람들을 가리킨다.

제비는 집짓기와 새끼 키우기의 명수이다. 둥지를 짓는 것은 자신들의 희망을 그리스도의 수난 신앙 안에 단단히 두는 사람들과 닮았다. 제비는 새끼 키우기의 명수로, 자신들의 책임 안에서 형제들을 잘 가르치는 자들과 같다.

제비는 일종의 예지력을 가지고 있다. 제비가 꼭대기에 둥지를 짓지 않은 건물은 머지않아 무너질 건물이다. 진실로 회개하는 이들도 일종의 예지력을 지닌 사람들이다. 이 세상의 몰락으로부터 벗어나 영원한 생명을 추구하기 때문이다.

제비는 다른 새들에게 괴롭힘을 당하거나 먹잇감이 되지 않는다. 사나운 새들은 결코 제비를 공격하지 않는다. 마찬가지로 뉘우치는 자들은 결코 악마의 먹이가 되지 않는다.

제비는 바다 건너로 날아가는데, 이는 진실로 회개한 자가 이 세상의 슬픔과 흔들림에서 벗어나기를 바라는 것과 같다. 제비들은 바다 건너에서 겨울을 보낸다. 겨울이 와서 매서운 추위가 닥치면, 의로운 자가 따뜻한 사랑의 땅으로 옮겨가는 것처럼 말이다. 그곳에서 그는 유혹의 차가운 기운이 마음 안에서 사라질 때까지 참을성 있게 기다린다.

이 경건한 새는 봄의 시작을 어떻게 알려야 하는지를 알고 있다. 제비가 온다는 것은 봄이 온다는 증거이다. 제비는 겨울의 추위가 지나가면 돌아와서 봄의 시작을 알린다. 마치 의로운 자의 마음이 커다란 유혹에 휩싸여 혹독한 추위를 겪다가 온화한 날씨와도 같은 절제된 상태로 돌아가는 것처럼 말이다. 그는 선행의 날개로 차가운 유혹에서 벗어나 여름, 다시 말해 따뜻한 사랑으로 나아간다.

요컨대 제비의 본성은 회개하는 사람의 본성이다. 제비는 늘 봄이 시작되기를 간절히 바라는데, 마찬가지로 회개한 사람도 모든 면에서 중용과 좋은 판단을 유지하려 한다. 보라, 제비처럼 단순한 동물도 태초에 신의 섭리로 분별력을 부여받은 인간을 가르칠 수 있지 않은가.

황새

황새(Ciconie)의 이름은 그 새가 내는 '도르래(cicanie)'처럼 달그락거리는 소리에서 비롯되었다. 그것은 목에서 나는 소리가 아니라, 입으로 내는 소리이다. 부리를 서로 부딪쳐서 소리를 내기 때문이다.

황새는 봄의 전령이다. 그들은 공동체 의식을 공유한다. **f. 49r** 그들의 적은 뱀이다. 그들은 무리를 지어 바다를 건너 아시아까지 날아간다. 까마귀가 황새들 앞에 서서 길잡이 노릇을 하는데, 황새는 마치 군대처럼 까마귀의 뒤를 따라간다.

황새들은 새끼들에 대해 강한 의무감을 지니고 있다. 그들은 둥지를 따뜻하게 유지하려고 열심히 노력하는데, 너무 오래 알을 계속 품고 있어서 깃털이 빠질 정도이다. 어미가 새끼를 돌보는 데 시간을 쓰는 만큼 새끼들도 자라면 나이든 부모를 돌보는 데 많은 시간을 쓴다.[161]

황새는 부리를 서로 부딪쳐 소리를 낸다. 이것은 자신들이 행했던 악을 스스로의 입으로 내뱉는 "울며 이를 가는 자들"[162]을 나타낸다. 황새는 봄의 전령인데, 이것은 개심을 해서 온화해진 마음을 다른 이들에게 보여주는 자들과 같다. 황새들은 공동체 의식을 가지고 있는데, 이것은 기꺼이 형제들의 공동체 안에서 살아가려는 이들과 같다.

황새는 뱀의 적이라고 한다. 뱀은 악한 생각이나 악한 형제들이다. 황새는 부리로 뱀을 공격하는데, 이것은 의로운 자가 악한 생각을 가로막고, 예리한 질책으로 사악한 형제들을 꾸짖는 것과 같다.

황새는 무리를 지어 바다를 건너 아시아까지 날아간다. 아시아는 천상의 것들을 의미한다. 그러므로 속세의 소란을 경멸하고 높은 것을 추구하는 사람들은 바다 건너 아시아로 날아가는 황새들과 같다.

황새는 깃털이 다 빠질 정도로 계속해서 알을 품으며 새끼들에게 유별나게 헌신한다. 황새가 계속 새끼들을 품다가 깃털이 빠지는 것처럼

[그림 3-19]

고위 성직자들은 양육이라는 본연의 의무를 행하며 자신의 몸에서 지나침과 약함의 깃털들을 뽑아낸다.

황새들은 부모가 자신들을 돌보는 데 시간을 쏟은 것처럼 부모를 돌보는 데 많은 시간을 쓴다. 황새들은 달라고 조르는 만큼 새끼들을 먹이는데, 마찬가지로 **f. 49v** 고위 성직자들도 제자들에게 그들이 요구하는 만큼 가르침을 준다. 또한 고위 성직자들의 제자들도 열과 성을 다해 고위 성직자들을 지탱하고, 그들의 부족함을 채우기 위해 열과 성을 다한다.

그러므로 산비둘기, 제비, 황새는 그리스도가 육신을 가지고 오셨다는 것을 믿지 않고, 다가올 주님의 심판을 두려워하지 않는 이들에 대한 생생한 질책이다.[163]

지빠귀

지빠귀(Merula)에 대해 이시도루스는 이렇게 말했다. "고대에는 지빠귀를 '메둘라(Medula)'라고 불렀다. 그 새가 '박자를 맞추어(modulare)' 울기 때문이다. 그 새의 이름이 '혼자서(mera)' 날아다니는 것에서 비롯되었다고 말하는 이도 있다. 지빠귀는 어디에서나 발견되지만 하얀 종은 〔그리스 남부〕 아카이아 지방에만 있다."[164]

지빠귀는 작지만 검다. 그 새는 죄의 어둠으로 더럽혀진 자들을 나타낸다. 지빠귀는 자기 목소리의 달콤함에 스스로 도취해 빠져든다. 이는 육체적 쾌락의 암시에 현혹된 사람들을 나타낸다. 축복받은 그레고리우스는 『대화Dialogorum』에서 이와 관련된 내용을 언급하였다.[165] 그가 말하기를, 지빠귀가 축복받은 베네딕투스에게 날아왔는데, 그 새가 떠날 때까지 베네딕투스는 욕망의 불꽃에 유혹되었다고 한다.

그레고리우스는 말한다. 어느날 축복받은 베네딕투스가 황야에서 혼자 외롭게 지낼 때에 방해자가 나타났다. 보통 지빠귀라고 불리는 작고 검은 새가 그의 머리 주변을 날아다니며 분별없이 얼굴 가까이로 다가왔다. 베네딕투스가 원하기만 한다면 그 새를 손으로 잡을 수도 있었다. 그러나 그가 성호를 긋자 새는 날아갔다. 새가 떠나간 것처럼 성인은 살의 유혹에 결코 넘어가지 않았다. 그러나 악령은 베네딕투스가 알고 있던 여인의 환상을 그의 내면의 눈앞에 가져다 놓았다. 그녀를 본 신의 종은 마음에 불길이 타올랐고, **f. 50r** 사랑의 불꽃을 마음 안에 가둘 수 없게 되었다. 욕망에 굴복한 그는 황야를 떠나기로 결심했다. 하지만 그 순간 하늘의 영광에 감화된 그는 화들짝 제정신을 차렸다. 그리고 부근에 쐐기풀과 가시덤불이 무성하게 자라 있는 숲이 보이자, 입고 있던 옷을 벗어던지고는 벌거벗은 채로 그 한가운데로 뛰어들어 뒹굴었다. 그는 온몸이 긁히고 찔려 상처투성이가 되었고, 피부에 난 그 상처들을 통해 영혼에 난 상처가 몸밖으로 빠져나왔다. 그가 욕망을 고통으로 바꾸었기 때문이다.

그러므로 날아다니는 지빠귀는 그대를 유혹하고 꾀는 욕망을 나타낸다. 만약 그대가 지빠귀로 상징되는 욕망을 물리치기를 원한다면, 그대는 반드시 축복받은 베네딕투스를 본보기로 삼아 규율을 수정하는 대신에 육신에 고통을 가함으로써 마음의 쾌락을 제거해야만 한다.

이시도루스에 따르면 아카이아 지방에는 하얀 지빠귀가 있다고 한다. 하얀 지빠귀는 순결한 의지를 나타내며, 아카이아는 근면한 자매로 해석된다. 〔창세기에 등장하는〕 라헬과 레아는 각각 '명상하는 삶(contemplati vita)'과 '활동하는 삶(activa vita)'을 나타낸다.[166] 레아가 근면한 자매이다. 활동하는 삶은 우리로 하여금 자선사업에 헌신하고, 분별력이 부족한 사람들을 가르치고, 정결함을 유지하고, 우리 손으로 일하라고 가르친다. 아카이아는 활동하는 삶이다. 그러므로 아카이아에 사는 하얀 지빠귀는 활동적인 삶을 사는 정결한 이들이다.

수리부엉이

수리부엉이(Bubo)에 대해 이시도루스는 이렇게 말했다. "수리부엉이의 이름은 그것이 내는 소리에서 비롯되었다. 이 새는 죽음과 관련이 있으며, 정말이지 깃털로 짓눌려 있어서 게으름의 무게에서 영원히 벗어나지 못한다. 수리부엉이는 낮이나 밤이나 무덤 주변에 머무르며, 언제나 동굴에 산다."[167]

이 주제에 대해 라바누스*는 이렇게 말했다. "수리부엉이는 스스로를 죄의 어둠에 내주고, 정의의 빛으로부터 달아나는 자들이다."[168] f. 50v 수리부엉이는 「레위기」에서도 불결한 짐승으로 분류되었다.[169] 그러므로 수리부엉이는 일종의 죄인을 의미한다고 볼 수 있다.

수리부엉이를 가리키는 '부보'라는 이름은 그 새가 내는 소리에서 비롯되었다. 수리부엉이는 가슴이 부풀어 올랐을 때 소리를 내는데, 이것은 마음으로 생각한 것을 입 밖으로 내뱉기 때문이다.

수리부엉이는 불결한 새라고 한다. 자신의 둥지를 똥으로 더럽히기 때문이다. 마치 죄인들이 악한 행실로 자신들의 삶을 더럽히는 것처럼 말이다.

수리부엉이는 깃털로 짓눌려 있다. 마치 죄인이 육신의 지나친 쾌락이나 마음의 천박함에 짓눌려 있는 것처럼 말이다. 수리부엉이는 정말이지 게으름의 무게에 짓눌려 있다. 게으름과 태만함의 무게에 짓눌린 수리부엉이는 덕 있는 일에 게으르고 열심히 하려는 마음이 없는 죄인과 같다.

수리부엉이는 낮이고 밤이고 무덤 주변에 머무른다. 마치 죄인이 죄

---

* 라바누스(Rabanus Maurus Magnentius) : 『사물의 본성 De rerum naturis』을 쓴 9세기 독일의 베네딕트회 수도사이자 신학자. 카롤링거 왕조의 가장 뛰어난 교사이자 저술가로 '게르마니아의 교사(Praeceptor Germaniae)'로도 불린다.

[그림 3-21]

짓기를 즐기는 것처럼 말이다. 죄는 인간의 썩은 살에서 나는 악취와 같다. 수리부엉이가 동굴에 사는 것처럼, 죄인은 고해를 통해서 어둠을 벗어나려고 하지 않고, 진리의 빛을 싫어한다.

다른 새들은 수리부엉이를 보면 커다란 울음소리로 수리부엉이의 존재를 알리고, 수리부엉이를 사납게 공격한다. 마찬가지로 죄인이 이해의 빛에 들어오면, 그는 덕 있는 자들의 조롱거리가 된다. 죄의 행위가 공개적으로 발각되면, 그의 귀는 덕 있는 자들의 질책으로 가득 차게 된다. 새들이 수리부엉이의 깃털을 뽑고 부리로 쪼는 것처럼, 덕 있는 자들은 죄인의 육체적 행위들을 책망하고 그의 지나침을 비난한다. 그래서 수리부엉이는 비참한 새로 알려져 있다. 앞서 말한 방식대로 행동하는 죄인이 비참한 사람인 것처럼 말이다.

[그림 3-22]

[그림 3-23]

후투티

f. 50v 그리스인들이 후투티를 '후푸파*(Hupupa)*'라고 부른 것은 '인간이 싼 똥*(stercora humana)*' 위에 내려앉아 악취가 나는 배설물을 먹기 때문이다. 그 동물은 가장 더러운 새로 머리에는 도드라진 볏이 달려 있다. 이 새는 인간 배설물이 널려 있는 묘지에서 살아간다.

만약 그대가 후투티의 피를 몸에 바르고 잠자리에 들면, 악마가 그대를 질식시키는 악몽을 꾸게 될 것이다.[170] 이 주제에 대해 라바누스는 이렇게 말했다. "이 새는 사악한 죄인들, 끊임없이 죄의 더러움을 즐기는 사람들을 의미한다."[171]

후투티는 우울함에 빠져 있기를 즐긴다고 한다. 하지만 현세의 우울함은 **f. 51r** 영혼의 죽음을 불러오는 법이다. 그러므로 신을 사랑하는 이들은 "항상 기뻐하고, 끊임없이 기도하고, 모든 일에 감사해야"[172] 한다. "성령의 열매는 기쁨"[173]이기 때문이다.

그리고『피지올로구스』에서는 후투티에 관해 이렇게 말한다. 그 새가 나이가 들어 날지 못하게 되면, 자식들이 찾아와 늙은 부모의 몸에서 깃털들을 뽑아낸다. 그리고 부모 새가 기력을 회복해 날 수 있을 때까지 계속 보살핀다고 한다.[174] 그러므로 젊은 후투티는 늙은 부모를 집에서 쫓아내고, 어릴 때 자신을 길러주었던 부모가 나약해져도 부양하기를 거부하는 사악한 자들이 따라야 할 본보기이다. 이성이 결핍된 피조물도 그러한데, 이성을 가진 인간이라면 마땅히 어머니와 아버지에 대한 의무를 배우고, 부모가 나이가 들면 그들을 보살펴야 한다.

올빼미

f. 51r 올빼미(*Noctua*)는 '밤에(*noctu*)' 날아다니고 낮에는 앞을 볼 수 없기 때문에 그런 이름으로 불린다. 올빼미의 눈은 떠오른 햇빛에 흐려진다. 올빼미는 수리부엉이와 같지 않다. 수리부엉이가 더 크다. 그러나 헛간 올빼미와는 매한가지이다. 올빼미는 밤을 사랑하는 새이다. 태양을 보는 것을 견디지 못해 빛을 피하기 때문이다.[175]

이 새는 유대인들을 상징한다. 우리의 구원자이신 주님이 그들을 구하기 위해 오셨을 때, 유대인들은 그분을 거부하며 이렇게 말했다. "우리의 임금은 황제뿐이다."[176] 그들은 "빛보다 어둠을 더 사랑했다."[177] 그러자 주님은 우리 그리스도교도들을 향해 몸을 돌리셨고 어둠과 죽음의 그림자 안에 앉아 있는 우리에게 빛을 가져다주셨다.[178] 그리스도교도들에 대해서는 "내가 알지 못하는 사람이 나를 섬길 것이다"[179]라고 나온다. 다른 예언서에는 "나는 내 백성이 아닌 자를 내 백성이라 부르고 사랑받지 못한 여인을 사랑받는 여인이라 부르리라. 그 가운데는 유대인뿐 아니라 이방인 등도 있으리라"[180]라고 씌어 있다.

[그림 3-24]

박쥐

f. 51r 박쥐*(Vespertilio)*는 저열한 동물로, '저녁*(vesper)*'에 나타나기 때문에 그런 이름으로 불린다. 박쥐는 날개가 달린 동물이지만, 네 발과 이빨을 가지고 있어서 **f. 51v** 다른 새들과 같게 여겨지지는 않는다. 박쥐는 알이 아니라 네발동물처럼 새끼를 직접 낳는다.

박쥐는 날기는 하지만, 날개로 나는 것은 아니다. 박쥐는 가죽을 젓는 동작을 해서 마치 날개가 있는 것처럼 몸을 띄우고는 휙휙 움직여 다닌다.

그런데 이 저열한 피조물한테는 이런 습성도 있다. 이들은 마치 포도송이처럼 서로 달라붙어 한 장소에 함께 매달려 있다. 그러다 끝에 있는 한 마리가 날아가면 전체 무리가 흩어진다. 이것은 사람들 사이에서는 찾아보기 어려운 사랑의 행동이다.[181]

갈까마귀

f. 51v 갈까마귀(*Graculus*)에 대해 라바누스는 이렇게 말했다. "갈까마귀의 이름은 그 새의 '수다스러움(*garrulitas*)'에서 비롯되었다. 갈까마귀가 '떼를 지어(*gregatim*)' 날기 때문에 그런 이름으로 불리게 되었다는 사람도 있지만, 사실이 아니다. 분명히 갈까마귀의 이름은 그 재잘거리는 소리에서 비롯되었다. 갈까마귀는 가장 시끄러운 새로, 그들의 재잘거리는 소리는 짜증이 날 정도이다. 그것은 철학자들의 공허한 지껄임이나 이교도들의 해롭고 장황한 말을 나타낸다."[182]

갈까마귀의 본성에 대한 다른 이야기도 있다. 갈까마귀가 말이 많고 음식을 탐하는 사람들을 상징한다는 것이다. 탐식의 죄에 빠진 이들은 음식을 먹고 난 뒤에는 수다를 떤다. 그러면서 다른 사람에 관해 뒷말을 하며 헐뜯어대는 이의 말에 귀를 기울인다.

갈까마귀는 숲에 살면서, 마치 수다스러운 사람이 자신이 알고 있는 이웃의 수치스러운 일들을 다른 사람들한테 떠들고 다니는 것처럼, 잠시도 쉬지 않고 재잘거리며 이 나무 저 나무를 날아다닌다. 갈까마귀는 누군가 지나가는 것을 보면 재잘거린다. 세상을 벗어나 은둔한 사람을 발견해도 똑같이 한다. 마치 수다스러운 자가 속인들을 욕하는 데 그치지 않고, f. 52r 믿음의 집에 몸을 숨긴 사람들까지도 헐뜯어대는 것처럼 말이다.

갈까마귀를 사로잡아 잘 가둬 놓으면 낱말을 또렷하게 말하는 법을 스스로 터득한다. 마치 개심한 속인이 종교의 말을 배우는 것처럼, 그 새는 사람의 말을 배운다. 혼란스럽게 말을 하다가 점차 분명하게 말할 수 있게 된다. 가끔은 가둬 두었던 갈까마귀가 빠져나가는 일이 벌어지기도 한다. 그러면 이 새는 전보다도 훨씬 더 시끄러워진다. 마찬가지로 수다스러운 사람도 종교적인 삶을 살아갈 때에는 간신히 말하는 것

[그림 3-25]

을 억제하지만, 수도원 생활을 그만두고 세속으로 돌아가면 다시 헐뜯는 말을 내뱉는다. 그렇게 선한 종교적인 삶을 다시 나쁘게 바꾼다. 마치 재잘거리는 갈까마귀처럼 말이다.

그러므로 이 새의 본성으로 종교 공동체로 받아들여지기를 원하는 사람들에게 경고하라. 식견이 있는 교사는 공동체에 지원자를 받을 때에는 적어도 공동 주거지에 들이기 전에 지원자를 미리 시험해 보아야 한다. 나는 식견이 높고 믿음이 깊은 사람에게서 교단에 머물기가 쉽지 않은 어떤 종류의 사람들이 있다는 사실을 배웠다. 그대도 그들이 누군지 알고 미리 피할 수 있기를 바랄 것 같아서 알려주는데, 그들은 화가와 의사, 재간꾼, 여러 곳을 돌아다니는 습관이 있는 자들이다. 이런 종류의 사람들은 안정된 삶을 사는 것을 어려워한다.

화가의 기술은 무척 쓸모 있다. 화가는 교회나 사제들의 회의장, 수도원의 식당이나 그 밖의 주거용 건물들을 장식하고는 다른 종교 시설에 그림을 그려 달라는 요청을 받으면 허가를 받아 그곳으로 떠난다. 그는 그리스도의 업적들로 벽을 장식하는데, 그것들은 그의 머릿속에다 담겨 있다. 그는 늘 해왔던 습관과 방식대로 그것들에 색을 입힌다.

의술은 많은 것들을 필요로 한다. 필요한 것들이 제대로 갖추어져 있지 않으면 온전히 할 수 있는 것이 거의 없다. 이런 일을 하는 사람들은 방향성芳香性 식물과 약이 많이 필요하다. 그리고 교구에 사는 누군가가 병에 걸리면, 의사는 병자에게 방문해 달라는 요청을 받는다. 만약 수도원장이 의사가 가는 것을 허락하지 않으면, 환자와 의사의 분노를 사게 된다. 때때로 의사는 차마 보지 못할 것들도 어쩔 수 없이 보아야 하며, 종교인들에게는 허락되지 않은 것들도 만져야 한다. 의사는 확실치 않은 것에 대해서도 경험에 근거해 말하지만, 경험은 f. 52v 함정이 많아서 가끔 실수를 하기도 한다. 진실만을 말하는 종교인에게 이것은 아무런 도움이 되지 않는다. 의사는 자신이 아픈 사람에게 가는 것이 교회에 이득이 될 것이라고 약속하지만, 죄를 지을 가능성과 영혼의 해악에 대해서는 아무런 말도 하지 않는다. 아마 그대도 유스투스라는 이름을 가진 수도사 의사에 대해 알 것이다. 그가 정의롭게 행동했다면! 그는 약품들 안에 금화 세 닢을 숨겼다. 그대도 축복받은 그레고리우스가 그에 관해 말한 것을 알고 있을 것이다. 그레고리우스는 병든 유스투스를 돌보았으나, 그에 대한 처벌을 주저하지는 않았다. 그는 형제들에게 유스투스가 죽기 전은 물론이고 죽은 뒤에도 그와 말하지 못하게 했고, 유스투스를 오물 구덩이에 묻으라고 명령했다. 유스투스는 죽은 뒤에야 사면을 받았다.[183] "그대는 그 돈과 함께 망할 것이다."[184]

개종하기 전부터 변덕스러운 마음을 가지고 있던 재간꾼들도 개종한 뒤에 훨씬 더 변덕을 부린다. 그래서 마음이 변해 수도원을 떠나기 일쑤이다.

이곳저곳을 떠도는 사람들도 있다. 그들은 수도원 생활과 단조로운 일상에 억눌리는 느낌을 받는다. 그들은 가장 빨리 그만두는데, 세상의 온갖 것들을 경험했기 때문이다.

나이팅게일

나이팅게일(*Lucinia*)은 노래로 새날의 아침이 밝았음을 알리기 때문에 그런 이름으로 불린다. 이를테면 '빛을 가져오는 이(*lucenia*)'이다.[185]

나이팅게일은 언제나 주의 깊게 사방을 경계하고, 몸의 오목한 곳에 알을 품어 따뜻하게 하며, 달콤한 노래로 기나긴 밤에 잠들지 못하는 이들을 편안하게 해준다. 내가 보기에 이 새의 주된 목표는 알을 부화시키고, 자기 몸의 온기와 그 못지않은 달콤한 노래로 새끼들에게 생명을 주는 데 있는 것 같다.

가난하지만 정숙한 어머니도 아이들에게 줄 빵이 부족하지 않도록 두 팔로 맷돌을 돌린다. 그리고 밤이 되면 노래를 불러 가난에서 오는 고달픔을 스스로 달랜다. 비록 새의 달콤한 목소리를 따라가지는 못한다고 해도, **f. 53r** 자신이 짊어진 책임에 대한 그녀의 헌신은 나이팅게일에 결코 뒤지지 않는다.[186]

[그림 3-26]

[그림 3-27]

거위

f. 53r 거위*(Anser)*는 끊임없이 울어대며 밤에 보초를 서는 것이 특징이다. 어떤 동물도 거위만큼 인간의 냄새를 잘 맡지 못한다. 카피톨리누스 언덕*을 오르던 갈리아 사람들은 거위가 우는 소리 때문에 발각되었다.[187] 라바누스는 이에 관해 이렇게 말했다. "거위는 신중하고, 자신의 안전에 주의를 기울이는 사람을 나타낸다."[188]

거위에는 집 거위와 야생 거위라는 두 종류가 있다. 야생 거위는 높이 날고 질서정연하다. 이는 지상의 것들로부터 멀리 떨어져 있고, 덕행의 규율을 잘 지키는 사람들을 나타낸다. 집 거위는 마을에서 함께

---

* 카피톨리누스 언덕은 로마시대에 유피테르의 신전이 있었던 곳으로, 거위 소리를 듣고 로마 군인들이 갈리아인의 침공을 막아냈다는 이야기가 전해진다.

살아가는데, 언제나 떼를 지어 몰려다니고 꽥꽥거리며 부리로 서로를 쪼아댄다. 그들은 수도원의 삶을 좋아하지만, 틈만 나면 뒷말과 헐뜯기에 시간을 허비하는 사람들을 가리킨다.

야생 거위는 회색이다. 나는 색이 다양하거나 하얀 야생 거위를 본 적이 없다. 그러나 집 거위 가운데에는 회색도 있고, 흰색도 있고, 다른 다양한 색의 거위가 있다. 야생 거위의 색은 재의 색이다. 다시 말해 그들은 이 세상에서 벗어나 회개의 겸손한 옷을 걸친 자들이다. 이에 반해 도시와 마을에 사는 이들은 훨씬 울긋불긋한 색깔의 옷을 입는다.

거위는 다가오는 사람의 냄새를 그 어떤 동물보다도 잘 감지한다. 견식이 있는 사람이 평판의 좋고 나쁨으로 먼 곳에 있는 다른 이들을 알아보는 것처럼 말이다.

거위는 다가오는 사람의 냄새를 맡으면 밤새도록 꽥꽥거리는데, 이것은 견식 있는 형제가 무지하고 태만한 이들을 찾아내 지적하는 것을 자신의 의무로 삼는 것과 마찬가지이다.

카피톨리누스 언덕에서 꽥꽥거린 거위들은 로마 사람들을 도왔다. 마찬가지로 수도원의 생활관에서는 f. 53v 견식 있는 형제가 태만의 증거를 보고 경고하는 목소리로 숙적인 악마를 쫓아버린다. 거위의 꽥꽥거리는 소리는 적들의 공격에서 도시 로마를 구했다. 견식 있는 형제가 경고하는 목소리는 공동체의 삶이 사악한 자들 때문에 붕괴되는 것을 막는다.

만약 신의 섭리가 어떻게든 우리를 돕고자 하지 않았다면, 우리에게 새의 본성을 보여주지 않았을 것이다.

[그림 3-28]

왜가리

　왜가리(*Ardea*)의 이름 '아르데아'는 '높이'라는 뜻의 '아르두아(*ardua*)'
라는 말에서 온 것이다. 왜가리는 높은 하늘까지 날아오를 수 있기 때
문이다. 비를 두려워하는 왜가리는 폭풍을 피하려고 구름 위로 날아오
른다. 그러므로 왜가리가 날아가는 것은 폭풍이 온다는 증거이다. 왜가
리를 '탄탈루스(*Tantalus*)'*라고 부르는 사람도 많다.[189]

　라바루스는 이 새에 관해 이렇게 말했다. "이 새는 선택받은 자들의
영혼을 의미한다. 그들은 속세의 무질서를 두려워하고, 악마가 일으키
는 박해의 폭풍에 우연하게라도 말려들지 않을까 걱정한다. 그들은 마
음을 드높여 지상의 모든 것들 위에 있는 천상의 고요한 집에 도달하려
한다. 그곳에서는 신의 얼굴을 영원히 볼 수 있다."[190]

＊ 탄탈루스(Tantalus)는 제우스와 요정 플루토의 아들이다. 신들의 비밀을 누설하고
신들을 시험한 죄로 호수 한가운데에서도 물을 마시지 못하고, 나뭇가지 바로 아래
에서도 열매를 먹지 못하는 벌을 받았다.

왜가리는 물속에서 먹이를 찾지만, 둥지는 숲에 있는 높은 나무에 짓는다. 의로운 사람이 덧없고 일시적인 것들로 생계를 유지하지만, 희망은 고귀한 것들에 두고 있는 것처럼 말이다. 그의 육신은 일시적인 것들로 먹고 살지만, 그의 영혼은 영원한 신 안에서 기쁨을 누린다.

왜가리는 부리로 다른 새가 새끼들을 공격하는 것을 막아낸다. 마찬가지로 의로운 자는 간악하게 사람들을 잘 속이는 이들을 강한 독설로 막아낸다.

어떤 왜가리는 흰색이고 어떤 것은 회색인데, 두 색 모두 좋은 뜻으로 해석된다. 흰색은 순수, 회색은 참회를 나타낸다. 둘은 같은 종류이다. [참회하는 자와 순수하게 사는 자는 같다는 말이다. 그러므로 왜가리의 색깔과 삶의 방식은 수도사들에게 구원의 본보기를 제공한다.][191]

세이렌[192]

『피지올로구스』에 따르면, 세이렌(Siren)은 머리부터 허리까지는 인간의 모습이고, 그 아래부터 발까지는 새의 모습인 무시무시한 동물이다.[193] 그들은 음악처럼 매우 달콤한 곡조로 노래를 부른다. 그 감미로운 소리는 아득히 멀리 떨어진 곳에 있는 뱃사람들까지 속여서 그들이 제 발로 찾아오게 한다. 세이렌들의 달콤하기 그지없는 노랫가락은 결국 뱃사람들의 귀와 감각을 마비시키고 깊은 잠에 빠져들게 한다. 뱃사람들이 잠이 든 것이 확인되면 세이렌들은 달려들어서 그들의 육신을 갈가리 찢어버린다. 그렇게 세이렌들의 소리에 속아 넘어간 무지하고 경솔한 인간들은 죽음을 맞이한다.*

---

* 세이렌 · 계피새 · 에르키니아는 유실된 내용을 〈애쉬몰 필사본〉에서 가져왔다.

[그림 3-29]

　　마찬가지로 사치와 허영, 쾌락을 즐기는 사람들은 그것들에 기만당하게 마련이다. 희극과 비극, 그리고 다채로운 음악의 선율들이 가져다주는 방탕함에 빠진 사람들은 깊은 잠이 든 것처럼 정신의 기력을 완전히 잃어버린다. 그러면 곧바로 적들이 그들을 잡아먹으려고 맹렬하게 달려든다. [사실 세이렌은 연인을 파산시킨 창녀들이었다. 그래서 배를 난파시킨다고 하는 것이다. 세이렌이 날개와 발톱을 가지고 있는 것은 사랑이 하늘로 날아오르는 듯한 기분과 상처를 동시에 가져다주기 때문이다.][194]

계피새[195]

　계피새(*Cinnamolgus*)는 아라비아에 사는 새이다. 그 새가 '계피새'라는 이름으로 불리게 된 것은 '계피나무(*Cinnamum*)'의 열매로 만든 그 새의 둥지가 높은 계피나무 위에 숨겨져 있기 때문이다. 가지가 연약할 뿐 아니라 높은 곳에 있어서 사람들은 나무에 오르지 못한다. 그래서 납으로 만든 발사체를 둥지에 던져 땅으로 떨어뜨려 매우 비싸게 판다. 상인들은 계피나무 열매를 어떤 것보다도 가치 있게 여기기 때문이다.[196]

[그림 3-30]

[그림 3-31]

에르키니아[197)

　에르키니아(*Ercinia*)가 그런 이름으로 불리는 까닭은 그 새들이 게르마니아의 에르키니아 숲*에서 부화하기 때문이다. 그들의 날개는 어둠 속에서도 환한 빛을 낸다. 그래서 미리 그 새의 깃털을 길바닥에 뿌려 놓으면 어둠이 짙게 드리운 밤에도 환한 빛을 내서 그것을 이정표 삼아 길을 찾아갈 수 있다.[198)

---

* 독일 지역에 있던 헤르키니아 숲(*Hercynia silva*)을 가리킨다. 이곳은 대낮에도 어두컴컴할 정도로 숲이 넓고 깊기로 유명했다.

[그림 3-32]

자고새

f. 54r 자고새*(Perdix)*의 이름은 그 새가 내는 소리에서 비롯되었다. 자고 새는 교활하고 불결한 새이다. 그들은 걷잡을 수 없는 욕망에 휩싸이면 타고난 성까지 망각해 버린다. 그래서 수컷 새가 다른 수컷 새에 올라 타기도 한다.

자고새는 다른 새의 알을 훔치려 할 정도로 사기꾼 기질도 짙다. 그 러나 속임수는 통하지 않는다. 새끼 새는 진짜 어미의 울음소리를 들으 면 본능에 따라 자신들을 품고 있는 자고새를 떠나 낳아준 어미한테로 돌아간다.[199]

악마는 불멸의 창조주가 만들어낸 것들을 훔치려고 한다는 점에서 자고새와 닮았다. 악마는 어리석고 내적인 강인함이 부족한 이들을 어떻게든 꾀어내어 달콤한 육신의 쾌락으로 그들을 기르려 한다. 그러나 그리스도의 음성을 들으면 악마의 꾐에 빠진 이들에게도 영적인 날개가 자라난다. 그래서 현명하게도 악마에게서 벗어나 그리스도에게 자신들을 맡긴다.[200]

자고새가 만든 둥지는 뛰어난 요새이다. 자고새는 가시덤불로 둥지를 감춘다. 그러면 다른 동물들이 가시로 덮인 나뭇가지들 때문에 접근하지 못한다. 자주 들락거리면 둥지가 있는 장소가 들통날 수 있으므로 자고새는 흙으로 알들을 덮어 놓았다가 나중에 몰래 돌아온다.

수컷은 새끼들이 먹이를 달라고 졸라대면 공격하기도 한다. 그럴 때면 암컷 자고새는 수컷을 속이고 새끼들을 옮겨 놓는다.

수컷들은 서로 짝짓기를 하려고 싸우는데, 승자가 패자를 암컷처럼 거둘 수 있다고 믿는다. 암컷은 욕망에 민감한 나머지 수컷이 있는 방향에서 바람이 불어오면 **f. 54v** 수컷의 냄새만으로도 임신을 한다. 그리고 알을 품고 있는 장소로 사람이 다가오면, 어미 자고새는 둥지 밖으로 나와서 자신의 모습을 일부러 드러낸다. 그리고 발이나 날개에 상처를 입은 시늉을 내며 마치 금세 잡힐 것처럼 천천히 움직인다. 자고새는 이러한 속임수를 써서 둥지 가까이 다가온 사람들을 유인해 그들을 둥지로부터 멀리 떼어 놓는다.

어린 자고새도 우둔하지 않으며 조심성이 많다. 그들은 뭔가를 본 것 같으면, 등을 대고 누워서 발톱으로 작은 흙덩이들을 쥐고 자신의 몸에 뿌린다. 그렇게 솜씨 좋게 위장하고 누운 채 숨어 있는다.[201]

[그림 3-33]

물총새

물총새(*Altion*)는 바닷가에서 번식을 하는 바닷새로, 한겨울에 모래 안에 알을 낳는다. 물총새는 바닷물이 가장 높고, 보통 때보다 바닷가에 파도가 훨씬 사납게 치는 시기를 골라 알을 낳는다. 이 새는 은총을 받은 덕분에 햇빛을 비추게 하는 능력, 나아가 놀라운 고요함의 위엄을 지니게 되었다. 실제로 바다가 거칠게 화를 내고 있더라도 물총새가 알을 낳기만 하면 바다는 순식간에 잠잠해진다. 거칠게 쏟아지던 비도 그치고, 세차게 불던 바람도 잦아진다. 그리고 물총새가 알을 부화시킬 때까지 바람이 잠잠해지면서 바다는 고요한 상태를 유지한다.

물총새가 알을 낳아서 부화하는 데까지는 7일이 걸린다. 그 뒤 물총새는 부화한 새끼들이 자라서 젊은 새가 될 때까지 7일을 더 기른다. 이 짧은 양육기간은 놀랄 만한 일도 아니다. **f. 55r** 부화가 단 며칠 만에 이루어지는 것에 비하면 말이다.

신의 은총을 받은 이 작은 새를 통해서 뱃사람들은 14일 동안은 좋은 날씨가 계속되리라는 확신을 가질 수 있게 된다. 선원들은 폭풍우가 없는 그 기간을 '물총새의 날들'이라고 부른다.[202]

물닭

물닭*(Fulica)*은 매우 영리하고 지혜로운 날짐승이다. 그 새는 동물의 사체를 먹지 않는다. 그리고 아무런 목적 없이 날아다니거나 떠돌지 않고, 충분히 먹고 쉴 수 있는 곳이면 죽을 때까지 한 곳에 머무른다.

충실한 신도들도 모두 스스로를 부양하며 물닭처럼 살아야 한다. 충실한 신도들은 이단들처럼 이곳저곳을 헤집고 다니거나 우왕좌왕하거나 잘못된 다른 길을 걷거나 해서는 안 된다. 충실한 신도들은 속세의 욕망과 쾌락에 현혹되어서도 안 된다. 그들은 오직 한 곳, 평화를 찾을 수 있는 그리스도의 교회에만 머물러야 한다. 주님은 그곳에 영적인 조화를 이룬 이들을 위한 거처를 마련하셨다. 신자들은 교회에서 날마다 영원한 생명의 빵을 먹으며, 그리스도의 값진 피를 마시고, 주님의 가장 달콤한 말씀들, 다시 말해 "꿀과 벌집보다 더 달콤한"[203] 말씀들로 자신을 새롭게 한다.

[그림 3-34]

불사조

불사조(Fenix)는 아라비아의 새이다. 그 새는 '붉은 자줏빛(feniceus)' 색깔 때문에 '페닉스'라고 불린다. 세상에 오직 한 마리밖에 없기 때문에 그렇게 불리기도 한다.

이 새는 오백 살이 되면 장례식을 위해 향나무 잔가지를 모아서 쌓아둔 장작더미 위로 스스로 올라간다. 그리고 햇빛을 정면으로 마주 보고 날개를 부딪쳐서 일부러 불을 붙여 스스로를 불사른다. **f. 55v** 그리고 나서 9일째 되는 날에[204] 잿더미에서 다시 일어난다.[205]

예수 그리스도도 이 새의 특성을 내보이며, "나는 목숨을 내놓을 권한도 있고, 그것을 다시 얻을 권한도 있다"[206]고 하셨다. 불사조도 스스로를 파괴하고 소생시키는 힘을 가지고 있는데, 바보들은 왜 주님의 말씀에 화를 냈을까? 신의 진실한 아들이 아닌 누가 "나는 목숨을 내놓을 권한도 있고, 그것을 다시 얻을 권한도 있다"고 말할 수 있단 말인가?[207] 우리의 구원자는 실제로 하늘에서 내려오셨다. 그분은 구약과 신약의 향기로 자신의 날개를 채우셨다. 그분은 우리를 구원하고자 십자가의 제단 위에서 스스로를 아버지에게 바쳤고, 3일째 되는 날에 다시 일어나셨다.

불사조는 의로운 자들의 부활을 의미한다. 그들은 덕의 향나무를 모아서, 죽음 이후에 다시 부활할 준비를 한다.[208] 불사조는 아라비아의 새이다. 아라비아는 평평한 땅으로 이해할 수 있다. 평지는 이 세상이다. 아라비아는 세속적인 삶이다. 아랍인들은 세속적인 사람들로 그들은 혼자인 사람을 '페닉스'라고 부른다. 의로운 이는 누구나 이 세상의 걱정들로부터 완전히 벗어나 홀로 지낸다.

아라비아에 서식하는 불사조는 **f. 56r** 500년이나 산다고 한다. 오백 살이 가까워지면 불사조는 스스로 유향과 몰약, 그밖의 향기로운 것들로

[그림 3-35]

채워진 그릇을 준비한다. 그리고 때가 되면 그 안으로 들어가 죽는다. 그러면 불사조의 살에 흐르는 액체에서 벌레 하나가 나와서 점점 자란다. 그리고 적당한 때가 되면 그 벌레에서 날개가 자라나 예전 모습과 형체를 되찾는다.

이렇게 이 새는 자신을 본보기로 해서 육신의 부활을 믿도록 우리를 가르친다. 전례의식도 없고 이성도 없지만, 불사조는 자신을 오롯이 던져 부활의 상징이 된다. 이것은 사람이 새의 모범으로 존재하지 않고, 새가 사람의 모범으로 존재한다는 사실을 또렷하게 보여준다. 이 새는 새들의 조물주이자 창조주인 그분이 자신의 성인들에게 영원히 죽음을 겪게 하지 않으셨음을 알려주기 위한 본보기이다. 그분은 그 새가 다시 일어나 본래의 씨앗을 회복하기를 원하셨다. 불사조에게 죽음이 다가올 것임을 알려주고, 그 새가 향기로운 것들로 가득 채워진 그릇을 만들어 그 안으로 들어가 죽을 수 있게 해준 것도 그분 아니시던가.

f. 56v 그 그릇은 달콤한 향기로 죽음의 악취를 쫓아버린다. 인간들이여, 그대들도 자신을 위한 그릇을 만들어야 한다. 그래서 그대의 예전 행실과 인간의 노쇠한 본성을 모두 벗고 새 것을 입어야 한다. 그리스도는 불길한 날에 그대를 감싸고 감추어줄 그대의 그릇이자 덮개이다.

그대는 그분이 왜 그대를 보호하는 그릇인지 알기를 원하는가? 주님은 "그분은 나의 화살통이 되어 나를 감추셨다"[209]고 말씀하셨다. 그러므로 그대의 그릇은 믿음이다. 그것을 그대의 덕, 다시 말해 순결·자비·정의의 향기로 채워라. 그리고 그대의 훌륭한 행실로 빚어낸 믿음의 향기로 가득 채워진 그곳으로 깊숙이 안전하게 들어가라.

이 삶의 끝에서 그대는 믿음의 수의를 입어야 한다. 그러면 그대의 뼈들은 비옥해지고, 그것은 물을 잘 준 정원처럼 씨앗을 빠르게 자라게 해줄 것이다. 그러므로 그대는 죽는 날을 알아야 한다. 바울은 알고 있었다. 그는 이렇게 말했다. "나는 훌륭히 싸웠고 달릴 길을 다 달렸으며 믿음을 지켰습니다. 이제는 의로움의 화관이 나를 위하여 마련되어 있습니다."[210] 그리고 훌륭한 불사조처럼 순교의 달콤한 향기로 채워진 그릇 안으로 들어갔다.[211]

이렇게 불사조는 불살라져 소멸했다가 재에서 다시 나온다. 불사조는 죽었다가 재에서 다시 태어나는 것이다. 이러한 본보기의 요점은 모든 이들이 다가올 부활의 진리를 믿어야 한다는 것이다. 다가올 부활을 믿는 것이 불사조가 재에서 다시 태어나는 것보다 더 기적 같은 일은 아닐 것이다. 새의 본성이 평범한 사람들에게 부활의 증거를 어떻게 알려주는지를 보아야 한다. 성서는 그것을 분명하게 말하고, 자연은 그것을 확인시켜 준다.[212]

[그림 3-36]

칼라드리우스

『피지올로구스』에서 말하기를, 칼라드리우스(*Caladrius*)라고 불리는 새는 온 몸이 새하얗고 검은 부분이 없다고 한다. 그 새의 배설물은 눈에 생긴 백내장을 치료해준다. 칼라드리우스는 왕의 거처에서 발견된다.

만약 누군가 아프면 칼라드리우스로 그가 살아날지 죽을지를 미리 알 수 있다. 병세가 목숨을 앗아갈 정도이면 칼라드리우스는 병자를 보자마자 머리를 돌린다. 그러면 모두가 f. 57r 병자가 죽게 되리라는 것을 알게 된다. 그러나 만약 병세가 치료될 수 있는 것이라면 칼라드리우스는 병자의 얼굴을 응시하며 병의 기운을 모두 빨아들인다. 그런 다음 그 새는 태양을 향해 날아올라 병의 기운을 불살라 흩날려버린다. 그러면 병자는 낫는다.

칼라드리우스는 우리의 구세주를 나타낸다. 우리 주님은 검은 자국이 없는 순결한 흰색이시다. "그분은 죄를 저지르지도 않았고, 그분의 입에는 아무런 거짓도 없었다."[213] 게다가 높은 곳에서 내려오신 주님은 유대인에게서 얼굴을 돌리셨다. 그들이 믿지 않았기 때문이다. 그분은 우리 그리스도교도들을 향해 얼굴을 돌리셨고, 우리의 나약함을 없애주시고, 우리의 죄를 가져가셨다.[214] 그분은 십자가의 나무에 매달리셨고, 높은 곳으로 올라가시어 "포로들을 사로잡으시고 사람들에게 선물을 주셨다."[215]

날마다 그리스도는 칼라드리우스처럼 우리의 병을 보살피시고, 고해를 하는 우리의 마음을 진찰하시고, 참회의 은총으로 우리의 병을 치료해 주신다. 그러나 진심으로 뉘우치지 않는 자들에게는 얼굴을 돌리신다. 그분은 그들을 버린다. 그러나 그분이 얼굴을 바라본 이들은 다시 회복시켜 주신다.[216]

그런데 어떤 이들은 율법에 따르면 칼라드리우스는 불결하므로 그리스도와 연결시켜서는 안 된다고 말한다.[217] 하지만 (복음사가) 요한도 그리스도에 대해 "모세가 광야에서 뱀을 들어 올린 것처럼, 사람의 아들도 들어 올려져야 한다"[218]고 했다. 율법에 따르면, "뱀은 그 어떤 들짐승보다도 간교하다."[219] 그리고 사자와 독수리도 불결하지만, 제왕이라는 지위 때문에 그리스도와 연결된다. f. 57v 사자는 동물들의 왕이고, 독수리는 새들의 왕이기 때문이다.

[그림 3-37]

메추라기

f. 57v 메추라기(*Coturnix*)는 그 동물이 내는 소리 때문에 그런 이름으로 불린다. 그리스 사람들은 메추라기를 '오르티기아(*ortigia*)'라고 부르는데, 그 새가 처음 발견된 곳이 오르티기아섬이기 때문이다.[220]

메추라기는 때가 되면 이주를 한다. 여름이 지나고 겨울이 오면 그들은 바다를 건넌다. 이 메추라기의 무리를 이끄는 지도자를 ('엄마 메추라기'라는 뜻의) '오르티고메트라(*ortigometra*)'*라고 부른다. 매는 육지로 접근하는 오르티고메트라를 보면 날아가 붙잡으려 한다. 그래서 메추라기들은 다른 새들로부터 지도자를 지키기 위해 최선을 다하며, 미리 위험을 막으려 한다.

그들이 가장 좋아하는 음식은 독이 있는 식물들의 씨앗이다. 그래서 옛날 사람들은 메추라기를 먹지 못하게 금지했다. 살아 있는 것들 가운데 오로지 메추라기만 사람들처럼 간질을 일으킨다.[221]

메추라기는 때가 되면 이주를 한다. 여름이 지나고 겨울이 오면 그들은 바다를 건넌다. 여름의 더위는 사랑의 온기이다. 겨울의 추위는 무기력한 마음의 유혹이다. 그러므로 의로운 이는 세상이라는 바다를 건

---

* '뜸부기'라는 의미이기도 하다. 까마귀가 왜가리를 이끄는 것처럼 뜸부기가 메추라기들의 길잡이 노릇을 한다고 본 것일 수도 있다.

너 이웃에 대한 사랑에서 신의 사랑으로 간다. 그렇게 그는 영원히 따뜻한 나라에 머무르며 끊임없이 타오르는 사랑의 열기로 겨울의 추위, 다시 말해 갑작스러운 유혹의 폭풍우를 피한다.

메추라기의 지도자를 '오르티고메트라'라고 부른다. 매는 육지로 접근하는 오르티고메트라를 보면 날아가 붙잡으려 한다. 육지는 세속적 욕구를 나타낸다. 바다는 세상의 위험이다. 숨어서 기다리고 있는 매는 우리를 유혹하고 부추기는 악마이다. 그러므로 매가 육지로 접근하는 메추라기의 지도자를 붙잡으려 하는 것은 악마가 세속적인 것들을 추구하는 사람을 끌고 가려는 것을 뜻한다. 그러므로 무리를 이끄는 성직자는 세속적인 것들을 구하려 할 때에 그것이 자신이 쓰기 위한 것이든 형제들의 필요에 의한 것이든 조심해야 한다. 만약 그가 영적인 것들을 소홀히 하고 세속적인 것들을 쫓는 짓을 그만두지 않는다면 매, 다시 말해 악마가 그를 붙잡아갈 것이기 때문이다.

이 때문에 메추라기들은 최선을 다해서 지도자를 **f. 58r** 다른 종들로부터 보호하고, 미리 위험을 막아야 한다. 선한 사람과 악한 사람이라는 두 종류의 사람이 있다. '다른 종들'은 사악한 사람들이다. 그러므로 의로운 이는 그들 앞에 사악한 사람을 놓고, 그들이 어떤 일을 벌이는지를 면밀히 주시해야 한다. 이렇게 주의 깊게 관찰해서 그들은 죄의 조짐을 미리 찾아내 피한다.

메추라기는 사람처럼 간질을 일으킨다. 이와 마찬가지로 영적인 마음을 가진 사람은 육체적인 마음을 가진 사람과 똑같이 이따금 죄를 저지른다. 그가 죄를 얼마나 자주 저질렀든 그는 죽지 않는다. 참회의 은총이 그를 버리지 않기 때문이다. 이에 대해서는 이런 구절이 있다. "의인은 일곱 번 쓰러진다."[222] 그러나 그는 의로움을 그만두지 않는다. 의로운 이는 죄를 저지르는 것만큼 다시 일어서기 때문이다.[223]

[그림 3-38]

까마귀

f. 58r 까마귀(*Cornix*)는 수명이 긴 새로 라틴어와 그리스어로 모두 '코르닉스'라고 부른다. 점쟁이들은 까마귀가 인간에게 일어날 일을 신호로 알려준다고 주장한다. 다시 말해 어디에 복병이 숨어 있는지를 보여주고, 미래를 예언해 준다는 것이다.

그렇지만 신이 까마귀들에게 자신의 의도를 털어놓았다고 믿는 것은 커다란 죄악이다. 많은 조짐들 가운데 까마귀에게 부여된 예지력은 '까악까악' 하고 울어대며 비가 오리라는 것을 미리 알려주는 것뿐이다. 그래서 "못돼 먹은 까마귀가 큰 소리로 비를 부른다"[224]는 말이 있는 것이다.[225]

인간이 까마귀를 본보기로 삼아 배울 것은 새끼들에 대한 사랑에서 오는 책임감이다. 까마귀들은 나는 것을 배우는 새끼들을 따라다니면서 주의 깊게 그들을 지킨다. 그리고 새끼들이 허약해질 때에는 걱정하며 먹이를 먹인다. 까마귀는 아주 오랫동안 새끼들의 먹이를 책임진다.

그런데 인간 여성들은 아기들을 사랑하면서도 되도록 빨리 젖을 떼려고 한다. 부유한 여성들은 대체로 아기에게 직접 자신의 젖을 먹이는 것을 싫어한다. 가난한 여성들은 아기를 버리거나 내팽개쳐 두기도 한다. 아기를 찾더라도 그들에 대해 전혀 모른다고 발뺌하기도 한다. 부자들은 상속자가 늘어나 재산이 흩어지는 것을 막으려고 스스로 자궁 안에 있는 아기를 죽이기도 한다. 그들은 치명적인 약으로 f. 58v 자궁 안에 있는 자신의 아기를 없앤다. 그들은 아직 태어나지도 않은 생명을 빼앗으려고 한다.

인간 말고 어떤 동물이 자신의 아기를 부인하는가? 인간 말고 어떤 동물이 부모에게 그렇게 야만스러운 권리를 주고 있는가? 그리고 인간 말고 어떤 동물이 자연이 창조한 형제 사이에 불공평을 만드는가?

한 명의 부유한 사내의 아들들은 다양한 운명을 부여받는다. 어떤 아들은 아버지 유산의 권리와 지위를 풍족하게 누린다. 그렇지만 다른 아들은 부유한 유산에서 쓸모없고 초라한 몫만 받는 것을 심하게 불평한다. 자연이 각각의 아들들이 받아야 할 몫에 차별을 두었는가? 자연은 모두에게 공평하게 나눠주고, 그들 모두에게 태어나서 살아가는 데 필요한 것을 제공한다.

자연은 그대에게 세습 재산과 직위를 나눌 때 형제 사이에 차별을 두지 말고 공평하게 해야 한다고 가르친다. 정말이지 그대는 같은 출생이라는 사실만으로도 똑같은 재산을 그들에게 주어야 한다. 그대는 형제 사이인 그들에게 똑같은 기쁨을 안겨주는 것을 꺼려서는 안 된다.[226]

[그림 3-39]

백조

f. 58v 백조*(Olor)*는 그리스 사람들이 '키그누스*(cignus)*'라고 부르는 새이다. 백조를 '올로르'라고 부르는 것은 그 새의 깃털이 온통 흰색이기 때문이다. 검은 백조를 보았다는 사람은 아무도 없다. 그리스어에서 '올로*(olo)*'는 '온통'이라는 뜻이다.

백조가 '키그누스'라고 불린 것은 그 새가 '노래하기*(canere)*' 때문이다. 백조는 아름다운 목소리로 달콤한 노래를 불러댄다. 사람들은 백조가 매우 달콤하게 노래를 부르는 것은 길고 구부러진 목을 가지고 있기 때문이라고 말한다. 길고 유연한 목을 통과하면서 목소리가 다양한 음조를 만들어낼 수밖에 없다는 것이다. 그리고 저 멀리 북쪽에서는 음유시인들이 키타라를 연주하면 그 소리를 듣고 수많은 백조들이 떼를 이루어 모여들어 그들과 함께 화음을 맞추어 노래한다고 말하는 사람도 있다.

이미 말했듯이 백조의 라틴어 이름은 '올로르'이다. 그리스 사람들은 그 새를 '키그누스'라고 부른다.

선원들은 백조를 보는 것이 좋은 징조라고 말한다. f. 59r 〔기원전 1세기 로마의 시인인〕 아이밀리우스도 이렇게 말했다. "새를 통해 앞날을 알아보려 할 때에 백조는 언제나 가장 좋은 징조이다. 특히 선원들은 백조를 매우 길한 새로 여긴다. 백조는 파도에 가라앉지 않기 때문이다."[227]

백조는 하얀 깃털과 검은 살을 가지고 있다. 도덕적인 의미에서 백조의 하얀 깃털은 검은 살을 감추는 속임수, 다시 말해 육신의 죄를 거짓으로 꾸며 감추는 것을 의미한다.

백조는 강을 건널 때 목과 머리를 높이 세운 채로 헤엄을 친다. 마찬가지로 자만심으로 가득 찬 사람은 덧없는 것들에 미혹될 뿐 아니라, 일시적인 소유물들을 가지는 것에 기쁨을 느낀다.

사람들이 말하기를, 저 멀리 북쪽 지방에서는 음유시인들이 키타라를 연주하면 그 소리를 듣고 수많은 백조들이 떼를 이루어 모여들어 그들과 함께 화음을 맞추어 노래를 한다고 한다. 마찬가지로 온 마음을 다해 감각적인 쾌락을 갈구하는 사람들은 북쪽 지방에서 날아다니는 백조처럼 쾌락을 추구하는 다른 이들과 어울린다.

그런데 백조는 죽을 때, 다시 말해 마지막 순간에 가장 아름다운 소리로 노래를 한다고 한다. 마찬가지로 자만심으로 가득 찬 사람은 세상을 떠날 때에도 현세의 달콤함을 즐기고, 죽어가면서도 자신이 저지른 악행들을 그리워한다.

백조는 하얀 깃털이 뽑히면 꼬치에 꿰여 불에 구워진다. 마찬가지로 부유하고 자만하는 사람은 죽음의 순간에 세속의 영광이 벗겨져 지옥의 불로 떨어져 고통을 받게 될 것이다. 천상의 음식이 아니라 지상의 음식만을 탐했던 그는 지옥으로 내려가 불 속에 떨어질 것이다.[228]

[그림 3-40]

오리

　오리(*Anas*)는 '끊임없이 헤엄치기(*assiduitate natandi*)' 때문에 그러한 이름을 갖게 되었다. 오리 가운데 어떤 종류는 〔게르마니아 종'이란 의미의〕 '게르마니에(*Germanie*)'라고 불린다. 다른 오리들보다 훨씬 많이 먹기 때문이다. 거위(*Anser*)의 이름도 오리로부터 온 것이다. 그들이 서로 비슷하게 생겼기 때문이며, 거위도 오리와 마찬가지로 끊임없이 헤엄을 치기 때문이기도 하다. 거위는 끊임없이 울어대며 밤에 보초를 서는 특성이 있다. 어떤 동물도 거위만큼 사람 냄새를 잘 맡지는 못한다. 거위의 그 시끄러운 소리 때문에 갈리아 사람들은 **f. 59v** 카피톨리누스 언덕을 오르다 발각되었다.[229]

새알의 특성[230]

　새는 모든 종이 두 번씩 태어난다. 먼저 알로 태어나고, 그런 다음에 어미 몸의 온기로 다시 형체와 생명을 부여받는다. 알을 '오붐(*Ovum*)'이라고 부르는데, 그 안이 '액체(*humor*)'로 차 있기 때문이다. 바깥에 있는 액체는 〔'젖어 있다'는 의미의〕 '우미둠(*umidum*)', 안쪽에 있는 액체는 〔'생명을 담고 있다'는 의미의〕 '비비둠(*vividum*)'이라고 부른다.[231] 어떤 사람들은 〔'알들'이라는 뜻의〕 '오바(*Ova*)'라는 단어가 그리스어에서 비롯되었다고 생각한다. 그리스인들은 '알'을 글자 하나가 빠진 형태인 '오아(Oa)'라고 부른다.

어떤 알들은 헛바람으로 잉태되기도 한다. 하지만 수컷 새와의 성교로 수컷이 가지고 있는 씨의 원기가 들어가지 않은 알들에서는 아무것도 부화되지 않는다.

사람들은 알의 특성에 대해, 알로 적신 나무는 불에 타지 않고, 알로 적신 천도 불이 붙지 않는다고 한다. 그리고 알에 '석회(calx)'를 섞으면 유리 조각들을 붙이는 접착제가 된다고 한다.

공작

f. 59v 공작(Pavo)을 가리키는 '파보'라는 이름은 그 동물의 울음소리에서 비롯되었다. 공작의 살은 매우 단단해서 좀처럼 부패하지 않으며, 요리하기도 쉽지 않다. 그래서 누군가 공작에 대해 말하길 "공작이 보석 같은 날개를 펼치는 것을 볼 때마다 그대는 넋을 잃을 것이다. 그런데도 그대 냉정한 인간이여, 그 새로 무정하게 요리를 만들 수 있겠는가?"[232]라고 했다.[233]

솔로몬의 상선대가 타르시스에서 가져온 공작새[234]

"솔로몬의 상선대는 3년마다 타르시스로 가서 금과 은과 상아, 원숭이와 공작새들을 실어 왔다"[235]라는 구절에서 '타르시스'는 기쁨을 찾는 것을 의미한다. 기쁨에는 이 세상의 기쁨과 다가올 세상의 기쁨이 있다. 이 세상의 기쁨은 제한적이다. 그러나 다가올 세상의 기쁨은 결코 제한이 없다. 이 세상의 기쁨에는 고통과 슬픔이 따라다닌다. 그러나 다가올 세상의 기쁨에는 고통도 슬픔도 따라다니지 않는다. 이 세상

[그림 3-41]

의 기쁨은 높은 명예, 순간적이고 덧없는 것들이 가져다주는 쾌락, 일족의 번성과 f. 60r 그 집단에서 얻는 즐거움으로 이루어져 있다. 그러나 명예가 떨어지고, 가진 것을 빼앗기고, 친족 가운데 누구 하나라도 죽는다면 슬픔이 뒤따를 것이다. 그러므로 이 세상의 기쁨은 언제나 슬픔과 섞여 있다.

"솔로몬의 상선대는 3년마다 바다를 건너 타르시스로 간다"는 구절에서 '솔로몬의 상선대'는 고해의 덕을 가리킨다. 우리는 이 상선대를 타고 세상의 바다를 건너므로, 물에 빠져서 죽는 일을 피할 수 있다.

"상선대는 타르시스로 가서 금과 은과 상아, 원숭이와, 공작새들을 실어 왔다"는 구절에서, '타르시스에 있던 금과 은'은 지혜가 뛰어나고 웅변술이 좋은 사람들을 가리킨다. 그들은 진정으로 이 세상의 기쁨을 열망하면서도 스스로에 대해 알고 있다. 그들이 솔로몬의 상선대와 함께 예루살렘으로 갈 때, 다시 말해 고해로 그들은 예루살렘 교회의 평화 안에서 더욱 순수해진다. 이 가장 순수한 금을 이용해 솔로몬 왕은 금으로 된 방패를 만들었다.[236] 금으로 된 방패는 순결하게 살면서 악마의 공격으로부터 다른 이들을 보호하는 사람들이다. 그리고 은으로는 앞에서 말한 은나팔을 만들었는데, 이는 교회의 교사들을 가리킨다.

상선대는 원숭이와 공작새도 가져왔다. 다시 말해 비웃는 사람들과 쾌락주의자들도 데려왔다. 그들은 타르시스에서는 비웃고 쾌락을 좇는 사람들이었으나, 개심의 평화 안에서 겸손한 삶을 살게 될 것이다.

솔로몬의 상선대는 코끼리의 엄니도 가져왔다. 다시 말해 자만심에 가득 차서 헐뜯는 말을 하는 사람들도 데려온 것이다. 이 자만심에 찬 사람들은 평범한 사람들이 선행을 하는 것을 헐뜯는다. 마치 이빨로 다른 사람들의 뼈를 물어뜯는 것처럼 말이다. 코끼리의 엄니를 '상아(ebur)'라고 한다. 솔로몬은 이 상아로 왕좌를 만들었다.[237] 다른 사람을 괴롭히며 살아가는 데 익숙했던 이들은 솔로몬에게 복종하고, 그 뒤 다른 사람들이 앉는 의자가 되었다.

솔로몬의 상선대는 3년마다 타르시스로 갔다. 도덕적인 의미에서 첫 해는 '성찰(Cogitatio)', 두 번째 해는 '진술(Locutio)', 세 번째 해는 '행동(Operatio)'을 나타낸다. 고해도 이러한 세 단계로 행해진다. 솔로몬의 부하들이 3년마다 타르시스로 항해를 했던 것처럼 말이다.

그런데 이와 관련해서는 다음과 같은 역사도 전해진다. "유대의 왕 여호사팟은 타르시스 상선을 만들어 오피르에서 금을 가져오려고 하였으나, 그 상선들이 에츠욘 게베르에서 난파되어 그곳에 가지 못하였다."[238] 여기에서 여호사팟은 '심판(Iudicium)'을, 유대는 '고해(Confessio)'를 의미한다. 여호사팟은 '유대의 왕(Rex Juda)'이라 불리는데, **f. 60v** 그 이유는 심판이 고해를 좌우하기 때문이다. 죄인은 스스로를 심판하며 고해를 한다. 여호사팟 왕이 유대를 다스리는 것처럼 말이다.

그리고 '오피르(Ophir)'는 '초원(herbosum)'을 뜻한다. 우리는 경작되지 않은 땅을 '초원'이라고 부른다. 풀이 무성해지면 즐거움이 생겨난다. 쾌락을 쫓는 자는 풀에 앉고, 게으른 자는 그 위에 눕는다. 그들은 끝없이 앉아 있고, 방종하게 누워 있다. 이렇게 펼쳐진 초원이 황폐한 불모지인 이 세상이다. 그러므로 여호사팟의 상선이 금을 찾으러 오피르에 간 것처럼, 우리는 세상의 멸망을 기다리면서 마음의 순수함을 추구해야 한다.

그런데 여호사팟의 상선은 '에츠욘 가베르(Asion Gaber)'에서 난파되었다. 〔4세기 기독교 교부인〕 히에로니무스는 '가베르(gaber)'가 '젊음'이나 '강함'을 의미한다고 했다. 젊음의 성급함 때문에 고해의 선단이 난파되었다는 것은 그리 놀랄 만한 일은 아닐 것이다.

공작의 특성[239]

서론이 길었다. 이제는 우리가 다루려고 하는 주제인 공작에 대해서 이야기하겠다. 이시도루스는 공작의 이름이 그것의 울음소리에서 나왔다고 했다.[240] 뜻하지 않은 공작의 울음소리는 듣는 사람으로 하여금 느닷없는 공포를 불러일으킨다. 따라서 공작을 가리키는 '파보'라는 이름은 '두려움'이란 뜻을 지닌 '파보르(pavor)'라는 말에서 비롯된 것이다. 공작의 울음소리는 듣는 사람을 두렵게 만들기 때문이다.

타르시스에 사는 공작은 쾌락을 쫓는 사람을 뜻한다. 그러나 상선에 실려 예루살렘으로 옮겨진 공작은 설교하는 교사들을 나타낸다. 공작은 부패하지 않는 단단한 살을 가지고 있어서 요리사가 불을 사용하고서야 가까스로 요리할 수 있다. 그리고 공작의 간은 열기를 지니고 있기 때문에 위장에서도 잘 소화가 되지 않는다. 교사들의 마음도 그와 같다. 그들은 열정의 불꽃에 타오르지 않을 뿐 아니라, 욕망의 열기에도 불타지 않는다.

공작의 본성[241]

공작은 무시무시한 울음소리와 흔들림 없는 걸음걸이, 뱀의 머리, 사파이어 빛깔의 가슴을 가지고 있다. 그리고 공작은 날개에 붉은 색조를 띤 깃털을 가지고 있다. 게다가 눈처럼 보이는 것들로 가득 뒤덮인 긴 꼬리를 가지고 있다.

공작은 무시무시한 울음소리를 가지고 있다. 마치 설교가가 지옥의 끝없이 타오르는 불로 죄인들을 위협하는 것처럼 말이다. 공작은 흔들림 없이 걷는다. 마치 설교가의 행실이 겸허의 선을 넘지 않는 것처럼 말이다. 공작은 뱀의 머리를 가지고 있다. 마치 설교가의 마음이 현명한 신중함으로 절제되고 있는 것처럼 말이다. 공작 가슴의 사파이어 빛깔은 f. 61r 설교가가 천국을 갈망하는 마음을 가지고 있음을 나타낸다. 공작 날개 깃털의 붉은색은 명상에 대한 사랑을 의미한다. 긴 꼬리는 다가올 생의 길이를 나타내며, 공작 꼬리의 눈처럼 보이는 것들은 마지막 순간에 우리 개개인들에게 닥칠 위험을 예견하는 모든 교사들의 능력을 가리킨다. [공작의 머리에도] 꼬리에도 있는 녹색은 끝이 시작과 같으리라는 것을 의미한다. 이렇게 공작의 다채로운 색은 다양한 덕들을 의미한다.

그런데 찬미를 받으면 꼬리를 올리는 공작처럼, 어떤 고위성직자들은 아첨꾼들의 칭찬으로 허영심에 빠져 마음이 한껏 들뜨기도 한다. 공작은 깃털을 질서정연하게 펼친다. 마찬가지로 교사는 무슨 일을 하든 질서정연하게 해야 한다고 믿는다. 공작이 꼬리를 들어 올리면 뒷다리가 드러난다. 마찬가지로 찬미를 받을 만한 교사의 어떤 행실이라도 그가 자만심에 굴복하게 될 때에는 비웃음거리가 되기 마련이다. 그러므로 공작이 꼬리를 아래로 내리고 있어야 하는 것처럼, 교사는 무슨 일이든 겸허하게 행동해야 한다.

[그림 3-42]

검독수리

검독수리*(Aquila)*가 그렇게 불리는 것은 눈의 '예리함*(acumen)*' 때문이다. 날개를 움직이지 않고 바다 위를 미끄러지듯 활공하는 검독수리는 인간의 시력으로는 볼 수 없는 것까지 날카롭게 포착해낸다. 검독수리는 높은 곳에 있으면서도, 바다 아래에서 헤엄치고 있는 작은 물고기를 찾아낸다. 그리고 투척기로 날린 포탄이 떨어지는 것처럼 빠른 속도로 내려와 날고 있는 상태로 먹이를 낚아채고는 해안으로 이동한다.[242]

그런데 검독수리는 나이가 들면 날개가 무거워지고 눈도 흐려진다. 그러면 검독수리는 샘을 찾아간 뒤에, 그 샘을 등지고 태양을 향해 날아오른다. 그러면 검독수리의 날개들이 불타오르고, 눈의 흐릿함도 햇빛에 타버린다. 검독수리는 밑으로 날아내려와 샘물에 세 번 자신의 몸을 담근다. 그러면 검독수리는 곧바로 예전의 강한 날개 힘과 밝은 시력을 되찾는다.

마찬가지로 낡은 껍질과 어두워진 눈을 가진 그대 인간들이여, 주님의 영적인 샘을 찾아 의로움의 원천인 신을 향해 그대 마음의 눈을 들어 올려야 한다. 그러면 검독수리처럼 그대는 젊음으로 다시 새로워질 것이다.[243)

검독수리는 새끼들을 발톱으로 움켜쥔 채로 하늘로 날아올라 그들을 햇빛에 노출시킨다고 한다. 어떤 새끼들은 내리꽂히는 햇빛을 겁내지 않고 시력의 손상 없이 응시해서 자신이 진정으로 검독수리의 본성을 지녔다는 사실을 증명해낸다. 햇빛을 피해 눈을 돌리는 새끼는 f. 61v 종족이나 아비와 같지 않다는 이유로 버려진다. 검독수리답지 않게 태어난 새끼는 검독수리로 키우기에 알맞지 않다고 여겨지는 것이다. 이처럼 검독수리는 가혹한 방식이 아니라 공정한 판단으로 새끼의 운명을 결정한다. f. 62r 검독수리가 이렇게 하는 것은 아버지가 자기 자식을 부인하는 것이 아니라, 자신과 다른 존재를 거부하는 것이다.[244)

지극히 평범한 종류의 새들이 지닌 친절함은 검독수리의 제왕다운 불친절함의 핑계거리가 된다. 그리스어로는 '페네(Fene)'라고 불리는 물닭은 매우 평범한 새이다. 물닭은 인정받지 못해 버려진 검독수리의 새끼를 데려다가 자기 새끼들과 함께 키운다. 물닭은 자기 새끼들에게 하는 것과 똑같은 모성으로 검독수리의 새끼를 먹이고 돌보며 키워준다.

이렇게 물닭은 다른 새의 새끼까지 보살피지만, 우리 인간은 적의에 찬 잔혹함 때문에 우리 자신의 것마저 내팽개쳐버린다. 검독수리는 비록 어떤 새끼들은 거부하지만, 자신들의 새끼가 아닌 양 내팽개쳐버리지는 않는다. 단지 그들이 검독수리가 될 만하다고 인정하지 않을 뿐이다. 그렇지만 우리는 이미 우리 자신의 것으로 인정한 것들마저 내팽개친다.[245)

다시 검독수리에 대하여[246]

성서에서 '검독수리'라는 단어는 영혼의 강탈자들과 악령들을 의미하기도 하고, 이 세상의 지배자들을 의미하기도 한다. 반대로 성인들의 날카로운 지성이나 육신을 입은 주님이 빠르게 날아 낮은 곳을 건너서 다시 높은 곳을 추구하는 것을 나타내기도 한다.

검독수리라는 말은 영혼을 노리고 숨어 있는 적병을 의미한다. 이것은 "우리의 추적자들은 하늘의 검독수리보다도 빠르다"[247]라고 한 예레미야의 말에서도 확인된다. 우리의 추적자들이 하늘의 검독수리보다 빠른 것처럼 사악한 사람들이 우리에게 그렇게 한다. 그들은 악한 음모를 꾸미는 데에서 하늘의 지배자들을 능가하는 것처럼 보인다.

'검독수리'라는 말은 지상의 힘을 상징하기도 한다. 이와 관련해 예제키엘은 "큰 날개와 긴 사지를 가진 울긋불긋한 깃털로 가득한 큰 검독수리 한 마리가 레바논으로 갔다. 그 검독수리는 삼나무의 꼭대기 순을 따고, 가장 높은 가지를 꺾었다"[248]라고 말했다. 이 검독수리는 바빌론의 왕이었던 네부카드네자르를 나타내는 것이 아니겠는가? 검독수리의 큰 날개의 광대함은 네부카드네자르 군대의 엄청난 규모를 나타낸다. 검독수리의 긴 사지는 네부카드네자르가 다스린 긴 기간을, 빽빽한 깃털은 네부카드네자르의 부를, 깃털의 울긋불긋함은 네부카드네자르의 끝없는 세속적 영광을 의미한다.

"검독수리는 레바논으로 가서 삼나무의 꼭대기 순을 따고, 가장 높은 가지를 꺾었다"는 말처럼 f. 62v 네부카드네자르는 유대 왕국을 지배하려고 유대의 귀족들을 제거했다. 마치 삼나무 꼭대기에 있는 순을 따는 것처럼 말이다. 그리고 네부카드네자르는 왕들의 가장 허약한 후손을 포로로 붙잡아 왕좌에서 끌어내렸다. 마치 삼나무의 가장 높은 가지를 꺾는 것처럼 말이다.

'검독수리'라는 단어는 성인들의 예리한 지성을 나타내기도 한다. 앞서 말한 예언자 예제키엘은 네 복음서의 저자들을 동물의 형태로 묘사했다. 넷 가운데 요한은 지상을 벗어나 날아오른 검독수리로 상징되는데, 요한은 말씀을 반영해 예리한 지성으로 신비를 꿰뚫는다. 마찬가지로 지상의 마음을 등진 사람들은 명상을 통해서 검독수리와 요한처럼 천상의 것들을 추구한다.

다시 검독수리에 대하여[249]

축복받은 그레고리우스는 검독수리에 대해 "먹이를 덮치는 독수리처럼"[250]이라고 말했다. 검독수리는 햇빛을 동요하지 않고 응시하는 버릇이 있다. 그러나 검독수리는 먹이가 필요해지면 사체를 찾으려고 태양에 고정시켰던 시선을 돌린다. 검독수리는 하늘 높이 날지만, 고기를 얻기 위해 지상을 향해서 날아간다.

확실히 고대의 교부들도 이렇게 행동했다. 그들은 자신들의 인간적인 연약함이 허용하는 한도까지 마음을 위로 향하게 해서 창조주의 빛을 응시했다. 그리고 세상이 끝나는 날에 그분이 육신을 입으실 것이라고 예언하면서 눈을 지상으로 돌리며 높은 곳에서 아래로 내려갔다. 그들은 신이 만물 위에 있고, 인간은 만물 가운데 하나라는 것을 인정했다. 그들은 신이 인류를 위해 고통을 겪고 죽으리라고 보았으며, 그의 죽음으로 인간은 삶의 새로움을 되찾고 회복하리라는 사실을 알았다. 마치 독수리가 태양을 응시한 뒤에 사체에서 먹이를 찾듯이 말이다.

"먹이를 덮치는 검독수리처럼"이라는 구절에 대해서는 다른 해석도 있다. 검독수리는 매우 높은 곳에서 날아다닌다. 그 새는 날개를 빠르게 휘저으며 공중에 뜬 상태로 있다. 그러나 허기진 위장의 욕구 때문에 지상을 찾아 높은 곳에서 아래로 갑자기 자신의 몸을 던진다.

이와 마찬가지로 인류는 최초의 조상 아담의 모습으로 하늘에서 낮은 곳으로 떨어졌다. 그의 존귀함은 의심할 여지가 없다. **f. 63r** 대기 위에 자유롭게 떠 있는 것처럼, 그는 이성의 절정 상태에 있었다. 그러나 그는 신의 명령을 어겨 음식을 먹었고, 지상으로 떨어졌다. 위장의 욕구가 그렇게 만들었다. 하늘을 날던 검독수리가 그러는 것처럼, 그는 이제 고기를 먹는다. 그는 묵상의 자유로운 기류를 잃고, 지금은 지상에서 육체적 욕망을 즐기는 데 빠져 있다.

다시 검독수리에 대하여[251]

"네 젊음이 검독수리처럼 새로워지는구나"[252]라는 구절을 살펴보자. 흔히 알려지기를 검독수리는 나이가 들면 부리가 갈고리 모양으로 자라서 음식을 먹을 수 없게 되어 영양 부족으로 약해진다고 한다. 그렇게 되면 검독수리는 바위를 찾아 자신의 부리를 날카롭게 갈고, 다시 음식을 먹어 젊음을 되찾는다.

바위는 그리스도이고, 검독수리는 의로운 사람이다. 그는 바위로 자신의 부리를 날카롭게 한다. 그는 덕 있는 행동으로 자신을 그리스도처럼 만든다.[253]

[그림 3-43]

벌

　벌이 '아페스(Apes)'라고 불리는 것은 그들이 '발(pes)'로 물건을 쥐기 때문이다. 그들이 발 없이 태어났다가 나중에야 발과 날개를 얻기 때문이라고도 한다.[254]

　꿀을 만드는 일에 능통한 그들은 자신들에게 할당된 자리에 종사한다. 그들은 자신들의 집을 말로 표현할 수 없을 만큼 뛰어난 기술로 짓고, 그곳에 다양한 꽃들에게서 모아온 꿀을 비축한다. 그들은 밀랍으로 만들어진 자신들의 요새를 수많은 자손들로 채운다.

　벌은 군대와 왕을 가지고 있으며, 전투를 벌인다. 그들은 연기를 피해 달아나며, 소리에 자극을 받는다. 그들 가운데 상당수가 소의 사체에서 태어나는 것으로 알려져 있다. 벌을 키우려고 하면, 죽은 송아지의 사체를 두들겨라. 그러면 부패한 피에서 벌레들이 나오는데, 이것들이 나중에 벌이 된다.

정확하게 말하면 소의 사체에서 나오는 동물만 벌이라고 부른다. 말의 사체에서 나오는 것은 호박벌(Crabro)이고, 노새에게서 나오는 것은 수벌(Fucus)이며, **f. 63v** 나귀에게서 나오는 것은 말벌(Vespa)이다.

그리스 사람들은 벌집의 바깥 부분에서 만들어지는 커다란 벌을 카스트로스(Castros)라고 부른다. 그 벌을 왕이라고 불러야 한다고 여기는 사람도 있다. 그들이 '요새(castra)'를 이끌기 때문이다.[255]

벌의 특성[256]

벌은 살아 있는 모든 종류의 동물들 가운데 유일하게 새끼들을 공동으로 기르며, 하나의 주거지에서 공동으로 살아가며, 단일한 고국 안에 속해 있다. 그들은 자신들의 노고와 음식, 작업, 노동의 산물과 전투도 공유한다. 그 밖에 생식도 공동으로 하는데, 출산이라는 공동의 과정 안에서 그들의 육신은 깨끗함을 유지한다. 출산이 성교나 정욕 없이 이루어지기 때문이다. 그들은 출산의 괴로움으로 고통을 받지 않는다. 그 대신에 그들은 입으로 나뭇잎과 풀에서 유충들을 모아서 한 번에 엄청난 무리의 자손들을 낳는다.

그들은 자신들의 왕을 선출하고, 스스로 백성이 된다. 그러나 비록 왕에게 복종하더라도 그들은 자유롭다. 그들은 왕을 선출하고, 그에게 충성을 바칠 권리를 가진다. 그들은 자신들이 선출한 자를 사랑하며, 책임을 짊어지고 있는 그를 존중하기 때문이다. 게다가 왕은 제비뽑기로 선출되지 않는다. 그렇게 하면 결과가 판단이 아니라 운에 따르는 것이 되기 때문이다. 그리고 예측할 수 없는 운명의 장난으로 적합하지 않은 후보가 더 나은 후보를 대신해 뽑하는 일이 벌어질 수도 있다.

벌들 가운데서도 왕은 뛰어난 천성을 지닌다. 그는 몸의 크기와 겉모습의 덕이 다른 이들보다 앞선다. 그리고 왕의 본질은 자비로운 본성에 있다. 벌침이 있기는 하지만, 그것을 복수하는 데 쓰지는 않는다. 성문화되어 있지는 않지만 관습으로 뿌리 깊게 남아 있는 자연법에는, 가장 큰 힘을 부여받은 자는 처벌을 할 때 그만큼 더 관대해야 한다고 되어 있기 때문이다. 그렇게 하면 왕의 법을 따르지 않은 벌들은 뉘우쳐서 스스로에게 벌을 내려 침으로 자신을 찔러 죽는다. 페르시아인들은 오늘날에도 이러한 관습을 보존하고 있다. 범죄를 저지른 자들은 스스로에게 죽음의 판결을 내려 죄 값을 치른다.

인간은 벌만큼 왕에게 헌신하지 않는다. 매우 가혹한 법의 지배를 받는 인도 사람들도, 페르시아 사람들도, 사르마트 사람들도 그렇게 하지 않는다. 벌들은 이렇게 헌신한다. 어떤 벌들도 제멋대로 집을 벗어나지 않는다. **f. 64r** 먹이를 구해야 하는 경우에도 왕이 먼저 출발해 비행 대열의 선두에 설 때에만 집을 떠난다.

그들의 비행은 그들을 향기가 풍겨오는 곳으로 이끈다. 그곳에는 꽃들이 정원을 이루고 있고, 목초지들 사이에는 강이 흐르며, 강둑에는 쾌적한 장소가 있다. 그곳에서 아이들은 뛰어 놀고, 사람들은 운동을 하며, 그대는 걱정에서 해방된다.

벌들은 꽃과 달콤한 풀들의 한가운데에서 이루어지는 쾌적한 노동으로 자신들의 요새를 세운다. 벌통 안의 벌집이 일종의 요새가 아니라면 무엇이겠는가? 말벌들도 끝내 벌집에 들어가지 못한다. 작고 둥근 구획들이 서로를 연결하면서 지탱하는 벌집만큼 숙련된 솜씨와 정밀함을 갖추고 있는 요새가 어디 있을까? 도대체 어떤 건설 장인이 벌들에게 모든 면이 동일하고 폭이 일정한 6각형의 칸을 건설하도록 가르쳐준 것일까? 도대체 누가 생활 구역의 벽들 사이에 훌륭한 밀랍 침대를 매달아 놓는 방법을 가르쳐준 것일까? 도대체 누가 단물을 압축하는 방법을 가르쳐준 것일까? 도대체 누가 그들에게 꽃에서 얻은 과즙으로 곳간을 채우는 방법을 가르쳐준 것일까?

벌의 본성[257)]

그대는 벌들이 서로 앞다투어 자신들의 의무를 얼마나 잘 이행하는지를 볼 수 있다. 일부는 먹이를 찾는 이들을 보호한다. 일부는 자신들의 요새인 벌집을 조심스럽게 지킨다. 일부는 구름이 모여 있는 곳을 지켜보면서 비가 오는지 망을 본다. 일부는 꽃으로 밀랍을 만든다. 일부는 꽃에서 흘러나온 이슬을 입으로 모은다. 그대는 어떤 벌도 다른 이의 노고를 이용하기 위해 숨어 있지 않으며, 강제로 목숨을 빼앗지 않는다는 것도 볼 수 있을 것이다. 그들은 도둑이 되어 숨어 있지 않을까 서로가 서로를 두려워할 필요가 없다.

그들은 자신의 무기인 벌침을 가지고 있으며, 화가 나면 꿀 대신에 독을 만들 수도 있다. 그렇지만 복수의 열기로 일격을 가하고 나면, 자신도 그 자리에서 죽고 만다.

벌들이 자신들의 요새인 벌집 안 깊숙한 곳에 축축한 이슬을 따라 놓으면, 시간이 흘러가면서 점차 그것은 꿀로 압축된다. 그것은 처음에는 액체이지만, 밀랍과 접촉해 꽃향기를 받으면서 점차 꿀의 달콤함을 지니게 된다.

성서는 벌이 좋은 일꾼이라고 분명하게 말한다. "벌에게 가서 벌이 어떻게 일하는지를 보고 그것이 일하는 방식을 배워라."[258)] 벌은 매우 존경을 받는 업무 분야에서 일하고 있다. 왕들이든 평민들이든 누구나 건강을 위해 벌들이 만들어낸 것을 사용한다. 그것은 매우 인기가 많으며, 모두에게 사랑을 받는다.

f. 64v 예언자가 말하려는 것이 무엇인지를 들어봐라. 신이 그대에게 자그마한 벌의 사례를 따르고, 그것이 일하는 방식을 본받으라고 가르치신다는 것은 분명한 사실이다. 벌들이 얼마나 부지런하며, 얼마나 사랑받는지를 보라. 벌들이 노동을 한 결실을 모두가 갈망하며 찾는다. 그것은 어떤 특정한 사람들만 누리는 것이 아니라, 왕들과 평민 모두의

입 안에 달콤함을 가져오며 모두에게 차별 없는 즐거움을 선사한다. 꿀은 즐거움의 원천일 뿐 아니라, 건강에도 좋다. 꿀은 목을 보호하고, 상처를 치료한다. 그리고 몸속 궤양에도 치료제 구실을 한다. 그러므로 벌은 비록 육체적인 힘은 약하지만, 분별력과 미덕을 사랑하고 실천하는 힘은 강하다.

끝으로 벌들은 자신들의 왕을 지킨다. 그들은 왕을 보호하기 위해 모든 힘을 기울이며, 왕을 위해 죽는 것을 고귀한 행위로 여긴다. 그들은 왕이 무사할 때에는 결정을 바꾸거나 마음을 돌리지 않는다. 하지만 왕을 잃으면 임무의 충실한 이행을 포기하고 저장해둔 꿀을 약탈한다. 그들에게 충성심을 명령한 사람이 살해당했기 때문이다.

다른 새들은 1년에 한 번 새끼를 낳는 경우도 보기 어렵지만, 벌들은 1년에 두 번 새끼를 낳고, 그렇게 해서 두 배로 번식을 한다. 그래서 그들은 마릿수에서 다른 새들을 압도한다.

[그림 3-44]

비둘기와 페린덴스 나무

페린덴스(Perindens)는 인도에 있는 나무이다.[259] 그 나무의 열매는 모든 부위가 달콤하고 매우 상큼하다. 비둘기들은 그 열매를 좋아해서, 페린덴스 나무에 살면서 그것을 먹는다.

용은 비둘기의 천적이다. 그렇지만 용은 비둘기가 사는 페린데스 나무와 그 나무의 그림자를 두려워해서, 나무는 물론이고 그림자에도 가까이 다가가지 못한다. 용은 나무의 그림자가 서쪽으로 지면 동쪽으로 달아나고, 동쪽으로 그림자가 지면 서쪽으로 달아난다. 그렇지만 용은 비둘기가 나무와 나무 그늘을 벗어나면 붙잡아 죽인다.

페린덴스 나무는 신이고, 그 나무의 그림자는 신의 아들이다. 〔신의 전령으로 온 대천사〕 가브리엘은 마리아에게 "성령께서 너에게 내려오시고 지극히 높으신 분의 힘이 너를 덮을 것이다"[260]라고 말했다. 페린덴스 나무의 열매는 신의 지혜, 곧 성령이다.

그러니 오! 인간이여, 보라. f. 65r 그대는 성령을 받았다. 다시 말해서 영적이고 납득할 수 있는 비둘기가 그대의 위로 내려와 머물러 있다. 이제 그대는 아버지와 아들, 성령의 바깥으로 벗어나서는 영원함을 얻을 수 없다. 용은 그대를 붙잡아 죽이려고 하는 악마이다. 그대가 성령을 간직하고 있다면 용은 f. 65v 그대 가까이로 다가가지 못한다. 그러니 오! 인간이여, 주의하라. 보편 교회의 믿음 안에 머물고, 그 안에서 살아라. 그 믿음 안에, 하나뿐인 보편 교회 안에 단단히 머물러야 한다. 그리고 문 밖에서 오래된 뱀인 용에게 붙잡혀서 잡아먹히지 않도록 최대한 조심해야 한다. 주님과 동료 사도들에게서 벗어나자마자 악마에게 먹혀 파멸의 구렁텅이로 빠진 유다처럼 되지 않으려면 말이다.

4

기어다니는 동물

뱀에 대하여[1]

앙귀스(*Anguis*)는 모든 종류의 뱀을 가리키는 말로 사용할 수 있다. 뱀은 몸이 접히고 구부러진다. 그래서 여러 '각도(*angulosus*)'로 몸을 구부리면서 움직이고, 결코 몸을 반듯하게 펴지 않는다. 이런 이유 때문에 뱀은 '앙귀스'라고 불리는 것이다.

뱀은 '콜루베르(*Coluber*)'라고도 불린다. 그것은 뱀이 '그림자에서 살기(*colere umbras*)' 때문이거나, 아니면 구불거리며 '미끄러지듯이(*lubricus*)' 움직이기 때문이다. 물고기나 뱀처럼 움켜쥐었을 때 미끌거리는 것을 '루브리쿠스(*Lubricus*)'라고 부르기도 한다.

뱀을 가리키는 '세르펜스(*Serpens*)'라는 이름은 그 동물이 몸을 드러내고 걷지 않고, 은밀하게 '기어다니는(*serpere*)' 것에서 비롯되었다. 뱀은 '비늘(*squama*)'을 미세하게 움직여서 기어다닌다. 그러므로 도마뱀이나 영원처럼 네 발로 기어다니는 동물은 뱀이 아니라 '파충류(*Reptilia*)'라고 부른다. 뱀도 파충류라고 할 수 있는데, 그들도 가슴과 배로 '기어다니기*(reptare)*' 때문이다.

뱀은 그 종류만큼이나 수많은 독을 가지고 있다. 그러한 독사들은 다채로운 색깔만큼이나 다양한 고통과 죽음을 가져온다.

용

f. 65v 용*(Draco)*은 다른 어떤 뱀보다, 그리고 지상의 어떤 동물보다도 크다. 그래서 그리스 사람들은 **f. 66r** 용을 '드라콘*(Dracon)*'이라고 불렀고, 용을 가리키는 라틴어 이름 '드라코'도 거기에서 비롯되었다.

용은 가끔씩 동굴에서 밖으로 나오는데, 그러면 폭풍우가 친다고 한다. 용은 〔닭처럼〕 '볏*(crista)*'이 있으며, 작은 입과 숨을 내쉬는 좁은 콧구멍, 길게 내뻗은 혀를 가지고 있다.

용의 힘은 이빨이 아니라 꼬리에 있다. 용은 무는 것이 아니라 타격을 가해서 상대를 죽인다. 용은 독을 가지고 있지 않다. 용은 꼬리로 휘감아 상대를 죽이기 때문에 독이 필요없다고 알려져 있다. 거대한 몸집을 지닌 코끼리도 용한테서 벗어나지 못한다. 용은 코끼리가 지나다니는 길가에 숨어 있다가 꼬리로 코끼리의 다리를 묶고는 질식시켜서 죽인다.

용은 일 년 내내 더운 에티오피아와 인도에서 태어났다.[2)]

악마도 용과 같다. 악마는 가장 극악무도한 뱀이다. 그는 이따금 자신의 동굴에서 깨어나는데, 그럴 때에는 대기가 빛난다. 악마는 심연에서 나올 때에 빛의 천사로 모습을 바꾸고는 허황된 희망과 세속적인 쾌락으로 어리석은 사람들을 속이기 때문이다.

용이 볏을 지니고 있는 것처럼 악마는 자만의 왕관을 쓰고 있다. 용의 힘이 이빨이 아니라 꼬리에 있는 것처럼, 힘을 빼앗긴 악마는 사람

[그림 4-1] 코끼리를 휘감은 용

들에게 접근해 거짓말로 그들을 속인다. 용이 코끼리가 다니는 길에 숨어 있는 것처럼 악마는 천국으로 가는 길목에 숨어서 사람들을 죄의 사슬로 옭아매고, 용이 그러는 것처럼 그들을 질식시켜 죽인다. 위반의 사슬을 족쇄로 차고 죽은 사람은 누구나 확실하게 지옥행의 판결을 받기 때문이다.

바실리스크

바실리스크(*Basilisk*)[3]는 그리스어에서 비롯된 이름이다. 라틴어로는 '레굴루스(*Regulus*)'라고 옮겨지는데, '작은 왕'이란 의미이다. 그 동물이 이른바 '기어다니는 것들의 왕(*rex serpentium*)'이기 때문이다. 기어다니는 다른 동물들은 바실리스크를 보면 달아난다. 바실리스크의 냄새가 그들을 죽이기 때문이다.

바실리스크는 단지 바라보는 것만으로도 사람을 죽일 수 있다. 날아가는 새도 바실리스크의 시선으로부터 무사하지 못하다. 아무리 먼 곳에서 날아가던 새라도 불에 타 떨어져 바실리스크의 입으로 들어가 삼켜진다.

f. 66v 바실리스크는 족제비한테 진다. 그래서 사람들은 바실리스크가 숨어 있는 동굴에 족제비를 집어넣는다. 족제비를 본 바실리스크는 달아나지만, 족제비는 바실리스크를 쫓아가 죽여버린다. 이처럼 창조주가 아무런 대책도 없이 만든 것은 없다.

바실리스크는 반 피트 정도의 길이에 하얀 줄무늬를 가지고 있다. 그리고 레굴루스는 전갈처럼 건조한 곳을 찾아다닌다.* 그들이 다녀갔던 물가의 물을 마신 사람은 광견병에 걸려서 미쳐버린다.

'시빌루스(*Sibilus*)'라고 불리는 동물도 레굴루스와 마찬가지로 물거나 불태우기 전에 '쉿' 하는 소리만으로도 상대를 죽인다.

---

* 필사본에는 '레굴루스에 대하여(*De regulis*)'라는 소제목을 붙이고, 이 문장부터는 바실리스크를 '레굴루스'라고 부르고 있다. 일부 필사본에서는 바실리스크와 레굴루스를 별개의 삽화로 완전히 구분해 나타내고 있다.

[그림 4-2] 바실리스크

[그림 4-3] 레굴루스

살무사

살무사가 '비페라(Vipera)'라고 불리는 것은 암컷의 '폭력적인 출산(vi pariat)' 때문이다. 출산의 고통이 시작되면 새끼들은 자연스럽게 출산이 이루어질 때를 기다리지 않고 어미의 옆구리를 찢고 나와서 어미를 죽게 만든다. 그리고 사람들이 말하기를, 수컷 살무사는 암컷의 입에다 자신의 머리를 넣고 그 안에 자신의 씨를 뱉는다고 한다. 그러면 욕정에 휩싸인 암컷이 수컷의 머리를 물어뜯어서 수컷은 성교 중에 죽는다. 암컷도 출산 중에 죽으므로 부모가 모두 죽는 셈이다.[4]

성 암브로시우스는 살무사에 관해 뱀들 가운데에서도 가장 교활하며 불쾌한 동물이라고 말했다. 살무사는 성욕을 느낄 때면 미리 알고 있는 곰치(Murena)를 찾아가거나, 새로운 곰치와 교접할 준비를 한다. 살무사는 물가로 가서 '쉿쉿' 하는 소리를 내서 자신의 존재를 알리며 암컷 곰치를 불러서 부부 간의 결합을 하려고 한다. 부름에 응답한 곰치는 꺼리지 않고 독 있는 뱀과 결합한다.

이것이 우리에게 주는 교훈은 배우자의 행동을 참고 견디고, 그의 소재를 f. 67r 알 수 없더라도 그가 존재하는 것처럼 행동하라는 것이 아니면 무엇이겠는가? 남자가 거칠고, 기만적이고, 세련되지 않고, 신뢰할 수 없고, 술에 취해 있어도 그냥 내버려 둬라. 이것들이 독보다 더 나쁜가? 곰치는 독사와의 교접도 꺼리지 않는다. 부름을 받은 암컷 곰치는 모자라다 여기지 않고 진실한 애정으로 끈적거리는 뱀을 끌어안는다.

남자는 그대의 나쁜 점과 여성적인 가벼움을 참고 버틴다. 오! 여성들이여, 그대들도 남자들을 참고 견뎌줄 수는 없는가? 이브가 아담에게 속은 것이 아니라, 아담이 이브에게 속았다. 여자는 자신이 잘못된 행동을 하게 만든 남자를 자신의 관리자로 받아들여야 한다. 자신의 여성적인 기질 때문에 다시 타락하지 않도록 말이다. 그런데도 어찌 그가

[그림 4-4]

거칠고 세련되지 않다고 불평할 수 있단 말인가. 한때 그는 당신을 기쁘게 했다. 그대는 남편을 자주 골라야 한다고 말하는 것인가? 황소도 자신의 짝을 찾고, 말도 자신의 짝을 소중히 여긴다. 그래서 짝이 바뀌면, 남겨진 쪽은 다른 상대와 결합하는 것을 견디지 못하고 불안해 한다. 하지만 그대는 자신의 배우자를 거부하고 이따금 바꿀 생각마저 한다. 언젠가 그가 없다면, 그대는 곧바로 연적을 불러들인다. 그렇게 할 이유가 없는데도, 그대는 마치 어떤 이유가 있는 것처럼 자신의 명예에 가해진 손해에 대한 복수를 하려고 한다.

암컷 살무사는 어디에 있는지 알 수 없는 수컷을 찾아다니며 매력적인 '쉿쉿' 소리로 그를 불러낸다. 그리고 그가 다가오는 것을 느끼면 독을 뱉어내고, 겸손하게 남편과 결혼의 의무에 대한 존경을 드러낸다. 그러나 오! 여자들이여, 그대들은 남편이 멀리 갔다가 돌아오면 비난을 하며 내쫓는다. 살무사는 바다를 바라보며 상대가 오는 기척을 들으려하지만, 그대는 남편이 오는 길에 장애물을 놓는다. 그대는 갈등의 독을 불러일으키고, 그것을 제거하지 않는다. 그대는 아내로서의 포옹 한 가운데에 더러운 독액을 내뿜어대면서도 결혼의 맹세에 대해 수치심을 느끼지 않으며, 남편을 소중히 여기지도 않는다.

오! 남자들이여, 그대들도 논의에서 벗어나지 못한다. 사랑스러운 아내가 그대를 만나러 올 때에는 그대 마음의 격정과 거친 몸가짐을 한쪽으로 치워 두어야 한다. 그대의 아내가 상냥하게 그대의 사랑을 일깨우면 언짢은 심기는 떨쳐버려야 한다. 그대는 그녀의 주인이 아니라, 남편이다. 그대는 하녀를 얻은 것이 아니라 아내를 얻은 것이다. 신은 그대가 더 약한 성性을 관리하기를 바란 것이지, 철저히 군림하기를 바란 것이 아니다. 그녀의 보살핌을 관심으로 갚아야 한다. 그녀의 사랑을 은혜로 갚아야 한다. 살무사는 독을 뱉어낸다. 그대는 그대의 거친 태도를 없앨 수는 없는가? f. 67v 만약 그대가 천성이 거칠다면, 그대는 그대의 결혼을 생각해서 몸가짐을 온건하게 하고, 관계를 고려해서 그대의 거침을 한쪽으로 치워 두어야 한다.

다른 문제도 있다. 남자들이여, 다른 이의 침대를 찾지 말라. 다른 정사를 꾀하지 말라. 간통은 심각한 죄이다. 그것은 자연에 해를 끼친다. 태초에 신은 아담과 이브, 곧 남편과 아내라는 두 존재를 만드셨다. 그분은 남자에게서, 곧 아담의 갈비뼈에서 여자를 만드셨다. 그리고 그분은 그 둘에게 한몸처럼 존재하고 하나의 영혼으로 살라고 명령하셨다. 하나의 몸이 왜 분리되는가? 하나의 영혼이 왜 나눠지는가? 물론 자연에서도 간통은 일어난다. 곰치와 살무사의 열정적인 포옹이 바로 그러하다. 하지만 그것은 종의 법칙에 따라 일어나는 일이 아니라, 욕정의 열기 때문에 일어나는 일이다. 남자들이여, 명심해야 한다. 다른 남자의 아내를 유혹하려는 남자는 교합을 갈구하는 뱀이나 마찬가지이다. 남자여, 그대 가슴에 미끄러져 들어온 살무사를 서둘러 쫓아내야 한다. 그것은 진실하고 정직한 방법이 아니라, 변덕스러운 사랑의 진흙투성이 길로 들어왔다. 남자여, 살무사처럼 독을 되찾은 여자를 서둘러 떠나야 한다. 사람들이 말하기를, 살무사는 짝짓기가 끝나면 앞서 뱉어두었던 독을 다시 빨아들인다고 한다.[5]

[그림 4-5]

아스피스

아스피스*(Aspis)*가 그런 이름으로 불리는 것은 물 때 독을 온 몸에 '퍼 뜨리기*(spargere)*' 때문이다. 그리스어에서 '독'을 가리키는 말은 '이오스 *(ios)*'이고, '아스피스'라는 이름도 이 말에서 비롯되었다. **f. 68r** 아스피스 는 깨물면서 독액을 분비해 상대를 죽이기 때문이다. 아스피스는 늘 입 을 벌린 채 입김을 내뿜으며 빠르게 움직인다. 아스피스는 종류도 다양 하며, 그것이 가져다주는 피해도 다양하다.

뱀을 부리는 사람은 아시피스가 동굴에서 나오게 하기 위해 음악을 연주한다. 그러면 아스피스는 밖으로 나오지 않으려고 한쪽 귀는 땅에 대어 막고, 다른 귀는 꼬리로 막는다고 한다. 그러면 음악이 들리지 않 게 되어, 뱀을 부리는 사람이 아무리 유혹해도 밖으로 나오지 않을 수 있다고 한다.[6] 속인들의 천성도 이와 같다. 그들은 주님의 다음과 같은 말씀을 듣지 않으려고 속세의 욕망으로 한쪽 귀를 막고, 다른 귀는 그 들의 죄로 막는다. "너희 가운데에서 누구든지 자기 소유를 다 버리지 않는 사람은 내 제자나 종이 될 수 없다."[7] 그러나 아스피스는 단지 자신들의 귀를 막을 뿐이지만, 속인들은 자신들의 눈마저 가린다. 그래서 천국을 보지 않고, 주님의 업적도 보려고 하지 않는다.

아스피스의 종류[8]

디사(Dissa)는 아스피스의 일종으로 라틴어로는 (물동이'라는 뜻인) '시툴라(situla)'라고 한다. 그 동물에 물리면 '갈증(sitis)'에 시달리다가 죽기 때문이다.

이프날리스(Ypnalis)라는 아스피스도 있는데, 물리면 '잠든 상태(hypnosis)'로 죽어서 그런 이름으로 불린다. 클레오파트라도 이 뱀에게 자신을 물게 해서 마치 잠든 것처럼 죽음에 빠졌다.

에모로시스(Emorrosis)라는 아스피스는 상대가 피땀을 흘리며 죽게 해서 그런 이름으로 불린다. 그리스어에서는 '피'를 '에마스(emath)'라고 하는데, 그 뱀한테 물리면 몸이 허약해지고 혈관이 열리면서 생명이 피로 빠져나오기 때문이다.

프레스테르(Prester)는 매우 움직임이 빠른 아스피스로, 늘 벌리고 있는 입에서는 입김이 나온다. 그래서 시인*은 이 뱀에 관해 "탐욕스러운 프레스테르가 거품을 문 입을 쩍 벌리고 있다"[9]고 했다. 이 뱀한테 공격을 받으면 붓다가 마침내 온 몸이 모두 부풀어 올라 죽게 된다. 그리고 그렇게 부풀어 오른 몸은 곧바로 부패한다.

스펙타피쿠스(Spectaficus)도 아스피스이다. 이 뱀은 사람을 물어서 파괴해버린다. 이 뱀한테 물린 사람은 뱀의 입 안에서 완전히 액체로 변하게 된다.

케라스티스(Cerastis)는 머리에 양하고 비슷한 뿔들이 나 있기 때문에

---

* 뱀에 관한 시는 로마의 시인인 루카누스(Marcus Annaeus Lucanus, 39 – 65)의 『파르살리아*Pharsalia*』에서 내용을 가져오고 있다.

[그림 4-6] 스키탈리스

그런 이름으로 불린다. 그리스어에서 '케라스테(ceraste)'는 '뿔들'이라는 뜻을 나타내는 말이다. 이 뱀은 네 개의 작은 뿔을 한 무더기로 흔들어서 먹잇감으로 삼은 동물들을 유혹해 잡아먹는다. 새나 동물들을 끌어들여 붙잡기 위해 필요한 일부를 제외하고, 몸의 나머지 부분은 모두 모래로 덮어 드러내지 않는다. 이 뱀은 다른 뱀들보다 몸을 훨씬 잘 구부려서 f. 68v 마치 등뼈가 없는 것처럼 보인다.

스키탈리스

스키탈리스(Scitalis)라고 불리는 뱀은 그 이름을 다채로운 색으로 반짝거리는 등에서 얻었다. 이 뱀은 자신의 무늬를 쳐다보려는 사람이 있으면 속도를 늦춘다. 스키탈리스는 민첩한 동물이 아니다. 그래서 먹잇감을 쫓아가서 잡지 않고, 자신의 놀라운 겉모습으로 정신을 어지럽게 만들어서 잡는다.

이 뱀은 열이 너무 많아서 겨울에도 허물을 벗는다. 이에 대해〔1세기 로마의 시인인) 루카누스는 이렇게 말했다. "스키탈리스만이 아직 땅 위에 서리가 있을 때에 허물을 벗는다."[10]

안피베나

f. 68v 안피베나(Anphivena)가 그런 이름으로 불리는 것은 머리가 두 개이기 때문이다. 이 뱀은 머리가 하나는 앞에, 다른 하나는 꼬리 쪽에 달려 있다. 그래서 이 뱀은 몸으로 원을 그리면서 머리가 있는 '양쪽(amphis)' 방향으로 빠르게 움직일 수 있다.

안피베나는 차가운 곳으로 향하는 유일한 뱀으로, 겨울잠에서도 가장 먼저 깨어난다. 루카누스는 이 뱀에 대해서도 "머리가 두 개 달려 양쪽으로 움직일 수 있는, 무시무시한 안피베나"[11]라고 말했다. 안피베나의 눈은 등불처럼 빛난다.

[그림 4-7] 머리가 두 개인 안피베나

[그림 4-8] 악어의 입으로 들어가는 이드루스

이드루스

나일강에 사는 이 동물은 이드루스*(Idrus)*라고 불리는데, 물 안에서 살기 때문에 붙여진 이름이다. 그리스어에서는 '이드로스*(idros)*'는 물을 가리키는 말이다. **f. 69r** 그래서 이드루스는 '물뱀*(aquatilis serpens)*'이라고 불리기도 한다. 이 뱀한테 물리면 몸이 부어오른다. 이러한 증상을 '보아*(boa)*'라고 부르기도 하는데, '소*(Bos)*'의 똥으로 치료되기 때문이다.

이드라*(Idra)*는 머리가 많이 달린 용의 일종으로, 아르카디아의 레르나 지방에 있는 섬이나 늪에서 산다. 라틴어로는 '엑스케드라*(Excedra)*'라고 부르는데, 하나의 머리가 잘리면 바로 그 자리에서 세 개의 머리가 '자라나기*(excrescere)*' 때문이다. 이런 신화도 있다. 이드라는 인근 도시를 파괴할 정도로 물이 분출되던 장소였다. 그곳에서는 하나의 분출구를 막으면, 여러 개의 분출구가 새로 생겨났다. 이것을 본 헤라클레스는 물을 소진시켜서 수로들을 막아버렸다. '이드라'라는 이름은 그리스어에서 '물'을 가리키는 '이드로스'라는 말에서 비롯되었다.[12]

이드루스는 악어의 천적으로 다음과 같은 특징과 습성이 있다. 이드루스는 강기슭에 잠들어 있는 악어를 발견하면 목구멍을 쉽게 통과할 수 있게끔 진흙에 구른 뒤에 벌리고 있는 악어의 입 안으로 스스로 들어간다. 그러면 악어는 곧바로 이드루스를 산 채로 삼킨다. 하지만 이드루스는 악어의 내장을 찢고 원래 모습 그대로 무사히 밖으로 나온다.

여기에서 악어는 죽음과 지옥을 상징한다. 죽음과 지옥의 적은 우리 주 예수 그리스도이다. 인간의 육신을 입은 그분은 지옥으로 내려가서 그 안을 찢고 밖으로 나오셨다. 그분은 그곳에 불공평하게 잡혀 있던 자들을 밖으로 이끌어주셨다. 그분은 죽음에서 일어나서 스스로 죽음을 파괴하셨으며, 예언자를 통해 이렇게 죽음을 조롱하셨다. "오 죽음아, 나는 너를 죽게 하리라. 오 저승아, 나는 너를 물어뜯으리라."[13]

보아

f. 69r 보아(Boa)는 이탈리아에서 볼 수 있는 뱀이다. 이것은 무게가 엄청나다. 보아는 소와 가젤의 무리를 쫓아가서 젖이 가득한 젖통에 매달려 그것을 빨아먹고 그들을 죽인다. 이렇게 이 뱀은 '소(Bos)'를 죽이기 때문에 '보아'라는 이름을 갖게 되었다.[14]

[그림 4-9] 보아

[그림 4-10] 날아다니는 이아쿨루스

이아쿨루스

f. 69v 이아쿨루스(*Iaculus*)는 날아다니는 뱀이다. 루카누스도 이 동물에 대해 "날아다니는 이아쿨루스"[15]라고 말했다. 이 동물은 나무 안에서 갑자기 튀어나온다. 그리고 뭔가 가까이 다가오면 그 위로 몸을 '던져 (*iactare*)' 그것을 죽인다. 그래서 그들은 '이아쿨루스'라는 이름으로 불리게 되었다.

시렌

아라비아에 사는, 날개 달린 하얀 뱀들은 시렌(*Siren*)이라고 불린다. 이 뱀은 말보다 빨리 땅 위를 질주하며, 허공을 날 수도 있다. 시렌의 독은 매우 강해서 물리면 그대는 고통을 느끼기도 전에 죽을 것이다.[16]

[그림 4-11] 날개가 달린 시렌

[그림 4-12] 뼈를 녹이는 셉스

셉스

f. 69v 셉스*(Seps)*는 작은 뱀으로 그것의 독은 몸이 아니라 뼈에 작용한다. 그래서 시인도 이 뱀에 대해 "몸의 뼈를 녹여버리는 부식성의 셉스"[17]라고 말했다.

디프사

디프사*(Dipsa)*는 너무 작아 눈에 띄지 않아서 모르고 밟을 수도 있는 뱀이다. 그렇지만 그 뱀의 독은 미처 알아채기도 전에 그대를 죽일 것이다. 그래서 이 뱀한테 물려서 죽은 자들의 얼굴에는 다가올 죽음에 대한 어떤 슬픔도 나타나지 않는다. 시인은 이 뱀에 대해 이렇게 말했다. "티레니아족의 젊은 지도자 아울루스는 디프사를 밟았고, 그 뱀은 머리를 뒤로 젖혀 그를 물었다. 그는 조금의 고통도 느끼지 못했고, 물렸는지도 몰랐다."[18]

[그림 4-13] 작지만 위험한 디프사

도마뱀

도마뱀(*Lacertus*)은 〔네 발로 기어 다니는 동물인〕 파충류의 일종으로 '팔 (*lacertus*)'을 가지고 있어 그런 이름으로 불린다. 도마뱀에는 보트락스, 살라만드라, 사우라, 영원과 같은 다양한 종류가 있다.

보트락스(*Botrax*)는 개구리의 얼굴을 가지고 있어서 그렇게 불린다. 그리스어에서 '보트루카(*botruca*)'는 개구리를 가리키는 말이다.

살라만드라(*Salamandra*)는 불에 견디기 때문에 그렇게 불린다. 살라만드라의 독은 그 어떤 동물의 독보다 강하다. 다른 동물의 독은 한 번에 하나의 상대만 죽이지만, 살라만드라는 한 번에 여럿을 동시에 죽일 수도 있다. 살라만드라가 나무로 기어오르면 열매가 모두 독을 지니게 되어 **f. 70r** 그 열매를 먹은 사람들은 모두 죽는다. 게다가 살라만드라가 우물에 떨어지면 그 독의 지독함 때문에 그 물을 마신 사람들은 모두 죽음을 피하지 못한다.

살라만드라는 불을 이겨내므로 동물 가운데 유일하게 불을 끌 수 있다. 살라만드라는 타오르는 불길의 한가운데에서도 아무런 고통이나

[그림 4-14] 네 발로 기어다니는 도마뱀

[그림 4-15] 태양을 응시하는 사우라

[그림 4-16] 별 모양 반점이 있는 영원

상처 없이 머무를 수 있다. 이것은 살라만드라가 불에 타지 않을 뿐 아니라, 오히려 불을 꺼버리기 때문이다.

f. 70v 사우라(*Saura*)는 나이가 들수록 시력을 잃어가는 도마뱀이다. 그러면 사우라는 벽의 틈 안으로 기어들어가서 동쪽을 바라본다. 그리고 떠오르는 태양을 뚫어지게 응시해서 시력을 되찾는다.

〔작은 도롱뇽의 일종인〕 영원(*Stellio*)은 그 이름을 자신의 색에서 얻었다. 영원의 등은 '별(*stella*)'처럼 빛나는 점들로 꾸며져 있다. 오비디우스도 영원에 대해서 이렇게 말했다. "영원의 이름은 그 색에서 왔다. 그것의 몸에는 다양한 색의 점들이 별처럼 뿌려져 있다."[19)

영원은 전갈에게 매우 사납게 군다. 영원이 쳐다보기만 해도 전갈들은 두려움에 빠져 몸이 마비된다.

[그림 4-17] 나무와 우물을 오염시키고 불에 타지 않는 살라만드라

뱀의 본성

아드모디테(*Admodite*), 엘레판티에(*Elephantie*), 카메드라콘테스(*Camedracontes*)와 같은 다른 종류의 뱀들도 있다. 이렇게 뱀들은 그것이 가지고 있는 다양한 이름만큼이나 다양한 종류의 죽음을 가져온다.

뱀들은 모두 선천적으로 차갑다. 그들은 몸이 덥혀지면 그대를 공격할 것이 분명하지만, 차가운 기운이 계속되는 동안에는 아무도 건드리지 않는다. 그래서 뱀들의 독은 밤보다는 낮에 더 위험하다. 밤에는 이슬이 그들의 몸을 차갑게 식히고, 밤의 한기 때문에 그들의 움직임은 둔해진다. 죽음과 같은 추위와 얼어붙은 날씨도 몸의 온기를 빼앗으므로, 그들은 겨울에는 집 안에 머무르며 활동하지 않는다. 그러다 여름이 되면 다시 활발하게 움직인다. 그래서 뱀의 독에 공격을 당다면, 그대는 먼저 감각을 잃어버릴 것이다. 그런 뒤에 독액이 뜨겁게 타오르기 시작하면서 그대를 곧바로 죽음으로 빠뜨릴 것이다.

뱀이 가지고 있는 독을 '베네눔(*venenum*)'이라고 한다. 뱀독은 '혈관(*vena*)'으로 퍼지기 때문이다. 독은 혈관을 타고 온 몸으로 퍼져나가면서 목숨을 위협하게 된다. 그렇게 되면 몸이 지나치게 활성화되어 생명이 빠져나가게 된다. 그러므로 뱀독이 그대의 혈액에 섞여 퍼져가지만 않으면 피해에서 벗어날 수 있다. 루카누스도 "뱀독은 혈액과 섞일 때에만 치명적이다"[20]라고 말했다. 그리고 모든 독은 차갑기 때문에 천성이 뜨거운 영혼은 독의 차가운 손길에서 벗어날 수 있다.

이성을 갖지 못한 동물들이 인간과 어떤 선천적 특성들을 공유하는 경우가 있는데, 뱀은 영민함이 매우 뛰어나다. 이와 관련해서 「창세기」는 "뱀은 f. 71r 땅 위의 짐승들 가운데에서 가장 간교하다"[21]고 했다.[22]

뱀은 세 가지 특성을 가지고 있다. 첫 번째 특성은 나이가 들면 눈이 어두워진다는 것이다. 뱀은 다시 젊어지고 싶어지면 껍질이 헐거워질

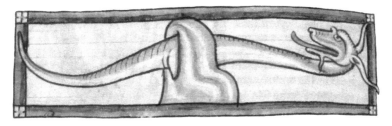

[그림 4-18] 허물을 벗는 뱀

때까지 여러 날을 굶는다. 그렇게 한 뒤에 바위의 좁은 틈을 찾아 그곳을 지나며 오래된 껍질을 벗는다. 우리도 뱀과 마찬가지로 그리스도의 이름으로 수많은 고통과 절제를 거쳐서 예전의 껍데기와 자기 자신을 벗어버려야 한다. 영적인 바위인 그리스도와 좁은 틈, 다시 말해 '좁은 문'[23]을 찾아야 한다.

　뱀의 두 번째 특성은 이렇다. 뱀은 물을 마시러 강에 갈 때에 독은 가져가지 않고 굴에 놓고 나온다. 우리가 신의 하늘나라에 관한 말씀을 듣기 위해 교회로 가서 생명의 영원한 물을 마실 때도 마찬가지이다. 우리도 독, 다시 말해 세속적이고 악한 욕망을 버려야 한다.

　뱀의 세 번째 특성은 이렇다. 뱀은 벌거벗은 사람을 보면 무서워하고, 옷을 입은 사람을 보면 공격한다. 이것도 영적인 말로 이해할 수 있다. 최초의 인간인 아담이 낙원에서 벌거벗고 있는 동안에는 뱀이 그를 공격하지 못했다. 그러나 옷을 입은 뒤에는, 다시 말해 인간의 육신을 입은 뒤에는 뱀이 그를 공격했다. 만약 그대가 인간의 옷을 입는다면, 다시 말해 예전과 같은 그대의 모습을 입고, 예전처럼 악한 날들 안에서 나이를 먹어간다면[24] 뱀이 그대를 공격할 것이다. 그러나 만약 그대가 이 세상의 어둠의 힘과 그 군주의 옷을 벗어버린다면,[25] **f. 71v** 뱀은, 곧 악마는 그대를 공격하지 못할 것이다.[26]

　한편, 뱀은 눈이 어두워지면 회향풀*(Feniculum)*을 먹어 이를 막는다. 뱀은 눈이 어두워졌다고 느껴지면 자신이 알고 있는, 효능이 확실한 그 치료법에 의지한다. 그리고 거북이는 뱀의 내장을 먹어 몸에 독이 퍼지는 것 같으면 〔소화 촉진의 효과가 있는 약초인〕 마저럼(Origanum)으로 자신을 치료한다.[27]

아울러 뱀은 금식한 사람의 침을 먹으면 죽는다. 또 플리니우스의 말에 따르면, 뱀은 머리만 빠져나가면 겨우 손가락 두 마디 길이의 몸만 남아 있어도 계속 살 수 있다고 한다.[28] 그래서 뱀은 공격을 받으면 자신의 머리를 보호하기 위해 상대에게 몸통 전체를 내주기도 한다.

뱀은 모두 나쁜 시력 때문에 고통을 겪는다. 그들은 앞에 무엇이 있는지도 잘 보지 못한다. 이런 데에는 다 이유가 있다. 그들의 눈은 앞에 있지 않고 관자놀이 부분에 있기 때문이다. 그래서 그들을 듣는 것을 보는 것보다 더 잘한다.[29] 뱀은 어떤 동물들보다 혀를 빠르게 움직인다. 실제로는 혀가 하나밖에 없는데도 마치 혀가 세 개 있는 것처럼 보일 정도이다.[30]

뱀의 몸뚱이는 축축하다. 그래서 어디를 가든지 그들은 축축한 흔적을 남긴다. 그러한 뱀의 흔적은 다리가 없기 때문이다. 뱀은 옆구리와 비늘의 압력을 이용해 기어다니는데, 그러면 목부터 배의 아래 부분까지 똑같은 자국이 남는다. 뱀은 비늘을 발처럼, 옆구리를 다리처럼 사용해서 몸을 지탱할 수도 있다. 그러나 이런 이유로 뱀은 배에서 머리 사이의 어떤 부위를 공격받으면 불구가 되어 빠르게 도망치지 못한다. 옆구리의 발과 같은 움직임과 활발한 몸동작은 모두 등뼈를 통해서 이루어지는데, 그 부위에 충격을 받으면 등뼈가 탈구되기 때문이다.

뱀은 오래 산다고 한다. 뱀이 오래된 껍질을 벗어버리면서 늙음도 함께 벗어버리고 젊음을 되찾는다는 말이 있을 정도로 말이다. 뱀의 껍질을 '허물(Exuvie)'이라고 한다. 그들은 나이가 들면 그것을 '벗어버리기(exuere)' 때문이다. 우리가 옷을 '엑수비에(exuvie)'나 '인두비에(induvie)'라고 부르는 것도 '벗거나*(exuere)*' '입기*(induere)*' 때문인 것처럼 말이다.

피타고라스는 뱀이 죽은 사람 등뼈의 '골수*(Medulla)*'에서 태어난다고 말했다. 오비디우스의 『변신이야기』에도 같은 식의 이야기가 나온다. 오비디우스는 "무덤에 있는 등뼈가 썩으면, 사람의 **f. 72r** 등골이 뱀으로 변한다고 믿는 사람들이 있다"고 말한다.[31] 만약 정말로 그렇다고 한다면, 이것은 어떤 면에서는 공정한 일이다. 뱀이 사람의 죽음을 가져오는 것처럼, 사람의 죽음으로부터 태어나는 것이기 때문이다.[32]

벌레

여기부터는 벌레*(Vermis)*에 관한 설명이다. 벌레는 대개 살이나 나무, 지상의 물질들에서 나온다. 드물게 전갈처럼 알을 깨고 나오는 것도 있지만, 이것도 교접의 결과물은 아니다. 그리고 벌레는 땅이나 물, 공중, 살, 나뭇잎, 나무, 옷에서 산다.[33]

땅 · 물 · 공중에 사는 벌레

거미*(Aranea)*는 '공중*(aer)*'에 살기 때문에 그러한 이름으로 불리게 되었다. 거미는 작은 몸통에서 기다란 실을 뽑아내며, 쉬지 않고 거미줄을 치는 데에만 전념한다. 거미는 결코 노동을 멈추지 않으며, 계속해서 자신의 재주를 써버리는 고통을 겪는다.

노래기*(Multipes)*는 땅에 사는 벌레로, 발*(pes)*이 많기 때문에 그런 이름으로 불린다. 그 벌레는 몸을 공처럼 말고, 단지 안에서 번식한다.

거머리*(Sanguissuga)*는 물에 사는 벌레로, '피를 빨아먹기*(sanguinem sugere)*' 때문에 그런 이름으로 불린다. 거머리는 물을 마시는 이를 갑자기 덮친다. 거머리는 목구멍으로 미끄러져 들어가거나 몸의 어떤 부분

[그림 4-19]

에 달라붙어 피를 빨아먹는다. 거머리는 배가 가득 차도 신선한 피를 다시 빨아먹기 위해 이미 삼킨 피를 뱉어낸다.

전갈*(Scorpio)*은 땅에 사는 동물로 뱀보다는 벌레로 분류된다. 전갈은 침으로 무장하고 있다. 그리스어에서 비롯된 '스코르피오'라는 이름도 그래서 얻게 된 것이다.* 전갈은 꼬리로 희생자들을 쏘아서 만든 활 모양의 상처로 독을 퍼뜨리기 때문이다. 그렇지만 특이하게도 전갈은 손바닥은 쏘지 않는다.

나무 · 옷에 사는 벌레

누에*(Bombocis)*는 나뭇잎에 사는 벌레이다. 그것이 자아낸 실로 우리는 비단을 만든다. 누에의 라틴어 이름은 그 벌레가 실을 뱉어내 자신을 비우고 나면 몸 안에 공기만 남아 있는 것에서 비롯되었다.**

배추벌레*(Eruca)*도 나뭇잎에 사는 벌레로, 양배추나 포도나무에서 자주 발견된다. 그 이름은 '갉아먹다*(erodere)*'라는 말에서 비롯되었다. 〔고대 로마의 희극 작가인〕 플라우투스는 이 벌레의 특징을 이런 식으로 회상했다. "그는 사악하고 쓸모없는 짐승처럼 포도잎을 뒤덮고 있다."[34]

배추벌레는 날지 못해서 메뚜기*(Locusta)*처럼 반쯤 먹던 것을 이곳저곳에 남겨둔 채로 허겁지겁 날아서 사방으로 옮겨 다니지는 않는다. 그

---

* 그리스어 '스코르피오스*(skorpios)*'는 '전갈, 가시나무, 화살을 발사하는 무기' 등을 의미한다.

** '봄부스*(bombus)*'는 '속이 빈 소리, 붕붕대는 소리'를 뜻한다.

대신 먹어서 없애기로 결정한 농작물 한가운데에 머무르며 천천히 우적우적 갉아먹어 f. 72v 모든 것을 없앤다.

그리스 사람들은 나무벌레를 '테레도나스(Teredonas)'라고 부르는데, 그것들이 '갉아서(terendo)' 먹기 때문이다. 우리는 라틴어로 그것들을 ['흰 개미'를 의미하는] '타르미테스(Tarmites)'라고 부른다. 그것들이 '나무벌레(Ligni vermes)'인 이유는 잘못된 때에 베어 넘어뜨린 '나무(lignum)'에서 생겨나기 때문이다.

옷에서 발견되는 벌레는 좀벌레(Tinea)라고 부른다. 그것이 직물을 '파먹기(terat)' 때문이다. 좀벌레는 구멍을 뚫릴 때까지 먹어치운다. 그래서 언제나 같은 일을 꾸준히 하고 있는 좀벌레를 [고집이 세다'는 뜻으로] '페르티낙스(pertinax)'라고 부르기도 한다.

몸에 붙어서 사는 벌레

에미그라무스, 룸브리쿠스, 아스카리다(Ascarida)*, 코스타(Costa)**, 페디쿨리, 풀리케스, 렌덱스(Lendex),*** 타르무스, 리키누스, 우시아, 키멕스는 몸에 붙어서 사는 벌레들이다.

에미그라무스(Emigramus)는 머리에 붙어 사는 벌레이다. 룸브리쿠스(Lumbricus)는 위장에 사는 위충胃蟲으로 '허리(lumbus)'에서 기어다니며 살아간다. ['이'를 뜻하는] 페디쿨리(Pediculi)는 몸에 기생하는 벌레로 그 이름은 그들의 '발(pedes)'에서 비롯되었다. 몸에 페디쿨리가 들끓는 사람들은 '페디쿨로시(pediculosi)'라고 한다. ['벼룩'을 뜻하는] 풀리케스(Pulices)가 그런 이름으로 불리는 까닭은 그들이 주로 '먼지(pulvis)' 위에서 살아가기 때문이다.

---

* 아스카리다(Ascarida)는 '회충'을 뜻한다.
** 늑골(costa) 부분에서 발견되는 기생충으로 추정된다.
*** '서캐'를 의미하는 '렌스(Lens)'의 복수형이다.

[그림 4-20]

타르무스(*Tarmus*)는 돼지의 비계에서 발견되는 벌레이다. 〔'진드기'를 뜻하는〕 리키누스(*Ricinus*)는 개와 관련된 벌레이다. 개의 '귀*(auris)*'에 달라붙어 살기 때문에 그런 이름으로 불리게 되었다. 그리스어에서는 개를 '케노스*(cenos)*'라고 한다. 우시아(*Usia*)는 돼지한테서 발견되는 벌레이다. 그 벌레는 '화끈거리게*(urere)*' 만들기 때문에 그런 이름으로 불리게 되었다. 우시아한테 물리면 물집이 생길 정도로 물린 자리가 화끈거린다. 〔'빈대'를 뜻하는〕 키멕스(*Cimex*)의 이름은 그것과 똑같이 불쾌한 냄새를 내는 식물에서 비롯되었다.

정확히 말하면 구더기(*Vermis*)는 썩은 고기에서 생겨난다. 그대는 좀벌레는 옷에서, 배추벌레는 농작물에서, 나무벌레는 나무에서, 타르무스는 돼지의 비계에서 발견할 수 있다. 벌레는 뱀과 같은 방식으로 비늘의 압력으로 기어다니지 않는다. 벌레한테서는 뱀과 같은 단단한 등뼈를 찾아볼 수 없기 때문이다. 그러나 벌레는 자신의 작은 몸의 오그라뜨린 부분을 펴고, 편 부분을 오그라뜨리면서 움직인다. 벌레는 이동작을 반복해서 추진력을 얻어 앞으로 기어간다.

5

물에 사는 동물

여기서부터는 물고기에 대한 설명이다. 물고기를 가리키는 '피스케스*(Pisces)*'라는 이름은 '가축*(Pecus)*'과 마찬가지로 '뜯어먹다*(pascere)*'라는 말에서 비롯되었다.

물고기도 〔기어다니는 동물인〕 파충류라고 불린다. 물고기는 헤엄을 치면서도 파충류의 외모와 습성을 지니고 있기 때문이다. 깊은 바닷속으로 들어가기는 하지만, 그들도 기어서 헤엄을 친다. 다윗도 "저 크고 넓은 바다에는 수없이 많은 기어다니는 것들이 있습니다"[1]라고 말했다.

〔양서류*(Anphibia)*는 일종의 물고기이지만, 땅에서는 걸어다니고 물에서는 헤엄을 친다. 그리스어에서 '안피*(anphi)*'는 '두 가지 모두'라는 뜻으로, 그들이 물에서도 살고 땅에서도 살기 때문에 그렇게 불린다. 바다표범, 악어, 그리고 '강의 말*(equi fluctuales)*'인 하마*(Ypotami)*[*]와 같은 동물들이 양서류이다.〕[2]

---

* 그리스어에서 '히포*(hippos)*'는 '말', '포타모스*(potamos)*'는 '강'을 뜻한다.

고래

[바다에는 그리스어로는 〔'방패 거북이'란 의미인〕 '아스피도 델로네(aspido delone)'라고 불리고, 라틴어로는 '아스피도 데스투도(aspido testudo)'라고 불리는 거대한 물고기가 있다. 그것은 〔'바다 괴물'이라는 의미의〕 '케투스 (Cetus)'라고도 불리는데 거대한 몸집에서 비롯된 이름이다. 케투스는 요나*를 삼킬 정도로 거대하다. 그것의 배는 너무 커서 저승이라고 생각될 정도이다. 요나는 "그분은 저승의 뱃속에 있는 나의 소리를 들어 주셨다"³⁾라고 말했다.⁴⁾

그 동물은 파도치는 바다 한가운데에서 물 위로 등을 드러내고 한 곳에 꼼짝 않고 있다. 얼마나 오래 머물러 있던지 강한 바람에 실려서 온 바다의 모래가 그 동물의 등에 땅처럼 쌓여 관목들이 자랄 정도이다. 그래서 선원들은 그것이 섬이라고 생각하고는 배를 멈추고 그 위에서 요리를 한다. 그러면 불의 열기를 느낀 케투스가 갑자기 물 안으로 들어가면서 배도 함께 바다 깊은 곳으로 빨려 들어간다. 믿음이 없는 자들과 악마의 교활함을 모르는 사람들, 악마를 신뢰하고⁵⁾ f. 73r 악마의 일을 하기로 맹세한 이들도 이와 마찬가지로 모두 악마와 함께 지옥의 불길로 떨어질 것이다.

고래(Balena)의 본성은 다음과 같다. 그 동물은 먹잇감을 찾을 때에는 입을 벌리고 감미로운 향기를 내뿜는다. 그러면 그 냄새를 맡고 작은 물고기들이 고래의 입 안으로 몰려든다. 그렇게 입 안이 가득 차면 고래는 입을 닫고 느닷없이 물고기들을 삼켜버린다. 믿음이 부족한 자들, 욕망과 유혹의 음식에 굴복한 자들도 그와 같은 일을 겪게 마련이다. 그들도 마치 어떤 냄새에 사로잡힌 것처럼 되었다가 악마의 먹잇감이

---

* 요나는 구약의 「요나서」에 등장하는 예언자이다. 바다에서 폭풍을 만나 큰 물고기의 뱃속에서 3일을 지내다가 기도로 구원을 받았다.

[그림 5-1]

되어 순식간에 삼켜진다.

고래는 거대한 동물로, 물을 들이마셨다가 내뿜는 습관 때문에 그런 이름으로 불린다. 그리스어에서 '발레인(baleim)'은 '내뿜다'라는 뜻이다. 고래는 다른 어떤 바다 생물들보다 너울이 높게 일게 할 수 있다. 성교로 암컷을 임신시키는 '수컷(masculus)' 고래는 '무스쿨루스(Musculus)'라고 불린다.[6]

[그림 5-2] 커다란 날개가 있는 세라

세라

세라(Serra)라는 이름을 가진, 거대한 날개가 있는 바다 괴물이 있다. 그 동물은 바다를 지나는 배를 보면 날개를 들어올려 빠르게 질러 쫓아 간다. 그리고 30에서 40스타디아* 정도 배와 속도를 맞추어 따라가다 가 추격에 실패하면 날개를 접고 물 위로 내려선다. 지친 세라는 파도 에 몸을 싣고 깊은 곳에 있는 자신들의 집으로 돌아간다.

---

* 스타디아(stadia) : 고대 그리스와 로마에서 거리를 재던 단위로 '스타디움 (stadium)'이라고도 한다. 로마에서 1스타디아는 125파수스(passus)였다. 1파수스가 대략 1.48m 정도의 길이를 나타냈으므로, 1스타디움을 미터로 환산하면 185m이다.

세라는 이 세상을 나타내며, 배는 의로운 자들을 상징한다. 그들은 거센 비바람에도 난파의 위험에 빠지지 않고, 다시 말해 자신의 믿음을 위험에 빠뜨리지 않고 항해를 한다. 배를 따라가지 못하는 세라는 처음에는 선행善行에 전념했으나, 나중에 견디지 못하고 온갖 악덕에 몸을 맡긴 자들을 나타낸다. 끊임없이 움직이는 바다의 파도처럼 그 악덕들은 그들을 지옥으로 끌고 내려갈 것이다. 보상은 경주를 시작한 자들이 아니라 끝까지 버티는 자들에게 주어질 것이기 때문이다.[7]

[그림 5-3] 떼를 지어 다니는 돌고래

돌고래

돌고래*(Simones)*가 '델피네스*(Delfines)*'라는 별칭으로 알려져 있는 것은 그들이 사람의 목소리를 따라가거나 음악 소리를 듣고 떼로 몰려들기 때문이다. 바다에서 돌고래보다 빠른 동물은 없다. 그들은 배를 풀쩍 뛰어넘기도 한다. 돌고래는 폭풍이 불어올 것처럼 보이면 오히려 거센 파도를 거침없이 타고 넘으며 더 활발하게 뛰어논다. **f. 73v** 돌고래의 정확한 이름은 '시모네스'이다.

나일강에는 톱 모양으로 된 등을 가진 돌고래 종류가 있는데, 톱니처럼 생긴 그 등으로 악어의 부드러운 배 부분을 갈라서 죽인다.[8]

그리스어에서 '델레아조(deleázo)*'는 '유혹하다', '포니*(foni)*'는 '소리'라는 뜻이다.

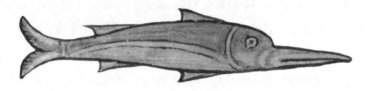

[그림 5-4] 황새치

[그림 5-5] 바다전갈

바다돼지

바다돼지(*Porci marini*)는 흔히 그냥 '돼지(*Suilli*)'라고도 불린다. 그들은 먹이를 찾을 때 돼지가 땅을 파헤치는 것처럼 물밑의 바닥을 들쑤시기 때문이다. 그들은 목 둘레에 입과 같은 것이 있어서, 주둥이를 모래에 박아 넣지 않고서는 먹잇감을 그러모으지 못한다.[9]

황새치

황새치(*Gladius*)가 그런 이름으로 불리는 것은 주둥이가 〔'칼'처럼〕 뾰족하기 때문이다.* 그 물고기는 날카로운 주둥이로 배를 찔러 침몰시킬 수도 있다.[10]

---

* 라틴어 '글라디우스(*gladius*)'는 '칼'이라는 뜻도 지니고 있다.

톱상어 · 바다전갈

톱상어*(Serra)*가 그렇게 불리는 것은 '톱*(serra)*' 모양의 볏이 있기 때문이다. 그들은 배 아래를 헤엄치며 배의 용골에 톱질을 한다.[11]

바다전갈*(Scorpio)*이 그렇게 불리는 것은 손으로 집으면 상처를 입히기 때문이다. 사람들이 그러는데, 게 열 마리를 바질 한 움큼을 함께 묶어 놓으면 바다전갈들이 모조리 그곳으로 모여든다고 한다.[12]

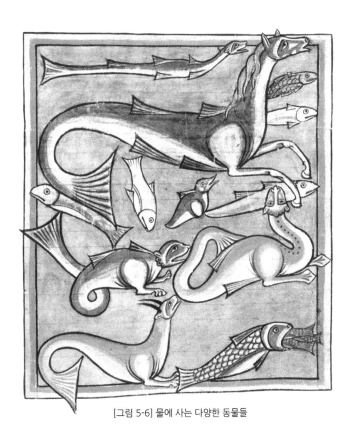

[그림 5-6] 물에 사는 다양한 동물들

[그림 5-7]

악어

악어*(Cocodrillus)*의 이름은 그 동물이 지닌 '사프란색*(croceus)*'에서 비롯
되었다. 나일강에서 온 악어는 다리가 4개인 생물로, 물과 육지를 모두
집으로 삼고 있다. 길이가 [9m인] 20큐빗에 달하기도 하며 거대한 이빨
과 발톱으로 무장하고 있다. 악어의 피부는 매우 단단해서 무거운 돌로
악어의 등을 내려쳐도 상처를 입히지 못한다.

악어는 밤에는 물에서 쉬고, 낮에는 물가에서 머무른다. 악어는 육지
에 알을 낳으며, 수컷과 암컷이 번갈아가며 알을 지킨다. 톱 모양의 볏
이 있는 어떤 물고기는 그 볏으로 악어의 부드러운 배 부분을 갈라서
악어를 죽인다.[13]

강꼬치고기

강꼬치고기(*Lupus*)는 늑대처럼 탐욕스러운 동물이므로 그러한 이름으로 불리게 되었다.* 그 물고기는 매우 교활해서 잡기 어렵다. 강꼬치고기는 그물에 둘러싸이더라도 꼬리로 모래를 파내 몸을 숨겨서 그물을 빠져나간다고 한다.[14)

노랑촉수

노랑촉수(*Mullus*)는 매우 '여리고(*mollis*)' 예민하기 때문에 그런 이름을 얻었다. 사람들이 말하기를, 그 물고기를 먹으면 욕정이 억제된다고 한다. 그리고 시력이 떨어질 수도 있다. 그것을 자주 먹는 사람한테는 비린내가 난다. 만약 그대가 죽은 노랑촉수를 담가 두었던 포도주를 누군가에게 마시게 하면, 그 사람은 그 뒤로는 포도주를 싫어하게 된다.[15)

숭어

숭어(*Mugilis*)는 '매우 민첩하기(*multum agilis*)' 때문에 그렇게 불리게 되었다. 그것은 낚시꾼이 그물을 친 것을 알아차리면 우물쭈물하지 않고 뒤로 물러나 그물을 뛰어넘는다. 그렇게 그대는 사실상 물고기가 나는 것을 볼 수 있다.[16)

---

* 라틴어에서 '루푸스'는 '늑대'와 '쇠갈고리'라는 뜻을 나타낸다.

[그림 5-8] 강꼬치고기

[그림 5-9] 노랑촉수

[그림 5-10] 숭어

물고기의 습성¹⁷⁾

물고기는 종류가 다양한 만큼이나 습성도 헤아릴 수 없을 정도로 다양하다. 어떤 물고기는 ^{f. 74r} '송어(*Tructa*)'라고 불리는 얼룩덜룩하고 커다란 물고기처럼 알을 낳는다. 그들은 부화하라고 알들을 물 안에 남겨두고, 물은 생명과 형태를 준다. 살아 있는 것들의 따뜻한 어머니인 물은 마치 '불변의 법칙(*legis perpetue*)'을 따르듯이 의무를 성실히 수행한다. 하지만 어떤 물고기들은 거대한 고래, 돌고래, 바다표범과 같은 동물들처럼 살아 있는 새끼를 바로 낳는다. 새끼를 낳은 어미는 덫이나 위험이 있다고 느끼면 입을 벌려서 새끼들을 입 안에 넣는다. 새끼들을 지키고, 어미의 사랑으로 어린 것들의 두려움을 가라앉히기 위해 그러는 것이다. 어미는 새끼들이 이빨에 다치지 않게 하면서 몸 안으로 도로 집어넣고는 새끼가 태어난 바로 그 자궁 안에 그들을 숨긴다.

인간의 어떤 사랑이 우리가 물고기에게서 본 것과 같은 '사랑(*Pietas*)'*에 견줄 수 있겠는가? 우리에게 사랑은 입맞춤이면 충분하다. 그러나 그들에게 사랑은 자기 몸의 가장 깊숙한 곳을 열어주는 것으로도, 새끼들을 삼켰다가 온전하게 다시 꺼내는 것으로도 충분치 않다. 자신의 온기로 새끼들에게 다시 생명을 주는 것으로도, 자신의 숨으로 새끼들에게 숨결을 불어넣는 것으로도 충분치 않다. 그리고 새끼들을 안전한 곳으로 데려가거나, 직면한 위험으로부터 새끼들을 보호하기 위해 새끼를 자신의 몸에 집어넣어 한몸처럼 살아가는 것으로도 충분치 않다. 낚시꾼이 그 물고기를 잡을 수 있다고 하더라도, 그 모습을 보고 어느 누가 물고기에게 존경심을 품지 않을 수 있겠는가? 인간들에게서는 좀체 찾을 수 없으나, 물고기가 지니고 있는 그러한 본성에 감탄하고 놀라워

---

* 피에타스(*Pietas*)는 가족 · 혈족 · 친구 · 국가 등에 대한 사랑을 뜻한다. '신앙심'의 뜻으로도 쓰인다.

하지 않을 이가 누가 있겠는가?

인간은 수많은 사람이 불신 때문에, 적의와 증오 때문에 자신의 아이를 죽인다. 우리는 기근이 닥쳤을 때, 자기 아이들을 먹어 치운 여인들에 관한 이야기를 알고 있다. 어미는 그렇게 자기 아이들의 무덤이 되었다. 하지만 물고기 새끼들에게 어미의 자궁은 방벽과도 같다. 어미는 요새와도 같은 자기 몸의 가장 깊숙한 곳에다 새끼들을 도로 넣어 손상을 입지 않게 보호한다.

이렇게 물고기는 다양한 종류만큼이나 다양한 습성을 지니고 있다. 일부는 알을 낳고, 일부는 형체를 갖춘 새끼를 낳는다. 알을 낳는 물고기들은 새처럼 둥지를 만들지 않는다. 그들은 새끼들이 부화하는 긴 과정을 신경 쓰지 않고, 새끼들을 먹이려 고생하지도 않는다. 알을 낳으면 물이 보살펴준다. 물은 마치 온화한 유모처럼 타고난 따뜻한 품 안에 알들을 품어 그것들이 빨리 동물이 될 수 있게 해준다. 어미, 곧 물의 끊임없는 손길이 가져다준 생명으로 알은 부화해서 물고기가 된다.

종이 잡다하게 섞여서 번식하지 않는, 이 얼마나 순수하고 더럽혀지지 않은 '종족 계승(successio)'인가. **f. 74v** 정말이지 물고기는 같은 종류의 물고기와 교접하지 다른 종류의 물고기와 '불순한 접촉(adulterina contagia)'을 하지 않는다. 수탕나귀와 암말, 아니면 수컷 말과 암나귀가 짝지어 만들어진 이종교배 종들은 인간의 예외적인 개입으로 탄생했다. 자연의 차원에서 이러한 이종교배는 실로 불순한 행위이다. 의심할 여지없이 자연적으로 일어난 이종교배에서 태어난 것이 인간의 고의가 작용한 이종교배로 태어난 것보다 훨씬 훌륭하다.

오, 인간들이여. 그대들은 중재자가 되어 역축들의 불순한 결합을 초래했고, 잡종 동물을 순수한 혈통의 동물보다 훨씬 귀하다고 여겼다. 그대들은 서로 다른 종들을 이종교배 시키며 하나의 씨를 다른 씨와 섞었다. 그리고 내키지 않아하는 동물들에게 빈번히 금지된 성교를 강요하고, 이것을 ('재간'이나 '생산업'이란 의미의) '인두스트리아(*industria*)'라고 부른다. 하지만 그대는 인간들로는 이종교배를 할 수 없다. 그렇게 두 종을 섞는 방식은 자손 생산을 못하게 할 수 있다. 그대는 남자가 가지고 태어나는 것을 제거하고, 남자의 남성다움을 가져가고, 그의 몸의 한 부분을 잘라내어 그의 성을 제거하고, 거세된 남자를 만든다. 그렇게 되면 자연은 그대의 주제넘음으로 생겨난 그 남자를 거부한다.

물이 얼마나 훌륭한 어머니인지를 생각해 보아야 한다. 오, 그대 인간은 '자식에 대한 아비의 부인(*abdicationes patrum in filios*)', 분리(*separationes*), 미움(*odia*), 반감(*offensas*)을 가르쳐왔다. 이제는 부모와 자식 관계에서 본질이 무엇인지를 배워야 한다. 물고기는 물 없이는 살 수 없다. 그들은 부모와의 '유대(*consortio*)'에서 떨어져 나올 수 없다. 물고기는 자신들의 '양육자(*altrix*)'로부터 분리될 수 없다. 물고기는 그렇게 되면 곧바로 죽는 본성을 가지고 있다.

물고기의 이빨

물고기 이빨의 양과 밀도에 대해 그대에게 무엇을 말해 주어야 할까? 물에 사는 동물들은 양이나 소처럼 입의 특정한 부분에만 치아가 자라는 것이 아니라, 입의 모든 부분을 이빨로 무장하고 있다.

만일 물고기가 먹이를 서둘러 먹어치우지 않고 오랫동안 씹는다면 이빨 사이로 물이 빠져나가면서 먹이도 같이 씻겨 나갈 것이다. 그래서 그들의 치아는 음식을 재빨리 잘라내 지체하거나 망설이지 않고 먹어 치울 수 있게끔 조밀하고 날카롭다. 요컨대 그들은 되새김질을 하지 않는다. 곧 뱉어내 다시 씹지 않는다. 오직 놀래기(*Scarus*)만이 되새김질을 한다고 한다. 그 물고기는 우연이든 습관이든 의도에 따라서 그러는 것이든 섭취한 모든 것을 되새김질한다.

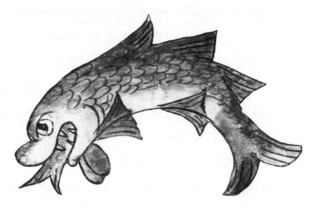

[그림 5-11] 작은 물고기를 잡아먹는 큰 물고기

물고기의 먹이사슬

물고기가 다른 물고기의 폭력에서 벗어날 수 없는 것은 분명한 사실이다. 어디에서나 작은 물고기는 그들보다 힘센 물고기의 탐욕의 대상이 된다. 강한 종은 자신보다 약한 종을 먹이로 삼는다. 물론 식물을 먹는 물고기도 많지만, 물고기를 잡아먹는 물고기도 있다. 그들에게는 작은 물고기가 큰 물고기의 먹이가 되고, **f. 75r** 큰 물고기는 다시 그보다 더 힘센 물고기의 먹이가 된다. 그렇게 잇달아 포식자들의 먹잇감이 된다. 하나가 다른 하나를 잡아먹고, 그것을 또 다른 물고기가 잡아먹는 것은 물고기들에게는 흔한 일이다. 그러면 포식자와 먹이가 동시에 같은 뱃속으로 들어가 하나의 창자 안에서 소화된다. 그들은 강탈과 복수의 공동체이다.

물고기들 사이에서 일어나는 이러한 폭력은 자연적인 것이다. 그러나 우리의 폭력은 자연적인 것이 아니라, 욕심 때문이다. 인간에게 물고기는 식량일 뿐 아니라, 계시로서의 역할도 한다. 우리는 물고기를 보면서 우리 자신들의 악덕들을 돌아보고, 물고기를 본보기로 삼아서

[그림 5-12]

강한 것이 약한 것을 삼키면 그보다 더 강한 것한테 고통을 받게 되리라는 사실을 미리 알고 주의할 수 있다.

다른 이에게 해를 끼친 인간은 스스로에게 올가미를 씌우는 것이다. 공격을 하는 물고기가 공격을 받는 것처럼, 약한 자를 억누르고 신자들을 나락에 빠뜨린 자는 그 자신도 그렇게 되게 마련이다. 그러니 주의하라. 그대가 다른 이를 쫓으면 그대도 그대보다 강한 자를 만나게 된다. 그대의 덫에 걸린 자는 그대를 다른 이의 덫으로 데려간다. 그대의 먹잇감이 그대의 추격을 두려워하는 그 순간, 다른 누군가도 그대를 쫓고 있다.

놀래기

놀래기*(Escarius)*'가 '에스카리우스'라고 불리는 까닭은 그들만이 '먹이 *(esca)*'를 되새김질하기 때문이다. 다른 물고기들은 되새김질을 하지 않는다. 사람들은 놀래기가 영리한 물고기라고 한다. 그 물고기는 통발에 갇히면 앞으로 달아나거나, 버들가지로 만든 통발을 비집고 빠져나가려고 하지 않는다. 그 대신 꼬리를 빠르게 튕겨서 통발 뒤쪽의 입구를 느슨하게 만들어 거꾸로 헤엄쳐서 빠져나온다. 만약 놀래기가 그렇게 통발에서 빠져나오려고 고군분투하고 있는 모습을 우연히 다른 놀래기가 보면, 그 동물은 갇힌 동료의 꼬리를 입으로 끌어당겨 빠져나올 수 있게 돕는다.[18]

빨판상어

빨판상어*(Echenais)*는 길이가 '반 척*(semipedalis)*'** 정도인 매우 작은 물고기인데, 배에 들러붙어 떨어지지 않기 때문에 그런 이름으로 불리게 되었다. 이 물고기는 바람이 거세고 폭우가 쏟아져도 배에 그대로 끈질기게 달라붙어 있어서 마치 바닷속에 정지해 있는 것처럼 보인다. 이 물고기는 배를 방해하지는 않고 단지 달라붙어 있기만 한다. 라틴어를 쓰는 사람들은 이 물고기를 '모라*(Mora)*'라고 부르는데, 그 동물이 배를 한 곳에 머무르게 해서 '지연*(mora)*'시킬 수도 있기 때문이다.[19]

---

* 스카루스*(Scarus)*와 에스카리우스*(Escarius)* 모두 놀래기를 가리키는 말이다.
** 페달리스(pedalis)는 발의 크기를 기준으로 한 길이의 단위로 1페달리스는 대략 29.5cm 정도이다.

[그림 5-13] 뱀장어

뱀장어

뱀장어(*Anguille*)는 뱀(*Angues*)과 닮았기 때문에 그런 이름으로 불린다. 그 동물은 진흙에서 태어났다. 그래서 뱀장어는 매우 미끄러워서 잡기 어렵다. 붙잡고 있으려고 해도 곧바로 주르르 미끄러져서 빠져나가 버리기 일쑤이다.

사람들이 말하기를, 동양의 갠지스강에는 **f. 75v** 길이가 30피트나 되는 뱀장어가 있다고 한다. 그리고 죽은 뱀장어를 담가 놓은 와인을 마신 사람은, 누구든 그 뒤로는 와인을 보기만 해도 질색하게 된다고 한다.[20]

곰치

곰치(*Murena*)는 그리스어로는 미린나(*Mirinna*)라고 한다. 몸을 뒤틀어 스스로 둥근 모양을 만들기 때문이다. 곰치의 암컷은 뱀과 짝짓기를 해서 새끼를 가진다고 한다. 그래서 낚시꾼들은 '쉿쉿' 하는 뱀 소리를 흉내 내서 곰치를 잡는다.

곰치는 몽둥이로 한번 내리쳐서는 죽이기 어렵다. 여러 번 되풀이해서 내리쳐야 한다. 그리고 곰치의 생명은 꼬리에 있으므로, 머리는 때려도 죽지 않는다. 하지만 꼬리를 때리면 단번에 죽는다.[21]

[그림 5-14] 곰치

문어

문어를 뜻하는 '포일리푸스(Poilippus)'라는 말은 '발이 많다'라는 뜻이다.* 그 동물은 많은 수의 다리를 가지고 있으며, 그 다리들은 둘둘 말려 있다. 문어는 영리한 물고기이다. 문어는 낚시꾼이 놓은 미끼로 다가가서 다리로 그것을 감아 붙잡는다. 그리고 미끼를 조금씩 다 물어뜯을 때까지 떠나지 않는다.[22]

전기가오리

전기가오리를 '토르페도(Torpedo)'라고 부르는 것은 살아 있는 그 동물을 만지면 누구든 몸이 '마비되기(torpescere)' 때문이다. 플리니우스에 따르면, 인도양의 전기가오리를 창이나 막대기로 건드리면 꽤 멀리 떨어져 있어도 낚시꾼의 팔이 마비된다고 한다. 그의 팔이 매우 억세고 단단하더라도 말이다. 그리고 그가 아무리 빨리 뛸 수 있는 튼튼한 발을 가지고 있더라도 꼼짝도 할 수 없게 된다.[23] 토르페도의 힘은 매우 세서 몸 주변의 기운만으로도 사람의 사지에 영향을 끼칠 수 있다.[24]

---

* 그리스어로 '폴루스(polús)'는 '많다', '포우스(poús)'는 '발'이란 뜻이다.

게

게(Cancer)는 먹이를 구하기 위해 어떤 종류의 계략을 세운다. 게는 굴을 좋아해서 굴의 살로 만찬을 즐기기 위해 길을 나선다. 그러나 먹이를 찾는 것은 위험을 무릅써야 한다는 의미이기도 하다. 잡기 어려울수록 위험도 커진다.

게가 굴을 사냥하기는 쉽지 않다. 먹잇감이 매우 단단한 두 개의 껍질로 둘러싸여 있기 때문이다. '최고 지배자(imperium)'인 신의 뜻에 따라 자연은 부드러운 살에는 방벽을 갖춰 두었다. 껍질에서 가슴처럼 움푹 들어간 부분은 살에 양분과 온기를 주는 곳이다. 굴은 마치 계곡과 같은 곳에 자신의 살을 두고 있는 것이다. 그래서 게의 모든 노력은 소용이 없다. 게한테는 단단하게 닫혀 있는 굴의 껍질을 열 수 있는 힘이 없기 때문이다.

게다가 게의 발이 껍질 안에 있을 때 굴이 껍질을 닫아버리면 게의 탐색은 위험해질 수도 있다. 게는 계략을 세워서 새로운 속임수를 사용해 덫을 놓는다. 어떤 종류의 동물이든 쾌락에 굴복하게 마련이다. 게

[그림 5-15]

는 굴을 조심스럽게 지켜보면서 마침내 굴이 바람이 없고 햇빛이 비추는 곳에서는 안전하다고 느껴 f. 76r 신선한 공기를 마시기를 원하는 살을 만족시키기 위해 껍질의 빗장을 연다는 사실을 알아채게 된다. 그래서 굴이 껍질이 열면 게는 몰래 조약돌을 끼워 넣어 껍질이 다시 닫히지 않게 한다. 그러고는 열려 있는 껍질 안으로 안전하게 발을 넣어서 그 안에 있는 굴의 살을 파먹는다.

사악한 자들도 이러한 방법을 써서 사람들을 속인다. 그들도 게와 같은 방법으로 은밀하게 사람들을 속이고, 교활함으로 자신들의 무능함을 보완한다. 그들은 자신들의 형제들을 함정에 빠뜨리고 다른 이들을 곤경에 빠뜨리는 사기를 쳐서 먹고 산다. 그대는 자신의 것에 만족해하고, 결코 다른 이들의 불운으로 자신을 살찌우려 해서는 안 된다. 순결한 이들의 소박한 음식이 올바른 음식이다.

자신의 선을 지니고 있는 사람은 다른 사람을 상대로 음모를 꾸미지 않는다. 그는 탐욕의 불꽃에 휩싸여 타오르지 않는다. 그는 재물을, 덕을 잃게 하고 물욕을 자극하는 것으로 여긴다. 그러므로 가난은 축복이다. 가난이야말로 사람들에게 자신이 가지고 있는 선을 진실로 깨닫도록 해주기 때문이다. 그것은 어떤 보물보다도 낫다. "주님을 경외하며 가진 게 적은 것이 불안 속의 많은 보화보다 낫다. 사랑 어린 푸성귀 음식이 미움 섞인 살진 송아지 고기보다 낫다."[25]

그러므로 우리는 우리 자신의 지각능력을 은총을 구하고 구원을 얻는 데 사용해야 하며, 순진한 자를 속이는 데 써서는 안 된다. 우리는 바다 생물들의 사례를 보고 배워서, 다른 이들을 함정에 빠뜨리지 말고 우리 자신의 구원을 위해 나아가야 한다.[26]

성게

바다의 고슴도치인 성게(*Echinus*)는 작고 흔한 하찮은 동물이다. 그런데 뱃사람들은 예로부터 성게가 폭풍이 다가오는지를 미리 알려준다고 여긴다. 성게는 폭풍이 올 것 같으면, 제법 큰 조약돌을 붙잡고 그것을 일종의 〔배의 균형을 잡기 위해 밑바닥에 싣는〕 '바닥짐(*saburra*)'으로 삼아서 닻처럼 끌고 다니며 파도에 휩쓸려가지 않으려고 애쓴다. 성게는 자신의 힘만이 아니라 다른 것의 무게를 사용해 예정된 길로 나아가며 스스로를 지키는 것이다. 그래서 선원들은 성게의 행동을 살펴서 날씨가 나쁠지 미리 알아보며 대비한다. 예상치 못한 커다란 폭풍이 아무런 준비도 되어 있지 않은 그들을 덮치지 않게 하기 위해서 그러는 것이다.

수학자·점성술사·천문학자들은 별의 경로나 하늘의 움직임 등을 살펴 징후를 읽어 그러한 일을 해낸다. 그런데 성게는 어떻게 그러한 능력을 지니게 되었을까? f. 76v 어느 스승에게서 그러한 기술을 배웠을까? 누가 성게에게 징후를 해석하는 그러한 능력을 준 것일까? 게다가 인간은 이따금 대기가 어지러워지는 것을 관찰하고도 그것에 속는다. 폭풍이 없어도 대기는 자주 흩어지기 때문이다. 그러나 성게가 포착한 징후는 어긋나지 않는다.

이 작은 동물이 미래를 읽을 재능을 태어날 때부터 가지고 있지는 않았을 것이므로, 다른 어딘가에서 그러한 지식을 얻었을 것이다. 그러므로 그대는 반드시 믿어야 한다. 성게가 만물의 창조주의 호의로 앞을 내다보는 재능을 받았다는 사실을 말이다.

신은 경이롭게도 "들풀을 입히시고", "하늘을 나는 새들을 먹이시고",[27] "까마귀 새끼들이 아우성칠 때에 그들에게 먹이를 마련해 주셨고",[28] 여자들에게는 길쌈하는 능력을 주셨으며, 지적 능력이 없는 거미에게도 문에 매달려 거미줄을 칠 수 있는 능력을 주셨다. 말에게는 힘과 함께 '목덜미(cervix)'를 흔들어 공포를 떨쳐버릴 수 있는 능력을 주셨다. 그래서 그들이 전쟁터에서 기뻐 날뛰며, 맞닥뜨린 왕들을 비웃고, 멀리서도 전쟁의 냄새를 맡고, 뿔나팔 소리에도 흥분하게 하셨다.[29] 이성이 없는 이 많은 생물들, 들판의 풀과 나리꽃들도 모두 주님께서 나눠주신 지혜로 채워져 있다. 이런 마당에 그분께서 성게에게 앞을 내다보는 은총을 부여하셨음을 우리가 어떻게 의심할 수 있을까? 주님께서 관장하지 않는 것은 없으며, 그분에게 드러나지 않는 것도 없다. 그분은 만물을 보고, 만물을 기르신다. 그분은 만물을 지혜로 채우시고, 성서에 써 있는 대로 슬기로 만물을 만드신다.[30]

이처럼 그분은 성게를 소홀히 하지 않으시고, 그분의 조화로움에서 성게를 제외하지 않으시고, 성게를 방문해 그것에게 다가올 징후를 가르쳐 주신다. 이러한데, 그분이 그대를 보살피지 않으시겠는가? 참으로 그분은 그렇게 해서 '신의 지혜'를 증명하신다. "하늘의 너희 아버지께서는 대기의 새들을 보시고 그것들을 먹이시거늘, 그대들에게는 그보다 더 하지 않겠는가? 오늘 있다가도 내일이면 아궁이에 던져질 들풀까지 입히시거늘, 그대들은 훨씬 더 잘 입히시지 않겠는가?"[31]

[그림 5-16]

조개 · 뿔고동 · 굴

조개를 '콩카(Conca)'와 '콩클레(Concle)'라고 부르는 것은 속이 '비워지기(cavare)' 때문이다. 그들은 달의 이지러지면 스스로를 텅 비운다. 껍질 안에 사는 모든 바다 생물들과 조개의 몸은 달이 커지면 차오르고 ^{f. 77r} 달이 이지러지면 비워진다. 자연학자들이 말하기를, 커지는 달은 그들의 체액을 늘리고, 이지러지는 달은 체액을 감소시킨다고 한다. '콩카'가 이들을 부르는 가장 폭넓은 이름이고, '콩클레'와 '콩쿨라(concula)'는 모두 그에 속한 동물을 나타내는 '하위 명칭(deminutivus)'[32]이다.

조개에는 많은 종류가 있는데, '오켈로에(Occeloe)'라고 불리는 진주조개는 살이 단단해져서 보석이 된다. 동물의 본성에 관한 책을 쓴 작가들에 따르면, 이 동물은 밤이면 바닷가로 가서 '천상의 이슬로(ex caelesti rore)' 진주를 만든다고 한다. 그래서 '오켈로에'라는 이름으로 불리는 것이다.[33]

뿔고동(Murex)은 바다달팽이이다.* 그것이 그런 이름으로 불리는 것은 끝부분이 뾰족하고 표면이 거칠기 때문이다. 그것은 '콩킬리움(Concilium)'이라는 이름으로도 불리는데, 쇠로 된 기구로 '할례(circumcisio)'를 하듯 표피의 둘레를 자르면 자주색 눈물을 흘리기 때문이다. 그것으로 자주색 염료를 만든다.** 자주색을 나타내는 '오스트룸(ostrum)'이라는 말도 여기에서 나왔다. '껍질(ostreon)' 안의 액체로 자주색 염료를 만들기 때문이다.

게가 '캉크로스(Cancros)'라고 불리는 까닭은 그것들이 '다리(crura)'가 있는 '조개(Conca)'이기 때문이다. 게는 굴의 천적이다. 그들은 매우 영리한 방법으로 굴의 살을 먹고 산다. 굴의 강한 껍질을 열 수 없기 때문에 게는 굴이 스스로 닫힌 입을 벌릴 때까지 한참을 기다린다. 그리고 조심스럽게 작은 돌을 던져 넣어 굴이 다시 입을 다물 수 없게 한 뒤에 굴의 살을 갉아먹는다. 사람들이 말하기를, 열 마리 게를 묶어서 바질 한줌과 함께 놓으면 인근에 있는 모든 전갈이 그곳으로 모여든다고 한다. 게에는 민물게와 바닷게 두 종류가 있다.

굴을 가리키는 '오스트레아(Ostrea)'라는 이름은 내부의 연약한 살을 껍질로 보호하고 있기 때문에 붙여진 것이다. 그리스어에서는 껍질을 '오스트레온(ostreon)'이라고 한다.

무스쿨리(Musculi)는 작은 조개이다. 굴은 무스쿨리의 유액乳液으로 임신을 한다. 그들을 가리키는 '무스쿨리'라는 이름도 '수컷답다(masculi)'는 말에서 온 것이다.[34]

---

* 라틴어 '무렉스(murex)'에는 '뾰족한 바위', '자줏빛 염료'란 뜻도 있다.
** 라틴어에서 '콩킬리움(conchylium)' 자체가 자주색을 나타내는 말로도 쓰인다.

거북이

거북이(*Testudo*)가 그렇게 불리는 이유는 아치형 지붕 같은 둥근 '등딱지(*testa*)' 때문이다. 거북이에는 네 가지 종류가 있다. 육지에 사는 땅거북, 바다에 사는 바다거북, 늪이나 습지의 진흙 속에서 살아가는 늪거북, 그리고 강이나 민물에서 살아가는 강거북이다.

거북이의 오른발을 가지고 있으면 배가 천천히 항해한다는 믿기 어려운 이야기도 있다.[35]

개구리

개구리(*Rane*)는 끊임없이 수다스럽게 울어대기 때문에 그러한 이름을 갖게 되었다. 번식을 하는 동안에 그들은 늪의 여기저기에서 별나고 기묘한 소리로 시끄럽게 '떠들어댄다(*reddere*)'.

f. 77v 개구리 가운데 어떤 것은 물개구리로, 어떤 것은 늪개구리로 불린다. 두꺼비(*Rubete*)라고 불리는 동물도 있는데, '가시덤불(*rubus*)'에서 살기 때문에 그렇게 불리게 되었다. 그들은 다른 개구리들보다 크다. 청개구리(*Calamites*)라고 불리는 개구리도 있는데, 갈대밭이나 관목숲에서 살기 때문에 그렇게 불린다.* 그들은 가장 작은 개구리로 모두 녹색이고 벙어리여서 시끄럽게 울지 않는다. 에그레둘레(*Egredule*)는 매우 작은 개구리로 건조한 땅이나 '들판(*ager*)'에서 살아가기 때문에 그러한 이름을 얻었다. 개한테 살아 있는 개구리를 통째로 주면 개가 짖지 않는다고 하는 사람들도 있다.

---

* 라틴어에서 '칼라무스(*calamus*)'는 갈대나 갈대로 만든 펜 등을 가리키는 말이다.

[그림 5-17]

　물에 사는 모든 생물은 144개의 이름으로 불린다. 플리니우스에 따르면, 이들은 거대 물짐승(Belua), 육지와 물에 모두 사는 뱀(Serpens), 게(Cancer), 조개(Conca), 새우(Locusta), 대합(Peloris), 〔말미잘, 산호처럼 바위나 다른 동물의 껍질 등에 달라붙어 살아가는〕 고착동물(Philopporis), 〔바다 밑바닥에 사는 가자미, 넙치 등의 납작한 물고기인〕 서대기(Solea), 도마뱀(Lacertus),[36] 오징어(Loligo) 등으로 나뉜다고 한다.[37]

6
나무

나무에 대하여[1]

나무(Arbor)와 풀(Herba)이라는 이름은 '들판(arvum)'이라는 말에서 비롯되었다고 한다. 그것들은 땅에 뿌리를 내리고 굳건히 달라붙어 있기 때문이다. 나무와 풀은 하나로부터 다른 하나가 나오는 것이므로 거의 같은 것이나 마찬가지이다. 땅에 씨앗을 뿌리면 처음에는 먼저 풀이 나온다. 그 뒤에 양분이 공급되면 풀은 나무로 자라난다. 그리고 그대가 보았던 풀은 눈 깜짝할 사이에 '어린나무(Arbustum)'가 된다. 이 어린나무는 〔가지를 잘라 흙에 꽂아 뿌리를 내리게 할 수 있는〕 '나무의 싹(arboris hasta)'과 같으므로 '아르부스툼'이라고 한다.[2] 이 말을 나무가 자라는 곳을 가리키는 말로 사용하는 사람들도 있다. 버드나무(Salices)가 자라는 버드나무 숲을 '살릭툼(Salicum)'이라고 하고, 싹과 풀들(virentes)이 자라는 풀밭을 '비렉툼(Virectum)'이라고 부르는 것처럼 말이다.

관목(Frutex)은 키가 작다. 그것이 그런 이름으로 불리는 것은 '잎을 무성하게 뻗어(frondere)' 땅을 '뒤덮기(tergere)' 때문이다. 복수형은 '프루텍

타(Frutecta)'이다. '작은 숲'을 가리키는 '네무스(Nemus)'라는 이름은 '성소(numinibus)'라는 말에서 비롯되었다. 이교도들이 그곳에서 자신들의 우상을 섬겼기 때문이다. 숲은 큰 나무들을 가지고 있고, 그 나무들의 가지는 수많은 그림자를 만들어낸다. 커다란 나무들이 **빽빽하게** 들어서 있는 이러한 숲은 '루쿠스(Lucus)'라고 한다. 그것이 그런 이름으로 불리는 것은 나무들이 하늘을 향해 매우 높이 솟아 있기 때문이다.[3]

접붙이기(Insitio)는 생명력이 왕성한 나무의 싹을 열매를 맺지 못하는 나무의 줄기 안에 '끼워넣기(insero)' 하는 것을 말한다. 접가지(Plante)는 나무로부터 얻은 것이다. 그리고 묘목(Plantaria)은 씨앗에서 **f. 78r** 뿌리가 자라게 한 뒤에 키우던 흙에서 옮겨온 것이다.

뿌리(Radix)가 그런 이름으로 불리는 것은 '말뚝(radius)'처럼 땅에 깊숙이 고정되어 있기 때문이다. 자연학자들은 뿌리의 깊이가 나무의 높이와 같다고 말했다.

나무줄기(Truncus)는 뿌리를 기반으로 삼아 나무가 수직으로 서 있는 부분을 말한다. 옛 사람들은 나무껍질(Cortex)을 '코룩스(corux)'라고 불렀다. 나무껍질이 마치 '가죽(corium)'처럼 나무를 감싸고 있기 때문이다. 나무속껍질을 '리베르(Liber)'라고 부르는 것은 나무껍질이 그것으로부터 '자유로워지기(liberatus)' 때문이다. 다시 말해서 벗겨지기 때문이다. 그것은 나뭇고갱이와 나무껍질 사이에서 완충 역할을 한다.

가지(Ramus)는 줄기로부터 뻗어나온 것들을 말한다. 가지에서 잔가지(Surculus)가 돋아나는 것처럼 말이다. 잔가지를 그런 이름으로 부르는 것은 '톱(serra)'으로 잘라내기 때문이다. '비르굴툼(virgultum)'은 뿌리 순을 가리킨다. 가지는 줄기에서 나오며, 어린 가지는 가지에서 나온다. 그러나 '비르굴툼'은 정확히 말해 뿌리에서 자란 어린 가지를 의미하는데, 농부들은 그것을 쓸모없게 여겨 잘라버린다. 비르굴툼이라는 이름은 어린 가지를 뜻하는 '비르가(virga)'에서 비롯되었다. '비르가'라는 말은 '힘'을 뜻하는 '비르투스(virtus)'에서 온 것이다. 그 가지는 매우 강하기 때문이다. 그것이 '녹색(viriditas)'이라서 그런 이름을 갖게 되었을 수도 있다. 아니면 그것이 평화를 상징하는 '푸르게 번창하는 것(vireat)'이기 때문일 수도 있다. 마법사들은 자기들끼리 서로 싸우는 뱀들을 진정시키는 데 그것을 사용한다. 뱀이 가지를 돌돌 말게 하는 방식으로 말이다. 철학자와 왕, 행정장관, 전령, 대사들도 목적을 위해 비르가로 만든 지팡이를 사용한다.

나무의 맨 꼭대기 부분은 '채찍'이라는 의미의 '플라젤라(Flagella)'라는 이름으로 불린다. 끊임없이 몰아치는 거센 바람의 매질을 버티기 때문이다.

꽃과 열매

〔꽃이 줄기나 가지에 붙어 있는 상태인〕 '꽃차례(Cimas)'는 말하자면 '머리채(comas)'이다. 잎은 라틴어에서는 '폴리아(Folia)', 그리스어에서는 '실리아(Sylia)'라고 한다. 라틴어 낱말은 그리스어에서 비롯되어 우리에게 전해진 것이다. '꽃(Flores)'이 그렇게 불리는 것은 마치 '물줄기(fluor)'가 흐르는 것처럼 나무에서 빨리 흩어지기 때문이다. 꽃의 매력은 색과 향기로 더욱 강해진다. 남풍은 꽃을 떨어지게 하고, 서풍은 꽃을 활짝 피게 한다. 꽃을 피우기 위한 꽃눈을 '그라멘(Gramen)'이라고 부른다. 이 단어는 '생기게 하다(generare)'라는 말에서 비롯되었다. '발생'이라는 의미의 '제네라티오(generatio)'라는 말도 여기에서 나왔다.

'열매(Fructus)'라는 이름은 '목구넝(frumen)', 곧 우리가 음식을 먹는 목의 튀어나온 부분에서 비롯되었다. '농작물(Fruges)'도 같은 말에서 비롯되었다. 정확하게 말하자면 열매는 우리가 이용하는 농지나 나무의 생산물을 의미한다. 이 말을 동물에게 사용하는 것은 적절하지 않지만, 비유적인 의미로 쓰기도 한다. '사과(Pomum)'는 '푸짐하다(opimo)'라는 말에서 비롯되었는데, 무척 풍성하게 열리기 때문이다. '익었다(maturus)'고 말하는 것들은 모두 '먹기에(mandere)' 적합하기 때문에 그렇게 표현된다.

나무의 특별한 이름들

다양한 형태의 '목재들(Ligna)'은 불이 붙으면 f. 78v '빛(lumen)'을 내며 타기 때문에 그렇게 불린다. 등불이 '리그누스(lignus)'라고 불리는 것도 빛을 내며 타기 때문이다. 불타는 나뭇가지를 가리키는 단어는 〔'불씨'라는 뜻으로도 사용되는〕 '토리스(Torris)'이다. 보통 〔'타다 남은 나무'라는 의미의〕 '티티오(Titio)'라고 부르는 것은 난로가 식거나 일부만 탔을 때 생긴다. '나무 부스러기(Quisquilie)'는 마른 순이나 죽은 잎을 매달고 있는 줄기가 뒤섞인 것이다. 곧 나무의 온갖 부속물을 가리킨다.

종려나무

종려나무(Palma)가 그렇게 불리는 까닭은 그 나무가 승자의 손을 꾸미는 데 사용되었거나, 그 나무의 가지들이 사람의 '손바닥(palma)' 모양으로 뻗기 때문이다. 종려나무는 승리의 상징이다. 그것의 길고 아름다운 가지들은 오래 떨어지지 않고 붙어 있는 나뭇잎들로 덮여 있다. 그리스인들은 이 나무가 푸르름을 잃지 않는다고 해서 매우 오래 사는 것으로 알려진 아라비아 새의 이름을 가져와 '불사조(Phoenix)'라고 부르기도 했다. 종려나무의 열매는 손가락을 닮아 '닥틸리아(Dactilia)'라고 불린다.

[그림 6-1] 십자가를 만든 종려나무

월계수

월계수(Laurus)의 이름은 〔'칭찬'이라는 뜻의〕 '라우스(laus)'라는 말에서 비롯되었다. 그 나무가 승자들이 머리에 쓰는 관을 만들 때 사용되기 때문이다. 옛 사람들은 월계수를 처음에는 '라우데아(Laudea)'라고 불렀으나, 나중에 '라우루스'라고 바꿔서 부르게 되었다. 〔'귀'를 뜻하는〕 '아우리쿨레(auricule)'가 원래는 '아우디쿨레(audicule)'였거나 〔'낮'을 뜻하는〕 '메디디에스(medidies)'가 지금은 '메리디에스(meridies)'라고 불리는 것처럼 말이다. 그리스인들은 월계수를 '다프네(Daphne)'라고 부른다. 결코 자신의 푸르름을 '잃지 않기(deponere)' 때문이다. 그래서 월계수는 승자들을 위한 관으로 애용되었다. 사람들은 흔히 월계수를 강한 볕에도 시들거나 마르지 않는 유일한 나무라고 믿는다.

사과나무

사과나무(Malus)를 그리스인들이 그런 이름으로 부른 까닭은 그 나무의 열매가 다른 것들보다 둥글기 때문이다.* 진짜 사과가 완전히 둥글다는 믿음은 여기에서 비롯되었다. 〔'꿀 사과나무'라는 뜻의〕 '말로멜루스(Malomellus)'라고 불리는 나무는 달콤하기 때문에 그렇게 불린다. 그 나무의 열매는 '꿀(mel)'을 머금고 있는 듯한 맛이 난다. 석류가 '카르타고 사과(malum punicum)'라고 불리는 까닭은 '카르타고(Punicus)' 지역에서 종자를 가져온 것이기 때문이다. 석류는 '씨 있는 사과(malum granatum)'라고도 불린다. 껍질 안에 수많은 '씨(granum)'가 있기 때문이다.

---

* 그리스어로 '말로스(malos)'는 '열매', '둥근 것'이란 의미이다.

무화과나무

무화과나무가 '피쿠스*(Ficus)*'라는 이름으로 불리는 것은 그 나무의 '다산성*(fecunditas)*' 때문이다. 그 나무는 다른 나무들보다 열매가 훨씬 많이 열리는데, 1년에 3~4차례나 열매를 맺는다. 열매가 익어가는 동안에 다른 열매가 새로 생겨나는 것이다. 무화과를 '카리카*(Carica)*'라고 부르기도 하는데, 이것도 그 나무가 지닌 '풍족함*(copia)*'에서 비롯된 이름이다.

이집트의 무화과나무는 열매가 더 많이 열린다. 이 나무는 물에 던져 넣으면 밑으로 완전히 가라앉는다. 그러다 얼마 뒤 진흙에 닿으면 나무는 **f. 79r** 자연의 섭리를 거스르고 수면을 향해 곧추선다. 물에 가라앉은 물체는 머금은 물의 무게 때문에 밑바닥에 남아 있는 것이 자연의 섭리인데도 말이다.

늙은 사람도 무화과를 자주 먹으면 주름진 피부가 팽팽해진다고 한다. 그리고 사람들 말에 따르면, 사나운 황소도 무화과나무 아래로 몰아 놓으면 순식간에 온순해진다고 한다.

나무딸기

나무딸기를 그리스인들은 '모루스*(Morus)*'라고 부르는데, 라틴어로는 '루부스*(Rubus)*'라고 한다. 열매와 가지가 '붉은색*(rubor)*'이기 때문이다. 열매를 맺는 야생 나무딸기 종류도 있다. 그 열매는 황야에서 양치기들의 배고픔과 궁핍을 달래는 데 쓰이는데, 그 나무의 잎을 뱀한테 던지면 뱀을 죽일 수 있다고 한다.

그리스에서는 돌무화과나무도 나무딸기와 비슷하게 '시코모루스

(Sico-morus)'라고 부른다. 그 나무의 잎이 나무딸기의 잎과 똑같이 생겼기 때문이다. 라틴어에서는 그 나무를 〔'우뚝 솟은'이란 의미의〕 '켈사(Celsa)'라고 부른다. 그 나무는 키가 나무딸기처럼 작지 않기 때문이다.

견과나무

견과나무(Nux)가 그런 이름으로 불리는 것은 그 나무의 그림자나, 잎에서 떨어지는 물기가 주변 나무들에 '해(noceat)'를 끼치기 때문이다. 견과나무는 라틴어로 '유피테르의 견과'라는 뜻의 '유글란스(Juglans)'라는 이름으로도 불리는데, 이 나무가 유피테르에게 바쳐졌기 때문에 얻은 이름이다. 이 나무의 열매는 매우 강하다. 그래서 독이 있을 것 같은 채소나 버섯 요리에 그것을 넣으면, 열매가 액체 상태로 독기를 빼내고 내쫓아 해롭지 않게 만든다.

'견과(Nux)'는 흔히 잣(pinee nuces), 개암(avellane), 도토리(glandes), 밤(castanea), 아몬드(Amigdala)처럼 껍질이 매우 단단한 열매들을 부를 때 쓰는 말이다. 단단한 껍질에 싸여 있는 알맹이를 뜻하는 '누클레이(Nuclei)'라는 말도 여기에서 왔다.

거꾸로 부드러운 껍질을 가진 과일들은 〔사과'라는 의미로도 폭넓게 쓰이는〕 '말라(mala)'라고 하는데, 여기에 그것들이 나는 산지의 이름을 붙인다. 페르시아에서 나는 것은 〔복숭아'를 가리키는〕 '페르시카 말라(Persica-mala)', 카르타고에서 나는 것은 〔석류'를 가리키는〕 '푸니카 말라(Punica-mala)', 마티안에서 나는 것은 〔야생능금'을 뜻하는〕 '마티니아나 말라(Mattiniana-mala)'라는 식으로 부르는 것이다.

'아몬드(Amigdala)'는 그리스어에서 온 말로, 라틴어로 그것은 '긴 견과(nux longa)'라는 뜻이다. 아몬드 나무는 모든 나무들 가운데에서 가장 먼저 꽃을 피우고 열매를 맺는다.

'밤(Castanea)'을 가리키는 라틴어 이름도 그리스어에서 왔다. 그것이 그런 이름으로 불리는 것은 과실이 고환처럼 짝을 이루어 껍질에 싸여 있고, 껍질을 벗겨 과실을 꺼내는 것이 마치 '거세하는(castrari)' 것과 같기 때문이다. 울창한 숲에 사는 나무들처럼 이 나무도 베어 넘어뜨려도 곧바로 다시 자란다.

f. 79v 도토리나무(Ilex)의 이름은 '선택되다(electus)'라는 말에서 비롯되었다. 이 나무의 열매가 사람이 최초로 음식으로 선택한 것이기 때문이다. 그래서 시인은 "최초의 인간들이 목구멍에서 도토리를 내뱉는다"[4]고 했다. 이렇게 인간은 곡식을 먹기 전까지 도토리를 먹고 살았다.

너도밤나무(Fagus)와 떡갈나무(Aesculus)도 모두 견과가 열리는 나무이다. 전해지는 이야기에 따르면, 그 나무들의 이름도 옛날 사람들이 그것들의 열매를 식량과 사료로 사용한 것에서 비롯되었다고 한다. 떡갈나무를 가리키는 '아이스쿨루스'라는 이름은 〔'먹을 것'이라는 뜻의〕 '에스카(esca)'라는 말에서 온 것이다. 너도밤나무를 가리키는 '파구스'라는 이름은 그리스어에서 '먹다'라는 뜻을 나타내는 '파게인(fagein)'이라는 말에서 온 것이다.

구주콩나무(Cilicicon)의 열매는 라틴어로 '실리콰(siliqua)'라고 한다. 이 나무의 이름은 그리스어에서 왔는데, 그 열매가 달콤하기 때문이다. 그리스어에서 '실론(xilon)'은 '나무'이고 '일리콘(ilicon)'은 '달콤하다'는 뜻이다. 이 나무의 열매를 짜서 만든 주스는 그리스어로 '아카키아(acacia)'라고 부른다.

피스타치오 나무(Pistatia)가 그렇게 불리는 까닭은 그 나무에서 나는 열매의 껍질에서 '순수한(pistici)' 감송甘松의 향기가 나기 때문이다.

소나무

소나무를 가리키는 '피누스(Pinus)'라는 이름은 그 나무가 가지고 있는 뾰족한 잎에서 비롯되었다. 옛 사람들은 '피누스(pinnus)'라는 말을 '뾰족하다'는 뜻으로 사용했기 때문이다. 그리스인들은 어떤 소나무는 '포시스(Possis)'로, 어떤 소나무는 '페우케(Peuce)'라고 불렀다. 우리는 그 나무를 '피케아(Picea)'라고 부르는데, '송진(Pix)'이 나오기 때문이다.

게르마니아의 섬들에서는 이 나무의 '눈물(lacrima)'을 뽑아내 호박석을 만든다. '호박석(Sucinum)'은 그 나무에서 흘러내리는 진액을 차게 하거나 그대로 한동안 두어 굳혀서 만드는 보석이다. 호박석의 이름은 그 것의 본성에서 비롯되었다. 호박석은 나무의 '즙(sucus)'이기 때문이다.

무화과나무가 그 아래에 사는 모든 것들에 해로운 것과는 달리, 소나무는 모든 것들에 유익하다고 한다.

전나무

전나무(Abies)가 그런 이름으로 불리는 것은 그 나무가 다른 나무들보다 높이 자라서, 다른 나무들 위에 '동떨어져(abire)' 서 있기 때문이다. 전나무의 특징은 땅의 물기를 전혀 머금고 있지 않아서 다루기가 쉽고 가볍다는 점이다. 어떤 사람들은 전나무를 '갈리아(Gallia)'라고 부르는데, 그 나무가 하얗기 때문이다. 그리고 전나무에는 '옹이(nodus)'가 없다.

삼나무

삼나무(Cedrus)는 그리스인들이 '케드로스(Cedros)'라고 부르는 나무이다. 그 나무는 잎이 편백나무를 닮았다. 삼나무로 만든 목재는 좋은 향기가 오래 지속되며, 결코 벌레가 파먹지 않는다. 이렇게 오래 보존되는 성질을 가지고 있어서 신전의 천장은 삼나무 목재로 만든다. 삼나무의 수지는 '케드리아(Cedria)'라고 불리는데, 책을 보존하기에 좋다. **f. 80r** 책을 만들 때 그것을 칠해두면 벌레 때문에 훼손되지 않고, 시간이 오래 지나도 썩지 않기 때문이다.

편백나무

편백나무(Cipressus)가 그리스어에서 그런 이름으로 불린 것은 그 나무가 아래는 둥글다가 꼭대기로 갈수록 뾰족하게 솟은 모양을 하고 있기 때문이다. 그래서 그 나무는 '원뿔'이라는 뜻의 '코누스(Conus)'라고 불리기도 한다. 편백나무의 열매도 똑같은 이유로 '코누스'라고 불린다. 원뿔 모양을 하고 있기 때문이다. 그래서 편백나무는 원뿔 모양의 열매를 맺는다고 '코니페레(Conifere)'라고 불리기도 한다.[*]

편백나무로 만든 목재는 삼나무 목재와 비슷한 성질을 갖고 있어서 신전의 지붕보로 쓰기에 알맞다. 편백나무 목재도 단단해서 잘 휘지 않기 때문이다. 옛 사람들은 화장을 할 때 시신을 태우는 장작더미 부근에 편백나무 가지를 잘라 두었다. 그렇게 하면 편백나무의 향기가 시신을 태울 때 나는 고약한 냄새를 막아주기 때문이다.

---

[*] 라틴어에서 '코니페라이(Coniferae)'는 방울 모양의 열매를 만드는 구과식물(毬果植物)을 통칭하는 말로 쓰인다.

노간주나무

노간주나무(*Juniperus*)가 그리스어에서 그런 이름으로 불린 까닭은 그 나무가 불이 타오르는 것처럼 넓었다가 좁아지는 모양을 하고 있기 때문이다. 아니면 그 나무가 한번 불을 붙이면 매우 오래 타기 때문이기도 하다. 그 나무로 만든 숯으로 장작불을 때면, 불이 1년 내내 계속 타오를 것이다. 그리스어에서 '불'은 '피로(*piro*)'이다.

플라타너스

플라타너스(*Platanus*)의 이름은 그 나무가 넓은 잎을 가지고 있는 것에서 비롯되었다. 그 나무 자체가 넓게 퍼지기 때문일 수도 있다. 그리스어에서 '플라토스(*platos*)'는 '넓다'는 뜻이다. 성서에서는 이 나무의 이름과 모양을 이렇게 묘사한다. "길가의 플라타너스처럼 나는 퍼져나갔다."[5] 플라타너스의 잎은 포도나무 잎처럼 매우 연하고 부드럽다.

참나무

참나무는 '퀘르쿠스(*Quercus*)'나 '퀘리무스(*Querimus*)'라는 이름으로 불린다. 이교도의 신들이 앞날에 대한 〔질문(*quaestio*)에〕 답을 하는 데 이 나무를 사용했기 때문이다. 참나무는 수명이 매우 길다. 아브라함이 살던 마므레의 참나무[6]는 몇 세기가 지나도록 살아서 콘스탄티누스 황제가 다스릴 때까지도 남아 있었다고 한다. 참나무의 열매는 '갈라(*Galla*)'라고 부른다.

물푸레나무

물푸레나무(*Fraxinus*)의 이름은 그 나무가 황무지와 산악지대의 갈라진 틈에서 자라는 성향이 있어서 붙여진 것이다. 그 나무를 가리키는 '프락시누스'라는 이름은 〔'균열'이라는 뜻의〕 '프라고르(*fragor*)'라는 말에서 온 것이기 때문이다. 〔'산악지역'을 가리키는〕 '몬타누스(*montanus*)'가 〔'산'을 뜻하는〕 '몬스(*mons*)'에서 온 것과 마찬가지이다. 오비디우스는 이 나무에 대해 "창을 만들기 좋은 물푸레나무"라고 했다.[7]

오리나무 · 느릅나무

오리나무(*Alnus*)가 그런 이름으로 불리는 것은 그 나무가 '물에서 양분을 얻어(*alatur amne*)' 살아가기 때문이다. 오리나무는 물 근처에서 자라며, 물과 떨어져서는 살기 어렵다. 그래서 오리나무는 연하고 **f. 80v** 부드럽다. 축축한 환경에서 자라나기 때문이다.

느릅나무(*Ulmus*)도 늪지(*uliginosus*)와 습지(*humidus*)에서 번성하기 때문에 그런 이름을 갖게 되었다. 그 나무는 산지와 황량한 들판에서는 잘 자라지 못한다.

포플러나무 · 버드나무

포플러나무(*Populus*)가 그런 이름으로 불리는 것은 하나의 줄기에서 '여럿(*poly*)'이 자라나기 때문이다. 포플러나무에는 두 가지 종류가 있다. 하나는 흰색이고 다른 하나는 검은색이다. 흰색 포플러나무(*Alba*

*Populus)*가 그렇게 불리는 것은 잎이 한 면은 흰색이고 다른 면은 녹색이기 때문이다. 마치 태양이 뜨고 지는 낮과 밤의 표시처럼 그것은 두 가지 다른 색깔을 지닌다. 포플러나무는 [그리스 신화에 나오는 북유럽의 강인] 에리다누스강 유역이나 시리아 지역에서 자란다.

버드나무*(Salix)*가 그런 이름으로 불리는 것은 그 나무가 빠르게 '튀어오르기*(salire)*' 때문이다. 곧 순식간에 자라기 때문이다. 그것은 휘어지는 나무로 포도나무 넝쿨을 감아 받쳐두기에 좋다. 사람들이 말하기를, 버드나무의 씨앗은 남자가 음료로 만들어 마시면 자녀를 얻지 못하게 하는 특성을 지니고 있다고 한다. 그것은 여자도 불임으로 만든다.

포플러나무와 버드나무, 피나무*(Tilia)*는 모두 연한 나무들이므로 조각을 하기에 알맞다.

고리버들

고리버들*(Vimen)*이 그런 이름으로 불리는 것은 그 나무가 녹색으로 돌아가는 '힘*(vis)*'을 가지고 있기 때문이다. 이 나무는 말랐다가도 물을 주면 다시 푸르게 자라나는 특성이 있다. 고리버들은 가지를 잘라서 땅에 심으면 뿌리를 내린다.

회양목

회양목*(Buxus)*의 이름은 그리스어의 일부가 변형되어 쓰이게 된 것이다. 그리스어에서는 이 나무를 '픽소스*(Pixos)*'라고 한다. 회양목은 언제나 푸르며, 그 나무로 만든 목재는 매끈해서 알파벳 철자를 쓰기에 알맞다. 성서에서 "회양목 나무에 쓰라"[8]고 한 것도 이 때문이다.

7

인간

인간의 본성

자연(*Natura*)이 그런 이름으로 불리는 것은 '탄생(*nasci*)'을 가져오기 때문이다. 자연은 태어나고 이루어지게 하는 힘을 가지고 있다. 그래서 자연이 만물을 창조하고 존재케 하는 신이라고 하는 사람들도 있다.

종족(*Genus*)이라는 말은 '생성하다(*gignere*)'라는 낱말에서 왔다. **f. 81r** 이것은 그리스어에서 '땅'을 뜻하는 '게(*Ge*)'라는 말에서 비롯된 것이다. 땅에서 만물이 생겨나기 때문이다.

생명(*Vita*)이 그런 이름으로 불리는 것은 그것의 '생명력(*vigor*)' 때문이다. 생명은 그 안에 낳고 기르는 '힘(*vir*)'을 가지고 있다. 심지어 나무도 생명력을 지니고 있다고 한다. 땅에서 솟아나 자라기 때문이다.

인간(*Homo*)이 그렇게 불리는 까닭은 '흙(*humus*)'으로 만들어졌기 때문이다. 「창세기」에 "신은 땅의 먼지로 인간을 만드시고"[1]라고 나오듯이 말이다. 인간이 온전히 영혼과 육체라는 두 가지의 결합으로 만들어졌다는 생각은 잘못된 것이라고 한다. 엄밀히 말하자면 인간은 흙에서 나

왔기 때문이다. 그리스어에서는 인간을 '안트로포스(Antropos)'라고 한
다. 그가 자신의 창조주를 응시하기 위해 땅에서 일어나 위를 올려다보
기 때문이다.* 이에 관해 시인 오비디우스는 이렇게 말했다. "다른 동
물들은 고개를 숙이고 **f. 81v** 그들의 시선을 땅에 두지만, 그분은 인간에
게는 위로 향하는 머리를 주셨으며, 천상을 바라보라 명하시고, 별들을
향해 얼굴을 들게 하셨다."[2] 인간은 똑바로 서서 신을 찾고자 하늘을
바라본다. 본능을 따르는 짐승들은 자신들의 욕망에 굴복해 머리를 수
그리고 있지만, 인간은 머리를 땅으로 향하고 있지 않다.[3]

인간의 혼과 몸

인간은 내면과 외면의 두 부분으로 이루어져 있다. 인간의 내면은
'혼(Anima)'이고, 외면은 '몸(Corpus)'이다.

혼을 가리키는 '아니마'라는 말은 이교도들에게서 비롯된 것이다.
그들은 그것을 공기와 같다고 생각하고, 우리가 입으로 들이마신 공
기로 살아간다고 보았기 때문이다. 그리스어에서는 공기를 '아니모스
(animos)'라고 한다.

하지만 이것은 분명히 잘못된 생각이다. 혼은 입으로 공기를 들이마
시기 훨씬 전에 창조되었으며, 어미의 자궁 안에서도 이미 살아 있다.
그러므로 혼은 일부 사람들이 믿고 있는 것처럼 공기와 같지 않다. 그
들은 물질 없이 존재하는 자연은 생각하지 못한다.

영(Spiritus)은 혼과 같다. 복음서는 "나는 혼을 내려놓을 권한도 있고,
그것을 다시 얻을 권한도 있다"[4]는 말씀을 전하고 있다. 이것은 복음

---

* 그리스어로 '아나(ana-)'는 '위를 향해', '오포페(opope)'는 '보다'라는 뜻이다.

[그림 7-1] 인간의 본성에 관한 글을 쓰는 이시도루스

사가들이 주님이 겪은 수난의 시대를 상기하며 "그는 고개를 숙이시며 영을 내보내셨다"[5]고 말한 것과 같다. '영을 내보내다'와 '혼을 내려놓다'가 무엇이 다른가? 혼이 그런 이름으로 불리는 것은 그것이 살아 있기 때문이다. 그리고 영이 그런 이름으로 불리는 것은 그것의 '영적인 (spiritualis)' 본성 때문이며, 그것이 몸에 '생기를 주기(inspirare)' 때문이기도 하다.*

마음(Animus)도 혼과 같다. 그러나 혼은 생명과 함께 하지만, 마음은 생각과 함께 한다. 그래서 철학자들이 생명은 마음 없이도 유지될 수 있으며, 혼은 '지능(Mens)' 없이도 존속할 수 있다고 말한 것이다. '미친 (amens)' 사람들의 존재가 이를 증명한다.**

사람들은 앎의 능력을 '지능'이라고 하고, 의지의 능력을 '혼'이라고 한다. 지능이 '멘스'라고 불리는 까닭은 그것이 혼 안에서 '두드러지기 (eminere)' 때문이며, '기억하는(meminisse)' 힘을 가지고 있기 때문이기도 하다. 그래서 잘 잊어버리는 사람들을 ('미친, 얼빠진'이라는 뜻의) '아멘스' 라는 말로 나타내는 것이다. 그러므로 지능은 혼 자체가 아니라, 혼의 가장 뛰어난 부분이다. 다시 말해 우리가 지능이라고 부르는 것은 혼의 머리나 눈에 해당하며, 인간은 지능 덕분에 '신의 모상'이라고 불린다.[6]

f. 82r 나아가 이 모든 것들은 하나의 실체가 되는 방식으로 혼과 결합하며, 그것들이 가져오는 효과에 따라 혼에 다양한 이름들이 할당된다.

---

* 오늘날에는 영혼과 육체라는 이분법이 친숙하지만, 중세 기독교에서는 영과 혼을 구분해 영(spiritus) · 혼(anima) · 몸(corpus)의 삼분법 체계로 인식했다. 영과 혼의 구분과 관계에 대한 논의는 기독교 신학의 핵심 주제 가운데 하나로 시대나 교파, 인물에 따라 매우 다양한 견해가 존재한다. 하지만 일반적으로 혼이 인간을 비롯한 모든 생명체가 지니고 있는 비물질적인 생명의 근원이라고 하면, 영은 인간만이 지니고 있는 정신적 실체를 가리킨다. 곧 혼이 감각적이고 개인적인 속성을 지닌다면, 영은 이성적이고 보편적인 속성을 지니는 것으로 해석되었다.
** 라틴어에서 접두사 '아(a-)'는 '~이 없다'는 뜻을 나타낸다.

기억(Memoria)도 지능이다. 그래서 '잘 잊어버리는 사람들(immemores)'을 '얼빠진 사람(amentes)'이라고 하는 것이다. 요컨대, 육체에 생명을 주는 것은 혼이다. 혼이 뭔가를 하려고 하는 것이 '마음'이고, 혼이 뭔가를 아는 것이 '지능'이다. 그리고 혼이 뭔가를 떠올리는 것이 '기억'이고, 혼이 뭐가 옳은지를 판단하는 것이 '이성(Ratio)'이다. 혼이 숨을 쉬는 것이 '영'이고, 혼이 뭔가를 인지하고 느끼는 것이 '감각(Sensus)'이다. '마음'이 '감각'이라고도 불리는 것은 그것이 '느끼기(sentire)' 때문이다. 이런 이유에서 마음은 '생각(Sententia)'이라고도 불린다.

몸을 '코르푸스'라는 이름으로 부르는 까닭은 죽으면 '썩기(corruptum)' 때문이다. 그것은 없어질 유한한 것으로, 언젠가는 반드시 분해된다.

살을 가리키는 '카로(Caro)'라는 말은 '창조하다(creare)'라는 말에서 비롯되었다. 〔증가, 성장의 뜻을 지닌〕 '크레멘툼(Crementum)'은 남자의 정액을 가리킨다. 그것으로부터 사람과 동물의 몸이 만들어지기 때문이다. 그래서 부모를 '창조자(creatores)'라고 부르는 것이다.

살은 네 가지 요소로 구성된다. 살 그 자체는 흙이고, 숨은 공기이고, 피는 물이고, 체온은 불이다. 이 요소들은 저마다 우리의 한 부분씩을 이루고 있으며, 어느 하나라도 없으면 전체가 와해된다.

살과 몸은 다른 의미를 나타낸다. 살이 있는 것은 언제나 몸도 있지만, 몸이 있는 것에 언제나 살이 있는 것은 아니다. 살아 있을 때 살은 몸과 같다. 그러나 살아 있지 않은 경우에 살은 몸과 같지 않다. 우리는 삶을 마치고 죽은 것이나 생명 없이 창조된 것에 대해서도 몸이라는 단어를 사용한다. 게다가 풀과 나무처럼 살은 없으면서도 몸이라고 부를 만한 것을 가지고 있는 생명체들도 있다.[7]

인간의 감각

몸은 시각·청각·미각·후각·촉각이라는 다섯 가지 감각을 지니고 있다. 이들 가운데 둘은 열렸다 닫혔다 하는 감각이고, 둘은 항상 열려 있는 감각이다. 감각(Sensus)이 그런 이름으로 불리는 것은 혼이 그것을 통해서, 다시 말해 '감지하는(sentiendi)' 힘으로 몸 전체를 매우 섬세하게 작동시키기 때문이다. 그래서 우리는 감각에 '앞서(prae)' 존재하는 것들을 '실재(praesentia)'라고 부른다. 지금 우리 눈앞에 현존하고 있는 것들을 말한다.

시각은 철학자들이 〔유리알처럼 맑다는 뜻의〕 '비트레우스(vitreus)'라고 부르는 것이다. f. 82v 시각이 대지나 대기의 외적인 빛에서 비롯된다고 주장하는 사람들도 있다. 그리고 시각이 영이 지닌 내적인 빛에서 비롯된다고 주장하는 이들도 있다. 그들은 뇌에서 나온 빛이 좁은 길들을 거쳐 눈의 막을 뚫고 대기로 빠져나간 뒤에 유사한 물질과 섞여 시각을 가져다준다고 말한다.

시각이 '비수스(Visus)'라고 불리는 까닭은, 그것이 다른 감각들에 견주어 더 '생생하고(vivatior)', '재빠르고(velocior)', '활발하기(vigere)' 때문이다. 기억이 마음의 다른 기능들보다 그러한 것처럼 말이다. 시각은 뇌 가까이에 있는데, 뇌는 모든 감각의 원천이다. 그래서 우리는 "맛을 본다"고 말하는 것처럼, 다른 감각에 속한 것들도 '보다'라는 말을 사용해 나타내곤 한다.

청각이 '아우디투스(Auditus)'라고 불리는 까닭은, 그것이 소리를 '받아들이기(haurire)' 때문이다. 청각은 소리들이 대기에 부딪칠 때, 대기에 있는 소리들을 잡아낸다.

후각을 가리키는 '오도라투스(Odoratus)'라는 말은 '공기의 냄새와 접촉하다(aeris odorat tactus)'라는 말에서 비롯되었다. 후각은 공기와의 접촉을 통해 인지되기 때문이다. 후각을 가리키는 또 다른 낱말인 '올팍투스(*Olfactus*)'가 '냄새에 영향을 받다(*odoribus efficiatur*)'라는 말에서 비롯된 것처럼 말이다.

미각은 '구스투스(*Gustus*)'라고 불린다. 그 이름은 '목(*Guttur*)'이라는 말에서 비롯되었다.

촉각이 '탁투스(*Tactus*)'라고 불리는 까닭은, 그것이 물건들을 쥐거나 '만져서(*tangere*)' 느껴진 힘을 온몸에 전달하기 때문이다. 우리는 다른 감각으로 판단할 수 없는 것은 뭐든지 촉각으로 경험한다. 촉각에는 두 가지 종류가 있다. 하나는 몸의 외부에서 경험으로 얻는 것이고, 다른 하나는 몸 자체에서 일어나는 것이다.

이러한 감각들은 저마다 고유한 특성을 지닌다. 시각은 눈으로 사물을 보고, 청각은 귀로 소리를 듣고, 촉각은 부드러움과 단단함을 느끼고, 미각은 입으로 먹어서 맛을 확인하고, 후각은 코로 냄새를 맡는다.[8]

머리와 얼굴

머리(*Caput*)는 몸의 으뜸가는* 부분이다. 그것이 그런 이름으로 불리게 된 것은 모든 감각과 신경이 머리에서 '시작되고(*initium capere*)', 에너지의 모든 원천이 머리에서 솟아나기 때문이다. 머리에는 모든 감각들이 있다. 어떤 측면에서 머리는 혼 그 자체의 역할을 맡고 있으며, 몸을 주관한다.

정수리(*Vertex*)는 머리의 한 부분으로 머리털이 모여 있는 곳이다. 정수리의 이름은 거기에서 머리카락들이 '순환해서(*vertere*)' 나기 때문에

---

* 라틴어에서 '카피탈리스(*capitalis*)'는 '으뜸가다, 극히 중대하다'라는 뜻이다.

붙여진 것이다. 두개골(Calvatia)은 '머리털이 없는 뼈(ossibus calvis)'라는 말이 **f. 83r** 줄어든 것이다.* 그 단어는 중성의 형태로 사용된다. 그리고 뒤통수(Occipitium)는 머리의 뒷부분이다. 그 이름은 '머리쓰개와 마주하다(contra capitium)'라는 말에서 왔다. 그것이 '머리 뒤쪽(capitis retrorsum)'이기 때문이기도 하다.

머리카락

머리카락(Capilli)은 '머리의 털(capitis pili)'이라는 말에서 온 것이다. 머리카락은 머리를 꾸미고, 추위와 햇볕의 열기로부터 뇌를 보호하기 위해 생겨났다. 털(Pilos)이라는 말은 그것이 자라는 '피부(Pellis)'에서 왔다. 염료를 빻는 '절굿공이(Pilum)'가 '절구(Pila)'에서 온 것처럼 말이다.

짧게 깎은 머리는 '케사리에스(Cesaries)'라고 하는데, '깎다(cedere)'라는 말에서 비롯된 것이다. 그래서 이 말은 남자들한테만 쓴다. 머리를 깎는 것은 남자들한테만 들어맞고, 여자들한테는 알맞지 않은 표현이기 때문이다. 길게 기른 머리를 뜻하는 '코마이(Comae)'라는 말은 엄밀히 말하자면 '자르지 않은 머리'라는 뜻으로 그리스어에서 왔다. 그리스인들은 자르지 않은 머리를 '카이모스(Kaimos)'라고 불렀는데, 이것은 그리스어에서 '잘라내다'라는 뜻을 나타내는 '키린(kirin)'이라는 말에서 왔다. [머리털이 부스스하게 일어선] 도가머리를 뜻하는 '키르리(Cirri)'라는 말도 이 말에서 비롯된 것이다. 그리스인들은 그런 머리를 [떼짓다'라는 뜻의] '마오넴(Maaonem)'이라고 부르기도 했다.

머리채(Crinis)는 정확히 말하자면 여성의 머리카락을 뜻한다. 머리채가 그렇게 불리는 것은, 그것이 머리띠로 '나누어지기(discernere)' 때문이다. 여기에서 '머리꽂이(Discriminalia)'라는 말도 나왔다. 나누어 땋은 머

---

* 칼바티아(calvatia)에는 '빡빡머리'나 '대머리'의 뜻도 있다.

리를 그것으로 한곳에 고정시킨다.

관자놀이(Timpora)는 두개골 아래의 왼쪽과 오른쪽에 위치한다. 그것이 그런 이름으로 불리는 것은 움직일 수 있기 때문이다. 그것은 옮겨가는 '계절(tempora)'처럼 어떤 간격을 두고 변화한다.

얼굴과 이마

얼굴(Facies)은 '형상(effigies)'이라는 말에서 비롯되었다. 얼굴에 사람의 모습 전체가 담겨 있어서, 그것으로 사람을 구분하기 때문이다. 표정(Vultus)이 그렇게 불리는 까닭은, 그것이 영혼의 '의지(voluntas)'를 드러내기 때문이다. 표정은 영혼의 의지에 따라 다양하게 변화한다. 그래서 얼굴과 표정은 다르다. 우리가 얼굴이라고 부르는 것은 단순히 사람들의 타고난 생김새만을 보여주지만, 표정은 내면의 기질을 드러내기 때문이다.

이마(Frons)는 눈이 들어가 있는 '눈구멍(Foramen)'이라는 말에서 온 것이다. 이마는 마음이 어떤 상태인지를 보여주는데, 행복하다거나 슬프다거나 하는 생각이 모양으로 드러난다.

눈과 눈썹

눈(Oculus)이 그렇게 불리는 까닭은, 눈꺼풀이 그것을 '덮어(occultare)' 외부의 충격으로부터 보호하고 있기 때문이다. 그리고 눈이 그 안에 빛을 비밀스럽게 '감추고(occultare)' 있기 때문이기도 하다. **f. 83v** 눈은 모든 기관들 가운데 영혼과 가장 가까이 연결되어 있으며, 정신의 모든 측면을 반영한다. 그래서 영혼 안의 혼란이나 즐거움이 눈에서 엿보이는 것이다. 눈은 '빛'과 마찬가지로 '루멘(Lumen)'이라고 불리기도 한다. 눈에서 빛이 나오기 때문이다. 눈은 처음부터 그 안에 빛을 담고 있거나, 아니면 바깥에서 들어온 빛을 반사시켜 상을 만들어낸다.

눈동자(Pupilla)는 눈 한가운데에 있다. 눈동자에는 보는 힘이 있다. 눈동자를 '푸필라'라고 하는 것은 그 안에 작은 상이 맺히기 때문이다. '푸필라'에는 '작은 아이'라는 뜻도 있다. 눈동자를 '푸풀라(pupula)'라고 부르는 사람도 많다. 그것이 '어린 소녀(puella)'처럼 '순수함(pura)'을 간직하고 더럽혀지지 않기 때문이다. 의사들의 말로는 죽음까지 3일 안짝의 시간만 남게 되면 눈에서 눈동자가 보이지 않는다고 한다. 만약 눈동자가 보이지 않는다면, 그것은 환자가 가망이 없는 상태라는 명백한 징표이다.

검은색 눈동자와 구분되는 눈의 흰 부분은 '홍채(Corona)'라고 한다. 그것이 꽃 장식처럼 눈동자 주변을 둥글게 에워싸며 '꾸미고(ornare)' 있기 때문이다.

눈꺼풀(Palpebre)은 '볼보스(Volvos)'라고 불리기도 한다. 그것이 '접이식 문(valvarum)'과 닮았기 때문이다. 눈꺼풀은 눈 위에 포개지는 부분으로, 그 이름은 '재빠른 움직임'이라는 뜻의 '팔피타티오(palpitatio)'라는 말에서 비롯되었다. 눈꺼풀들은 언제나 움직이고 있기 때문이다. 그것들은 서로 만나기 위해 빠르게 움직이고, 이렇게 계속되는 움직임 때문에 시야가 새로워진다. 눈꺼풀은 털의 성벽으로 둘러싸인 요새와 같은 모양을 하고 있다. 그래서 눈을 뜨고 있어도 눈 안으로 뭐든 들어오지 못하게 한다. 그리고 잘 때에 눈꺼풀이 닫히면, 눈은 마치 감싸인 것처럼 그 안에 숨는다. 눈꺼풀의 끄트머리, 그들이 닫힐 때 서로 만나는 부분에는 털이 일렬로 늘어서 있다. 그것은 실수로 뭔가가 눈 안으로 들어가 상처를 내거나 손상을 입히지 않도록 눈을 보호해준다. 이 털들은 먼지와 같은 어떤 물질이 들어가는 것을 막게끔 만들어졌다. 그리고 공기를 걸러 부드럽게 해서 시야를 더 밝고 깨끗하게 해주기도 한다.

눈물(Lacrime)이라는 단어가 '마음의 찢어짐(laceratio mentis)'이라는 말에서 비롯되었다고 생각하는 사람도 있다. **f. 84r** 그러나 그리스인들이 눈물을 '라시리아(*Lassiria*)'라고 부른 것에서 비롯되었다고 보기도 한다.

눈두덩(*Cilia*)은 눈을 가리는 덮개이다. 그것이 '킬리움(*Cilium*)'이나 '스킬리움(*Scilium*)'이라고 불리는 까닭은, 눈을 '숨겨서(*celare*)' 안전하게 보호해주기 때문이다. 눈썹(*Supercilia*)은 눈두덩 '위에(*super*)' 있기 때문에 그렇게 불리게 되었다. 그것은 털로 덮여 있어서 눈을 보호하고, 머리에서 흘러내리는 땀이 옆으로 비켜가게 한다. '두 눈썹 사이의(*inter supercilia*)' 털이 없는 공간은 '미간(*Intercilium*)'이라고 한다.

뺨과 턱

뺨(*Gena*)은 눈 아래의 얼굴 부분으로, 거기에서 수염이 자란다. 그리스어로 수염은 '게네(*Gene*)'라고 한다. 수염이 '나기(*gigni*)' 때문에 뺨을 '게나'라고 부른다고 보기도 한다.

광대뼈(*Mala*)는 눈 아래의 튀어나온 부분으로 아래쪽에서 눈을 보호한다. 그것이 그런 이름으로 불리는 까닭은 눈 아래에 둥글게 나와 있기 때문인데, 그리스어에서는 원래 '멜라(*Mela*)'라고 했다. 그것이 위턱뼈 위에 있기 때문에 붙여진 이름이기도 하다.

위턱뼈(*Maxilla*)는 광대뼈를 가리키는 '말라'에서 비롯된 말이다. '못(*paxillus*)'이 '말뚝(*palus*)'에서 나오고, '작은 주사위(*taxillus*)'가 '큰 주사위(*talus*)'에서 나온 것처럼 말이다. 아래턱뼈(*Mandibule*)는 '턱(*Mandibulum*)' 부분에 있는 것이라서 그런 이름으로 불리게 되었다. 옛 사람들은 턱수염을 '바르바(*Barba*)'라고 불렀는데, 이것은 남자한테만 있고 여자에게는 없다.

귀와 코

귀(*Auris*)는 소리를 '받아들인다(*haurire*)'는 말에서 비롯된 것이다. 이러한 맥락에서 베르길리우스는 "나는 귀로 소리를 받아들인다"[9]고 했다.

아니면 그리스어에서 '소리'를 뜻하는 '아우디엔*(audien)*'이라는 말에서 온 것일 수도 있다. '청각*(Auditus)*'도 같은 뿌리에서 나왔는데, 귀도 처음에는 '아우데스*(Audes)*'라고 부르다가 철자가 바뀌면서 '아우레스*(Aures)*'라고 부르게 된 것이다. 말이 귀의 굴곡진 통로를 따라 울려 퍼지면서 소리가 만들어지면, 청각이 그것을 잡아낸다.

귀의 위쪽 끄트머리가 '피뇰라*(Pinnola)*'라고 불리는 것은 뾰족하기 때문이다. 옛 사람들은 뾰족한 것을 '피니온*(pinnion)*'이라고 불렀다. '도끼*(bipennis)*'와 '깃대*(pinna)*'라는 단어도 이 말에서 온 것이다.

콧구멍*(Nares)*이 그런 이름으로 불리는 까닭은, 그것을 거쳐 냄새와 숨이 계속 '흐르기*(manare)*' 때문이다. 아니면 냄새로 '주의를 불러일으켜*(admonere)*' 우리가 뭔가를 '감지하게*(noscere)*' 해주기 때문이다. 무지하고 거친 사람들을 '꽉 막힌 사람들*(ignari)*'이라고 부르는 것도 같은 이유이다. 옛 사람들은 뭔가 냄새를 맡는 것은 뭔가를 아는 것이라고 했다. 테렌테우스도 이렇게 나타냈다. "그들은 그가 무언가를 시작하기 전에 6개월 내내 냄새를 맡지 않았던가?"[10]

f. 84v 코의 굴곡이 없이 곧고 길게 뻗은 부분인 콧등은 '기둥'이라는 의미의 '콜룸나*(Columna)*'라고 부른다. 콧등 끝에 있는 코끝을 '작은 배*(Pirula)*'라고 부르는 까닭은 그것이 과일인 배처럼 생겼기 때문이다. 코의 오른쪽과 왼쪽은 날개처럼 생겨서 '작은 날개들*(Pennule)*'이라고 부른다. 그리고 콧구멍 사이의 부분은 '코벽*(Interfinium)*'이라고 한다.

입과 이빨

입*(Os)*이 그렇게 불리는 까닭은, '문*(ostium)*'을 거치는 것처럼 그것을 통해서 안으로 음식을 들여보내고, 밖으로 침을 뱉어내기 때문이다. 음식이 안으로 들어가고, 말이 밖으로 나오기 때문이기도 하다.

입술*(Labia)*은 '핥다*(lambere)*'라는 말에서 비롯되었다. 윗입술을 '라비움(Labium)'이라고 하고, 두꺼운 아랫입술을 '라브룸(Labrum)'이라고 한다. 남자의 입술은 '라브라(Labra)'라고 하고, 여자의 입술은 '라비아(Labia)'라고 부르기도 한다.

〔기원전 1세기 로마의 철학자이자 의학자인〕바로는 '혀(Lingua)'의 이름이 음식을 '묶는(ligare)'데서 비롯되었다고 생각했다. 혀가 서로 다른 소리들을 낱말로 묶어내기 때문에 그렇게 불리게 되었다고 하는 사람도 있다. 혀는 이빨을 때린다. 마치 채가 줄을 때려서 소리를 만들어내는 것처럼 말이다.

그리스인들은 이빨을 '오돈테스(Odontes)'라고 부른다. 그것의 라틴어 이름인 '덴테스(Dentes)'도 이 말에서 온 것 같다. 맨 앞의 이빨은 '앞니(Precisores)'라고 한다. 우리가 입안에 뭔가를 넣으면, 그것들이 가장 '먼저 자르기(praecidere)' 때문이다. 다음 이빨은 '송곳니(Canini)'라고 하는데, 오른쪽 턱에 두 개, 왼쪽 턱에 두 개가 있다. 그 이빨이 그런 이름으로 불리는 것은 '개(Canis)'의 이빨처럼 생겼기 때문이다. 사람들과 마찬가지로 개들도 이 이빨을 뼈를 부수는 데 사용한다. 송곳니는 앞니가 잘라내지 못한 음식을 부순다. 송곳니는 길이와 폭, 굴곡 때문에 흔히 '작은 기둥들(Colomelli)'이라고 불리기도 한다. 맨 뒤의 이빨은 '어금니(Molares)'라고 불린다. 그것들은 앞니가 음식을 자르고, 송곳니가 부수고 나면, 갈고 짓이기는 일을 한다. 어금니의 이름은 '갈다(molere)'라는 말에서 비롯되었다. 이빨의 개수는 성에 따라 결정된다. 남자가 여자보다 이빨이 더 많다.

잇몸(Gingive)이 그런 이름으로 불리는 까닭은, 이빨이 거기에서 '나오기(gignere)' 때문이다. 잇몸은 이빨을 꾸미기 위한 것이다. 이빨이 삐뚤삐뚤하게 늘어선 것은 아름답기보다는 무섭게 보이기 때문이다.

입천장(Palatum)은 **f. 85r** 입 안의 하늘이다. 그 이름은 하늘을 뜻하는 '폴루스(polus)'라는 말에서 비롯되었다. 그리스인들도 입천장을 〔하늘'을 뜻하는〕 '우라누스(Uranus)'라고 불렀다. 입천장의 둥근 모양이 하늘을 닮았기 때문이다.

목과 목구멍

목구멍(Fauces)의 이름은 '소리를 내다(fundere voces)'라는 말에서 비롯되었다. 목구멍을 통해 '말하기(fari)' 때문이기도 하다. 〔목구멍에서 허파에 이르는〕 숨통(Artherie)이 그렇게 불리는 까닭은, 그것을 통해 허파에서 '공기(aer)', 곧 숨이 운반되기 때문이다. 숨통이 '좁고(artus)' 한정된 통로 안에 생명의 호흡을 머무르게 하고 있기 때문이기도 하다. 소리도 여기에서 만들어진다. 그래서 만약 혀의 움직임으로 다르게 만들지 않는다면, 모두 같은 소리만 나올 것이다.

갈리아어에서 편도선을 뜻하는 단어인 '톨레스(Toles)'는 의미가 축소되는 과정을 겪으면서 일상에서는 '목젖(Toxilli)'이라고 쓰이게 되었다. 목젖은 이따금 목 안에서 부풀어 오른다.

턱은 '멘툼(Mentum)'이라고 불린다. 두 개의 '아래턱뼈(Mandibula)'가 그곳에서 시작하고 만나기 때문이다.

〔호흡할 때 공기가 지나는〕 숨길(Gurgulio)은 그 이름을 '목구멍(Guttur)'에서 얻었다. 숨길의 통로는 입과 코까지 뻗어 있다. 소리는 숨길의 통로를 통해 혀로 보내지고, 그렇게 해서 단어를 발음할 수 있게 된다. '지껄이다(garrire)'라는 말은 이런 이유에서 비롯된 것이다.

숨통 옆에는 식도(Rumen)가 있다. 우리는 식도를 통해 음식을 삼킨다. 그래서 동물이 삼킨 음식을 역류시켜 다시 씹는 것을 '되새김질한다(ruminare)'고 하는 것이다. 후두덮개(Sublinguium)는 숨통의 '뚜껑'으로 알려져 있다. 그것은 작은 혀와 같은데, 점액 같은 분비물로부터 혀 뒷부분의 구멍을 차단한다.

목(Collum)이 그렇게 불리는 까닭은 '기둥(columna)'처럼 단단하고 둥근 모양이기 때문이다. 목은 머리를 움직이고, 그것을 신전처럼 지탱한다. 목의 앞쪽을 '멱(Gula)'이라고 하고, 뒤쪽은 '목덜미(Cervix)'라고 한다. 목덜미가 그런 이름으로 불리는 까닭은, 그것이 척수를 통해서 뇌와 곧바로 연결되는 '뇌로 가는 길(cerebri via)'이기 때문이다. 옛 사람들은 목덜미를 '케르비케스(Cervices)'라는 복수형으로 나타냈는데, 〔기원전 1세기 공화정 시대의 로마 정치인인〕 호르텐시우스가 처음으로 그것을 단수형으로 나타냈다. 그래서 단수형인 '케르빅스'는 몸의 특정한 부분을 가리키는 말이지만, 복수형일 때 그것은 '완고한 반항'이라는 의미를 나타낸다. 〔기원전 1세기 로마 정치인인〕 키케로는 〔시칠리아의 총독인〕 베레스에 대한 연설에서 "그대는 집정관을 고발하려 하는가. '반항(cervice)'을 끝내라"[11] 라고 말했다.[12]

팔과 손

어깨(Humeri)는 f. 85v 동물의 '견갑(armi)'과 같은 것이다. 어깨를 그런 이름으로 부르는 것은 말을 하지 못하는 짐승들과 인간을 구분하기 위해서이다. 그래서 우리는 사람은 '어깨'라고 하고, 동물은 '견갑'이라고 하는 것이다. 정확히 말해 견갑은 네발짐승한테 쓰는 말이다. 어깨봉우리의 뒷부분은 〔어깨와 팔이 붙은 부분인〕 '어깻죽지(Ola)'라고 한다.

팔(Brachia)은 힘과 관련이 있다. 그리스어에서 '바루스(barus)'는 '힘이 세고' '무겁다'라는 뜻을 나타낸다. 팔의 위쪽에는 근육들이 있고, 거기에는 놀라운 힘이 담겨 있다. 팔에 불룩 튀어나온 근육은 '알통(Tori)'이라고 한다. 그것이 그렇게 불리는 까닭은, 안쪽이 '꼬인(tortus)' 것처럼 보이기 때문이다.

팔꿈치(Cubitus)가 그렇게 불리는 까닭은, 우리가 음식을 먹을 때 그것에 '기대기(cubere)' 때문이다. 팔뚝(Ulna)이 손의 연장이라고 하는 사람도 있고, 팔꿈치의 연장이라고 하는 사람도 있다. 나중 말이 더 맞는 것 같다. 그리스어에서는 팔꿈치를 '올레노스(Ulenos)'라고 한다.

겨드랑이

팔 아래 움푹 들어간 부분을 '겨드랑이(Ale)'라고 하는데, '날개(Ale)'처럼 팔의 움직임이 거기에서 시작되므로 붙여진 이름이다. 겨드랑이를 '아스켈레(Ascelle)'라고 부르는 사람도 있는데, 팔이 거기에서 '움직이기(cillere)' 때문이다. 겨드랑이를 '오스킬라(Oscilla)'라고도 한다. 거기에서 팔이 '흔들리기(oscillare)' 때문이다. 다시 말해 몸의 '끝(ora)'에서부터 '움직이기(movere)' 때문이다. '모베레(movere)'와 '킬레레(cillere)'는 같은 의미이므로, '오라 킬레레(ora cillere)'도 '끝에서부터 움직인다'는 뜻이다. 겨드랑이를 '수브히르키(Subhirci)'라고 부르는 사람도 있다. 겨드랑이에서 숫염소(Hircus)의 악취가 나는 사람이 많기 때문이다.

손과 손가락

손(Manus)이 그렇게 불리는 까닭은, 그것이 몸 전체를 위해 '봉사하기(munus)' 때문이다. 손은 입에 음식을 제공한다. 그것은 모든 일을 하고, 모든 것을 처리한다. 물건을 주고받을 때에도 손을 사용한다. 이 말은 '기술'이나 '장인'을 가리키는 말로 부정확하게 사용되기도 하며, '품삯(manupretium)'이라는 말도 거기에서 비롯된 것이다.

오른손(Dextra)의 이름은 '주다(dare)'라는 말에서 온 것이다. 평화의 맹세로 오른손을 내밀기 때문이다. 오른손은 약속을 표시하거나 인사를 할 때도 사용한다. 이런 맥락에서 키케로도 "나는 원로원의 지시에 따라 공개적으로 맹세했습니다"[13]라고, 곧 '약속(dextra)'을 했다고 말한 것이다. 그리고 사도도 "그들은 나와 바르나바에게 친교의 오른손을 내밀었다"[14]고 했다.

왼손(Leva)이 그렇게 불리는 까닭은, 그것이 '들어올리기(levare)'에 더 적합하기 때문이다. 왼손은 '오른손이 아닌(sine dextera)'이라는 의미의 '시니스트라(Sinistra)'라고 불리기도 한다.

손바닥(Palma)은 손가락을 펼친 손이다. 손가락들을 움켜쥔 **f. 86r** 손은 '주먹(Pugnus)'이라고 한다. 이 말은 '한 움큼(pugillus)'에서 비롯되었다. 마치 손바닥이라는 말이 '종려나무(Palma)'의 펼쳐진 가지에서 비롯된 것처럼 말이다.

손가락은 '디기티(Digiti)'라고 한다. 손가락은 '열 개(decem)'이며, '어울려서(decentia)' 함께 모여 있기 때문이다. 손가락은 그 자체가 완벽한 수이며, 가장 조화로운 방식으로 배치되어 있다. 첫 번째 손가락인 '엄지손가락(Pollex)'이 그렇게 불리는 까닭은, 그것이 힘과 세기 면에서 다른 손가락들보다 '강하기(pollere)' 때문이다. 두 번째 손가락인 '집게손가락(Index)'은 '인사하는 손가락(salutaris)'이나 '가리키는 손가락(demonstratorius)'으로도 알려져 있다. 인사하거나 보여주거나 가리킬 때 대부분 그 손가락을 사용하기 때문이다. 세 번째 손가락은 〔음탕하다는 뜻의〕'임푸디쿠스(Impudicus)'라고 불린다. 수치스러운 어떤 일을 표현할 때에 그 손가락이 사용되곤 하기 때문이다. 네 번째 손가락은 '반지손가락(Anularis)'이라고 불린다. 그 손가락에 '반지(anulus)'를 끼기 때문이다. 그 손가락은 '약손가락(Medicinalis)'이라고도 불린다. 의사들이 빻은 연고를 바를 때에 그 손가락을 사용하기 때문이다. 다섯 번째 손가락은 '귀 손가락(Auricularis)'이라고 불린다. 귀를 팔 때에 그 손가락을 사용하기 때문이다.

손톱(Ungula)이라는 말은 그리스어 '오니케스(Onices)'에서 왔다.[15]

가슴과 등

몸통(Truncus)은 목에서 사타구니까지 몸의 가운데 부분을 가리킨다. 〔기원전 1세기 로마의 정치인인〕 니기디우스는 "머리는 목이 지탱하고, 몸통은 엉덩이와 무릎, 다리가 지탱한다"[16]고 말했다.

흉부(Torax)는 목부터 위장까지 몸통의 앞부분을 뜻하는 그리스어 단어이다. 우리는 그것을 〔귀중품 상자'라는 의미의〕 '아르카(Archa)'라고 부른다. 거기에는 '감추어진 것(arcanus)', 곧 비밀스러운 뭔가가 있기 때문이다. 그 이름이 '차단하다(arcere)'에서 비롯되었다고 하는 사람들도 있다. '아르카'와 〔제단'을 뜻하는〕 '아라(ara)'는 모두 이름 안에 비밀이라는 의미를 지니고 있다.

유방

가슴 부위의 부드러운 둔덕은 '유방(Mamille)'이라고 한다. 유방 사이에는 '가슴뼈(Pectus)'라고 부르는 뼈가 있다. 그리고 그 뼈의 오른쪽과 왼쪽에는 '갈비뼈(Costa)'가 있다. 가슴뼈가 그런 이름으로 불리게 된 까닭은, 그것이 가슴의 튀어나온 부분들 사이에 있는 '고른(pexus)' 부분이기 때문이다. '빗(pecten)'의 이름이 머리카락을 '고르게 하는(pectere)' 데에서 비롯된 것과 마찬가지이다. 유방이 '마밀레'라고 불리는 까닭은, 그것이 '사과(Malum)'처럼 둥글기 때문이다. '마밀레'는 '말룸'에서 비롯된 말이다.

젖꼭지(Papille)는 유방의 끝부분이다. 젖먹이 아기들은 그것들을 움켜쥔다. 젖꼭지가 그렇게 불리는 까닭은, 아기들이 젖을 먹을 때 그것을 '쓰다듬는(palpare)' 것처럼 보이기 때문이다.

유방은 가슴 둔덕 전체를 가리키고, 아기들이 젖을 먹는 젖통은 '우베르(Uber)'라고 한다. 그리고 젖꼭지는 젖이 나오는 작은 부분을 가리

킨다. 젖통이 '우베르'라고 불리는 까닭은, 젖이 '풍부하고(uberta)', 액체
인 젖으로 가득 차서 '축축하기(uvida)' 때문이다. 즙으로 가득 찬 '포도
(Uva)'가 축축한 것처럼 말이다.

젖(Lac)을 가리키는 말은 그것의 색깔에서 왔다. **f. 86v** 젖은 흰색 액체
인데, 그리스어에서는 흰색을 '레우코스(leucos)'라고 한다. 젖은 피가 변
화의 과정을 거쳐 만들어진 것이므로 젖의 특성은 피에서 비롯된다. 출
산 뒤에는 자궁의 영양분으로 소비되지 않는 피가 자연적인 통로를 따
라 가슴으로 흘러들어가서 특별한 성질을 지닌 하얀 젖이 된다.[17]

피부

피부(Cutis)는 몸에서 가장 먼저 만나는 부분이다. 피부가 그렇게 불리
는 까닭은, 몸을 덮고 있어서 가장 먼저 베이는 것이기 때문이다. 그리
스어에서 '쿠티스(cutis)'는 '베다'라는 뜻이다. 피부와 '가죽(Pellis)'은 같
은 것이다. 가죽이 그렇게 불리는 까닭은, 가죽이 몸을 덮어 상처 입는
것을 '막아주기(pellere)' 때문이다. 가죽은 비와 바람의 피해, 햇볕의 열
기도 막아준다.

피부를 제거하면 드러나는 것을 '진피(Corium)'라고 한다. 이 말은 '살
(Caro)'에서 온 것이다. 그것이 살을 덮고 있기 때문이다. 이 말은 이성
이 없는 생물들한테도 쓰인다.

땀구멍(Pori)은 그리스어에서 쓰는 이름이고, 라틴어에서 사용하는
그것의 적절한 이름은 '숨구멍(Spiramenta)'이다. 활력을 가져다주는 '숨
(Spiritus)'이 그것을 통해 바깥으로부터 공급되기 때문이다.

지방(Arvina)은 피부에 붙어 있는 기름이다. 그리고 살코기(Pulpa)가 그
런 이름으로 불리는 까닭은, 그것이 '진동하며(palpitare)' 가끔씩 떨리
기 때문이다. 많은 사람들이 살코기를 〔끈끈이라는 의미를 가진〕 '비스쿠스
(Viscus)'라고도 부르는데, 아교와 같은 성질을 가지고 있기 때문이다.[18]

관절과 뼈

몸의 각 부분을 '멤브라(Membra)'라고 한다. 관절(Artus)은 이러한 몸의 각 부분들을 하나로 묶어주는 것으로, 그것의 이름은 '조이다(artare)'라는 말에서 비롯되었다.

힘줄(Nervi)이라는 말은 그리스어에서 왔다. 그리스 사람들은 힘줄을 '네우트라(Neutra)'라고 한다. 힘줄을 '네르비'라고 부르는 까닭은, 사지의 마디들이 차례로 힘줄로 '달라붙어(inhaerere)' 있기 때문이라는 사람도 있다. 힘줄이 우리 힘의 가장 큰 근원임은 분명하다. 그것이 두꺼울수록 힘은 세진다. 사지는 힘줄로 묶여 결합되어 있다. 다시 말해 한곳으로 모여 있다.

사지를 뜻하는 '아르투스(Artus)'*에서 '마디'를 뜻하는 '아르티쿨루스(Articulus)'라는 말이 나왔다. 팔과 같은 큰 사지를 '아르투스'라고 하고, 손가락과 같은 작은 마디를 '아르티쿨루스'라고 한다. 그리고 두 개의 뼈가 서로 접합된 것을 '콤파고(Compago)'라고 한다. 아교로 붙인 것처럼 힘줄로 서로 '연결되어 있기(compinginare)' 때문이다.

뼈(Os)는 몸의 기반이자, f. 87r 모든 자세와 힘의 근간이다. 그것의 이름은 '태우다(ustus)'라는 말에서 비롯되었다. 옛 사람들은 뼈를 태웠기 때문이다. 살이 불에 타면 뼈가 보이기 때문이라고 보는 사람들도 있다. 실제로 뼈는 어디든 피부와 장기 밑에 숨겨져 있다.

골수(Medulla)가 그렇게 불리는 까닭은, 그것이 뼈에 '수분을 공급해(madefacere)' 재생시키고 튼튼하게 만들기 때문이다. 뼈끝(Vertibula)은 뼈의 끝부분들로, 두꺼운 매듭으로 고정되어 있다. 그렇게 불리는 까닭은 다양한 방향으로 구부러지면서 '선회하기(vertere)' 때문이다. 연골(Cartilagines)은 골수가 없는 부드러운 뼈이다. 귀의 바깥 부분, 콧구멍 사

---

* 라틴어 '아르투스(artus)'는 '관절'과 '사지'라는 뜻을 모두 나타낸다.

이의 칸막이, 갈비의 끝 또는 관절 연결부위의 뼈를 덮고 있는 것에 해당한다. 연골이 그렇게 불리는 까닭은 구부러졌을 때 서로 가볍게 스쳐도 '고통이 없기*(carere dolore)*' 때문이다.

갈비뼈*(Costa)*가 몸의 안쪽을 '보호하기*(custodire)*' 때문에 그렇게 불리게 되었다고 보는 사람도 있다. 갈비뼈는 마치 울타리처럼 배의 연약한 부분 전체를 둘러싸고 안전하게 지킨다.[19]

옆구리와 등

옆구리*(Latus)*가 그렇게 불리는 까닭은 우리가 옆으로 누워 있을 때 그것이 '감춰지기*(latere)*' 때문이다. 몸의 측면이어서 그렇다.

오른쪽은 움직이기가 더 쉽고, 왼쪽은 강해서 짐을 나르기에 더 적합하다. 왼쪽*(Leva)*이 그렇게 불리는 까닭도 뭔가를 '들어올리고*(levare)*' 나르기에 더 적합하기 때문이다. 그래서 방패·칼·화살통 등의 짐은 왼쪽으로 들고, 오른손은 자유롭게 움직일 수 있도록 놓아두는 것이다.

등*(Dorsum)*은 목부터 허리에 이르는 부분을 가리킨다. 그것이 그렇게 불리는 까닭은, 등이 몸의 매우 '단단한*(durior)*' 표면이기 때문이다. 그것은 돌처럼 강해서 짐을 나르고 물건을 안정적으로 지탱할 수 있다. 〔'몸의 뒷면'을 뜻하는〕 '테르가*(Terga)*'라는 이름은 우리가 그것을 '땅*(terra)*'에 대고 평평하게 드러눕는 것에서 비롯되었다. 이는 오직 사람만이 할 수 있는 자세이다. 말 못하는 짐승들은 단지 배를 대고 눕거나 옆으로 누울 수 있을 뿐이다. 그러므로 이 단어를 동물에게 쓰는 것은 적절하지 않다.

어깨*(Scapula)*는 '올라가다*(scandere)*'라는 말에서 비롯되었다. 여기에서 양쪽 어깨 사이의 공간을 가리키는 '인테르스카필리움*(Interscapilium)*'이라는 말이 나왔다. 등 오른쪽과 왼쪽에 튀어나온 날개뼈는 '팔레*(Pale)*'라고 한다. 레슬링을 하면서 그것들을 '누르기*(pressare)*' 때문이다. 그리스 사람들은 그것을 **f. 87v** '팔린*(Palin)*'이라고 불렀다.

등뼈*(Spina)*는 등에 있는 뼈들을 나타내는 말이다. 그것이 〔'가시'라는 뜻인〕 '스피나'라고 불리는 까닭은 작고 날카로운 살들을 가지고 있기 때문이다. 등뼈의 관절들은 '척추뼈*(Spondilie)*'라고 불린다. 그 긴 통로를 통해 뇌에서 몸의 다른 부분까지 척수가 운반된다. 길게 이어진 척추의 끝 부분에 있는 엉치뼈는 '신성한 등뼈*(sacra spina)*'라고 불린다. 그리스인들도 같은 의미로 그것을 '히로노스톤*(Hyronoston)*'이라고 불렀다. 그 뼈가 아기가 잉태되었을 때에 맨 처음 생기는 부분이기 때문이다. 그리고 이교도들이 자신들의 신에게 제사를 지낼 때 맨 처음 바치는 짐승의 부위가 그것이기 때문이기도 하다.[20]

허리와 다리

바로의 말에 따르면, 신장*(Renes)*이 그렇게 불리는 까닭은 그곳이 불결한 액체가 흐르는 '도랑*(rivus)*'이기 때문이라고 한다. 정액과 척수, 골수는 액체 상태로 신장으로 흘러들어간다. 그리고 성적인 열망의 열기가 피어오르면, 그것은 다시 신장에서 흘러나온다.

허리*(Lumbus)*는 방탕한 '성욕*(libido)*'에서 그 이름을 얻었다. 남자의 육체적 쾌락이 그곳에 자리하고 있기 때문이다. 여자의 육체적 쾌락이 배꼽에 있는 것처럼 말이다. 그래서 주님은 욥에게 말씀하실 때, 먼저 "사내답게 허리를 동여매어라"[21]라고 하셨다. 그렇게 해서 그가 욕망의 지배가 시작되는 그곳에 저항할 준비를 하게 했던 것이다.

배꼽*(Umbilicus)*은 몸의 중앙이다. 그것이 그렇게 불리는 까닭은 아랫배 중앙의 '돌기*(umbo)*'와 같기 때문이다. 그래서 방패 한가운데에 돌출된 부분도 '움보*(umbo)*'라고 부르는 것이다.

엉덩뼈(Ilium)라는 말은 그리스어에서 비롯되었다. 우리는 스스로 그것을 덮기 때문이다. 그리스어로 '일리오스(ilios)'는 '덮다'라는 뜻이다. 그리고 엉덩이(Clunes)가 그렇게 불리는 까닭은 그것이 '대장(Colon)'의 양 옆에 있기 때문이다. 볼기(Nates)가 그렇게 불리는 것은 우리가 그것에 '의지해서(innitor)' 앉기 때문이다. 볼깃살이 둥근 모양으로 되어 있는 것도 몸무게가 내리눌렀을 때 뼈가 아프지 않게 하기 위해서이다.[22]

생식기와 항문

생식기(Genitalia)는 이름만으로도 그것이 뭔지를 알려준다. 말 그대로 자손을 '생기게(gignere)' 하는 부분으로, 그것을 통해 자손이 만들어지고 탄생한다. 생식기를 '치부(Pudenda)'라고 부르기도 하는데, 우리의 '부끄러움(pudor)'이나 사춘기 때부터 그것을 덮고 있는 '음모(Pubis)' 때문이다. 그것은 몸의 다른 부분에서 볼 수 있는 점잖은 외양을 찾을 수 없어서 '망측한 것(Inhonesta)'이라고 불리기도 한다.

같은 부위를 가리키는 '음경(Veretrum)'이라는 말도 있다. 그것은 오로지 '남자(Vir)'한테만 있기 때문에 그렇게 불리는 것이며, '정액(Virus)'이 그곳에서 나오기 때문이기도 하다. **f. 88r** 정액은 엄밀히 말하자면 남자의 생식기에서 나오는 액체를 의미한다.

'불알(Testiculi)'이라는 말은 '고환(Testis)'이라는 말에서 파생된 것이다. 그것은 언제나 적어도 두 개이다. 고환은 태아를 만들기 위해서, 척수에서 나와 신장과 허리를 거친 정액을 '남근(Calamus)'에 공급한다. 고환을 둘러싸고 있는 피부는 '음낭(Viscus)'이라고 부른다.

둔부를 ('뒷면'이라는 뜻의) '포스테리오라(Posteriora)'라고 부르는 까닭은 그것이 '뒤(post)', 다시 말해서 얼굴 반대편에 있기 때문이다. 이것은 우리가 장을 비울 때에 눈을 더럽히지 않기 위해서이다. 항문(Meatus)이 그렇게 불리는 까닭은 배설물이 그것을 '통과하기(meare)' 때문에, 다시 말

해서 그것을 통해서 분출되기 때문이다.[23]

무릎과 다리

넓적다리(Femur)가 그렇게 불리는 까닭은 그 부분으로 남성과 '여성 (femina)'이 구분되기 때문이다. 넓적다리는 사타구니에서 무릎까지 뻗어 있는 부분을 말한다. 넓적다리에서 '허벅지(Femina)'라는 말도 나왔다. 허벅지는 말을 탈 때 넓적다리로 말의 등을 조이는 부분을 가리킨다. 그래서 예전에 전사들은 〔말이 죽었을 때〕 허벅지 아래의 말을 잃어버렸다고 표현했던 것이다.

골반(Coxe)이라는 말은 이를테면 '결합시키는 축(coniuncte axes)'이라는 뜻이다. 그것을 축으로 넓적다리들이 움직이기 때문이다. 엉덩이의 접합부는 〔움푹 파인 곳이라는 의미의〕 '콩카바(Concava)'라고 부른다. 넓적다리 뼈의 머리 부분이 그 안에서 회전하기 때문이다.

〔무릎 안쪽 오목한 부분인〕 오금(Suffragines)을 그렇게 부르는 까닭은, 그것들이 '밑으로 꺾이기(subtus franguntur)' 때문이다. 곧 안으로는 구부릴 수 있어도, 바깥으로는 구부리지 못한다.

무릎(Genua)은 넓적다리와 종아리가 연결된 곳이다. 그것이 '게누아'라고 불리는 까닭은 자궁 안에서 무릎이 '눈구멍(Gena)'*을 마주 보고 있었기 때문이다. 무릎과 눈은 매우 밀착되어 있고, 눈이 비탄을 의미하는 것처럼 무릎은 자비를 구한다는 의미를 나타낸다. 이렇게 무릎을 뜻하는 '게누아'라는 말은 '눈구멍'을 뜻하는 '게나'에서 왔다. 그리고 사람은 웅크린 채로 무릎을 가장 위쪽으로 향하고 태어나기 때문에 눈이 오목하게 들어가 있는 모양이라고 한다. 〔기원전 3세기 로마의 시인인〕 엔니우스는 "구부린 무릎이 눈구멍을 누른다"[24]고 했다. 그래서 사람들은

---

* 라틴어 '게나(gena)'는 '빰'과 '눈구멍'이라는 뜻으로 모두 쓰인다.

무릎을 굽히며 운다. 이 본성은 그들이 밝은 세상으로 나오기 전에 머물렀던 어머니의 자궁을 떠올리게 한다.

아랫다리(Crura)가 그렇게 불리는 까닭은, 그것으로 '달리고(currere)' 걷기 때문이다. 아랫다리는 무릎 밑에서 시작해 장딴지 아래까지 뻗어 있다. 정강이(Tibia)는 그것과 모양새가 닮은 '나팔(tuba)'이라는 말에서 왔다. 그리고 발목(Talus)은 '돔 천장(tolus)'이라는 말에서 왔다. 돔 천장은 **f. 88v** 돌출된 둥근 모양으로, 원형 신전의 지붕을 '톨루스'라고 한다. 발목은 다리의 아래쪽에 있고, 그 아래에는 발꿈치(Calcaneum)가 있다.

발과 발바닥

발(Pedes)이라는 이름은 그리스어에서 온 것이다. 그리스인들은 발을 '포다스(Podas)'라고 부르는데, 이것은 발을 서로 교차하며 땅 위를 힘차게 걷기 때문이다.

발바닥(Planta)의 이름은 '평면(planities)'이라는 말에서 왔다. 인간의 발바닥이 네발동물처럼 둥근 모양이 아니기 때문이다. 다리가 둘인 사람은 그런 발바닥으로는 서 있을 수 없다. 사람은 평평하고 기다란 모양의 발바닥이어야 몸을 지탱할 수 있다. 그리고 발바닥 앞부분은 많은 뼈로 이루어져 있다.

발꿈치(Calx)는 땅을 디디는 발의 뒤쪽 끝 부분으로 '굳은 살(Callus)'이라는 말에서 이름이 왔다. 발꿈치뼈(Calcaneus)도 어원이 같다.

발밑(Solum)은 발의 밑 부분으로, 그렇게 불리는 것은 우리가 발밑으로 자국을 내면서 걷기 때문이다. 그런데 뭔가를 떠받치는 것은 모두 '솔룸'이라고 부른다. 그것은 '단단하다(solidus)'라는 말에서 온 것 같다. 그래서 땅도 '솔룸'이라고 부르는 것이다. 땅은 모든 것을 지탱하기 때문이다. 마찬가지로 발밑을 '솔룸'이라고 부르는 것도 그것이 몸의 모든 무게를 지탱하기 때문이다.[25]

근육과 장기

몸 안의 장기를 비롯해 피부 아래에 있는 모든 것을 가리켜 '비스케라(Viscera)'라고 한다. 그 말은 피부와 살 사이의 층인 '비스쿠스(Viscus)'에서 비롯된 것이다. 그리고 신경과 결합되는, 피로 만들어진 힘줄 끝부분을 나타낼 때에도 사용된다.

근육

'라케르타(Lacerta)'나 '무스(Mus)'라고도 불리는 근육(Musculus)은 심장이 몸의 한가운데에 있는 것처럼 몸의 모든 기관들에 있다. 근육이 도마뱀(Lacerta)이나 쥐(Mus)와 같은 동물들의 이름으로도 불리는 것은 동물들이 땅 아래 숨어 있는 것처럼 그것도 숨어 있기 때문이다. 근육이 '무스쿨루스'라고 불리는 까닭은, 그것이 쥐와 닮았기 때문이다. 근육을 '토루스(Torus)'라고도 부르는데, 근육이 있는 곳의 안쪽 부분은 '꼬여 있는(tortus)' 것처럼 보이기 때문이다.

심장과 맥박

심장(Cor)이라는 말은 그리스어에서 비롯된 것이다. 그리스인들이 심장을 '카르디난(Cardinan)'이라고 부르기 때문이다. '근심(Cura)'이라는 말에서 비롯되었을 수도 있다. 심장은 모든 걱정이 자리하는 곳이자, 앎의 원천이기 때문이다. 그래서 심장 근처에 폐가 있는 것이다. 심장이 분노로 달아올랐을 때에 폐의 액체가 심장을 식힐 수 있게 말이다.

심장은 두 개의 '동맥(Arterie)'을 가지고 있다. 왼쪽 동맥에는 피가 더 많고, 오른쪽 동맥에는 공기가 더 많다. 그래서 우리는 오른팔에서 맥박을 재는 것이다. 심장 부근에는 횡격막(Precordia)이 있다. 우리는 그곳에서 느낌을 감지한다. 그것이 그런 이름으로 불리는 것은 **f. 89r** 감정과 생각의 근원이기 때문이다.

맥박(*Pulsus*)이 그렇게 불리는 까닭은, 그것이 '고동치기(*palpitare*)' 때문이다. 맥박의 신호로 우리는 몸이 아픈지 건강한지를 알 수 있다. 맥박의 움직임은 단일 박동과 복합 박동 두 가지이다. 단일 박동은 하나의 움직임으로 되어 있다. 복합 박동은 고르지 않고 불규칙한 움직임들로 되어 있다. 복합 박동은 서로 고정된 격차가 있는 여러 개의 움직임을 만들어내기 때문이다. 아무 문제가 없으면, 맥박은 강약약으로 뛴다. 맥박이 '노루처럼(*dorcacizontes*)' 심하게 빨라지거나, '개미처럼(*mirmizotes*)' 약해지는 것은 죽음의 징후이다.

혈관과 피

혈관(*Vena*)이 그렇게 불리는 것은, 그것이 피가 흘러가는 '길(*via*)'이기 때문이다. 혈관을 통해 온몸으로 피가 퍼지고 장기들에 피가 공급된다. 피(*Sanguis*)는 그리스어에서 비롯된 말이다. 피는 활동적이고 살아 있으며 생명을 가지고 있다. 몸 안에 있는 피는 '상귀스'라고 하지만, 몸 밖으로 나온 피는 '크뤄르(*Cruor*)'라고 한다. 피가 나올 때 '흘러내리고 (*decurrere*)', 땅으로 '떨어지기(*corruere*)' 때문이다. 크뤄르를 몸에서 빠져 나온 '변질된(*corruptum*)' 피라고 생각하는 사람도 있다. 그리고 피가 '달기(*suavis*)' 때문에 '상귀스'라고 불린다는 사람도 있다.

피는 젊은 사람을 제외하고는 지속적으로 공급되지 않는다. 의사들의 말에 따르면, 노인들이 몸을 떠는 것도 나이가 들어 피가 줄어들었기 때문이라고 한다. 하지만 엄밀히 말하자면 피는 영혼의 소유물이다. 그래서 여자들은 슬플 때 뺨을 쥐어뜯는 것이고, 우리는 죽은 사람을 '자주색(*purpureus*)' 옷과 자주색 꽃으로 치장하는 것이다.

내장

폐를 가리키는 '풀모(Pulmo)'라는 말은 그리스어에서 비롯되었다. 그리스 사람들은 폐를 '프레우몬(Pleumon)'이라고 부른다. 폐는 심장을 위한 부채이기 때문이다. 폐 안에는 '프네우마(Pneuma)', 곧 숨이 머무르며, 그것이 폐를 활동하고 움직이게 한다. 폐가 '풀모'라고 불리는 것도 이 때문으로 보기도 한다. 그리스에서는 숨을 '프네우마'라고 한다. 숨은 폐를 부풀어 오르게 하고 활성화시켜서 공기를 내보내고 들여온다. 그러면 폐는 움직이고 술렁거리며, 공기를 들이쉬기 위해 열리고, 내뱉기 위해 수축한다. 폐는 몸의 발동기이기 때문이다.

간이 '예쿠르(Iecur)'라고 **f. 89v** 불리는 까닭은, 뇌(Cerebrum)로 올라가는 '불꽃(ignis)'이 그곳에서 일어나기 때문이다. 불꽃은 간에서 시작되어 눈과 몸의 다른 감각이나 부분들로 퍼져간다. 그리고 간은 그 불꽃의 열기로 음식의 수분을 끌어당겨서 피로 바꾸고, 피를 통해 몸의 각 부분에 양분을 공급한다. 과학적인 주제들을 토론하는 자들의 말에 따르면, 쾌락과 욕망은 간에 존재한다.

간의 돌출부들인 간엽肝葉은 '피브라(Fibra)'라고 부른다. 그것은 포도나무 잎의 앞뒷면이나 밖으로 내민 혀와 같다. 그것이 그런 이름으로 불리는 까닭은, 어떤 이교도 점쟁이들은 〔태양신인〕 '포이부스의 제단(Phoebi ara)'에서 종교의식을 행할 때 간엽을 준비하기 때문이다. 그들은 간엽을 바치고, 그것을 태워 답을 구한다.

비장을 뜻하는 '스플렌(Splen)'이라는 말은 '보충(supplementum)'이라는 말에서 비롯되었다. 비장은 간의 반대편 공간이 텅 비지 않도록 메우고 있기 때문이다. 어떤 사람들은 비장이 웃음의 자리로 창조되었다고 본다. 비장에 웃음이 있고, 담즙에 화가 있고, 심장에 식별이 있고, 간에 사랑이 있다. 모든 동물은 이 네 가지 요소의 조화로 이루어진다.

담낭이 '펠(Fel)'이라고 불리는 까닭은, 그것이 '담즙(Bilis)'이라고 불리는 체액을 담는 '작은 주머니(folliculus)'이기 때문이다.

식도(Stomachus)를 그리스에서는 '오스(Os)'라고 부른다. 배로 가는 '문(ostium)'이기 때문이다. 식도는 음식을 창자로 보낸다. 창자가 '인테스티나(Intestina)'라고 불리는 까닭은 그것들이 몸의 '내부(interior)'에 들어 있기 때문이다. 창자들은 긴 똬리처럼 되어 있어서 삼킨 음식 때문에 막히지 않는다.

장망막(Omentum)은 창자들의 대부분을 담고 있는 피부이다. 그리스어에서는 그것을 '에피플로온(Epiploon)'이라고 부른다. 횡경막이 〔'창자 나눔'이라는 뜻의〕 '디셉툰 인테스티눔(Disceptum intestinum)'이라고도 불리는 까닭은, 그것이 폐와 심장을 배와 다른 창자들과 나누기 때문이다.

맹장이 〔'장님 장'이라는 의미의〕 '카이쿰(Caecum)'이라고 불리는 까닭은 입구나 출구가 없기 때문이다. 그리스 사람들은 맹장을 '티아오넨티폰(Tiaonentipon)'이라고 부른다.

공장인 '예유나(Ieiuna)'는 얇은 창자이다. 그것의 이름은 '단식'을 뜻하는 '예유니움(ieiunium)'이라는 말에서 비롯되었다.

자궁과 방광

배와 창자, 자궁은 서로 다르다.

배(Venter)는 삼킨 음식을 소화시키며, 밖에서 볼 수 있다. 그것은 가슴 아래부터 사타구니 위까지다. 배가 '벤테르'라고 불리는 까닭은, 몸 구석구석에 **f. 90r** '생명(Vita)'의 양식을 나르기 때문이다.

창자(Alvus)는 음식을 받아들이는 부분으로 규칙적으로 비워진다. 〔기원전 1세기 로마의 역사가인〕 살루스티우스는 "그는 창자가 빈 것처럼 굴며"[26]라고 했다. 창자는 '청소되기(abluere)' 때문에 그런 이름으로 불린다. 다시 말해 거기에서 더러운 배설물이 흘러나온다.

자궁(Uterus)은 오직 여자들한테만 있다. 여자들은 작은 잔처럼 생긴 자궁 안에 임신을 한다. 그런데 어떤 작가들은 다른 성의 배를 가리키며 이 말을 쓰기도 한다. 시인만이 아니라 다른 자들도 그렇게 한다. 자궁이 '우테루스'라고 불리는 까닭은, 그것이 둘로 접어놓은 것처럼 동일한 '두 부분(uterque)'으로 나뉘기 때문이다. 그것들은 양의 뿔처럼 마주보는 반대 방향으로 접으면 정확히 맞아떨어진다. 그것이 '우테루스'라고 불리는 또 다른 이유는 그 안을 '태아(Fetus)'로 채우기 때문이다. 자궁을 [액체를 넣는 가죽부대라는 뜻의] '우테르(Uter)'라고 부르기도 하는데, 몸의 기관이나 창자처럼 안에 뭔가를 채우기 때문이다. [위장'이나 '아랫배'의 의미로도 쓰이는] '아콸리쿨루스(Aqualiculus)'도 정확히 하면 돼지의 배를 가리키는 말이므로, 인간의 배와 같은 의미로 옮기는 것은 적절하지 않다.

자궁을 '마트릭스(Matrix)'라고 부르기도 하는 것은 그 안에서 새끼가 생겨나기 때문이다. 자궁은 받아들인 정액을 기르고 소중히 품어 살로 바꾼다. 그리고 그 살은 몸의 각 부분으로 나누어진다.

여성의 음문이 '불바(Vulva)'라고 불리는 까닭은, 그것이 '두짝문(valva)', 곧 배의 문이기 때문이다. 그곳을 통해 정액이 들어오고, 그곳을 통해 태아가 밖으로 나온다.

방광이 '베시카(Vesica)'라고 불리는 까닭은, 그것이 '물(aqua)'을 담는 '용기(vas)'와 같기 때문이다. 신장에서 나온 소변이 모여 방광을 채우고, 방광은 그 액체 때문에 팽창한다. 새들은 방광이 필요치 않다.

오줌이 '우리나(Urina)'라고 불리는 것은 '타는 것처럼 뜨겁기(urere)' 때문이거나, '신장(Renes)'에서 나오기 때문이다. 오줌의 상태는 앞으로의 건강 상태나 병을 알려준다. 이 액체는 흔히 '로티움(Lotium)'이라고도 불리는데, 그것을 써서 옷을 '세탁하기(lotus)' 때문이다.

씨가 '세멘(Semen)'이라고 불리는 까닭은 일단 뿌려져서 땅이나 자궁으로 '들어가면(sumere)' 열매나 태아를 만들기 때문이다. 그것은 음식과 몸의 즙이 섞여 만들어진 액체로 혈관과 골수를 통해 퍼진다. 그것은 배의 밑바닥에 괸 물처럼 밖으로 배어나오고, 신장에 모였다가 성교 도중에 사정된다. 여성의 자궁으로 들어간 정액은 내장의 열과 월경 피의 흐름에 따라 **f. 90v** 몸을 이룬다.

월경은 여성의 불필요한 피이다. 그것이 '멘스트루아*(Menstrua)*'라고 불리는 까닭은 달의 주기에 따라 규칙적으로 찾아오기 때문이다. 그리스어에서 '달'은 '메네*(mene)*'이다. 월경은 '여성의 일'이라는 뜻의 '물리에브리아*(Muliebria)*'라고도 불린다. 월경은 여성만 하기 때문이다. 월경 피가 닿으면 곡식은 싹이 나지 않고, 포도주는 신 맛으로 변하고, 풀은 죽고, 나무에는 열매가 자라지 않고, 쇠는 녹슬고, 구리는 까맣게 변한다. 만약 개가 그것을 먹게 되면 광견병에 걸려 사나워진다. 아스팔트 도료는 불에 녹지 않고 물에도 분해되지 않지만, 월경 피에 오염되면 저절로 녹아내린다. 월경 뒤 며칠 동안은 씨가 싹을 트지 못한다. 씨를 축축하게 하는 월경 피가 충분하지 않기 때문이다. 묽은 정액은 여성의 기관에 들러붙지 못하고 유실된다. 달라붙는 힘이 부족하기 때문이다. 마찬가지로 진한 정액도 싹이 트는 힘이 없다. 너무 짙은 나머지 여성의 피와 섞이지 못하기 때문이다. 이처럼 정액이나 월경 피가 지나치게 묽거나 진한 것은 남녀 불임의 원인이 된다.

사람들이 말하기를, 인간의 장기 가운데 심장이 가장 먼저 생겨난다고 한다. 모든 생명과 지혜가 그 안에 있기 때문이다. 그 뒤 40일이 지나면 몸 전체가 완성된다. 이는 유산의 사례로도 증명된다. 어떤 사람들은 태아가 머리부터 생긴다고 말한다. 새가 낳은 알에서도 눈이 가장 먼저 만들어진 것을 볼 수 있다.

태아가 '페투스*(Fetus)*'라고 불리는 까닭은, 자궁 안에서 아직 '자라는 *(fovere)*' 중이기 때문이다. 출산 뒤에 나오는 양막은 '작은 주머니'라는 뜻의 '폴리쿨루스*(Folliculus)*'라고 불린다. 그것은 아기와 함께 만들어져 아기를 담는다. 그것은 '세쿤다(Secunda)'라고도 불리는데, 아기가 나올 때 '뒤따라(sequi)' 나오기 때문이다. 사람들의 말에 따르면, 갓 태어난 아기들은 부계의 씨가 더 강하면 아버지를 닮고, 모계의 씨가 더 강하면 f.91r 어머니를 닮는다고 한다. 생김새가 비슷한 것은 그 때문이다. 부모 양쪽의 얼굴을 모두 가지고 있는 아기들은 부계와 모계의 씨가 골고루 섞여 임신된 것이다. 아이들이 조부와 증조부를 닮은 것은 땅에 감춰진 많은 씨들이 있는 것처럼, 인간에게도 감춰진 씨가 있어 조상들의 생김새가 주어지기 때문이다. 그리고 여자아이가 부계의 씨로 태어나고, 남자아이가 모계의 씨로 태어나기도 한다. 모든 자손들은 두 종류의 씨로 구성되어 있고, 두 부분 가운데 더 강한 부분이 다른 부분을 압도하고 성의 유사성을 결정하기 때문이다.

장식을 위한 기관들

우리의 몸에서 어떤 것들은 내장들처럼 기능을 위해 만들어졌다. 또 어떤 것들은 얼굴에 있는 감각 기관이나 몸의 손과 발처럼 실용성과 장식 모두를 위해 만들어졌다. 이러한 부분들은 쓸모가 좋으며, 보기에도 매우 좋다. 그렇지만 오로지 장식만을 위한 것들도 있다. 남자의 젖꼭지와 남녀의 배꼽이 그러하다. 성을 구별하기 위한 기관들도 있다. 남자의 생식기와 긴 턱수염, 넓은 가슴, 여자의 부드러운 뺨과 좁은 어깨가 그러하다. 다만 여자의 허리와 엉덩이는 아기를 임신해 품게 되면 넓어진다.[27]

인간의 생애

인간에 관한 것들과 몸의 부분들에 대해서는 이미 말했다. 지금부터는 계속해서 사람의 나이에 대해 말해 보겠다. 삶은 유년기 · 청소년기 · 청년기 · 장년기 · 중년기 · 노년기라는 여섯 단계로 나뉜다. 첫번째 단계인 '유년기(*Infantia*)'는 아이가 세상의 빛을 처음 보았을 때부터 7세까지이다. 두 번째 단계인 '청소년기(*Pueritia*)'는 아직 순수하고 자식을 낳기에는 이른 시기로 14세까지이다. 세 번째 단계인 '청년기(*Adolescentia*)'는 자식을 낳을 수 있을 만큼 충분히 성숙해졌을 때로 28세까지이다. 네 번째 단계인 '장년기(*Inventus*)'는 모든 연령대 가운데 가장 건강할 때로 50세까지이다. 다섯 번째 단계는 무르익은 나이, 곧 '중년기(*Gravitas*)'로 젊음이 물러나고 ^{f. 91v} 늙음이 찾아오는 시기이다. 더 이상 젊지는 않지만 아직 늙은 것도 아닌 때이다. 그리스 사람들은 이 나이의 사람은 ('장로'라는 뜻의) '프레스비테로스(*Presbiteros*)'라고 부르고, 늙은이는 ('원로'라는 뜻의) '게론(*Geron*)'이라고 부른다. 중년기는 50세에 시작해서 70세에 끝난다. 여섯 번째 단계는 그 끝을 정할 수 없다. 앞의 다섯 단계를 거치고도 더 사는 사람들은 모두 '노년기(*Senectus*)'로 분류된다. 이 마지막 단계를 ('노년'이라는 의미의) '세니움(*Senium*)'이라고 부르는 것은, 그것이 마지막 '여섯 번째 시기(*sexta etas*)'이기 때문이다.

이처럼 철학자들은 변화하고 계속되며 죽음이라는 끝을 향해 나아가는 인간의 삶을 여섯 시기로 구분한다. 이제부터는 앞에서 말한 각 시기의 인간들에게 사용되는 말들의 어원을 간략하게 살펴보겠다.

유년기 · 청소년기
첫 번째 단계의 인간은 ('아기'라는 뜻의) '인판스(*Infans*)'라고 부르는데, 아직 '말(*fari*)'을 '못하기(*in*)' 때문이다. 이때는 아직 이가 제대로 나지 않아 구사할 수 있는 어휘가 한정되어 있다.

소년을 '푸에르(Puer)'라고 부르는 것은 그들이 '순수하기(puritas)' 때문이다. 소년의 뺨에는 아직 수염의 날 낌새가 보이지 않는다. 청소년을 가리키는 '에페부스(Ephebus)'라는 말은 [태양신 아폴로의 아들] '포이부스(Phoebus)'의 이름에서 비롯되었다. 이들은 성인 남자가 되기 전의 순수한 젊은이들이다.

'푸에르'라는 단어는 세 가지 방식으로 사용된다. 「이사야서」의 "우리에게 아이가 태어났다(Puer natus est nobis)"[28]라는 구절에서는 '탄생'의 의미로 사용된 것이다. '8살짜리'나 '10살짜리'를 의미하기도 한다. "이미 그는 자신의 부드러운 목에 '소년의(puerile)' 굴레를 쓰고"[29]와 같은 표현이 그렇게 사용된 사례이다. 그리고 신앙에 대한 순종과 순결의 의미로 사용되기도 한다. 주님은 예언자에게 이렇게 말씀하셨다. "너는 내 '아이(puer)'이다. 두려워하지 말라."[30] 예레미야가 유년기를 한참 지났는데도 이렇게 말씀하였다.

소녀를 나타내는 '푸엘라(Puella)'는 '여자 어린이'를 가리키는 '파르불라(Parvula)'나 '병아리'를 가리키는 '풀라(Pulla)'라는 말에서 온 것이다.

부모가 없는 미성년 소년을 '푸필루스(Pupillus)'라고 부르는 것도 그들의 신분이 아니라 나이 때문이다. 그들이 푸필루스라 불리는 것은 '눈동자(Pupilla)'가 없는 것처럼 부모가 없는 '고아(orbus)'이기 때문이다. 만약 부모가 그들에게 이름을 지어주기 전에 죽었다면 푸필루스라고 부르는 것이 맞다. 어떤 사람들은 그들을 '오르파누스(Orphanus)'라고 부른다. 오르파누스와 푸필루스는 같은 말이다. 오르파누스는 그리스어이고, 푸필루스는 라틴어일 뿐이다. f. 92r 「시편」에서 "당신께서는 '고아에게(Pupillo)' 친히 보호자가 되십니다"[31]라고 말한 것처럼 말이다. 그리스 문헌에는 '오르파노(Orphano)'라고 되어 있다.

사춘기를 나타내는 '푸베레스(Puberes)'라는 단어는 '음모陰毛'를 뜻하는 '푸베스(Pubes)'라는 말에서 비롯되었다. 이때가 몸의 은밀한 부위에 털이 나기 시작하는 시기이기 때문이다. 어떤 사람들은 사춘기를 특정한 나이라고 생각해서, 사춘기의 징표가 나타나려면 아직 멀었는데도 14살의 끝 무렵에 도달한 이들을 사춘기라고 부른다. 하지만 아이에게 육체적인 징후가 나타나고 자식을 생산할 수 있게 되어야 확실히 사춘기에 도달한 것이다.

〔'산모'라는 뜻의〕'퀘르페라(Puerpera)'는 젊은 나이에 아기를 낳은 여성을 가리키는 말이다. 〔기원전 1세기 로마의 시인인〕호라티우스도 이런 의미에서 "젊은 산모(Puerpera)는 그녀의 첫 사내아이 때문에 칭송받는다"[32]라고 했다. '퀘르페라'라는 이름은 그녀가 '첫 아이(primus partus)'를 임신했거나 처음으로 '아들을 낳았기(pueros parere)' 때문에 붙여진 것이다.

청년기 · 장년기

청년을 '아돌레스켄스(Adolescens)'라고 부르는 이유는 아이를 갖기에 충분한 '어른(Adultus)'이 되었기 때문이다. 그만큼 '성숙해지고(accrescere)' '자랐기(augere)' 때문이기도 하다.

젊은이가 '유베니스(Iuvenis)'라고 불리는 까닭은, 그가 '도움이 되기(iuvare)' 시작했기 때문이다. 우리가 황소들 가운데 송아지 상태를 막 벗어난 어린 수컷 소들을 '유벵쿠스(Iuvencus)'라고 부르는 것처럼 말이다. 젊은이는 성장의 절정에 있는 자이며, 도울 준비가 된 자이기도 하다. 자신을 헌신해 남을 돕는 것은 인간의 의무이다. 30살은 인간에게 그렇게 하기에 가장 적합한 나이이다. 짐을 나르는 가축과 짐승들이 3살 무렵에 가장 힘이 센 것처럼 말이다.

남자를 '비르(Vir)'라고 부르는 까닭은, 남자가 여자보다 '용기(virtus)'가 많기 때문이다. '힘(vis)'으로 여자를 다루기 때문일 수도 있다.

여자를 가리키는 '물리에르(Mulier)'라는 말은 여성의 부드러움, 곧 '몰

리키아(*mollicia*)'에서 비롯된 것이다. '더 부드러운'이란 뜻의 '몰리오르
(*mollior*)'가 철자가 빠지고 변해서 '물리에르(*mulier*)'가 된 것처럼 말이다.

신체적인 강함과 약함에 있어 남자와 여자는 차이가 난다. 남자는 힘
이 세고 여자는 약하므로 여자는 남자에게 속박된다. 이것은 여성이 남
성을 거부해서, 남성이 욕망 때문에 다른 것을 찾거나 자신과 같은 성
에 빠지지 않게 하기 위해서이다.

여자가 '물리에르'라고 불리는 것은 그녀의 성 때문이지 그녀의 순결
이 더럽혀졌기 때문이 아니다.* 성서의 말씀처럼 말이다. 이브는 남편
의 옆구리로 곧장 만들어졌고, 남자와 접촉하기 전부터 여성이라고 불
렸다. 성서에서는 "그분은 갈비뼈로 여자를 만드셨다"[33]고 했다.

처녀를 '비르고(*Virgo*)'라고 부르는 것은 그녀가 '비리디오르(*viridior*)',
곧 한창 성싱한 나이이기 때문이다. **f. 92v** 어린 나뭇가지 '비르가(*Virga*)'
와 암송아지 '비툴라(*Vitula*)'처럼 말이다. 아니면 [디아나 여신을 뜻하는] '비
라고(*Virago*)'처럼 순결한 그녀의 상태에서 비롯된 것일 수도 있다. 처녀
는 여성의 욕정을 알지 못하기 때문이다.

비라고의 이름은 그녀가 '남자(*Vir*)'처럼 '행동했기(*agere*)' 때문에 붙여
진 것이다. 다시 말해 남자의 일을 하며 남자의 힘을 가지고 있기 때문
이다. 옛 사람들은 그 말을 강한 여성들에게 사용했다. 그러니 남자의
직무를 하지 않는데도 처녀를 '비라고'라고 부르는 것은 옳지 않다. 그
러나 [그리스 신화에 나오는 여인족인] 아마존의 전사처럼 남성의 일을 하는
여성은 '비라고'라고 부르는 것이 맞다.

오늘날에는 여자를 '페미나(*Femina*)'라고 부르지만 옛날에는 '비라
(*Vira*)'라고 불렀다. '비라'는 남자를 뜻하는 '비르(*Vir*)'에서 왔다. 여종
을 뜻하는 '세르바(*serva*)'가 남자 종을 뜻하는 '세르부스(*servus*)'에서 오

---

* 몰리티아(mollitia)라는 말에는 '음탕하다'는 의미도 있다.

고, 하녀를 뜻하는 '파물라(*famula*)'가 남자 하인을 뜻하는 '파물루스
(*famulus*)'에서 온 것처럼 말이다.

'페미나'라는 단어도 마찬가지 유래를 지닌다고 생각하는 사람도 있
다. '페미나'라는 말이 '넓적다리'를 뜻하는 '페무르(*Femur*)'에서 비롯되
었다는 것이다. 여성의 넓적다리는 남성과 차이가 있기 때문이다.

'페미나'가 '격렬한 힘'을 뜻하는 그리스어에서 비롯되었다고 생각하
는 사람들도 있다. 여성의 욕정은 격렬하기 때문이다. 동물들의 암컷이
그러하듯이, 여성들은 남성들보다 훨씬 욕정이 강하다. 그래서 고대인
들도 지나친 사랑을 '여성의 사랑'이라고 불렀다.

중년기 · 노년기

중년인 '세니오르(*Senior*)'는 여전히 활기차다. 오비디우스는 자신의
여섯 번째 책에서 "젊은이와 노인 사이에 있는 중년"[34]이라고 썼다. 〔기
원전 2세기 로마의 회곡작가〕테렌티우스도 "나는 '더 젊었을(*adulescentior*)'
때 특권을 누렸다"[35]고 했다. 의심의 여지없이 이 말은 나이를 '더 먹다
(*magis adolescens*)'는 뜻이 아니라 '덜 먹다(*minus adolescens*)'라는 뜻이다. 중
년이 노인보다 덜 늙은 것처럼, 여기에서의 비교는 더하다가 아니라 덜
하다는 뜻이다. 그러므로 세니오르는 노인을 뜻하는 '세넥스(*Senex*)'만
큼 늙지 않았다. '더 젊은(*iunior*)' 사람이 손윗사람과 손아랫사람(*iuvenis*)
사이에 있고, '더 가난한 사람(*pauperior*)'이 부자와 빈민(*pauper*) 사이에
있는 것처럼 말이다.

노인들이 나이 때문에 '분별력(*sensus*)'이 줄어 어리석게 행동하기 때
문에 '세넥스(*Senex*)'라고 불린다고 보는 사람들도 있다. 의사들의 말에
따르면, 어리석은 사람들은 피가 차갑고 현명한 사람들은 피가 뜨겁다.
노인은 피가 식어가고, 어린이는 피가 덜 덥혀진 상태라서 현명하지 못
한 것이다. 요컨대 아이들과 노인들은 같다. 노인들은 많은 나이 때문

에 총기를 잃어버리는 것이고, 나이가 너무 어린 아이들은 경솔함과 미숙함 때문에 자신이 무슨 짓을 하는지 모르는 것이다.

'세넥스'라는 말은 남자 노인한테 쓰는 말이다. '아누스(Anus)'를 여자 노인한테만 쓰는 것처럼 말이다. 아누스는 '나이(annus)'가 많다는 뜻으로, '나이가 꽉 찬(annosus)'이라는 말이 변한 것이다. 남성과 여성 모두에게 같은 단어를 사용해도 된다면, 왜 테렌티우스가 여성 노인을 '세넥스 물리에르(Senex mulier)'라고 했겠는가?[36]

마찬가지로 '나이가 좀 지긋한 여자'를 뜻하는 '베툴라(Vetula)'는 '나이가 든'이란 뜻의 '베투스투스(vetustus)'라는 말과 관련이 있다. '늙다'라는 뜻의 '세넥투스(senectus)'가 '노인'을 가리키는 '세넥스'에서 오고, '여성의 노년'을 나타내는 '아닐리타스(anilitas)'라는 말이 '여성 노인'을 가리키는 '아누스'라는 말에서 온 것처럼 말이다.

'백발'을 가리키는 '카니티에스(Canities)'라는 말은 '눈부신 흰빛'을 뜻하는 '칸도르(candor)'에서 왔다. 그것은 한때 '칸디티에스(candities)'였을 것이다. '만개한 젊음, 우윳빛의 노년(canities)'을 '새하얀(candidus)' 나이라고 하는 것처럼 말이다.

노년에는 장점도 있고 단점도 있다. 장점은 우리를 지배하던 막강한 주인들로부터 자유로워진다는 것이다. 노년은 쾌락을 억제시키고, 욕정의 습격에 굴레를 씌우고, 지혜를 높여 더 성숙한 조언을 건넬 수 있게 한다. 단점들 가운데 가장 비참한 것은 약해진다는 것과 그 때문에 생기는 서슬픔이다. 질병과 서글픈 노년은 함께 찾아온다.[37] 노쇠와 질병, 이 두 가지는 몸에 힘이 줄어들게 만든다.

죽음과 시신

죽음이 '모르스(Mors)'라고 불리는 까닭은, 그것이 '쓰라리기(amarus)' 때문이다. 죽음을 불러오는 전쟁의 신 '마르스(Mars)'의 이름에서 비롯되었다는 이야기도 있다. '깨묾'을 뜻하는 '모르수스(morsus)'라는 말에서 나왔다고 보는 사람도 있다. 최초의 인간이 감춰진 나무의 열매를 깨무는 바람에, 인간이 죽음을 피할 수 없게 되었기 때문이다.

죽음에는 세 가지 종류가 있다. 비통한 죽음, 때 이른 죽음, 자연스러운 죽음이다. 비통한 죽음은 아이의 죽음이다. 때 이른 죽음은 젊은이의 죽음이며, 자연스러운 죽음은 노인의 죽음이다.

그런데 구어에서 〔'죽은'이나 '죽은 사람'을 의미하는〕 '모르투스(Mortuus)'가 형태변화를 한 것인지는 확실치 않다. 카이사르의 말처럼 그것이 '죽다'라는 뜻의 '모리오르(morior)'에서 나온 완료 분사라면 '우(w)'가 둘이 아니라 하나인 '투스(tus)'로 끝나야 할 것이다. '우(w)'가 이중으로 나온다면 그것은 분사가 아니라 형용사이다. '어리석은'이란 뜻의 '파투우스(fatuus)'와 '험난한'이란 뜻의 '아르두스(arduus)'처럼 말이다. 하지만 죽는다는 것은 행동으로 보여줄 수 있는 것이 아니므로, 그 단어는 형태변화를 할 수 없다.

모든 죽은 자는 시신, 곧 '푸누스(Funus)'나 '카다베르(Cadaver)'이다. 땅에 묻힌 시신을 '푸누스'라고 하는데, 이 단어는 밧줄을 뜻하는 '푸니스(funis)'라는 말에서 온 것이다. 밀랍을 입힌 갈대 밧줄을 시신을 옮기는 데 사용하고는 태워버리기 때문이다. '카다베르'는 매장하지 않은 시신을 가리킨다. 그 말은 '쓰러지다'라는 뜻을 지닌 '카데레(cadere)'라는 말에서 비롯되었다. 시신은 서 있을 수 없기 때문이다. **f. 93v** 시신을 옮기는 것은 〔장례 행렬을 뜻하는〕 '엑스세퀴아이(Exsequiae)'라고 한다. 그리고 불로 태운 시신은 〔유골을 뜻하는〕 '렐리퀴아이(Reliquiae)'라고 하며, 이미 매장을 한 시신은 〔묻힌 자라는 의미의〕 '세풀투스(Sepultus)'라고 한다. 몸을 가리키는 '코르푸스(Corpus)'도 시신을 나타내는 말로 널리 쓰인다. "그들의 육신은 빛을 잃었다"[38]라는 구절처럼 말이다.

죽은 사람을 '데풍투스(Defunctus)'라고 부르는 까닭은 삶의 의무가 끝났기 때문이다. 누군가 맡은 의무를 다했을 때에 우리는 '임무를 끝냈다'는 의미로 '풍투스 오피키오(functus officio)'라고 한다. 이 말은 공적인 임무를 끝마친 사람에게도 사용된다. 죽은 사람도 삶의 의무에서 벗어나거나 인생의 의무를 완수했다고 볼 수 있다. 그래서 우리는 죽은 자를 '데풍투스'라고 하는 것이다.

무덤에 묻힌 자를 '세풀투스'라고 부르는 까닭은 시신은 '맥박이 뛰지 않기(sine pulsu)' 때문이다. 곧 심장의 움직임인 고동이 멈추었기 때문이다. '세펠리레(sepelire)'라는 말은 '시신을 묻다'라는 뜻을 나타낸다. '우마레(humare)'와 '오브뤠레(obruere)'라는 말도 '시신을 땅에 던져넣다'는 뜻으로 사용한다.[39]

8
신비한 돌

부싯돌

f. 94r 동방의 어떤 산지에는 '불을 일으키는 돌*(Lapides igniferi)*'이 있다. 그리스어로는 '테로볼렘*(Terrobolem)*'이라고 한다. 그 돌에는 암컷과 수컷이 있는데, 암수가 서로 멀리 떨어져 있을 때에는 불꽃이 일어나지 않는다. 그러나 암컷이 수컷에게 다가가면 바로 불이 붙어서 산에 있는 모든 것을 태워버린다.

그러므로 종교적인 삶을 살아가는 그대들, '신의 사람들*(homines dei)*'도 여자와 거리를 두고 살아가야 한다. 남자와 여자가 서로 가까이 있으면 불꽃이 일어나서 그리스도가 그대에게 부여한 선이 불타 없어질 우려가 있기 때문이다. 사탄의 사자들은 잠시도 멈추지 않고 의로운 이들, 곧 거룩한 남자는 물론이고 순결한 여인들마저 공격한다. 삼손*과 요셉**은 모두 여성에게 유혹을 받았으나 한 명은 승리했고, 한 명은 굴

---

* 삼손은 구약의 『판관기』에 등장하는 장사로 데릴라의 유혹에 넘어가 힘을 잃었다.
** 요셉은 『창세기』에 등장하는 인물로 주인집 아내의 유혹을 거부하다가 누명을 쓰

복했다. 이브와 수산나*도 모두 유혹을 받았으나, 수산나는 버텨냈고, 이브는 넘어갔다. 그러므로 신의 가르침을 모두 동원해 마음을 다스리고 지켜내야 한다. 여자의 사랑은 태초부터, 다시 말해 아담으로부터 지금까지 늘 모든 죄악의 근원이 되어 왔으며, 순종치 않는 자들은 언제나 욕정을 억제하지 못했기 때문이다.[1]

아다마스**

『피지올로구스』에 따르면, 동방의 어떤 산에서 '아다마스(Adamas)'라는 돌이 발견된다고 한다. 그 돌은 다음과 같은 특성을 가지고 있다. 그대는 낮이 아니라 밤에 그것을 찾아야 한다. 낮에는 태양 때문에 빛이 가려지지만, 밤이 되면 아다마스가 빛을 내뿜기 때문이다. 그리고 아다마스는 쇠붙이나 불, 다른 어떤 돌도 이기지 못한다.

선지자는 이 돌에 대해 이렇게 말했다. "나는 아다마스 벽 위에 서 있는 분을 보았다. f. 94v 그분은 이스라엘 사람들 사이에서 손에 아다마스 돌을 쥐고 계셨다.[2] 창조물은 자신을 만든 창조주보다 우월할 수 없다. 그러므로 그리스도는 아다마스 돌이다. 그분은 아다마스로 된 성벽, 천상의 예루살렘을 세운 거룩하고 살아 있는 돌들 위에 서 있다. 그 돌들은 사도들과 선지자들, 순교자들을 가리킨다. 불이나 칼, 맹수의 이빨도 그들을 이길 수 없었다. 선지자가 모든 성인들을 '아다만티니(adamantini)'라고 부른 것은 그들이 하나의 참된 돌을 따르기 때문이다.

고 감옥에 갇혔다가 파라오의 꿈을 풀이해주어 풀려났다.
* 수산나는 『다니엘서』에 등장하는 인물로 두 명의 유대인 재판관의 욕망을 거절해 간통을 저질렀다는 누명을 썼다가 다니엘의 도움으로 벗어났다.
** 다이아몬드를 뜻하는 고대 그리스어이다.

[그림 8-1] 암컷과 수컷이 있는 부싯돌

그리스도를 따르는 자들을 그리스도교도라고 부르는 것처럼 말이다.

선지자는 이렇게 말했다. "나는 아다마스 벽 위에 서 계신 분을 보았다. 그분은 손에 아다마스 돌을 쥐고 계셨다." 그분은 신의 아들이자 자신을 낮추어 마리아의 자궁을 빌어 육신을 얻은, 사람의 아들이다. 그분이 손에 쥐고 계신 돌은 신성의 영광을 의미한다. 다니엘이 "내가 눈을 들어 보니 보개를 쓴 어떤 사람이 있었다"[3]라고 증언했듯이 말이다.

이 말에서 사람은 신성의 위엄을 나타내고, 〔닫집 모양의 차양인〕 보개*는 육신을 나타낸다. 보개는 땅에 기원을 둔 아마포로 만들기 때문이다.

축복받은 사도 베드로는 사람으로 불리는 그리스도에 관해서 "나사렛 사람 예수는 신께서 그대에게 나타나신 것입니다"[4]라고 말했다. 그리고 축복받은 바울은 "나는 여러분을 순결한 처녀로 한 남자에게, 곧 그리스도께 바쳤습니다"[5]라고 말했다. 우리는 "그리스도께서 나를 통하여 말씀하신다는 증거를 여러분은 찾고 있으니 말입니다"[6]라고 한 바울의 말에서 그가 가리킨 이가 그리스도임을 더 분명히 알 수 있다.

그러므로 『피지올로구스』에서 동방의 어느 산에서 발견된다고 말한 아다마스 돌은 우리의 영원한 아버지인 주님을 의미한다. 만물은 그분에게서 나왔다. 그분이 말씀하시기를 산이 높아도 그분의 영광에는 근접하기 어렵다고 했다. 사도 f. 95r 바울이 그분에 대해 말하기를, 홀로 불멸이고 아다마스 돌에서 볼 수 있는 근접할 수 없는 빛으로 존재한다고 말한 것처럼 말이다. 〔복음서에서도〕 "내가 아버지 안에 있고, 아버지께서 내 안에 계신다."[7] 그러므로 "나를 본 사람은 곧 아버지를 뵌 것이다"[8]라고 하지 않았는가.

아다마스 돌이 낮에 발견되지 않는 것은 신의 곁에서 빛을 내뿜던 그리스도가 이 땅으로 내려오면서 천상의 덕과 지배권, 힘을 숨긴 사실을 의미한다. 그래서 사람들은 의로운 자가 누구인지, 천상의 명을 받고 내려와 육신을 지니고 지상에서의 임무를 완수한 이가 누구인지를 알지 못했다. 마침내 그분이 인간의 속죄를 위해 모든 기적을 행하고 흠 없이 오롯한 인간의 몸으로 하늘로 올라갔을 때, 천상의 도시에 있는 이들은 그분을 보며 이렇게 말했다. "에돔에서 오시는 이분은 누구이신가? 진홍색 옷을 입고 보츠라에서 오시는 이분은 누구이신가?"[9] 피

---

* 보개(baldachinus) : 종교 의식에 사용하는 차양으로 '천개'라고도 한다. 가톨릭에서는 성체 행렬에 들고 다니거나 그리스도와 성모의 상을 장식하는 데 쓰인다.

에서 일어서고, 육신에 붉은 옷을 입은 이분은 누구이신가?

아다마스 돌이 밤에 발견되는 까닭은 그리스도가 이 세상의 어둠 속으로 내려와, 어둠과 죽음의 그림자가 드리운 곳에 머무르고 있는 인간들에게 빛을 가져다주었기 때문이다. 선지자 다윗이 모든 인간들을 대표해서 "주님, 정녕 당신께서 저의 등불을 밝히십니다. 저의 신께서 저의 어둠을 밝혀 주십니다"[10]라고 말했듯이 말이다. 이렇게 우리의 주님은 악마를 소멸시킬 빛을 가지고 오셨다. 그분은 웅장하고 화려한 영광으로 인간의 영혼과 육신을 빛나게 하시고, 새로운 삶을 주시며, 그분과 함께 부활케 하신다. 사도는 이러한 경이로운 신비의 성사를 이렇게 더 분명하게 말했다. "우리 신앙의 신비는 참으로 위대합니다. f. 95v 그분께서는 사람으로 나타나시고, 그 옳으심이 성령으로 입증되셨으며, 천사들에게 당신의 모습을 보이셨습니다. 모든 민족들에 전해져서 온 세상이 믿게 된 그분께서는 영광 속으로 올라가셨습니다."[11]

『피지올로구스』에 따르면, 아다마스 돌은 쇠붙이에도 손상을 입지 않는다. 죽음이 그리스도를 얽매지 못한 것처럼 말이다. 그분은 죽음을 파괴하시고 그것을 짓밟으셨다. 사도가 이를 목격하고 말했다. "승리가 죽음을 삼켜버렸다. 죽음아, 너의 독침은 어디 있느냐?"[12]

불도 아다마스 돌에 손상을 입히지 못한다. 여기에서 불은 뜨겁게 타오르는 화살로 온 세상과 그 도시들, 그리고 방탕하고 취해 사납게 날뛰는 그곳의 주민들을 태워버리는 악마를 뜻한다. 이에 대해 이사야는 "너희의 땅은 황폐하고, 너희의 성읍들은 불에 탔다"고 했다.[13] 하지만 "주 예수께서는 당신의 입김으로 그 자를 없애버린다."[14]

아다마스 돌은 다른 어떤 돌에도 손상을 입지 않는다. 다시 말해 어떤 사람이나 어떤 피조물도 그리스도에 대적하지 못한다. "모든 것이 그분을 통하여 생겨났고 그분 없이 생겨난 것은 하나도 없다."[15]

아다마스는 작고 볼품없는 돌이다. 거무스름한 색에 수정의 광채를 가지고 있으며, 대략 [시리아 남부의 아빌레네에서 나는] 아빌레네 견과만 한 크기이다.[16] 그것은 쇠붙이나 불과 같은 어떤 것에도 굴복하지 않으며 달궈지지도 않는다. 그리스어에서 비롯된 '아다마스'란 이름은 '불굴의 힘'이라는 뜻이다.

하지만 쇠붙이에 굴복하지 않고 불을 비웃는 아다마스이지만 염소의 신선한 피에는 깨질 수 있다. 아다마스는 염소 피의 열기로 무르게 한 뒤에 쇠붙이로 반복해서 세게 두드리면 부서진다. 세공사들은 아다마스의 깨진 조각을 보석을 가공하거나 다듬는 데 사용한다.

아다마스는 자석하고는 완전히 상극이라서, 그것을 쇠 근처에 놓기만 해도 자석이 쇠를 끌어당기지 못한다. 그러나 아다마스를 치우면 자석은 f. 96r 다시 쇠를 끌어당겨 움직이게 한다.

사람들은 아다마스가 [나무의 진이 땅속에 묻혀 탄소 등과 화합하여 굳어진 누런색 광물인] 호박석처럼 독을 몰아내고, 헛된 두려움을 떨쳐버리게 하며, 사악한 주문에 저항할 수 있는 힘을 가져다준다고 말한다. 아다마스의 종류는 모두 여섯 가지이다.

진주

오목하고 둥근 모양이라서 라틴어로는 '메르메콜레온(*Mermecoleon*)'이라고 부르고, 그리스어로는 '콩카사베아(*Concasabea*)'라고 부르는 바다의 돌이 있다. 그것은 원하면 둘로 나누어질 수도 있고, 하나로 합쳐질 수도 있다. 이 돌은 바다 밑바닥에 가라앉아 있다가 이른 아침에 떠오른다. 그리고 수면으로 올라온 뒤에 입을 벌려 하늘의 이슬과 주변의 햇빛을 받아먹는다. 그렇게 해서 그 안에 보석이 자란다. 하늘의 이슬로 잉태되고 태양의 광채를 받아 빛나는 그 보석이 매우 값진 '진주

(Margarita)'이다.

진주조개를 '잔'을 뜻하는 '콩쿠스*(Conchus)*'라고 부르기도 한다. 이것
은 성모 마리아를 상징한다. 이사야는 성모 마리아에 대해 "이사이의
그루터기에서 새순이 돋아날 것이고,"[17] "보십시오. 처녀가 잉태하여
아들을 낳고"[17]라고 말했다. 새순과 동정녀 성모에 대해서는 "성모 마
리아에게서 태어나신 꽃, 우리 주 예수 그리스도"라고 했다. 진주조개
가 바다 위로 올라온 것처럼, 성모 마리아는 그녀 아버지의 집으로부터
신의 궁전으로 올라왔고, 그곳에서 하늘의 이슬을 받았다. 대천사 가브
리엘은 그녀에게 이렇게 말했다. "성령께서 너에게 내려오시고 지극히
높으신 분의 힘이 너를 덮을 것이다. 그러므로 태어날 아기는 거룩하신
분, 신의 아드님이라고 불릴 것이다."[19] 보라. **f. 96v** 성모 이전에 족장 이
사악은 그의 아들을 축복하며 하늘의 이슬이, 다시 말해 그리스도가 그
의 종족에서 태어날 것이라고 말했다. "신께서는 너에게 하늘의 이슬
을 내려 주시고, 땅을 기름지게 해 주시리라."[20]

이처럼 하늘의 이슬은 손닿지 않은 순결한 동정녀 마리아를 뜻한다.
그리고 '이른 아침'은 기도하는 시간을 나타낸다. 조개가 입을 벌리는
것은 마리아가 천사에게 말하는 것을 의미한다. "보십시오, 저는 주님
의 종입니다. 말씀하신 대로 저에게 이루어지기를 바랍니다."[21]

열두 가지 보석

"도성 성벽의 주춧돌은 온갖 보석으로 꾸며져 있었습니다"[22]라는 말은 선지자와 사도들의 믿음과 교리 위에 교회의 도성이 세워진다는 것을 뜻한다. 이에 관해 「시편」에서는 "거룩한 언덕 위에 세워진다"[23]고 말하고 있다.

그 성벽은 온갖 보석들로 꾸며져 있다. 성벽을 꾸미고 있는 이러한 보석들은 덕과 선행들을 나타낸다. 덕과 선행은 '주춧돌(Fundamenta)'이라고 불리는 선지자와 사도들만이 아니라, 그들보다는 못하지만 믿음을 지니고 그들과 닮은 삶을 살아가는 사람들에게도 있다. 그런데도 선지자와 사도들만 '주춧돌'이라고 불리는 까닭은 그들 개개인이 지니고 있는 덕 때문이 아니라, 그들이 덕을 실행하는 방식 때문이다. 그들은 덕으로 교회를 세운다. 그래서 요한은 교회의 빛인 그들을 보석으로 나타낸 것이며, 모든 덕 안에서 그들이 빛난다는 사실을 열두 가지 보석으로 논증한 것이다.

'12'라는 숫자는 우주를 나타낸다. 그것은 7의 부분들, 곧 3과 4의 곱으로 만들어지기 때문이다.* 그리고 프루덴티우스**는 〔영혼의 전투라는〕 시에서 "첫 번째 덕인 믿음으로 싸울 채비를 하고 불확실한 전장으로 나아간다"며,[24] 믿음을 〔일곱 가지 덕 가운데〕 최고의 덕으로 보았다. 이처럼 "믿음이 없이는 신의 마음에 들 수 없으므로"[25] 믿음은 첫 번째로 놓이는 주춧돌이다.

---

* 12와 7은 점성술에서도 중요한 숫자로 여겨졌고, 각각 3과 4를 곱하고 더해서 나온다는 점에서 관련이 있다고 다루어졌다. 신약에서 사도들의 수도 12이다.
** 프루덴티우스(Prudentius) : 4세기 후반에서 5세기 초반에 이베리아 반도에서 활동한 로마의 시인. 신을 찬미하고 순교자를 숭상하는 신학적인 시를 주로 썼다. 특히 그의 「영혼의 전투Psychomachia」는 일곱 가지 미덕과 일곱 가지 악덕을 의인화해 인간 내면에서 벌어지는 갈등을 묘사한 시로 중세의 사고에 큰 영향을 끼쳤다.

그대가 자연스레 보석들을 ^{f. 97r} '주춧돌'이라고 부르는 까닭은 그것들이 덕을 의미하기 때문이다. 그래서 주춧돌이 된 돌들은 주춧돌을 꾸미는 장식으로도 해석되는 것이다.

벽옥

"성벽의 첫째 주춧돌은 벽옥"[26]이라고 〔성서에서〕 말하고 있듯이, 벽옥 *(Jaspis)*이 첫째 주춧돌, 다시 말해 첫 번째 장식이다. 그것은 영원히 푸르른 믿음으로 앞을 잘 볼 수 있게 해준다. 교회의 승리에 대한 믿음이든 그분의 나라에 대한 믿음이든, 문제는 교회로 들어오지 않은 이들에게는 그러한 믿음이 생기지 않는다는 것이다. 하지만 믿음으로만 신의 도성에 들어갈 수 있고, 믿음을 지니지 못한 자는 그곳에 들어가지 못할 것이다.

전해지는 시에서는* 벽옥에 관해 이렇게 노래하고 있다. "벽옥의 종류는 17가지, 색깔은 다양하다지. 이 세상 다양한 지역에서 나는 벽옥, 그 중 최고는 투명한 녹색이지. 그것은 다른 어떤 것들보다 많은 덕을 지니고 있음을 나타내지."[27]

사파이어

"둘째는 청옥靑玉"[28]이라고 〔성서에서〕 말하고 있듯이, 둘째 주춧돌, 다시 말해 둘째 장식은 사파이어*(Saphirus)*이다. 그것의 색깔은 맑은 하늘을 닮았다.

---

* 마르보드(Marbode de Rennes, 1035?-1123)의 『보석지*De Lapidibus*』를 가리킨다. 시인이자 성인전 작가인 마르보드는 1035년경 프랑스 북서부 앙주(Anjou)에서 태어나서 1096년 렌(Rennes)의 주교가 되었고, 1100년에는 보석과 광물의 의학적 효능과 특성을 6보격 운율로 서술한 『보석지』를 펴냈다. 열두 가지 보석과 관련해서 인용된 시들은 모두 마르보드의 책에서 가져온 것이다.

사파이어는 햇빛에 비추면 타오르는 듯이 번쩍이는 빛을 반사한다. 이는 천국에 가고자 하는 우리의 열망을 뜻한다. 그러한 열망 때문에 우리는 천상의 것들에 대한 사랑으로 불타오르고, 현세의 것들에 대한 사랑을 경멸한다. 그래서 우리는 진심을 담아 사도들과 함께 이렇게 말한다. "우리는 소속은 하늘입니다."[29] 이것은 「필리피 신자들에게 보낸 서간」 3장에 나오는 말이며, 「이사야서」 54장에서는 "저희가 사파이어로 당신의 기초를 세우겠습니다"[30]라고 했다.

전해지는 시에서는 사파이어에 관해 이렇게 노래한다. "사파이어의 겉모습은 왕의 손가락에 가장 잘 어울리지. 번쩍거리는 빛을 내는 사파이어는 맑은 하늘과 매우 닮았다네. 자연의 힘이 사파이어에게 부여한 그러한 명예 때문에 사파이어는 신성한 '보석 중의 보석'이라고 불려야 마땅하다네."[31]

옥수

f. 97v "셋째는 옥수玉髓"[32]라고 〔성서에서〕 말하고 있듯이, 셋째 주춧돌이자 장식은 〔석영이 변해 이루어진 공 모양의 광석인〕 옥수(Calcedonius)이다. 그것은 등불과 같은 은은한 노란색인데, 실내보다는 밖에서 더 빛이 난다. 태양으로 달구거나 손가락으로 문지르면 그것은 조각들을 자기 쪽으로 끌어당긴다. 그리고 옥수는 조각가에게 저항하지 않는다.

옥수는 우리의 마음 깊숙한 곳에 숨겨져 있는 '사랑(Caritas)'을 뜻한다. 옥수는 등불처럼 은은한 노란색인데, 밖에 있을 때 다른 이들에게 더 이롭다. 그것은 내면의 덕이 밖으로 드러남을 나타낸다. 그리고 옥수를 달구는 태양을 그리스도라고 하고, 옥수를 문지르는 손가락을 성령이라고 할 때, 끌어당겨진 조각들은 죄인들을 가리킨다. 어떻게 해도 잘리지 않는 옥수는 좋은 상황일 때보다 어려운 상황일 때 사랑이 필요함을 뜻한다. 이런 의미에서 「아가」에서는 이렇게 말한다. "사랑은 죽

음처럼 강하고, 정열은 저승처럼 억셉니다. 그 열기는 불의 열기, 더할
나위 없이 격렬한 불길이랍니다. 큰 물도 사랑을 끌 수 없습니다.”[33] 사
랑이 꺾이지 않는 까닭은 그것이 역경에도 흩어지지 않고 지나친 칭송
에도 물러지지 않기 때문이다. 이런 의미에서 「시편」에서는 “제 머리
는 사악한 자들의 기름으로 도유되지 않을 것입니다”[34]라고 말한다. 그
리고 「코린토 신자들에게 보낸 첫째 서간」의 13장에서는 “사랑은 참습
니다. 사랑은 친절합니다. 사랑은 모든 것을 견뎌냅니다. 사랑은 모든
것을 인내합니다. 사랑은 교만하지 않습니다. 사랑은 시기하지 않습니
다”[35]라고 말한다.

전해지는 시에서는 옥수에 관해 이렇게 말하고 있다. “옥수는 희미하
고 옅게 빛나는 돌. 옥수는 풍신자석과 녹주석의 중간이지. 누구든 옥
수를 지니는 자는 소송에서 승리할 수 있다네.”[36]

에메랄드

“넷째는 취옥翠玉”[37]이라고 〔성서에서〕 말하고 있듯이, 네 번째는 에메
랄드(*Smaragdus*)이다. 에메랄드는 어떤 풀이나 나무보다도 푸르다. 에메
랄드는 그것을 지닌 사람을 매력적으로 보이게 한다. 에메랄드는 〔그 빛
으로〕 주변을 푸르게 하며, 거울이 그러한 것처럼 형상을 비춘다.

에메랄드는 육신의 완전한 순결을 뜻한다. 그것은 다른 모든 덕들을
압도한다. 순결함을 지니는 것은 **f. 98r** 인간보다는 천사에 가까운 것이
기 때문이다. 게다가 순결은 천사와 신, 인간을 기쁘게 하며, 그 자체가
그리스도의 형상을 나타낸다. 〔성서에서〕 어린 양이 어디를 가든 따르라
고 한 것도 이 때문이다.[38]

이처럼 에메랄드가 네 번째 주춧돌이 된 것은 4대 복음서들이 순결
을 권하기 때문이다. 전해지는 시에서는 에메랄드에 관해 이렇게 말한
다. “에메랄드의 푸름은 녹색으로 된 모든 것을 압도한다네.”[39]

붉은줄무늬마노

f. 98r "다섯째는 마노瑪瑙"[40]라고 [성서에서] 말하고 있듯이, 다섯 번째 주춧돌은 [석영, 단백석, 옥수 등의 혼합물로 다른 광물질이 스며들어 고운 적갈색의 무늬를 지닌] 붉은줄무늬마노(Sardonix)이다. 붉은줄무늬마노를 가리키는 '사르도닉스'라는 말은 두 보석의 이름이 합쳐져서 만들어진 것이다. 이시도루스에 따르면, 그 돌은 '오닉스'라고 불리는 줄무늬마노의 흰색과 '사르디우스'라고 불리는 홍옥수의 붉은색을 지니고 있어서 그렇게 불리게 되었다고 한다.[41]

주석자는 그 돌이 세 가지 색을 지니고 있는데, 바닥은 검은색이고, 가운데는 흰색이며, 꼭대기는 붉다고 말한다. 밀봉을 할 때 이 돌을 사용하면 밀랍이 어떤 경우에도 떨어지지 않는다.

이러한 붉은줄무늬마노의 특성은 성인들의 고통을 나타낸다. 그 돌의 검은 바닥은 아무짝에도 쓸모없고 경멸해 마땅한 현세를 가리킨다. 「욥기」의 12장에서 "정말로 의로운 사람은 웃음거리가 된다. 태평무사한 자의 생각에서 빛은 업신여김을 받을 만한 것이다"[42]라고 말하고 있는 것도 이러한 의미에서이다. 가운데의 흰색은 죄 없는 의로운 자의 마음이나 양심을 나타낸다. 그리고 꼭대기의 붉은색은 그리스도를 위해 온갖 고난을 무릅쓴 성인들의 열정을 나타낸다.

이 돌이 어떤 경우에도 밀랍이 떨어지지 않게 하는 것은 의로운 자가 자신을 박해하는 자들에게 어떤 앙심도 품지 않으며, 마음으로 그들을 용서하는 것을 뜻한다. 「집회서」28장에서 "네 이웃의 불의를 용서하여라. 그러면 네가 간청할 때 네 죄도 없어지리라"[43]라고 하고 있듯이 말이다.

이 미덕이 다섯째로 불리는 것은, 그것이 오감의 지배를 받는 육신의 나약함을 줄여주기 때문이다. 전해지는 시에서는 붉은줄무늬마노에 관해 이렇게 노래한다. "붉은줄무늬마노의 이름은 줄무늬마노와 홍옥수의 두 이름에서 왔다네. 이 하나의 돌에는 그 두 가지 돌에서 비롯된 세 가지 색이 있지. 보석 가운데 어떤 밀랍도 떨어지지 않게 하는 것은 오직 붉은줄무늬마노뿐이라네."[44]

홍옥수

"여섯째는 홍옥紅玉"[45]이라고 〔성서에서〕 말하고 있듯이, 여섯 번째 주춧돌은 홍옥수(*Sardius*)이다. 홍옥수가 '사르디우스'라고 불리는 까닭은 〔소아시아 서부의 고대 도시인〕 사르디스에서 처음 발견되었기 때문이다.

홍옥수는 오로지 붉은색뿐이다. 그래서 그 돌은 그리스도를 위해 피를 쏟은 순교자들의 오롯한 절개를 나타낸다. **f. 98v** 그리고 홍옥수가 여섯 번째 초석이 된 것은 그리스도가 〔그리스도의 강림부터 세상의 종말까지를 뜻하는〕 여섯째 시대[46]의 여섯째 날[47]에 피를 흘리며 순교했기 때문이다.

전해지는 시에서는 홍옥수에 관해 이렇게 말한다. "홍옥수의 이름 사르디우스는 그 돌이 처음 발견된 사르디스에서 왔다네. 홍옥수의 이름 사르디우스는 그 불그스름한 색에서 왔다고도 한다네."[48]

감람석

"일곱째는 감람석橄欖石"[49]이라고 〔성서에서〕 말하고 있듯이, 일곱 번째 주춧돌은 감람석(*Crisolitus*)이다. 감람석의 색은 황금과 닮았다. '크리솔리투스'라는 이름도 '황금'을 뜻하는 크리소스(*Chrysos*)에서 온 것이다.

주석자는 감람석이 반짝이는 불꽃을 내뿜는 것처럼 보이며, 그것은 다른 모든 재능을 능가하는 지혜를 의미한다고 말한다. 금이 다른 모든 금속을 능가하는 것처럼 말이다. 지혜는 설교라는 수단을 통해서 반짝이는 불꽃을 내뿜는다. 다시 말해 격려와 교리로 그것을 듣는 자들의 가슴에 불을 붙인다. 이런 의미에서 「에제키엘서」 1장은 신성한 동물들에 대해 "광낸 놋쇠처럼 반짝거렸다"[50]고 말하고 있다. 솔로몬의 「지혜서」3장이 "의로운 자들이 빛을 내고 그루터기들만 남은 밭의 불꽃처럼 퍼져 나갈 것"[51]이라고 말하고 있는 것도 같은 맥락이다.

감람석이 일곱 번째에 놓인 까닭은, 지혜가 성령의 선물 가운데 일곱째 가는 것이기 때문이다.[52] 전해지는 시에서는 감람석에 관해 이렇게 말한다. "감람석은 황금처럼 빛나고 불처럼 번쩍거리지. 그것은 녹색의 뭔가를 내뿜는 바다를 닮았다네. 기록에는 에티오피아인들이 우리에게 이 돌을 전해주었다고 나오지."[53]

녹주석

"여덟째는 녹주석綠柱石"[54]이라고 〔성서에서〕 말하고 있듯이, 여덟 번째 주춧돌은 녹주석(Berillus)이다. 녹주석은 육각형으로 다듬어지며, 햇빛을 받은 물처럼 빛이 난다. 그리고 녹주석은 열기를 품고 있어서 손에 쥐고 있으면 따뜻해진다고 한다.

녹주석은 '자선(Misericordie)'의 덕을 의미한다. 자선은 여섯 가지 방식으로 작동하며,[55] 주님과 이웃에 대한 사랑이 부족한 이들의 차가운 마음을 덥힌다. 이런 의미에서 「잠언」25장에서는 "네 원수가 굶주리거든 먹을 빵을 주고, 목말라하거든 물을 주어라. 그것은 숯불을 그의 머리에 놓는 셈이다"[56]라고 했다. 「마태오 복음서」5장에서도 "이와 같이 너희의 빛이 사람들 앞을 비추어, 그들이 너희의 착한 행실을 보고 하늘에 계신 너희 아버지를 찬양하게 하여라"[57]라고 했다.

자선의 덕이 여덟 번째에 놓인 것은, 그 보상이 이곳이 아니라 〔천상에서의 보상을 뜻하는〕 여덟째 시대에 f. 99r 주어질 것이기 때문이다. 이런 의미에서 「시편」에서는 "네 손으로 벌어들인 것을 네가 먹으리니 너는 행복하여라, 너는 복이 있어라"[58]라고 했다. 그리고 그레고리우스는 "위선자들처럼 적게 벌어들인 자는 적게 먹을 것이다"[59]라고 했다.

전해지는 시에서는 녹주석에 관해 이렇게 말한다. "녹주석은 육각형이라 밝게 빛난다네. 아니면 그것은 옅고 창백한 빛을 띠었겠지."[60]

토파즈

"아홉째는 황옥黃玉"[61]이라고 〔성서에서〕 말하고 있듯이, 아홉 번째 주 춧돌은 토파즈(Topazius)이다. 이 돌은 색이 다양하지만, 금색과 투명함 두 가지가 특히 도드라진다. 「탈출기」 34장에 대한 주석자의 설명처럼 말이다.[62]

토파즈는 다른 어떤 보석보다도 투명하므로 태양의 찬란함에 동화된 다. 그래서 보는 사람에게 남다른 즐거움을 가져다준다. 토파즈는 세공 을 하면 탁해지며, 그 자체로 둘 때 더 투명하다. 토파즈는 가장 큰 보 석으로 왕들이 귀하게 여긴다.

토파즈는 '명상(Contemplatio)'을 뜻한다. 토파즈의 금색은 명상이 사랑 을 불타오르게 하는 것을 나타내며, 토파즈의 투명함은 명상이 밝게 이 해할 수 있게 해준다는 것을 의미한다. 명상을 하면 주님이 훨씬 또렷 하게 보인다. 그리고 사람들은 마음을 열어 놓을 때 그분의 사랑으로 더 잘 인도된다. 사람의 본성도 그와 같아서 이 세상의 명예들로 치장 을 할수록 시야는 더 흐려진다. 〔루카 복음서」에 등장하는〕 마르타처럼 주 의가 산만해지기 때문이다.[63]

토파즈가 갖가지 색으로 빛나는 것은 명상이 온갖 찬란한 덕으로 빛 나기 때문이다. 토파즈는 보석들 가운데 가장 크다. 명상이 마음을 크 게 넓히기 때문이다. 그리고 육체에 대해 전혀 신경 쓰지 않는 자들이 야 말로 진정한 왕들이다. 토파즈가 아홉 번째에 놓이는 것은 명상이 명상을 하는 사람들을 아홉째 천사의 반열에 놓기 때문이다.[64]

전해지는 시에서는 토파즈에 관해 이렇게 노래한다. "토파즈는 그것 과 이름이 같은 섬에서 왔지. 토파즈는 드물어서 매우 귀하지만, 그것 이 나는 아라비아 땅에서는 풍부하다네."[65]

녹옥수

f. 99v "열째는 녹옥수綠玉髓"[66]라고 〔성서에서〕 말하고 있듯이, 열 번째 주춧돌은 녹옥수(*Crisopassus*)이다. 이시도루스에 따르면, 이 돌은 인도가 산지이며, 보랏빛 바탕에 작은 금색 점들이 흩뿌려져 있다고 한다.[67] '크리소파수스'라는 이름도 '황금(*chrysos*)'과 '펼쳐지다(*passus*)'라는 말이 합쳐진 것이다.

녹옥수는 천국을 향한 열망을 의미한다. 그 열망은 고난이 심할수록 더 밝게 타오른다. 그레고리우스 교황은 "숯불에 풀무질을 하는 것처럼 고난이 사랑을 타오르게 한다"고 했다.

녹옥수가 열 번째 자리에 놓이는 것은, 거룩한 사람이 천국을 향한 열망을 가지고 십계명을 준수하면 천사의 열 번째 위계에 빠르게 다다를 수 있기 때문이다. 열 번째 위계는 사람이었다가 새롭게 될 이들이다. 이런 의미에서 이 사람들을 「루카 복음서」 15장에서 말한, 여인이 집안을 뒤져 찾아낸 '은전 열 닢(*Decima dragma*)'이라고 부른다.[68]

전해지는 시에서는 녹옥수에 관해 이렇게 노래한다. "인도가 고향인 그 돌은 크리소파수스. 〔부추처럼 생긴 식물인〕 리크의 즙처럼 반짝이며, 엷은 보라색에 금색 점들이 섞여 있지."[69]

풍신자석

"열한째는 자옥紫玉"[70]이라고 〔성서에서〕 말하고 있듯이, 열한 번째 주춧돌은 〔'지르콘'이라고도 불리는〕 풍신자석(*Iacinctus*)이다. 이 돌은 날씨에 따라 변한다. 맑은 날은 투명하고, 흐릴 때는 불투명하다.

풍신자석은 거룩한 사람들의 '분별(*Discretio*)'을 의미한다. 주님이 모든 이의 마음을 얻기 위해 한 것처럼, 그들은 분별을 사용하여 다양한 사람들에게 맞춘다. 사도 바울도 「코린토 신자들에게 보낸 첫째 서간」 9장에서 "나는 어떻게 해서든지 몇 사람이라도 구원하려고, 어떤 사람을 대하든지 그들처럼 되었습니다"[71]라고 했다. 그리고 「로마 신자들에게 보낸 서간」 12장에서는 "기뻐하는 이들과 함께 기뻐하고, 우는 이들과 함께 우십시오"[72]라고 말했다. 이러한 덕은 거룩한 교사들이 무엇을 누구에게 언제 어떻게 설교해야 할지를 알 수 있게 해준다. 그것을 통해 온갖 종류의 죄를 피할 수 있기 때문에 풍신자석은 열한 번째 자리에 놓이게 되었다.

전해지는 시에서는 풍신자석에 관해 이렇게 말한다. "학자들은 세 종류의 풍신자석이 있다고 말하지. 그 가운데 최상의 것은 탁할 정도로 짙어지지도 않고, 투명할 정도로 밝아지지도 않으며, 어떤 경우든 도금양桃金孃 나무의 꽃과 같은 자줏빛을 간직하고 있는 것이네. f. 100r 풍신자석만큼 입안에 넣었을 때 차가운 돌도 없다네. 그것은 매우 단단해서 잘 잘리지 않아 조각하기가 무척 어렵지. 그러나 다이아몬드 조각에 긁히면 잘려진다네."[73]

자수정

"열두째는 자수정紫水晶"[74]이라고 〔성서에서〕 말하고 있듯이, 열두 번째 주춧돌은 자수정(Amatistus)이다. 이시도루스에 따르면, 자줏빛 보석 가운데 인도에서 나는 자수정이 최고라고 한다.[75] 실로 그것은 자줏빛이면서도 여러 색이 혼합된 색조를 띠고 있어서 제비꽃 색깔과 장미꽃 색깔도 난다.

자수정은 조각하기 쉽다. 그래서 자수정은 성인들의 '겸허(Humilitas)'를 뜻한다. 겸허는 '순종(Obediencia)'과도 연결된다. 암브로시우스는 "겸허는 제비꽃처럼 작고, 장미처럼 아름다우며, 모든 것에 쉽게 적용할 수 있다"고 했다. 그리고 "그들은 사랑을 보며 불꽃처럼 타오른다"고도 했다.[76] 이처럼 겸허는 모든 사람에게 받아들여진다. 심지어 우리의 적들일지라도 말이다. 반대로 '교만(Superbia)'은 모든 이들에게 미움을 받

는다. 「집회서」 10장에서도 "교만은 주님과 사람들에게 모두 미움을 받는다"고 하지 않았는가.[77]

이것이 자수정이 마치 모든 것을 보듬고 있는 것처럼 마지막 자리에 놓이는 이유이다. 겸허는 언제나 자신을 가장 작게 생각하고, 언제나 자신을 마지막 자리에 놓는다. 이러한 의미에서 그레고리우스는 "겸허 없이 다른 덕들만 갖추려는 사람은 바람 속에서 흙가루를 나르려는 이와 같다"[78]고 했다. 그리고 바울은 겸손한 마음으로 남을 자기보다 낮게 여기는 자는 열 번째 자리를 가질 자격이 있다고 했다.[79]

돌의 효능

① 다이아몬드는 가장 단단한 돌이라 어떤 보석이라도 자를 수 있다. 그것은 강철에 세공하는 것이 좋다. 다이아몬드를 거저 얻으려고 하면 안 된다. 다이아몬드는 소유한 사람의 재산이 나뉘지 않게 해준다.

② 루비는 모든 보석의 효능을 다 가지고 있다. 갈증을 느끼는 병자한테 루비를 씻은 물을 주면 효과가 있다. 루비는 저마다 타고난 효능을 가지고 있다.

③ 에메랄드는 눈이 밝아지게 한다. 그리고 그것을 바라보는 사람의 몸에 활기를 가져다주며, f. 100v 사랑을 지켜준다.

④ 사파이어는 출혈을 멈추게 하고, 흉악범을 죽인다.

⑤ 토파즈는 호박석처럼 사프란색이지만 훨씬 보기 좋다. 토파즈는 솥이 끓어 넘치지 않게 해준다. 목마른 사람이 토파즈를 입에 물고 있으면 갈증을 없앨 수 있다.

⑥ 터키옥(Turgesius)은 분노와 대담함을 가져다준다.

⑦ 붉은줄무늬마노는 세 가지 색을 갖고 있다. 그것은 용기와 승리를

불러온다.

⑧ 두꺼비돌(Crapodinus)은* 목표를 이루고, 전쟁에서 이기게 해준다.

⑨ 자수정은 숲과 강의 예언을 알려준다. 자수정은 가지려고 해서 얻은 것보다 받은 것이 더 좋다.

⑩ 벽옥은 에메랄드 같은 녹색이지만 그것만큼 맑지는 않다. 벽옥은 출혈을 억제하고, 그것을 주거나 받는 사람의 사랑을 지켜준다.

⑪ 홍옥수는 붉은색이며, 출혈을 멎게 해준다.

⑫ 진주는 흰색이며, 둥근 모양이다. 진주는 잠을 잘 수 있게 해준다.

⑬ 데카푼(Decapun)은 붉은색의 돌이다. 마치 피가 얼룩진 것처럼 보이는데, 모든 일에 승리를 가져다준다.

⑭ 수정을 갈아서 물에 섞어 마시면 젖이 다시 나오게 할 수 있다.

⑮ 뜨거운 염소의 피가 다이아몬드를 녹인다는 사실을 명심하라.

진주

진주는 작지만 값진 보석이다. 그것은 하얗고 속이 꽉 차 있다. 이시도루스에 따르면, 진주는 조개가 이슬로 잉태한 것이라고 한다. 아침 이슬로 잉태된 진주가 저녁 이슬로 잉태된 진주보다 더 하얗고 질이 좋다는 것을 기억하라.

이따금 '진주'는 보석을 가리키는 포괄적인 말로 쓰이기도 한다. 그래서 도덕적인 의미에서 12가지 '진주들'이라고 하면, 앞서 보았던 12가지 보석이 상징하는 12가지 덕을 나타내는 것으로 해석된다.

다이아몬드

아다마스나 디아마스(Dyamas)라고 불리는 다이아몬드는 수정처럼 투

---

* 두꺼비의 머리에서 꺼낼 수 있다는 마법의 돌로 '부포니테스(bufonites)'라고도 불린다. 두꺼비의 독성과 연결되어 독을 해독하는 효능을 지니고 있다고 여겨졌다.

명한 돌이지만, **f. 101r** 광택을 낸 쇠의 색을 가지고 있다. 다이아몬드는 염소의 뜨거운 피를 제외하고는 어떤 쇠나 불로도 파괴하지 못한다. 다이아몬드의 날카로운 조각으로 다른 돌들을 자르고 다듬을 수 있다. 다이아몬드는 작은 견과보다 크지 않으며, 여섯 종류가 있다.

다이아몬드는 금속을 끌어당기고, 독을 쫓아내며, 호박석을 만들어낸다. 그리고 근거 없는 공포와 마법을 물리치는 데 효과가 있다. 다이아몬드는 인도와 그리스, 키프로스 섬에서 발견된다. 그곳의 마법사들은 다이아몬드를 사용한다. 다이아몬드는 용기를 준다. 그리고 귀신을 피하게 해주고, 분노와 다툼을 없앤다. 그것은 광증을 치료하고, 적으로부터 지켜준다. 다이아몬드는 금이나 은에 세공해야 하며, 왼손에 착용하는 것이 더 좋다. 그것은 아라비아에서도 발견된다.

마노

아카테스(*Acates*)라고 불리는 마노는 시칠리아 중부를 관통하는 아카테스강에서 그 이름을 가져왔다. 그것은 검은색 바탕에 흰 줄무늬가 있으며, 몇몇 형상을 지닌다. 자연적으로 생긴 그 형상들은 때로는 왕 같고, 때로는 동물 같다. 다른 종류의 마노는 크레타 섬에서 발견된다. 그것은 산호와 닮았으며, 금과 같은 결을 가지고 있다. 이 돌은 독에 저항할 수 있게 해준다. 또 다른 종류의 마노는 인도에서 발견된다. 그것은 나뭇가지 같은 결을 가지고 있으며 사람의 형상을 하고 있다. 이 돌은 목마름을 없애주고 시력을 좋게 한다. 불에 넣으면 몰약의 냄새가 나는 마노도 있다. 또 다른 종류의 마노는 핏빛 무늬를 지니고 있다. 밀랍의 색을 지닌 마노도 있다.

마노는 종류가 너무 다양해서 값지게 여겨지지 않는다. 그러나 마노는 사람을 보호해주고, 힘을 주며, 얼굴 혈색을 좋게 해준다. 아울러 좋은 조언을 할 수 있게 해주고, 설득력 있게 만들어준다.

엘렉토리우스

엘렉토리우스(Electorius)는 새의 위장에서 자라는데 새가 3살 때부터 7살 때까지 몸 안에 있다. 견과나 콩보다 크지 않으며, 수정이나 물처럼 투명하다. 그것은 소유하고 있는 사람에게 승리를 가져다준다. 목마를 때 그 돌을 입 안에 넣고 있으면 목마름이 사라진다. 흩어진 사람들을 다시 모으고, 친구가 생기게도 해준다. 그것을 지니고 있으면 말을 잘해 사랑을 받게 된다. 남녀 사이의 사랑도 가져온다. 그런데 이 모든 효능은 그 돌을 입에 넣고 있을 때 나타난다.

세르나티데스

세르나티테스(Sernatites)는 검은 돌이다. 그것을 입 안의 혀 아래 두고 있으면, 사람들이 자신을 어떻게 생각하는지 알 수 있다. 그리고 어떤 여성이라도 뜻대로 할 수 있다. 이 돌의 효능을 확인하고자 한다면 꿀이나 우유를 바른 뒤에 날벌레 무리 한가운데로 가면 된다. 만일 그 돌을 지니고 있으면 f. 101v 물리지 않을 것이다. 반대로 그 돌을 치우면 벌레들한테 끊임없이 물리게 될 것이다.

벽옥

벽옥은 종류가 17가지이다. 그것은 다양한 색을 가지고 있으며, 시칠리아에서 난다. 녹색에 투명한 것이 가장 뛰어난 종류이며, 다른 것들보다 효능도 더 좋다. 경건한 사람이 벽옥을 지니고 있으면 열병과 몸이 붓는 증상, 귀신을 물리칠 수 있다. 그것은 우정을 굳건하게 해주고, 그대를 안전하게 지켜주며 용기를 준다. 벽옥은 금보다 은에 세공하는 것이 더 효과가 좋다.

사파이어

사파이어는 그 효과 때문에 보석 중의 보석이라고 불린다. 그것의 색깔은 구름이 없는 하늘과 같다. '세르키테스(Sercites)'라는 이름의 사파이어는 (시르테'라고 불리는) 리비아 해안의 모래톱 앞에서 발견되기 때문에 그렇게 불린다. 이 사파이어는 깨끗하다. 그러나 가장 좋은 사파이어는 투르크 땅에서 발견된다. 비록 아주 투명하지는 않지만, 그것은 자신을 지닌 사람의 사지를 온전하게 보호해주며, 시기와 속임수를 극복할 수 있게 한다. 그리고 두려움을 물리쳐주며, 감옥에서 나오게 하고, 결박을 풀어준다. 그것은 궤양을 없애주고 몸에 열이 많은 사람을 식혀준다. 갈아서 우유에 섞으면 완화제 역할도 한다. 그것은 눈에 좋으며, 혀의 상처에도 효과가 있다. 두통도 없애준다. 사파이어를 지니고 있는 사람은 정결하게 행동해야 한다.

에메랄드

에메랄드는 녹색이 가장 두드러진다. 6가지 종류가 있다. 스키타이 · 브리타니아 · 나일강 · 낙원에서 흘러나온 강줄기들에서 나며, 광맥에서 발견되기도 한다. 어떤 에메랄드는 칼키도니아(Calcidonia)라고 불린다. 스키타이에서 나는 것은 매우 투명해서 그것을 통해 사물을 볼 수 있을 정도이다. 그 에메랄드는 대기와 같은 색을 가지며, 에메랄드 가운데 최상이다. 에메랄드는 태양이나 달, 그림자 때문에 색이 변하지 않는다. 심지어 그것을 눈에 대고 무언가를 볼 수도 있다. (1세기 로마 황제인) 네로가 그랬던 것처럼 말이다.[80] 그대는 그것을 사용하여 물 아래 있는 것들도 찾을 수 있다. 에메랄드는 그것을 지니고 순결하게 지내는 사람에게 부를 가져다준다. 목에 걸면 웅변을 설득력 있게 할 수 있게 되며, 열병을 치료하고, 하루건너로 생기는 열과 간질을 없애준다. 폭풍우와 사치도 막아준다. 에메랄드는 변색된다. 색이 변한 에메랄드는 포도주에 씻거나 녹색 기름을 바르면 색을 되찾을 수 있다.

크리사파키온

크리사파키온*(Crisapacion)*은 에티오피아에서 난다. 그것의 색깔은 금과 같으며, 밤에는 불처럼 빛을 낸다.

붉은줄무늬마노

붉은줄무늬마노는 '사르도닉스'라는 이름을 〔홍옥수와 줄무늬마노라는〕 두 가지 돌로부터 얻었다. 사르도닉스는 3가지 색을 가지고 있다. 첫 번째 색은 검은 색이다. 검은색 위에 하얀색이 있고, 하얀색 위에는 붉은색이 있다. 사르도닉스는 다섯 종류가 있는데, 3가지 색이 섞이지 않고 있는 것이 최상품이다. 그것은 〔밀봉할 때〕 밀랍이 떨어지지 않게 한다. 붉은줄무늬마노는 별다른 효능을 가지고 있지 않으나 그것을 지니고 있으면 정결하고 겸허하게 된다. 이 돌은 아라비아와 인도에서 난다. 사르도닉스를 목이나 손가락에 걸면 깊은 잠을 잘 수 있으며, 불화가 없어진다. 아이들은 좋은 시력을 가질 수 있게 된다. 사르도닉스의 종류는 다섯 가지이다.

홍옥수

f. 102r 홍옥수는 '사르디우스'란 이름을 그것이 처음 발견된 섬에서 얻었다. 홍옥수는 붉은색이다. 보석으로서의 가치가 적으며, 아름답고 줄무늬마노의 해로운 영향을 없애준다는 것 말고는 특별한 효능이 없다. 홍옥수의 종류는 다섯 가지이다.

감람석

감람석은 바닷물을 닮았으며, 안에 금색 낱알을 하나 품고 있다. 그리고 불처럼 불꽃을 일으킨다. 감람석은 밤의 두려움을 없애는 데 효과가 있다. 감람석에 구멍을 뚫고 나귀의 털에 꿰어 왼팔에 차고 있으면 악령과 싸울 수 있다. 이 돌은 에티오피아에서 난다.

녹주석

녹주석의 육각형 형태는 그것을 더 투명해 보이게 한다. 질 좋은 녹주석은 기름이나 바닷물 색깔이다. 그것은 인도에서 발견된다. 녹주석은 남녀의 사랑을 불러오고, 그것을 지닌 사람을 명예롭게 한다. 녹주석을 쥐고 있으면 손이 따뜻해진다. 그 돌을 담근 물은 눈에 좋다. 녹주석은 천식을 쫓아내고 열병의 고통을 없애준다. 녹주석에는 아홉 가지 종류가 있다.

토파즈

토파즈는 그것이 발견되는 섬에서 그 이름을 가져왔다. 토파즈 가운데 다음 두 가지 색의 광채가 나는 것들은 더 가치가 있다. 하나는 금색이고, 다른 하나는 더 투명한 색이다. 토파즈는 치질에 매우 효과가 좋다. 그것은 달의 끌어당김에 영향을 받으며, 물이 끓어오르는 것을 막아준다. 그 돌은 아라비아에서 난다.

녹옥수

녹옥수는 인도에서 난다. 색깔은 부추의 즙과 비슷한데, 금색 무늬가 있다. 녹옥수의 효능에 대한 기록은 없다.

풍신자석

풍신자석에는 세 가지 종류가 있다. 하나는 힘을 주고, 다른 하나는 슬픔을 없애주며, 나머지 하나는 그릇된 의심을 사라지게 한다. 물 색깔의 풍신자석은 그대를 춥게 만든다. 그 돌을 목이나 손가락에 걸면 외국에 안전하게 갈 수 있고, 과식도 피할 수 있다. 그리고 적들 때문에 명예롭게 되며, 정의로운 방식으로 얻고자 하는 것은 무엇이든 가질 수 있게 된다. 풍신자석은 세공을 하지 못한다.

자수정

자수정은 보라색, 붉은 포도주색, 희끄무레한 색이 있다. 그것은 인도에서 왔으며, 조각나기 쉽다. 그것이 희귀했다면 더 값어치가 있었을 것이다. 자수정의 종류는 다섯 가지이다.

켈리도니우스

켈리도니우스(Celidonius)는 제비의 위장에서 발견되는 돌인데, 검은색과 붉은색 두 종류이다. 검은색은 정신병에 효과가 있으며, 악마의 손아귀에서 벗어날 수 해주고, 온갖 나약함을 없애준다. 말을 능숙하게 잘해 호감을 받을 수 있게도 해준다. 그것은 아마로 짠 헝겊에 싸서 왼손에 차야 한다. 붉은색 켈리도니우스는 일을 끝맺을 수 있게 해주며, 왕과 군주들의 위협과 분노로부터 보호해준다. 그것을 〔수선화과의 여러해살이풀인〕 사프란 즙에 적신 뒤에 아마로 짠 헝겊에 싸서 지니고 있으면, 열병이 치료되고 유해한 습기들을 억제할 수 있다.

흑옥

흑옥(Gagates)은 〔터키 남서부 지방인〕 리키아에서 왔다. 그러나 잉글랜드에서 나는 것이 더 좋다. 흑옥은 따뜻하게 데우면 지푸라기를 끌어당긴다. 그것은 **f. 102v** 물에 넣으면 타고, 기름에 넣으면 식는다. 진피층의 부종으로 괴로움을 겪는 사람은 흑옥을 지니고 있으면 효과를 볼 수 있다. 흑옥 가루를 물에 섞어 흔들리는 이빨에 부으면 이가 더 이상 흔들리지 않으며, 뜨거운 목욕을 하면서 흡입하면 월경을 다시 할 수 있게 된다. 흑옥을 태운 연기를 들이마시면 통풍이 없어지는데, 그 연기는 뱀과 악마를 쫓는 데도 효과가 있다. 그리고 흑옥은 위경련도 가라앉혀 준다. 그 돌은 귀걸이로 하는 것이 좋다. 흑옥은 그것을 지니고 있는 사람을 주술로부터 보호해주며, 그것으로 처녀인지를 시험해 볼 수도 있다고 한다. 산고로 고통 받는 여성은 흑옥을 3일 동안 담가 놓은 물을 마시면 고통에서 벗어날 수 있다.

자철석

자철석(Magnates)은 동굴 거주자들의 땅과 인도에서 발견된다. 그것은 금속 색깔이며 철을 끌어당긴다. 자철석은 아내가 정조를 지켰는지를 남편이 알 수 있게 해준다. 그 돌을 잠자는 아내의 베개 밑에다 둔다. 만일 아내가 정조를 지켰다면 그녀는 그의 팔에 따뜻하게 안길 것이다. 그렇지 않다면 마치 손으로 밀쳐진 것처럼 그녀는 침대에서 떨어지게 된다. 돌의 냄새 때문에 그렇게 되는 것이다. 집에 들어가 물건을 훔치려는 도둑은 집 여기저기에 타고 있는 석탄을 놓은 다음 그 위에 자철석 가루를 얹는다. 그러면 집 네 귀퉁이에서 연기가 피어오르고 집 안에 있는 사람들은 집이 무너질 것이라고 생각해 몸을 피한다. 그렇게 해서 도둑은 집을 털 수 있다. 자철석은 남자와 여자 사이를 조화롭게 해준다. 그리고 그것은 명예와 웅변술, 설득의 능력을 준다. 자철석을 가루로 만들어 음료로 마시면 붓기가 없어지고, 그 가루를 불 위에 직접 넣으면 불이 꺼진다.

산호

산호(Corallus)는 바다에서 나무처럼 자란다. 자랄 때에는 녹색이었다가 그 뒤 딱딱해지면서 불그스름하게 변한다. 그것은 나뭇가지를 닮았다. 산호는 어디에서든지 번개와 폭풍을 몰아내는 힘이 있다. 산호를 포도밭이나 올리브 과수원, 밭, 파종을 한 땅에 뿌리면 서리와 폭풍으로부터 작물을 보호해주고 수확량을 늘려준다. 산호는 귀신을 쫓아주고, 법과 관련된 문제에서 좋은 결과를 얻게 해준다.

귀석류석 · 코르넬리우스

귀석류석(Alemandina)은 아시아의 알라블란다(Alablanda)라는 지역에서 왔다. 그것은 〔밝은 홍옥수'인〕 코르넬리우스와 모양이 비슷해서 구분하기가 쉽지 않다.

코르넬리우스(Cornelius)*는 창백한 색이다. 그 돌은 분쟁이 일어난 사람들의 분노를 가라앉혀 주고, 몸 전체의 혈액순환, 특히 생리혈의 흐름을 좋게 해주는 효능이 있다.

석류석

석류석(Carbunculus)은 동굴 거주민들이 살고 있는 리비아에서 난다. 그것은 낮에는 그렇지 않지만, 밤에는 달궈진 석탄처럼 빛이 나온다.

리구리움

리구리움(Ligurium)은 스라소니의 오줌에서 만들어진다. 그 돌은 가운데가 유리 같아서 그것을 통해 사물을 볼 수 있다. 스라소니는 사람들이 리구리움을 발견하지 못하게 자신의 오줌을 모래로 숨겨놓는다. 리구리움은 위통에 효과가 있으며, **f. 103r** 경련을 멎게 해주고, 황달을 고쳐준다.

---

* 코르넬리우스(Coenelius)와 사르디우스(Sardius)는 모두 사전에서는 '홍옥수'로 옮겨진다. 그러나 사르딕스가 적갈색 빛의 단단한 홍옥수라면, 코르넬리우스는 오렌지색에 가까운, 밝고 무른 홍옥수이다.

독수리석

독수리석*(Ethites)*은 독수리가 땅 끝에서 자신의 둥지로 날라 오는 돌이다. 독수리는 그 돌을 둥지 안에 던져 놓는데, 그 돌은 새끼가 자랄 때까지 둥지에 남아 있게 된다. 독수리석은 그 안에 또 다른 돌을 가지고 있다. 그래서 임신을 하거나 출산을 한 여성에게 이롭다고 한다. 독수리석은 왼쪽에 착용해야 한다. 그 돌은 술에 취하는 것을 막아주고, 재산을 늘려주며, 사랑과 승리를 가져온다. 그리고 어린아이들을 건강하게 해주며, 간질에도 효과가 있다. 만일 누군가 독을 썼다고 의심되는 상황이라면 그 돌을 그의 접시 아래에 두면 된다. 의심이 사실이라면, 그 돌이 거기에 있는 한 의심받는 사람은 음식을 먹지 못한다. 그 돌을 치워야만 음식을 먹을 수 있다.

월장석

월장석*(Celnites)*은 벽옥과 같은 색깔을 지닌다. 그 돌이 월장석月長石이라고 불리는 까닭은 달과 함께 커지고 작아지기 때문이다. 월장석은 사랑을 가져오며, 건강에 좋다. 월장석은 페르시아에서 난다.

사가트로멘

사가트로멘*(Sagatromen)*은 야생염소의 가죽과 같은 무늬를 가진 돌이다. 그것은 지도자에게 승리를 가져다주며, 적들에 맞서 싸울 수 있게 해준다.

뇌석

뇌석*(Ceraunius)*은 번개와 함께 땅에 떨어진 돌이다. 그것을 차고 있으면 정결하게 행동하게 된다. 그리고 뇌석을 가진 사람이 있는 곳에는 번개가 치지 않고 폭풍도 일어나지 않는다. 그 돌은 전투를 돕고, 바라는 것을 이룰 수 있게 해준다. 그리고 숙면과 좋은 꿈도 가져다준다. 뇌석은 두 가지 색을 지니고 있다.

혈석

혈석*(Eliotropia)*은 다음과 같은 본성을 지니고 있다. 태양을 마주하고 놓은 그릇에 혈석을 넣으면, 태양이 붉게 변하고 새로운 일식이 일어난다. 그리고 그릇을 끓게 만들고, 가득한 물을 넘치게 한다. 그 돌을 차고 있는 사람은 누구든 미래에 관해 많은 것들을 예언할 수 있다. 혈석은 찬사와 건강을 가져온다. 그것은 출혈을 멎게 하고 독과 속임수를 막아준다. 그 돌과 함께 그것과 이름이 같은 약초를 지니고, 제대로 된 주문을 외우기만 한다면, 그대는 원하는 곳 어디든지 다른 사람의 눈에 띄지 않게 갈 수 있다. 혈석은 에티오피아와 아프리카에서 난다. 그것은 에메랄드 색깔에 피와 같은 무늬가 있다.

에피스티데스

에피스티데스*(Epistites)*는 밝은 붉은색 돌이다. 그것은 솥이 끓어넘치는 것을 멈추게 하고, 솥을 단번에 식혀준다. 그 돌은 파종한 땅에서 해로운 새들을 쫓아주고, 폭풍우를 물리쳐준다. 그리고 다툼을 막아주며, 그대를 안전하게 지켜준다. 해가 비치는 곳에 그 돌을 놓으면 불처럼 빛을 낸다. 이 돌은 왼쪽에 차고 있는 것이 더 좋다.

적철석

적철석*(Ematites)*은 그 이름을 피에서 얻었다. 그 돌의 가루를 내어 계란 흰자에 섞으면, 눈꺼풀이 뻑뻑한 증상에 효과가 있다. 가루를 내어 물에 섞은 것은 피를 토하는 사람에게 좋다. 그것은 월경을 막아주고, 상처가 난 곳의 흉터를 없애준다. 그리고 위장의 경련을 억제해준다.

포도주에 섞어 마시면 독을 해독하고 f. 103v 뱀한테 물린 경우에도 효과가 있다. 그 가루를 꿀에 섞은 것은 눈병에 좋다. 그리고 그것은 방광에 있는 돌을 부드럽게 만들어준다. 그 돌은 아프리카와 에티오피아, 아라비아에서 난다.

석면

석면(Abestos)은 아르카디아에서 난다. 그 돌은 금속의 색을 갖고 있다. 그 돌은 불을 붙이면 영원히 타오르는 본성을 가지고 있다.

페난테스

페난테스(Penantes)는 다른 돌을 품고 있다가 낳는다. 그래서 그것은 임신한 여성이나 출산을 한 여성한테 좋다.

사다

사다(Sadda)는 발견하기 어렵다. 그 이유는 그것이 배에 달라붙어서 떨어지지도 잘려 나가지도 않기 때문이다. 이 돌은 칼데아인들의 나라에서 발견된다.[81]

모두스

모두스(Modus)는 투르크에서 난다. 그것은 삶과 죽음을 모두 가져온다. 그 돌을 녹색 맷돌에 갈아서 여성의 모유에 섞은 뒤에 시력을 잃어 보지 못하는 눈 위에 올려두면 시력을 되찾는다. 그 가루를 수컷 새끼를 한 마리만 낳은 암양의 젖에 녹이면 통풍을 쫓고 신장을 치료해준다. 그것은 은으로 만든 용기에 보관해야 하며 점심 전이나 저녁에 마셔야 한다. 가루를 물에 풀어 마시게 되면 누구든 폐까지 토하며 죽게 된다. 그리고 그 물로 눈을 씻으면 장님이 된다. 모두스는 검은색이다.

셀라오르

셀라오르*(Selaor)*는 매우 단단한 돌이라서 부서지지 않는다. 그리고 매우 차가워 데울 수가 없다.

엑사콘탈리토스

엑사콘탈리토스*(Exacontalitos)*는 안에 60가지 색을 가지고 있다. 이 돌은 동굴 거주자들의 땅에서 발견된다.

디오니시아

디오니시아*(Dionisia)*는 검은 바탕에 붉은색 무늬가 있다. 갈아서 물에 섞으면 포도주 맛이 난다. 그렇지만 그것은 취하는 것을 막아준다.

에리셀렉트루스

에리셀렉트루스*(Eriselectrus)*는 금과 호박석의 색을 갖고 있다. 그것을 아침에 지니고 있으면 즐거워진다. 그러나 자주 바라봐주지 않으면 그 돌은 분노와 슬픔을 가져온다.

디아도코스

디아도코스*(Diadocos)*는 물에 넣어 마법을 걸 때 쓰인다. 그러나 죽은 사람에게 닿으면 그 돌은 효능을 잃는다.

황철석

황철석*(Pirites)*은 손으로 잡을 수 없다. 쥐려고 하면 손에서 타버리기 때문이다.

켈로니테

켈로니테(Chelonite)는 인도에 있는 어떤 거북이가 날라 오는 돌이다. 그것은 보라색과 다른 색이 섞여 있다. 보름달이 떴을 때 그것을 잘 씻어 혀 아래 놓으면, 그대는 미래를 보는 힘을 얻게 된다. 첫날은 6시간 동안 그렇게 할 수 있다. 달이 새로 뜨면 15일까지 하루 종일 그 힘을 가질 수 있다. 이 돌은 불에 영향을 받지 않는다.[82]

주석

도판목록

옮긴이 주석

출처 약어

◈ 동물지 필사본의 라틴어 원문과 현대 번역본

MS Aberdeen : http://www.abdn.ac.uk/bestiary

MS Royal : Max Friedrich Mann, *Der Bestiaire divin des Guillaume le Clerc*(Heilbronn: Gebr. Henninger, 1888).

MS Northumberland : Cynthia White, *From the Ark to the Pulpit: An Edition and Translation of the "Transitional" Northumberland Bestiary(13th Century)*(Louvain-la-Neuve: Institut d'études médiévales de l'Université catholique de Louvain, 2009).

MS London : Willene B. Clark, *A Medieval Book of Beasts: the Second-Family Bestiary*(Woodbridge: Boydell, 2006).

MS Ashmole(Unterkircher) : Franz Unterkircher, *Bestiarium: die Texte der Handschrift Ms. Ashmole 1511 der Bodleian Library Oxford in lateinischer und deutscher Sprache*(Graz: Akademische Druck- u. Verlagfanstalt, 1986).

MS Ashmole(Dupuis) : Marie-France Dupuis et Sylvain Louis, *Le Bestiaire: Texte intégral traduit en français moderne par Marie-France Dupuis et Sylvain Louis. Reproduction en fac-similé des miniatures du manuscrit du Bestiaire Ashmole 1511 de la Bodleian Library d'Oxford*(Paris, Philippe Lebaud, 1988).

MS Bodley(Hamel) : Christopher De Hamel, *Book of Beasts: A Facsimile of MS Bodley 764*(Oxford: Bodleian Library, University of Oxford, 2008).

MS Bodley(Barber) : Richard W Barber, *Bestiary being an English version of the Bodleian Library*(Woodbridge: Boydell Press, 1992).

◈ 동물지가 인용하고 있는 주요 문헌

Aristoteles : Aristotle, *Aristotle's History of Animals in ten books*, trans. by Richard Cresswell(London: George Bell, 1902).

Plinius : Pliny the Elder, *The Natural History*, ed. and tras. by John Bostock, M.D., F.R.S.,

H.T. Riley, Esq., B.A.(London: Taylor and Francis, Red Lion Court, Fleet Street. 1855).

Solinus : Caius Julius Solinus, *Wunder der Welt: Lateinisch und Deutsch*, trans. by Kai Brodersen(Darmstadt: WBG, 2014).

Ambrosius : Ambrose, *Hexameron, Paradise, and Cain and Abel(The Fathers Of The Church A New Translation Vol. 42)*, trans. by John J. Savage(New York: Fathers of the Church, Inc., 1961).

Gregorius : Gregory the Great, *Morals on the Book of Job*, trans. by Charles Marriott(Oxford: John Henry Parker, 1844).

Isidorus : Isidore of Seville, *The Etymologies of Isidore of Seville*, trans. by Stephen A. Barney(Cambridge, UK; New York: Cambridge University Press, 2006).

Rabanus : Rabanus Maurus, *De universo: the pecular properties of words and their mystical significance(2 vols)*, trans. by Priscilla Throop(Charlotte, Vermont: Medieval MS, 2009).

Marbode: Marbode de Rennes, *De Lapidibus*, ed. and trans. by John M. Riddle(Wiesbaden: Steiner, 1977).

Honorius : Honorius Augustodunensis, *De imagine mundi libri tres*(Patrologiae Cursus Completus: Series Latina), ed. by J.P. Migne(Paris, 1854).

Hugues : Hugues de Fouilloy, *The Medieval Book of Birds: Hugh of Fouilloy's Aviarium*, ed. and trans. by Willene B. Clark(Binghamton: Medieval & Renaissance texts & studies, 1992).

1. 신의 창조물

1) 중세 동물지에는 서문이 따로 없다. 그리고 필사본에 따라 본문이 처음 시작하는 내용도 조금씩 다르다. 초기의 1계열 동물지의 경우에는 『피지올로구스』처럼 사자와 관련된 성서 구절(창세기 49:9)을 인용한 뒤에 곧바로 사자에 관한 설명을 시작하는 것이 일반적이다. 그러나 비교적 장르의 형식을 완성해간 과도기형과 2계열 동물지에서는 '천지창조', '아담의 이름붙이기', '맹수에 대한 설명' 등의 내용이 새로 유입되어 서문의 역할을 하기 시작한다. 한국어판이 저본으로 삼은 〈애버딘 필사본〉도 이 경우에 해당한다.

2) 창세기 1:1-5.

3) 창세기 1:6-8.

4) [ ] 안은 유실된 내용을 자매 필사본인 〈애쉬몰 필사본〉(ff. 5r-5v)에서 가져온 것이다. MS Ashmole(Unterkircher), pp. 20-21과 MS Ashmole(Dupuis), p. 55.

5) 창세기 1:20-23.

6) 창세기 1:24-25.

7) 창세기 1:26-28, 31; 2:1-2.

8) '세상의 모양' · '창조의 5단계' · '창조의 6세대' 항목은 〈노섬벌랜드 필사본〉(f. 1r)에서 가져온 것이다. 호노리우스(Honorius Augustodunensis, 1080~1154)의 『세상의 상Imago Mundi』에서 인용한 내용이다. MS Northumberland, pp. 50-53; Honorius, 172. 121(1. 1 'De forma mundi').

9) Honorius, 172. 121(1. 2 'De creatione mindi').

10) 요한복음서 1:3-4.

11) 집회서 18:1; 요한묵시록 10:6.

12) 창세기 1:31.

13) 요한복음서 5:17.

14) 요한묵시록 21:5.

15) Honorius, 172. 156c-d(2. 75 'De aetate').

16) 아담의 이름붙이기에 관한 내용은 이시도루스(Isidorus, 560?~636)의 『어원 Etymologiae』에서 가져온 것이다. Isidorus, pp. 247-248(12.1.1-8).

17) 창세기 2:19-20.

2. 걸어다니는 동물

사자

1) 잠언 30:30.

2) 세 가지 종류의 사자가 있다고 하면서 실제로는 두 종류만 설명하고 있다. 아리스토텔레스의 『동물학Historia Animalium』에는 같은 내용이 두 종류의 사자에 관한 이야기로 나오지만, 이시도루스의 『어원』에는 세 종류의 사자로 서술되어 있다. Aristoteles, p. 272(9.31.3); Isidorus, p. 251(12.2.4).

3) 암브로시우스(Ambrosius, 339?~397)의 『천지창조 6일Hexameron』에도 사자의 자부심과 고고함에 대한 이야기가 나온다. Ambrosius, p. 235(6.3.14).

4) 아가 5:2.

5) 시편 121:4.

6) 창세기 49:9.

7) 이시도루스의 『어원』에도 사자의 자비로움에 관한 유사한 이야기가 나온다. Isidorus, p. 251(12.2.6).

8) 솔리누스(Solinus, 3세기?)의 『세상의 경이De mirabilibus mundi』에도 사자의 짝짓기와 출산에 관한 유사한 내용이 있다. 다섯 마리 새끼를 낳다가 점차 불임이 되는 사자 이야기는 아리스토텔레스의 『동물학』과 플리니우스(23~79년)의 『자연사』로까지 거슬러 올라간다. 다만 아리스토텔레스는 이러한 출산 방식을 시리아 사자에 한정해서 설명하고 있다. Solinus, p. 119(27.16-17); Aristoteles, p. 176(6.28.1); Plinius, VIII. 17.

9) 전날 먹은 음식을 쳐다보지 않는 사자의 본성과 동물들이 두려워하는 사자의 포효소리에 관한 이야기는 암브로시우스의 『천지창조 6일』에도 나온다. Ambrosius, p. 235(6.3.14).

10) 암브로시우스의 『천지창조 6일』에도 같은 이야기가 나온다. 그러나 솔리누스의 『세상의 경이』에는 사자가 수탉의 울음소리와 수레바퀴 소리를 무서워한다고만 나온다. Ambrosius, p. 244, 250(6.4.26, 6.6.37)과 Solinus, p. 120(27.20).

11) 플리니우스의 『자연사』에는 레온토포네스가 스라소니와 함께 나온다. Plinius, VIII. 57 참조.

12) 욥기 10:16.

13) 암사자가 구덩이에 빠지는 이야기는 〈보들리 필사본〉와 〈할리 필사본〉에 전해지는데, [ ] 안의 내용은 〈보들리 필사본〉(f. 5r-6v)에서 가져온 것이다. 암사자 이야기가 일부 동물지에 유입된 것은 교황 그레고리우스 1세(재위 590-604) 『욥기 주해Moralium in Iob』의 영향으로 보인다. 그레고리우스 1세는 성서를 역사적 · 문자적 · 도덕적 · 신비적 방식으로 다양하게 해석하려 했다. 구덩이에 빠진 암사자 이야기는 「욥기」(10:16)에 관한 도덕적 해석에서 사용되었다. MS Bodley(Hamel), pp. 52-55과 MS Bodley(Barber), pp. 26-29; Gregorius, p. 330(9.57.86).

호랑이

14) 이시도루스의 『어원』에 나오는 호랑이에 관한 설명과 동일하다. 빠른 속도 때문에 생긴 호랑이의 이름과 티그리스 강과의 관계는 중세의 다른 문헌들에도 자

주 등장한다. Isidorus, p. 251(12.2.7); Vergilius, *Aeneis*, 천병희 옮김, 『아이네이스』(고양: 숲, c. 2007, 2011), 32쪽(4. 367)과 John Mandeville, *The travels of Sir John Mandeville*, 주나미 옮김, 『맨더빌 여행기』(인천: 오롯, 2014), 335쪽.

15) 암브로시우스의 『천지창조 6일』에 나오는 이야기이다. 암브로시우스는 신으로 말미암은 자연의 경이로움을 언급하며 자연이 부여한 모성은 사나운 짐승들까지도 온화하게 만든다고 말한다. 그리고 그 사례로 모성 때문에 유리구슬에 속아 복수를 하지 못한 암호랑이를 든다. Ambrosius, pp. 239-240(6.4.21). 사실 새끼를 도둑맞은 암호랑이 이야기는 고대 로마 시인 클라우디아누스(Claudianus, 370?~404?)의 작품 『프로세르피나 납치*De raptu Proserpinae*』로까지 거슬러 올라간다. "(딸 프로세르피나의 납치로) 케레스는 여전히 근심의 먹잇감이다. 반은 정신이 나간 그녀는 아직 일어나지 않은 모든 것들을 두려워한다. 그녀는 이내 머리를 들어 하늘을 올려다보고 그곳 주민들을 향해 맹렬한 분노를 쏟아낸다. 그것은 높은 니파테스 산맥을 흔드는 히르카니아 암호랑이의 포효 소리 같다. 그 포효 소리에 페르시아 왕의 장난감으로 호랑이 새끼를 데려가려던 기수는 겁에 질린다. 바람보다 더 빠르게 새끼를 향해 달려가는 그녀의 줄무늬에는 분노가 타오른다. 그러나 암호랑이가 겁에 질린 사냥꾼을 막 덮치려하는 순간 거울에 비친 그녀 자신의 모습이, 모성이 그녀를 저지시킨다." Claudianus, *De raptu Proserpinae*, trans. by Maurice Platnauer, *Claudian volume II: Rare of Proserpine*(Cambridge: Harvard Univserity Press. 1922), p. 365(3. 260-268).

파르두스

16) 실제로는 이시도루스의 『어원』을 재인용한 것이다. 플리니우스는 『자연사』에서 사자와 달리 파르두스의 자손들은 갈기가 없다고 적고 있다. 그리고 암사자와 파르두스가 짝짓기하게 된 원인을 물이 부족한 아프리카에서는 그나마 물이 있는 강기슭에 많은 동물들이 함께 모여 있고 그로 인해 다양한 종의 짝짓기가 일어나기 때문이라고 보았다. 그리고 동물지가 파르두스와 표범을 별개의 동물로 보는 것과 달리 플리니우스는 파르두스를 수컷 표범과 동일시한다. Isidorus, p. 252(12. 2. 10-11); Plinius, VIII. 17.

17) 예레미야서 13:23.

18) 요한묵시록 13:2.

19) 이사야서 11:6.

20) 파르두스와 레오파르두스를 악마나 죄인에 빗대는 내용은 〈런던 필사본〉, 〈노

섬벌랜드 필사본〉, 〈애버딘 필사본〉, 〈애쉬몰 필사본〉에는 없고, 〈보들리 필사본〉과 〈할리 필사본〉에 나온다. [ ] 안의 내용은 〈보들리 필사본〉(f. 10r)에서 가져온 것이다. 한편, 프랑스 역사가 미셸 파스투로는 중세 교회가 이교적인 속성이 강한 곰을 왕위에서 끌어내리고 사자를 새로운 동물의 왕으로 앉히는 과정에서 레오파르두스가 악역을 맡았다고 본다. 사자를 중세 초기의 부정적인 이미지에서 해방시키고자 12세기부터 레오파르두스가 '나쁜 사자' 이미지를 뒤집어썼다는 것이다. "동물 조각상들은 이러한 변화에 관해 풍부한 증거들을 제공한다. 로마네스크시대에는 모든 사자, 아니 거의 모든 사자가 부정적으로 묘사되었으나 고딕시대에는 그렇지 않았다. 레오파르두스가 대신 그 역할을 맡았던 것이다. 그 조각들이 나타나기 전인 12세기 중반의 문학작품들과 초창기 문장들에서도 새롭게 탄생한 레오파르두스는 몰락한 왕, 반쪽짜리 사자, 사자의 적으로 즐겨 인용되었다. 반역 기사들, 십자군의 적인 이교도들, 그 밖에 모든 악의 세력들의 문장에 레오파르두스가 그려졌다." Michel Pastoureau, *L'ours: histoire d'un roi déchu*, 주나미 옮김, 『곰, 몰락한 왕의 역사』(인천: 오롯, 2013), 180-181쪽; MS Bodley(Hamel), pp. 62-63과 MS Bodley(Barber), pp. 34-35.

표범

21) 다른 동물들이 좋아하는 표범의 독특한 향기에 관한 설명은 플리니우스의 『자연사』와 아리스토텔레스의 『동물학』에도 나온다. 그러나 중세 동물지와는 달리 고대 문헌들은 표범이 이 향기를 이용해 동물들을 사냥을 한다고 적고 있다. 이시도루스의 『어원』에는 표범의 향기에 대한 언급은 없으나 용을 제외한 모든 동물들이 표범의 친구라고 나온다. 단, 이를 그리스도와 연결시키지는 않는다. Aristoteles, p. 272(9.7.2)와 Plinius, VIII. 23; Isidorus, p. 251(12.2.8).

22) 에페소 신자들에게 보낸 서간 4:8.

23) 시편 45:2.

24) 이사야서 62:11, 즈카라야서 9:9, 마태오복음서 21:5.

25) 시편 78:65.

26) 로마 신자들에게 보낸 서간 10:18.

27) 시편 119:103.

28) 시편 45:3.

29) 아가 4:10.

30) 아가 1:3-4.

31) 아가 1:4.

32) 이시도루스의 『어원』에도 같은 내용이 나온다. 과도기형 동물지로 분류되는 〈노섬벌랜드 필사본〉(f. 17r)은 표범의 무늬 설명 앞에 어원에 대해서도 다음과 같이 말한다. "표범에 대해 『피지올로구스』가 말하길 그것이 판테르(*panther*)라고 불리는 까닭은 용을 제외한 모든 동물들의 친구이기 때문이다. 또는 표범이 자신의 무리와 함께 기뻐하며 무엇이든 받은 대로 돌려주기 때문이라고 한다. '판(πᾶν)'은 그리스어로 '모두'라는 뜻이다." 〈노섬벌랜드 필사본〉의 저자는 이것을 피지올로구스의 말이라고 했지만, 이것도 이시도루스의 『어원』에서 가져온 것이다. Isidorus, pp. 251-252(12. 2. 8); MS Northumberland, pp. 100-101.

33) "표범의 새끼들은 장님으로 태어난다. 그 수는 결코 넷을 넘지 않는다." Aristoteles, p. 174(6.29.3).

34) [ ] 안은 유실된 부분을 〈애쉬몰 필사본〉(f. 14r)에서 가져온 것이다. 암컷 표범이 한 번만 출산을 하는 이유는 이시도루스의 『어원』에서 가져온 것으로 보인다. 플리니우스의 『자연사』에는 일반적으로 사자가 한 번만 출산한다고 알려져 있지만 아리스토텔레스의 견해는 이와 다르다고 적혀 있을 뿐이다. MS Ashmole(Unterkircher), p. 30과 MS Ashmole(Dupuis), p. 61; Isidorus, p. 251(12. 2. 8); Plinius, VIII. 17; Aristoteles, p. 176(6.28.1).

안탈롭스

35) 〈애버딘 필사본〉에는 표범 항목의 끝 부분부터 안탈롭스 · 유니콘 · 스라소니 · 그리핀 항목과 코끼리 항목의 시작 부분까지의 내용이 훼손되어 유실되었다. 그래서 안탈롭스부터 그리핀까지 4항목의 내용은 자매 필사본인 〈애쉬몰 필사본〉(ff. 14r-14v)에서 가져온 것이다. MS Ashmole(Unterkircher), pp. 30-33과 MS Ashmole(Dupuis), p. 61.

36) 집회서 19:2 참조. 마지막 구절 "사람들이 신을 저버리게 한다(*apostatare faciunt homines a deo*)"는 『피지올로구스』Y형, C형에는 없고 B형에만 있다. *Physiologus Latinus Éditions préliminaires versio B*, ed. by Francis James Carmody(Paris: Droz, 1939), pp. 12-13.

유니콘

37) 항목 자체가 유실된 것을 〈애쉬몰 필사본〉(ff. 15r-15v)에서 가져온 것이다. MS Ashmole(Unterkircher), pp. 32-33과 MS Ashmole(Dupuis), pp. 61-62.

38) 『피지올로구스』 Y형에는 유니콘이 처녀의 가슴으로 뛰어들어 젖을 먹는다고 나온다. "Physiologus Latinus Versio Y", ed. by Francis James Carmody, *University of California Publications in Classical Philology*, no. 12. vol. 7, 1941, p. 128.

39) 『피지올로구스』와 〈노섬벌랜드 필사본〉, 〈보들리 필사본〉에는 붙잡은 유니콘을 왕의 궁전으로 가져간다고 나온다. *Physiologus*, 노성두 옮김, 『피지올로구스: 기독교 동물 상징사전』(서울: 미술문화, 1999). 99쪽; *Physiologus Latinus Éditions préliminaires versio B*, p. 31; MS Northumberland, pp. 80–81(f. 11r); MS Bodley(Hamel), p. 64(f. 10v); MS Bodley(Barber), p. 36.

40) 아가 2:9.

41) 시편 92:11.

42) 루카복음서 1:69.

43) 요한복음서 10:30.

44) 코린토 신자들에게 보낸 첫째 서간 11:3.

45) 마태오복음서 11:29.

46) 로마 신자들에게 보낸 서간 8:3.

47) 유니콘이 코끼리와 싸워 배에 상처를 입힌다는 내용은 이시도루스의 『어원』에서 가져온 것이다. 그러나 이시도루스는 유니콘과 모노케로스를 동일한 동물로 보는 반면 동물지는 둘을 분리시켜 유니콘은 신성한 동물로, 모노케로스는 4피트짜리 뿔을 가진 괴물로 설명한다. Isidorus, p. 252(12. 2. 12).

스라소니

48) 항목 자체가 유실된 것을 〈애쉬몰 필사본〉(ff. 15r–15v)에서 가져온 것이다. MS Ashmole(Unterkircher), pp. 32–33과 MS Ashmole(Dupuis), p. 62. 그리고 종교적인 해석이 추가된 [ ] 안의 내용을 제외한 나머지는 모두 이시도루스의 『어원』에서 가져온 것이다. Isidorus, p. 252(12.2.20).

49) 스라소니의 오줌이 돌로 변한다는 것은 고대부터 내려온 오래된 믿음이다. "사람들이 말하길 스라소니들의 오줌은 모두 돌로 변하고 공기에 닿는 즉시 굳어진다고 하오." Ovidius, *Metamorphoses*, 천병희 옮김, 『변신이야기』(고양: 숲, 2005), 715쪽(15. 412–415); 플리니우스의 『자연사』에는 오줌이 보석으로 변하는 두 동물로 '스라소니'와 사자 살해자로 알려진 '레온토포네스'를 들고 있다. 플리니우스에 따르면 레온토포네스의 오줌은 그것의 살을 태운 재만큼이나 사자에게 치명적이다. 그리고 스라소니의 오줌은 몸 밖으로 배출되면 굳어지면서 링쿠

리움(*Lyncurium*)이나 랑구리움(*langurium*)이라고 불리는 보석이 되는데, 일부 사람들은 이것이 호박석이 만들어지는 방식이라고 믿으며, 수컷의 오줌은 붉고 강렬한 색의 호박석이 되고, 암컷의 오줌은 흐릿한 흰색을 띤 호박석이 된다고 생각했다고 한다. Plinius, VIII. 57, XXXVII. 11.

50) 질투가 많은 스라소니가 자신의 소변을 땅에 묻어 놓는다는 이야기는 플리니우스의 『자연사』에도 나온다. 이는 고양잇과 동물의 배변 습성을 민간의 믿음으로 재해석한 것으로 보인다. Plinius, VIII. 57.

51) 플리니우스의 『자연사』에는 암사자가 새끼를 한 번만 낳는다는 믿음이 있다고만 전할 뿐이다. 〈노섬벌랜드 필사본〉(f. 26r)에는 이 부분이 "플리니우스가 말하길 스라소니는 새끼를 한 번만 낳으며 벽을 꿰뚫을 수 있는 눈을 가졌다고 한다."고 나온다. Plinius, VIII. 17; MS Northumberland, pp. 80–81.

52) [ ] 안의 내용은 〈보들리 필사본〉(f. 11v)에서 가져온 것이다. MS Bodley(Hamel), p. 66과 MS Bodley(Barber), p. 38.

그리핀

53) 항목 자체가 유실된 것을 〈애쉬몰 필사본〉(f. 15v)에서 가져온 것이다. MS Ashmole(Unterkircher), pp. 32–33과 MS Ashmole(Dupuis), p. 62. 그리핀은 라틴어 『피지올로구스』에는 수록되어 있지 않지만, 아르메니아어 『피지올로구스』에는 다음과 같이 나온다. "사람들이 그리핀에 대해 말하길 짐수레로 그것을 잡을 수 있다고 한다. 사냥꾼들은 짐수레에 숨어 있다가 그리핀이 황소를 잡으려고 가까이 다가와 곧바로 떠나지 못할 때 나와서 그것을 죽인다. 사람들이 호랑이에 대해서 말하길 호랑이는 그리핀을 공격하다고 한다. [그리핀과의 싸움으로 인한] 고통을 견디지 못한 호랑이는 그리핀과 함께 바다에 뛰어들어 죽는다." 이것은 중세 동물지의 그리핀 설명과는 전혀 다른 내용이다. 따라서 동물지는 그리핀에 관한 내용을 『피지올로구스』가 아니라, 이시도루스의 『어원』에서 가져온 것으로 보인다. *Physiologus: The Greek and Armenian Versions with a Study of Translation Technique*, ed. and trans. by Gohar Muradyan(Leuven–Paris–Dudley: Peeters, 2005), pp. 201–202; Isidorus, p. 252(12.2.17).

54) 몇몇 고대 문헌에는 그리핀이 극북에 있는 금광을 지키는 동물로 나온다. 그들은 금을 가져가려는 외눈박이 인간 종족 아리마스피(*Arimaspi*)와 끊임없이 전쟁을 벌인다고 한다. 중세 『보석지』에는 그리핀이 극북의 섬에서 아리마스피족에 맞서 에메랄드를 지키는 동물로 묘사된다. Pausanias, *Description of Greece*, 1.

24; Plinius, VII. 2; Herodotus, *Histories apodexis*, 천병희 옮김, 『역사』(고양: 숲, 2009), 382쪽(4.27); Marbode, p. 45.

55) 중세 상징체계에서 그리핀은 악마와 동일시되곤 했다. 14세기 초 프랑스 북부에서 제작된 『러스킨 시도서』에는 유니콘과 싸우는 그리핀이, 14세기 초 잉글랜드에서 제작된 『메리 여왕 시편집』에는 사자와 싸우는 그리핀이 그려져 있다. 여기서 사자와 유니콘은 그리스도를, 그리핀은 악마를 상징한다. 『러스킨 시도서 *Ruskin Hours*』, Los Angeles, J. Paul Getty Museum, MS. Ludwig IX 3, f. 98v와 『메리 여왕 시편집*The Queen Mary Psalter*』, London, British Library, Royal MS 2. B. VII, f. 145v 참조.

코끼리

56) [ ] 안은 유실된 부분을 〈애쉬몰 필사본〉(ff. 15v-16r)에서 가져온 것이다. MS Ashmole(Unterkircher), p. 34와 MS Ashmole(Dupuis), p. 62 참조.

57) 코끼리의 어원부터 여기까지의 내용은 이시도루스에게서 가져온 것이다. Isidorus, p. 252(12.2.14-16).

58) 종교적 성향이 짙은 '짝짓기 욕구는 코끼리'와 '넘어진 코끼리를 일으켜 세우는 작은 코끼리' 이야기는 『피지올로구스』에서 유래한 것이다. 『피지올로구스: 기독교 동물 상징사전』, 187-195쪽.

59) 만드라고라는 독성이 있는 약용식물로 합환채(合歡菜)라고도 한다. 고대부터 최면이나 최음, 마취 효과가 있다고 여겨졌으며, 두 갈래로 갈라진 뿌리의 형태가 사람과 비슷하게 생겨서 민간신앙이나 마법과도 자주 연결되었다. 〈노섬벌랜드 필사본〉(f. 18v)과 〈트리니티 칼리지 필사본(Cambridge, Trinity College, MS. R. 14. 9)〉(f. 95r-95v) 등 일부 과도기형 필사본에서는 이시도루스 『어원』에서 내용을 더 가져와 '만드라고라'를 코끼리 다음에서 독립된 항목으로 다룬다. 〈노섬벌랜드 필사본〉에 따르면 "만드라고라가 그렇게 불리는 까닭은 마티안의 사과만한 크기의 향이 매우 강한 열매가 달리기 때문이다. 그래서 라틴 말을 쓰는 사람들은 그것을 '땅 사과(*malum terrae*)'라고 부른다. 선지자들은 그것이 사람의 형상을 닮았다고 해서 '아트로포메로스(*atropomeros*: ἀνθρωπό-μορφος, 사람-형상)'라고 불렀다. 만드라고라의 껍질로 담근 포도주는 여러 질병에 효과가 있다. 또한 그것의 삼십년 묵은 건더기는 다양한 병의 치료제로 사용할 수 있다. 그것으로 마취를 하면 통증을 느끼지 못한다. 두 종류의 만드라고라가 있다. 암컷 만드라고라는 잎이 상추와 비슷하며 자두를 닮은 열매를 맺는다. 수컷은 잎이 비트처럼

생겼다."고 한다. MS Northumberland, pp. 80-81과 Isidorus, p. 351(17. 9. 30).
한편, 만드라고라의 효능과 생김에 대해 플리니우스의 설명은 더 자세하다. 그는
일부 사람들이 만드라고를 눈병 치료와 수술시 고통 완화, 불면증 등에 사용했으
며, 수컷 만드라고라는 흰색이고 암컷은 검은색이라고 전한다. Plinius, XXV. 94.

60) [ ] 안의 내용은 〈보들리 필사본〉(f. 12v)에서 가져온 것이다. MS
Bodley(Hamel), p. 68과 MS Bodley(Barber), p. 40.

61) 구약에서 만드라고라는 불임이었던 레아가 임신을 하게 되는 계기(창세기
30:14-24)이자 연인들의 즐거움을 돋우는 향긋한 과일(아가 7:14)이다. 한편,
동물지에서 만드라고라 열매는 코끼리의 성욕을 돋우는 '최음제'이지만, 곰에게
는 죽음을 불러올 만큼 치명적인 독이다. 그래서 곰은 만드라고라 열매를 먹을
때는 반드시 개미를 함께 먹어 독성을 해독한다고 한다.

62) 코끼리의 출산을 방해하는 적은 『피지올로구스』에서는 '뱀'이었으나 동물지에
선 '용'으로 바뀐다. 『피지올로구스: 기독교 동물 상징사전』, 189쪽. 코끼리와 용
의 적대적인 관계는 플리니우스, 암브로시우스, 이시도루스도 언급하고 있다.
Plinius, VIII. 11; Ambrosius, p. 98(6.3.40); Isidorus, p. 255(12.4.5).

63) 암브로시우스는 이렇게 전한다. "큰 것과 작은 것 모두 자연의 경이로운 작품이
다. 이는 높은 곳에 계시는 주님의 경이 이다. 우리는 높은 산은 찬양하는 것처
럼 평야에 감탄하고, 수수한 포도나무와 올리브 나무의 풍작에 놀라듯 삼나무의
큰 키를 경이롭게 여긴다. 마찬가지로 나는 코끼리의 거대함 뿐 아니라 코끼리에
게 두려움을 불러일으키는 쥐에 대해서도 감탄한다. 요컨대 자연은 어떤 면에서
는 두려움을 불러일으키고 또 다른 면에서는 두려워하게 하는 힘을 가지고 있다.
모든 각각의 사물이 그들의 중심 특성이 되는 어떤 성질을 부여받았다. 코끼리는
황소에게 위협적이지만 쥐를 두려워한다. 사자는 동물의 왕이지만 전갈의 작은
침에 고통스러워하고, 뱀의 독에 죽기도 한다." Ambrosius, p. 250(6.6.37).

64) '넘어진 코끼리 일으켜 세우기'는 『피지올로구스』 B형이 아니라 Y형에서 가져
온 것이다. "Physiologus Latinus Versio Y", pp. 117-119.

65) 동물끼리 맺는 관계의 유사성 때문에 서로 다른 동물에게서 비슷한 특성이 나타
나기도 한다. '코끼리'가 용과 뱀을 싫어하는 것처럼 '사슴'은 뱀과 적대적인 관계
이다. 작은 코끼리의 털과 뼈를 태운 것이 용을 쫓는 것처럼 사슴의 뿔을 태우면
뱀을 쫓을 수 있다고 한다. 동물지에서 작은 코끼리는 그리스도를, 사슴은 신성
한 교회를 의미하고, 용이나 뱀은 대체적으로 악마를 상징한다.

66) 창세기 4:1.

67) 시편 69:1.

68) 루카복음서 10:30-34 참조.

69) 시편 121:5.

70) 암브로시우스는 『천지창조 6일』에서 이렇게 전한다. "무장한 코끼리는 당연히 두려운 존재다. 사실상 그들은 항상 앞쪽에 무기를 장착하고 있는 것이나 마찬가지다. 코끼리의 코는 타고난 창이다! 그들은 무엇이든 코로 쥐고 산산조각낼 수 있고, 무엇이든 짓밟을 수 있으며, 돌진하는 힘으로 상대를 전멸을 시킬 수 있다." Ambrosius, p. 249(6.5.35).

71) 간통을 모르고 자비로운 성품을 지닌 코끼리에 관해서는 Solinus, pp. 188-189(25.6-7). 참조.

비버

72) 플리니우스는 비버의 자기거세와 더불어 그것의 무는 힘이 사람의 뼈까지 부술 정도로 강하다고 적고 있다. 비버가 사냥꾼에게 쫓기게 되면 자기를 거세한다는 이야기는 이솝이야기에도 나온다. Plinius, VIII. 47; Aesop, *Aesop's Fables*, 천병희 옮김, 『이솝우화』(고양: 숲, 2013), 175쪽(153).

73) 탈출기 15:9.

74) 비버 이름의 어원은 이시도루스의 『어원』에서 가져온 것이다. 그러나 이시도루스는 비버의 습성에서 종교적 의미를 찾는 대신 키케로(BC 106~43)의 연설과 유베날리스(50?~130?)의 풍자시에서 관련된 내용을 인용한다. 〈노섬벌랜드 필사본〉은 종교적 의미는 물론 이시도루스가 인용한 고전 구절까지 함께 싣고 있다. Isidorus, p. 252(12.2.21)와 MS Northumberland, pp. 84-85(ff. 12r-12v).

아이벡스

75) 아이벡스는 『피지올로구스』에는 나오지 않는 동물로 1계열 B-Is형 동물지에 이따금 등장하다가 과도기형과 2계열 동물지부터는 고정적으로 나오는 동물이 되었다. 아이벡스가 실린 동물지 필사본 가운데 가장 오래된 것은 1계열 B-Is형 동물지인 〈런던 Stowe 1067 필사본(London, British Library, MS. Stowe 1067)〉(f. 7r)이다. 절벽에서 뛰어내릴 때 뿔로 착지하는 아이벡스의 특성은 중세 초 문헌에서도 발견된다. 6세기에 그레고리우스 1세는 이렇게 적었다. "남부지방에서는 나일 강 줄기에 서식하는 새들을 아이벡스라고 부른다. 그러나 동부와 서부에서는 작은 네발짐승을 아이벡스라 부른다. 이 짐승들은 절벽 이외에 다른 곳에서

는 살지 못하기 때문에 바위에 새끼를 낳는다. 그들은 절벽 꼭대기에서 떨어지더라도 뿔 덕분에 다치지 않는다. 떨어지면서 머리를 부딪칠 때 뿔이 받쳐주어 몸은 온전히 상처를 입지 않기 때문이다. 사슴처럼 아이벡스는 뱀을 발견하면 물어뜯어 찢어발기는 습성이 있다. 그리고 강을 건널 때면 머리를 앞서 가는 동료의 엉덩이에다 얹는데 그렇게 서로 의지하면 무게가 덜어져 훨씬 수월해진다." 7세기에 이시도루스는 이렇게 말했다. "아이벡스(*ibex*)라는 단어는 새(아벡스, *avex*)에서 왔다. 그들은 새처럼 높고 가파른 곳에 머물기 때문이다. 아이벡스는 높은 곳에 있기 때문에 인간의 눈에 잘 띄지 않는다. 남부 지방에서는 나일 강 줄기에 서식하는 새들을 아이벡스라 부른다. 앞서 말했던 아이벡스는 높은 절벽에서 산다. 그들은 적의를 가진 사람이나 짐승을 발견하면 절벽 꼭대기에서 스스로 몸을 내던지는데 뿔 덕분에 착지할 때 다치지 않는다." Gregorius, p. 954(30.10.36); Isidorus, p. 248(12.1.16-17).

76) 그레고리우스 1세도 "너는 아이벡스가 해산하는 시간을 알며, 사슴이 언제 새끼를 낳는지 아느냐?"라는 「욥기」(39:1절)의 구절을 풀이하며 아이벡스의 뿔을 성서와 연결시킨다. 그러나 동물지와는 달리 성서를 굳이 구약과 신약으로 나누지 않는다. "왜 축복받은 욥은 아이벡스와 암사슴의 해산을 질문하였는가? 아이벡스와 암사슴의 특성은 영적 스승들의 특성을 의미하는가? 진리 안에 있는 자들은 아이벡스처럼 바위에서 해산을 한다. 그것은 그들이 견고함 때문에 바위라고 불리는 교부들의 가르침으로 영혼을 개종하였기 때문이다. 아이벡스처럼 그들은 추락할 때 지탱해주는 뿔 덕분에 다치지 않는다. 현세에서의 추락으로 상처를 입을 지라고 그들은 성서로, 말하자면 그들의 뿔로 자신들을 지탱하고 구해낸다. 아이벡스의 뿔들이 그러는 것처럼 말이다. 성서에서 이르길 '뿔들은 그분의 손안에 있다.'(하바쿡서 3:4)고 했다. 그러므로 그들은 현세에서의 추락으로 상처를 입게 되면 성서로 달려가 위안을 얻는다. 바울은 현세의 역경들로 인해 넘어졌을 때 아이벡스처럼 자신의 뿔로 스스로를 떠받치지 않았는가. 그가 말하길 '성경에 미리 기록된 것은 우리를 가르치려고 기록된 것입니다. 그래서 우리는 성경에서 인내를 배우고 위로를 받아 희망을 간직하게 됩니다.'(로마서 15:4)라고 했다." Gregorius, p. 954(30.10.36).

하이에나

77) 하이에나가 두 가지 성을 가졌다는 이야기는 고대부터 내려온 민간전승이다. Aesop, 『이솝우화』, 366-367쪽(340-341); Ovidius, 『변신이야기』, 715쪽(15.

409-410).

78) Solinus, pp. 200-201(27.23-25).

79) 예레미야서 12:9.

80) 하이에나는 『피지올로구스』와 동물지 모두에서 유대인을 상징하는 부정적인 동물로 그려진다. 단, 동물지는 『피지올로구스』와 달리 동성애자로는 빗대지 않고, 유대인 비난에 집중한다. 『피지올로구스: 기독교 동물 상징사전』, 105-107쪽.

81) 야고보 서간 1:8.

82) 마태오복음서 6:24.

83) '히에니아 돌'과 관련된 내용은 Isidorus, p. 328(16.15.25); Solinus, pp. 200-201(27.25).

84) 동물지에 나오는 하이에나의 여러 가지 본성, 예를 들어 성을 바꿀 수 있는 능력, 몸 전체를 돌리지 않고서는 목을 돌릴 수 없는 것, 사람의 목소리를 흉내 내는 것, 사람이 토하는 소리를 흉내 내서 개를 유인하는 것, 무덤을 파 시신을 먹는 것, 그림자를 밟으면 개가 목소리를 잃게 되는 것, 주변을 세 바퀴 돌면 어떤 짐승도 움직일 수 없게 되는 것은 모두 플리니우스도 언급했던 것이다. Plinius, VIII. 44.

85) 크로코타에 대해서는 Solinus, pp. 200-201(27.26)과 Plinius, VIII, 45.

본나콘

86) 『피지올로구스』와 이시도루스는 언급하지 않은 동물이다. 동물지는 솔리누스의 『세상의 경이』에서 해당 내용을 가져온 것으로 보인다. 플리니우스와 아리스토텔레스는 이 동물을 '보나수스(Bonasus)'라는 이름으로 더 길게 설명한다. Solinus, pp. 268-269(40.10-11); Plinius, VIII. 16와 Aristoteles, pp. 273-274(9.32).

87) 아리스토텔레스의 설명은 동물지와 약간 다르다. "보나수스는 발차기와 똥싸기로 자신을 보호한다. 그것은 4패덤(약 7.3m) 거리까지 똥을 쏠 수 있다. 보나수스는 자신을 방어하기 위해 이 방법을 자주 손쉽게 사용하는데, 똥의 산성이 너무 강해 개의 털을 태울 정도이다. 보나수스의 똥은 그것이 긴장하고 놀랐을 때만 산성을 띤다. 평온할 때는 그렇지 않다. 이것은 이 동물의 본성이자 행태이다. 출산할 때가 되면 그들은 모두 함께 산으로 모인다. 그리고 주변을 빙 둘러 똥을 싸놓는데 그 양이 어마어마해서 마치 요새와 같다." Aristoteles, p. 274(9.32).

원숭이

88) 이시도루스의 『어원』에 나오는 내용이다. 그러나 이시도루스는 원숭이(Simia)

의 이름은 그리스 단어 '납작코(σιμός)'에서 온 것이며, 라틴어 '유사(similitudo)' 에서 비롯되었다는 설은 틀렸다고 말한다. 원숭이가 달의 크기에 반응한다는 이 야기는 플리니우스 『자연사』, 솔리누스의 『세상의 경이』에도 나온다. Isidorus, p. 253(12.2.30–31); Plinius, VIII. 80; Solinus, pp. 210–213(27.57).

89) 어미 원숭이와 쌍둥이 새끼 이야기는 고대부터 내려온 민간전승이다. Avianus, *The Fables of Avianus*, tans. by David R. Slavitt(Baltimore: Johns Hopkins University Press, 1993), p. 18; Solinus, pp. 212–213(27.57); Isidorus, p. 253(12. 2. 31).

90) 여기에는 일종의 언어유희가 숨겨져 있다고 해석되기도 한다. 원숭이가 '꼬리 (cauda, 카우다)'가 없는 것처럼 악마는 '성서(caudex, 카우덱스)'를 가지고 있지 않다는 것이다. Debra Hassig, "Marginal Bestiaries", *Animals and the Symbolic in Medieval Art and Literature*, ed. Luuk A. J. R. Houwen(Groningen: Egbert Forsten Publishers, 1997), p. 172(n. 8).

91) 테살로니카 신자들에게 보낸 둘째 서간 2:8.

92) 『피지올로구스』도 같은 이유로 원숭이를 악마에 빗댄다. 『피지올로구스: 기독교 동물 상징사전』, 203쪽.

93) 다양한 원숭이들에 관한 설명은 플리니우스, 솔리누스, 이시도루스도 언급하고 있는데, 이 가운데 솔리누스의 내용이 동물지와 가장 유사하다. 이시도루스의 경 우 원숭이에는 5가지 종류가 있고, 그 가운에 스핀가(Sphinga)는 가슴이 튀어나 왔으며, 키노케팔리(Cynocephali)는 머리(κεφάλι, 케팔리)가 개(κύων, 키온)처럼 생겨 그렇게 불린다고 말한다. Plinius, VIII. 80; Solinus, pp. 212–213(27.58– 60); Isidorus, p. 253(12.2.31–33).

사슴

94) 플리니우스도 사슴이 콧바람으로 뱀을 유혹한다고 전한다. 그러나 라틴어 『피 지올로구스』 B형과 초기 동물지(1계열의 B-Is형, H형)에는 콧바람이 아니라 뱃 속에 가득 채운 물을 구멍에다 쏟아 뱀을 견디지 못하고 밖으로 나오게 만든다고 나온다. 그리고 사슴이 뱉어낸 물은 그리스도가 악마를 쫓기 위해 옆구리에서 흘 린 피와 물에 비유된다. Plinius, VIII. 50; MS Royal, p. 63.

95) 동물지에는 꽃박하의 효능에 관한 이야기가 자주 등장한다. 야생염소는 꽃 박하를 환부에 직접 붙여 상처를 치료한다. 프란체스코회 수도사 바르톨로뮤 (Bartholomeus Anglicus, 1203–1272)가 작성한 백과사전 『사물들의 특성*De*

proprietatibus rerum』에도 암사슴이 약초로 순산을 하고 화살 맞은 상처를 치료한다는 이야기가 나온다. 그러나 이것은 동시대의 동물지를 직접 참조한 것이 아니라 플리니우스 등 고대 작가들의 영향을 받은 것으로 보인다. 백과사전과 동물지는 종종 비슷한 내용이 나오지만 서로 다른 길 위에 있었다. Bartholomeus Anglicus, *On the properties of things: John Trevisa's translation of Bartholomaeus Anglicus De proprietatibus rerum*(Oxford: At the Clarendon Press, 1975), p. 942; Plinius, VIII. 41; Aristoteles, p. 238(9.7.1).

96) 사슴의 어원부터 여기까지는 Isidorus, p. 248(12.1.18-19).

97) 샘물은 기독교의 세례와 연결되는 상징이다. 동물지에서 샘물로 젊음을 되찾는 다른 동물로는 독수리가 있다.

98) 타조는 플레이아데스 별이 떴는지 확인하고 알을 낳는다. 이 책의 쪽 참조.

99) 동물지에는 작은 코끼리의 털과 뼈를 태우는 것도 뱀을 쫓는 데 효과가 있다고 전한다. 코끼리도 사슴처럼 뱀을 발견하면 죽이려 한다. 이 책의 쪽 참조.

100) Isidorus, p. 248(12.1.21).

101) 〈노섬벌랜드 필사본〉에는 사슴의 눈물과 가슴뼈로 만든 음료가 심장병의 고통을 경감시켜준다고 나온다. MS Northumberland, pp. 116-117(f. 22r).

102) 개 짖는 반대 방향으로 달리는 습성, 뱀을 쫓는 뿔의 효능, 이빨로 확인할 수 있는 나이, 알렉산더 대왕의 실험, 사슴고기가 열병에 좋다는 것은 플리니우스의 『자연사』에도 나오는 내용이다. Plinius, VIII. 50.

103) 아가 2:9.

104) [ ] 안의 내용은 〈보들리 필사본〉(ff. 20r-20v)에서 가져온 것이다. 이시도루스의 『어원』을 인용한 것으로 보인다. MS Bodley(Hamel), pp. 83-84과 MS Bodley(Barber), pp. 53-54; Isidorus, p. 248(12.1.20-21).

염소

105) 카프레아(*Caprea*)는 라틴어로 '노루'나 '야생(암)염소'라는 뜻이다. 〈애버딘 필사본〉은 카프레아 삽화를 염소(f. 14v)처럼 그렸으나 〈할리 필사본〉에서는 사슴의 일종인 유럽노루(f. 14v)처럼 그렸다.

106) Isidorus, p. 248(12.1.15).

107) 아가 2:8.

108) 마태오복음서 25:35.

109) 아가 2:9.

110) 시편 138:6.

111) 마태오복음서 26:46.

112) 꽃박하로 상처를 치료하는 야생 염소의 습성은 플리니우스와 암브로시우스의 저작에도 나온다. "상처를 입었을 때 이 식물을 먹으면 무기가 곧바로 몸에서 뽑혀 나온다. [⋯] 꽃박하는 크레타 섬에서도 특정한 지역에서만 자라는데 염소는 그것을 찾기 위해 안간힘을 쓴다." Plinius, XXV. 53; "암염소는 상처를 입으면 꽃박하라 불리는 식물을 찾아 스스로 화살을 제거한다." Ambrosius, p. 244(6. 4. 26).

113) 야생 염소에 관한 종교적인 상징들 예를 들어 예언자와 사도를 높은 산들에 비유한 부분, 염소가 풀을 뜯는 골짜기를 교회에 빗댄 부분, 좋은 시력을 가진 염소를 모든 것을 알고 있는 그리스도와 연결한 내용은 『피지올로구스』와 같다. 『피지올로구스: 기독교 동물 상징사전』, 180-183쪽; *Physiologus Latinus Éditions préliminaires versio B*, pp. 36-37. 그러나 야생 염소를 설교가로, 꽃박하를 고해에 빗댄 것은 『피지올로구스』와는 다른 동물지만의 특징이다.

모노케로스

114) 이시도루스는 모노케로스와 유니콘을 같다고 보았으나 동물지는 둘을 분리하여 모노케로스는 괴물로, 유니콘은 신성한 동물로 묘사한다. 모노케로스에 관한 동물지의 설명은 솔리누스에게서 가져온 것이다. Isidorus, p. 252(12. 2. 12); Solinus, pp. 300-301(52. 39-40).

곰

115) 곰의 어원부터 여기까지의 내용은 이시도루스에게서 가져온 것이다. Isidorus, p. 253(12.2.22).

116) 베르바스쿰(*Verbascum*)이나 물레인(*Mullein*)이라 불리는 현삼과 식물이다. 실제로 염증을 가라앉히고 통증을 완화시키는 효과가 있어 외상치료에 사용된다.

117) 치료법을 알고 있는 곰은 Ambrosius, pp. 237, 245(6.4.19,26).

118) 누미디아의 털 긴 곰부터 곰과 황소와의 싸움까지는 솔리누스의 『세상의 경이』에도 나온다. 솔리누스는 그 내용을 플리니우스의 『자연사』에서 가져온 것으로 보인다. Solinus, pp. 192-195(26. 3-9)와 Plinius, VIII. 54 참조.

119) 열왕기 하권 2:23-24.

120) 사무엘기 상권 17:34.

121) [ ] 안의 내용은 〈보들리 필사본〉(f. 23v)에서 가져온 것이다. 독일 서부 마인츠의 대주교인 라바누스 마우루스(Rabanus Maurus, 780?~856)의 백과사전 『만물에 대하여De universo』에 유사한 내용이 나온다. MS Bodley(Hamel), p. 90과 MS Bodley(Barber), p. 60; Rabanus, 239(8.1). 동물지를 포함하여 중세 성직자가 작성한 문헌들에서 곰은 대부분 부정적인 이미지로 그려지는데 프랑스 역사학자 미셸 파스투로는 그 이유를 교회가 곰을 이교문화의 억제수단으로 사용했기 때문이라고 본다. Michel Pastoureau, 『곰, 몰락한 왕의 역사』.

레우크로타

122) 레우크로코타(Leucrocota)라고 불리기도 한다. 이것은 『피지올로구스』와 초기 동물지에는 실리지 않다가 과도기형과 2계열 동물지에 추가된 동물이다. 솔리누스와 플리니우스의 저작에 유사한 내용이 나온다. Solinus, pp. 298-299(52. 34)와 Plinius, VIII. 30 참조.

123) [ ] 안은 유실된 부분을 〈애쉬몰 필사본〉(f. 22r)에서 가져온 것이다. MS Ashmole(Unterkircher), pp. 46-47과 MS Ashmole(Dupuis), p. 75 참조.

악어

124) 항목 자체가 유실된 것을 〈애쉬몰 필사본〉(ff. 22r-23v)에서 가져온 것이다. MS Ashmole(Unterkircher), pp. 46-47과 MS Ashmole(Dupuis), pp. 75-76. 악어는 『피지올로구스』에서 이드루스에게 죽임을 당하는 존재로 짧게 언급될 뿐이지만 동물지에서는 별도의 항목으로 독립한다. 플리니우스와 솔리누스, 이시도루스의 저작에도 악어의 본성과 관련된 유사한 내용들이 등장하는데 그 중 이시도루스의 설명이 동물지와 가장 비슷하다. 그러나 악어에서 위선자에 관한 상징과 교훈을 끌어내는 것은 동물지만의 특색이다. 『피지올로구스: 기독교 동물 상징사전』, 106-109쪽; Plinius, VIII. 37; Solinus, pp. 232-235(32. 22-24, 26); Isidorus, pp. 260-261(12. 6. 19-20) 참조.

125) 악어는 '네발동물'과 '물에 사는 동물'에 반복해서 등장한다. 여기까지의 내용은 '물에 사는 동물'에 수록된 악어 항목과 내용이 똑같다.

126) 〈애버딘 필사본〉에는 나오지 않으나 〈노섬벌랜드 필사본〉에는 위턱을 움직이는 것과 함께 사람을 잡아먹고 눈물을 흘리는 것도 악어의 위선적인 행동이라고 전한다. "악어는 마주친 사람을 제압해서 잡아먹는데 그러고 나서는 항상 그 사람을 위해 눈물을 흘린다." MS Northumberland, p. 88-89(f. 13v); 『맨더빌여

행기』에도 유사한 내용이 나온다. "이 뱀들은 사람을 죽이고 잡아먹으면서 눈물을 흘린다. 그리고 음식을 먹을 때 위턱만 움직이고 아래턱은 움직이지 않는다." John Mandeville, 『맨더빌여행기』, 320쪽.

127) 플리니우스는 악어 똥의 효능을 다음과 같이 전한다. "'크로고딜레아'라고 불리는 이 물질(악어 똥)은 부추 즙에 섞어 연고형태로 만들어 바르면 눈병과 침침함, 백내장에 탁월한 효과가 있다. 또 수랍나무 기름과 섞어 얼굴에 바르면 얼굴에 번진 잡티를 제거해주고, 물과 섞어 바르면 얼굴의 생기를 회복시켜주는 동시에 질병을 전부 치료해준다. [……] 전하는 바에 따르면 소똥을 바르면 뺨에 장밋빛이 돈다고 한다. 악어 똥으로 문지르는 것만큼은 아닐지라도 말이다." Plinius, XXVIII. 50.

만티코라

128) 항목 자체가 유실된 것을 〈애쉬몰 필사본〉(ff. 22v-23r)에서 가져온 것이다. MS Ashmole(Unterkircher), pp. 46-49와 MS Ashmole(Dupuis), pp. 76-77. 만티코라는 『피지올로구스』와 초기 동물지에는 나오지 않는 동물로, 솔리누스와 플리니우스의 저작에서 유사한 내용이 발견된다. Solinus, pp. 300-301(52.37-38)과 Plinius, VIII. 30. 한편, 동물지는 만티코라를 통해 특별한 도덕적 교훈을 전하지는 않는다. 그러나 이따금 삽화에서 그것의 머리 부분을 끝이 뾰족한 모자를 쓴 유대인으로 형상화하여 반유대주의 감정을 일으켰다.

파란드루스

129) 파란드루스는 『피지올로구스』와 초기 동물지에는 나오지 않는 동물로, 솔리누스와 플리니우스의 저작에서 동물지와 유사한 내용을 찾을 수 있다. 단, 플리니우스의 저작에서 이 동물은 '타란드루스(*Tarandrus*)'라는 이름으로 등장한다. Solinus, pp. 222-223(30. 25)과 Plinius, VIII. 52.

130) [ ] 안은 유실된 부분을 〈애쉬몰 필사본〉(f. 23r)에서 가져온 것이다. MS Ashmole(Unterkircher), pp. 45-49와 MS Ashmole(Dupuis), p. 77 참조.

여우

131) 여우의 어원은 Isidorus, p. 253(12. 2. 29).

132) 교부들의 저서에도 여우는 교활한 동물로 나온다. Ambrosius, p. 234(6.3.12)과 Gregorius, p. 608(19.1.1) 참조.

133) 일부 동물지는 이 장면의 삽화를 동물지가 아닌 중세 풍자 문학 『르나르 이야기』의 내용으로 그렸다. 『르나르 이야기』에서 여우는 수탉을 속여 눈을 감고 노래를 부르게 한 다음 목덜미를 낚아채 달아난다. 그러나 뒤쫓아 오는 농부와 수탉의 잔꾀로 인해 결국 먹잇감을 놓치고 만다. *Reman de Renart*, 이형식 옮김, 『여우 이야기』(서울: 궁리, 2001), 68-84쪽; 삽화는 〈London, British Library, MS. Royal 2. B. vii〉(f. 100r), 〈보들리 필사본〉(f. 26r), 〈London, British Library, MS. Harley 3244〉(f. 43v), 〈Copenhagen, Royal Library, MS. Gl. Kgl. 1633 4°〉(f. 16r) 참조.

134) 〈노섬벌랜드 필사본〉에는 이 악마의 일이 "간통, 간음, 우상숭배, 마법, 살인, 도둑질, 거짓 증언, 그밖에 이와 비슷한 것들(*adulteria, fornicaciones, idolatrie, veneficia, homicidia, furta, falsa testimonia*)"이라고 구체적으로 나온다. MS Northumberland, pp. 78-79(f. 10v); 마태오복음서(15:19)와 갈라티아 신자들에게 보낸 서간(5:19-21) 참조.

135) 로마 신자들에게 보낸 서간 8:13.

136) 시편 63:10-11.

산토끼

137) 산토끼 항목은 〈보들리 필사본〉(ff. 26v-27r)에 수록된 내용을 가져온 것이다. MS Bodley(Hamel), pp. 96-97과 MS Bodley(Barber), pp. 66-67. 한편, 산토끼는 비교적 늦은 시기인 13세기에 와서 동물지와 『피지올로구스』로 유입된 동물이다. 필사본 계통마다 내용에 차이가 있는데, 2계열에 속한 〈보들리 필사본〉이 산토끼를 그리스도에게 의지하는 신자로 나타낸 것과 달리, 3계열 동물지들은 다음과 같이 산토끼를 하이에나처럼 암수를 오가는 이중적인 동물로 묘사한다. "어떤 사람들이 말하길 산토끼는 선천적으로 어떤 때는 수컷이고 어떤 때는 암컷이라고 한다. 이 동물은 변덕스럽고 방종한 사람들과 연결된다. 그들은 남자도 아니고 그렇다고 여자도 아니며, 충실한 것도 아니고 배반한 것도 아니고, 냉담한 것도 아니고 뜨거운 것도 아니다. 그들은 분명 솔로몬이 '두 마음을 품은 사람은 항상 안정을 찾지 못한다.'고 말한 자들이다." Ilya Dines, "The Hare and its Alter Ego in the Middle Ages", *Reinardus*, Vol. 17, 2004, p. 75. 종교적인 의미풀이는 없으나 플리니우스도 산토끼가 자웅동체라 수컷과의 짝짓기 없이도 임신을 할 수 있다는 이야기가 있다고 전한다. Plinius, VIII. 81.

138) Isidorus, p. 248(12.1.23).

139) 잠언 30:26.

140) 시편 104:18.

카멜레온

141) 카멜레온 항목은 〈보들리 필사본〉(ff. 27r-27v)에서 가져온 것이다. MS
Bodley(Hamel), pp. 97-98과 MS Bodley(Barber), pp. 67-68. 카멜레온은『피지
올로구스』와 초기 동물지에는 나오지 않는 동물로, 13세기 후반 일부 필사본에
제한적으로 유입되었다. 동물지에서 카멜레온은 파란드루스와 유사한 본성을 가
졌으나 생김새가 다른 동물로 묘사된다. 이는 오늘날 일반적으로 카멜레온이라
고 부르는 파충류의 특성에다 플리니우스와 솔리누스의 기린 설명을 섞어 놓은
것이다. "에티오피아에는 나분(*Nabun*)이라 불리는 동물이 있다. 이것은 말의 목
과 황소의 발과 다리, 늑대의 머리를 가지고 있다. 그리고 몸은 붉은 바탕에 흰 점
들로 덮여 있다. 이 특성 때문에 그것은 카멜로파르달리스(*Camelopardalis*, 기린)
라고 불리기도 한다." Plinius, VIII. 27; Solinus, pp. 220-221(30.19-20).

에알레

142) 『피지올로구스』와 초기 동물지에는 나오지 않는 동물로, 솔리누스와 플리니우
스의 저작에서 동물지와 유사한 내용이 발견된다. 그들은 에알레의 뿔이 1큐빗
(약 45cm) 이상이라고 전한다. Solinus, pp. 298-299(52. 35)와 Plinius, VIII. 30.
한편, 에알레(예일)는 중세에는 문장 등에 폭넓게 쓰여 잉글랜드 왕실을 상징하
는 동물 가운데 하나가 되었다.

늑대

143) 늑대의 어원부터 여기까지는 Isidorus, p. 253(12.2.23). 늑대는『피지올로구
스』에는 나오지 않으나, 초기 동물지에도 간간히 등장한다. 늑대가 나오는 가
장 오래된 동물지 필사본은 12세기 전반 잉글랜드에서 제작된 〈London, British
Library, Stowe MS. 1067〉(ff. 6r-6v) 이다.

144) 성 암브로시우스의『천지창조 6일』에서 가져온 내용이다. 이시도루스와 플
리니우스의 저작에도 유사한 내용이 존재한다. Ambrosius, p. 244(6.4.26);
Isidorus, p. 253(12.2.24); Plinius, VIII. 34.

145) Solinus, pp. 72-73(2.36)와 Plinius, VIII. 34.

146) 예제키엘서 3:9.

147) 로마인들에게 보내는 서간 9:33, 베드로의 첫째 서간 2:8.

148) 암브로시우스도 돌들을 부딪쳐 늑대를 물리칠 수 있다고 말하며, 그 돌들을 그리스도와 베드로에 빗댄다. Ambrosius, p. 245(6.4.27).

149) 늑대의 짝짓기부터 여기까지는 Isidorus, p. 253(12.2.24).

150) 에티오피아 늑대의 특성은 Solinus, pp. 222-223(30.27).

개

151) 개의 어원부터 여기까지는 Isidorus, p. 253(12.2.25-26). 개는 『피지올로구스』에는 나오지 않는 동물로, 개가 나오는 가장 오래된 동물지 필사본은 12세기 전반 잉글랜드에서 제작된 〈London, British Library, Stowe MS. 1067〉(ff. 6v-7r)이다.

152) 주인을 향한 개의 애정을 보여주는 사례들은 Plinius, VIII. 61과 Solinus, pp. 142-145(15.9-10).

153) 개가 사냥에서 보이는 뛰어난 판단력은 Ambrosius, p. 242(6.4.23).

154) [ ] 안은 유실된 부분을 〈애쉬몰 필사본〉(f. 25v)에서 가져온 것이다. MS Ashmole(Unterkircher), pp. 52-53과 MS Ashmole(Dupuis), p. 80.

155) 살인자를 고발한 개의 이야기는 Ambrosius, p. 242(6.4.23-24).

156) Aesop, 『이솝우화』, 207쪽(185편).

157) 개와 늑대, 개와 호랑이의 짝짓기로 탄생한 동물은 Isidorus, p. 253(12. 2. 28)과 Plinius, VIII. 61.

158) 에페소 신자들에게 보낸 서간 2:19절; 로마 신자들에게 보낸 서간 8:17.

159) [ ] 안의 내용은 〈노섬벌랜드 필사본〉(f. 7v)에서 가져온 것으로, 초기 기독교교부인 아우구스티누스(Augustinus, 354~430)의 『설교Sermones』의 일부 내용을 인용하고 있다. Augustinus, *Sermones*, 31. 209(In festo omnium Sanctorum..)와 MS Northumberland, pp. 66-67 참조.

양

160) 양의 어원은 Isidorus, p. 247(12.1.9).

161) 암브로시우스는 신의 섭리가 자연에 작용한 예로 양의 사례와 함께 통풍구를 두 개 만드는 고슴도치, 볕 좋은 날 곡물을 말리는 개미, 봄이 오면 돌아오는 제비 등을 들고 있다. Ambrosius, pp. 238-239(6.4.20).

162) 이사야서 53:7.

163) 요한복음서 10:3.

164) 시편 8:7-8.

165) 이사야서 7:21-22.

166) 시편 49:15.

167) [ ] 안의 내용은 〈보들리 필사본〉(f. 34v)에서 가져온 것이다. MS Bodley (Hamel), p. 112와 MS Bodley(Barber), p. 78.

168) Isidorus, p. 247(12.1.10).

169) 기독교 시인 세둘리우스(Sedulis, 5세기)의 『부활절 시*Carmen paschale*』에서 가져온 문장이다. Sedulius, *The Paschal Song and Hymns*, trans. by Carl P. E. Springer(Atlanta: Society of Biblical Literature, 2013), p. 8(1.115).

170) Isidorus, p. 247(12.1.11).

171) 이사야서 60:7.

172) 시편 96:8.

173) 에제키엘서 27:21.

174) [ ] 안의 내용은 〈보들리 필사본〉(ff. 35r-35v)에서 가져온 것이다. MS Bodley(Hamel), pp. 113-114와 MS Bodley(Barber), pp. 79-80.

175) Isidorus, p. 247(12.1.12)

176) Ambrosius, pp. 243-244(6.4.25).

177) 요한복음서 1:36.

178) 요한복음서 21:15.

179) [ ] 안의 내용은 〈보들리 필사본〉(f. 36r)에서 가져온 것이다. MS Bodley (Hamel), p. 115와 MS Bodley(Barber), p. 81.

숫염소

180) 수에토니우스의 『목초지*Pratum*』 171편에 나오는 구절을 가리킨다. Suetonius, *C. Suetonius Tranquillus: Tomus secundus,* ed. by Petrus Burman(Amsterdam: Apud Janssonio-Waesbergios, 1736), p. 416.

181) 숫염소의 어원과 본성에 관한 내용은 이시도루스에게서 가져온 것이다. Isidorus, pp. 247-248(12.1.14). 『피지올로구스』와 초기 동물지에는 야생염소는 나오지만 숫염소와 새끼염소는 나오지 않는다. 이들은 12세기 후반 과도기형 동물지와 2계열 동물지에서부터 고정적으로 나오는 동물이 되었다.

182) Isidorus, p. 247(12.1.13).

183) 마태오복음서 25:33.

184) 예레미야서 50:8.

185) 신명기 14:21.

186) 루카복음서 15:29.

187) [ ] 안의 내용은 〈보들리 필사본〉(f. 36v)에서 가져온 것이다. MS Bodley(Hamel), p. 116과 MS Bodley(Barber), p. 82.

188) 시편 66:15.

189) 다니엘서 8:5.

190) [ ] 안의 내용은 〈보들리 필사본〉(f. 37r)에서 가져온 것이다. MS Bodley (Hamel), p. 117과 MS Bodley(Barber), p. 83.

멧돼지

191) Isidorus, p. 248(12.1.27).

192) 시편 80:14.

193) [ ] 안의 내용은 〈보들리 필사본〉(f. 39r)에서 가져온 것이다. MS Bodley (Hamel), p. 121과 MS Bodley(Barber), p. 87.

194) 베드로의 둘째 서간 2:22.

195) 마태오복음서 8:31.

196) 마태오복음서 7:6.

197) 루카복음서 15:15.

198) 시편 17:14.

199) 마태오복음서 27:25.

200) 잠언 11:22.

201) 이사야서 65:3-4.

202) [ ] 안의 내용은 〈보들리 필사본〉(ff. 37v-38v)에서 가져온 것이다. MS Bodley (Hamel), pp. 118-120과 MS Bodley(Barber), pp. 84-86. 암돼지에 관한 내용은 〈보들리 필사본〉를 비롯한 일부 2계열 동물지에만 멧돼지에 앞서 간헐적으로 나온다.

황소

203) Isidorus, p. 248(12.1.28).

204) Isidorus, p. 248(12.1.29).

205) [ ] 안은 유실된 부분을 〈애쉬몰 필사본〉(f. 31r)에서 가져온 것이다. MS
Ashmole(Unterkircher), pp. 60-61과 MS Ashmole(Dupuis), p. 86. 이 유실된
문장은 Solinus, pp. 298-299(52.36).

206) 창세기 49:6.

207) 예레미야서 50:11.

208) 이사야서 34:7.

209) 마태오복음서 22:4.

210) 시편 22:13.

211) [ ] 안의 내용은 〈보들리 필사본〉(ff. 39v-40r)에서 가져온 것이다. MS
Bodley(Hamel), pp. 122-123과 MS Bodley(Barber), pp. 88-89.

212) '소'와 '들소와 물소', '암소', '송아지'에 관한 내용은 유실된 부분을 〈애쉬몰 필
사본〉(f. 31r)에서 가져온 것이다. MS Ashmole(Unterkircher), pp. 60-61과 MS
Ashmole(Dupuis), pp. 86-88.

213) Isidorus, p. 249(12.1.30).

214) Isidorus, p. 249(12.1.30).

215) 잠언 7:22.

216) 신명기 25:4절; 코린토 신자들에게 보낸 첫째 서간 9:9.

217) [ ] 안의 내용은 〈보들리 필사본〉(f. 40v)에서 가져온 것이다. MS
Bodley(Hamel), p. 124와 MS Bodley(Barber), p. 90.

218) Isidorus, p. 249(12.1.33-34).

219) 에제키엘서 34:2-4.

220) [ ] 안의 내용은 〈보들리 필사본〉(f. 41r)에서 가져온 것이다. MS
Bodley(Hamel), p. 125와 MS Bodley(Barber), p. 91.

221) Isidorus, p. 249(12.1.31).

222) 민수기 19:2.

223) 코린토 신자들에게 보낸 둘째 서간 13:4절

224) [ ] 안의 내용은 〈보들리 필사본〉(ff. 41v)에서 가져온 것이다. MS
Bodley(Hamel), p. 126과 MS Bodley(Barber), p. 92.

225) Isidorus, p. 249(12.1.32).

226) 호세아서 14:3.

227) 시편 51편 21.

228) 루카복음서 15:23.

229) 시편 29편 6.

230) 시편 22편 13.

231) [ ] 안의 내용은 〈보들리 필사본〉(ff. 42r-42v)에서 가져온 것이다. MS Bodley(Hamel), pp. 127-128과 MS Bodley(Barber), pp. 93-94.

낙타

232) 항목 자체가 유실된 것을 〈애쉬몰 필사본〉(ff. 31r-32r)에서 가져온 것이다. MS Ashmole(Unterkircher), pp. 60-64와 MS Ashmole(Dupuis), p. 88.

233) Isidorus, p. 249(12.1.35). 그러나 실제로는 박트리아 낙타가 쌍봉낙타이고 아라비아 낙타가 단봉낙타이다.

234) Solinus, pp. 286-287(49.9-12).

235) 마태오복음서 19:24.

236) 집회서 3:18.

237) 갈라티아 신자들에게 보낸 서간 3:27.

238) [ ] 안의 내용은 〈보들리 필사본〉(f. 43v)에서 가져온 것이다. MS Bodley(Hamel), p. 130과 MS Bodley(Barber), pp. 96.

239) Isidorus, p. 249(12.1.36-37).

나귀

240) 항목 자체가 유실된 것을 〈애쉬몰 필사본〉(f. 32r-32v)에서 가져온 것이다. MS Ashmole(Unterkircher), pp. 62-63과 MS Ashmole(Dupuis), pp. 88-89. '나귀'는 '야생나귀'와는 달리 『피지올로구스』와 초기 동물지에는 나오지 않으며, 12세기 후반 과도기형 동물지와 2계열 동물지부터 고정적으로 나오는 동물이 되었다.

241) Isidorus, p. 249(12.1.38,40).

242) 창세기 49:14.

243) 신명기 22:10.

244) 창세기 49:11.

245) 프랑스에서 활동한 잉글랜드 출신 설교가인 오도(Odo of Cheriton, 1180?~1247?)는 이렇게 설교했다. "나귀는 유대교 예배당으로 볼 수 있다. 그것은 율법의 명에 아래 완전히 길들여져 있다. 이교도 예배당은 율법에 매이지 않고 길들여지지 않은 제멋대로 구는 새끼 당나귀라 잡다한 신을 숭배한다." H. L. Spencer, "The Middle English Sermon", *The Sermon*, ed. by Kienzle(Turnhout: Brepols, 2000),

p. 647. Eyal Poleg, *Approaching the Bible in Medieval England*(Manchester and New York: Manchester University Press, 2013), p. 177에서 재인용.

246) 탈출기 34:20.

247) 창세기 36:24.

248) 에제키엘서 23:20.

249) [ ] 안의 내용은 〈보들리 필사본〉(ff. 44r-45r)에서 가져온 것이다. MS Bodley(Hamel), pp. 131-133과 MS Bodley(Barber), pp. 97-99.

250) '야생나귀'는 『피지올로구스』에서 원숭이와 함께 악마를 상징한다. 과도기형 동물지에서도 야생나귀는 원숭이 바로 앞에 등장하지만 2계열 동물지에서부터는 길들인 나귀와 함께 나온다. 『피지올로구스: 기독교동물상징사전』, 200-203쪽; MS Northumberland, pp. 92-95(ff. 15r-15v).

251) 단락 전체가 『어원』에서 가져온 것이다. Isidorus, p. 249(12.1.39).

252) *Physiologus Latinus Éditions préliminaires versio B*, pp. 37-38; B-Is형 필사본에도 거의 동일한 내용이 나온다. MS Royal, p. 54.

253) 욥기 6:5절

254) 베드로의 첫째 서간 5:8절

말

255) [ ] 안은 유실된 부분을 〈애쉬몰 필사본〉(ff. 32v-33r)에서 가져온 것이다. MS Ashmole(Unterkircher), pp. 62-65와 MS Ashmole(Dupuis), p. 89.

256) Isidorus, p. 249(12. 1. 41-43).

257) 알렉산더 대왕의 말 부케팔루스 이야기는 Solinus, pp. 276-277(45. 8-9).

258) 카이사르의 말, 스키타이 왕의 말, 킨타레투스 장군의 말 이야기는 Solinus, pp. 278-279(45.10-11,13).

259) 말의 수명, 암말의 갈기, 망아지 이마의 부적, 정력을 알아볼 수 있는 방법은 Solinus, pp. 278-279(45.16-18).

260) 말의 눈물, 켄타우루스, 말로 예견할 수 있는 전쟁의 결과는 Isidorus, p. 249(12.1.43-44).

261) 말의 혈통에 대해서는 Isidorus, p. 250(12. 1. 45-48).

262) Isidorus, p. 250(12.1.49-55).

263) Isidorus, p. 250(12.1.56-61).

264) 창세기 30:37-42 참조.

265) 시편 32:9.

266) [ ] 안의 내용은 〈보들리 필사본〉(ff. 49v-50r)에서 가져온 것이다. MS Bodley (Hamel), p. 142-143과 MS Bodley(Barber), pp. 106-107.

오노켄타우로스

267) 『피지올로구스』와 1계열 동물지 B-Is형, H형 동물지에서 사이렌과 함께 등장하는 반인반수의 괴물이다. 과도기형 동물지에는 별도의 항목으로 나오지만 비중이 줄어들었으며, 2계열 동물지에는 대개 나타나지 않는다. 이 책에 수록한 오노켄타우루스 항목은 과도기형 필사본인 〈노섬벌랜드 필사본〉(f. 9v)에서 가져온 것이다. 『피지올로구스: 기독교동물상징사전』, 60-65쪽; MS Royal, pp. 46-47(B-Is형); "Cambridge, Sidney Sussex College, MS. 100, f. 27v"(H형); MS Northumberland, pp. 76-77(과도기형). 고대 그리스어에서 '오노스(ὄνος)'는 '나귀'를, '히포스(ἵππος)'는 '말'을 의미한다. 이시도루스는 오노켄타우루스와 히포켄타우루스를 다음과 같이 분류했다. "오노켄타우루스(*Onocentaurus*)의 이름은 반은 인간이고 반은 나귀인 모습에서 비롯되었다. 히포켄타우루스(*Hippocentaurus*)가 말과 인간의 본성이 결합된 것으로 여겨져 그렇게 불리는 것처럼 말이다." Isidorus, p. 246(11.3.39).

268) 티모테오에게 보낸 둘째 서간 3:5.

269) 시편 49:21.

고양이

270) [ ] 안의 원문은 '*apotokagestai*' 곧 '타오름으로부터(*apo tou kaiestahi*)'이다. 이는 〈애버딘 필사본〉과 〈애쉬몰 필사본〉에는 없고 〈보들리 필사본〉(f. 51r)에만 있는 내용이다. MS Bodley(Hamel), p. 145와 MS London, p. 161(각주 201). 동물지에 삽입된 고양이 항목의 내용 대부분은 이시도루스의 『어원』에서 가져온 것이다. Isidorus, p. 254(12.2.38).

쥐

271) 이 문장은 이시도루스의 『어원』에서 가져온 것이다. 그러나 뒤따르는 다음 문장은 동물지에서는 생략되었다. "옛 사람들은 뒤쥐(*sorex*)를 사우렉스(*saurex*)라고 불렀다. 절름발이(*clodus*)를 클라우두스(*claudus*)라고 불렀던 것처럼 말이다." Isidorus, p. 254(12.3.1-2).

272) [ ] 안의 내용은 〈보들리 필사본〉(ff. 51r-51v)에서 가져온 것이다. MS Bodley(Hamel), pp. 145-146과 MS Bodley(Barber), p. 109. 그리고 맨 마지막 문장은 라바누스에게서 인용한 것이다. Rabanus, p. 243(8. 2).

족제비

273) 족제비의 이름, 본성, 종류에 관한 내용은 이시도루스에게서 가져온 것이다. Isidorus, p. 254(12.3.3). 족제비는 『피지올로구스』에서부터 나오는 동물로 부정적인 상징을 갖는다. 어원에 관한 이야기와 일부 민간전승이 추가된 것을 제외하면 기본적인 내용은 『피지올로구스』와 큰 차이가 없다. 『피지올로구스: 기독교 동물 상징사전』, 92-95쪽.

274) 이시도루스는 이 믿음이 오류라고 지적한다. "족제비가 입으로 수태를 하고 귀로 새끼를 낳는다고 말하는 사람들은 잘못 생각하고 있는 것이다." Isidorus, p. 254(12.3.3).

275) 『피지올로구스』와 『어원』에는 나오지 않는 내용으로 다른 중세 문헌에서 그 실마리를 찾을 수 있다. 예를 들어 중세 작가 마리 드 프랑스(Marie de France, 1160?~1215)의 단편모음집 『레이Lais』에는 족제비가 꽃으로 죽은 짝을 살려낸다는 이야기가 나온다. "이내 암컷이 (죽은) 수컷 족제비를 찾으러 왔다. 그녀는 수컷이 누워 있는 곳으로 달려가서는 그가 자신의 발로 일어설 수 없다는 사실을 깨닫자 동요하는 것처럼 보였다. 암컷은 예배당을 뛰쳐나와 서둘러 숲으로 달려갔다. 그리고 다시 재빨리 돌아왔는데 입에는 선홍색 꽃을 물고 있었다. 암컷 족제비가 시종에게 죽임을 당한 수컷의 입에다 그 붉은 꽃을 놓자 죽었던 족제비는 곧바로 제 발로 일어섰다." Marie de France, *French Medieval Romances from the Lais of Marie de France*, trans. by Eugene Mason(The Floating Press, c. 1911, 2014), p. 64(Eliduc).

276) B-Is형 동물지 MS Royal, p. 60.

277) [ ] 안의 내용은 〈보들리 필사본〉(f. 41v)에서 가져온 것이다. MS Bodley (Hamel), p. 146과 MS Bodley(Barber), p. 110. 이 문장은 라바누스 마우루스의 『만물에 대하여』에 똑같은 내용이 나온다. "*Mustela est furti figura ut in Levitico demonstratur.*" Rabanus, p. 243(8. 2). 이것은 이시도루스 『어원』의 페럿 설명과 족제비를 부정한 동물로 여긴 레위기의 구절이 뒤섞인 결과로 보인다. "페럿 (*furo*)의 이름은 '어두컴컴한(*furvus*)'에서 비롯되었다. 도둑(*fur*)이란 단어도 여기서 나온 것이다. 페럿은 땅을 파서 어둡고 비밀스런 지하통로를 만든 뒤 그가 발

견한 먹이를 몰아넣는다." Isidorus, p. 254(12.2.39)와 레위기(11:29) 참조.

두더쥐

278) Isidorus, p. 254(12.3.5).

279) 이사야서 2:20.

280) [ ] 안의 내용은 〈보들리 필사본〉(f. 52r)에서 가져온 것이다. MS Bodley
(Hamel), p. 147과 MS Bodley(Barber), p. 111.

겨울잠쥐

281) 겨울잠쥐는 〈보들리 필사본〉(ff. 52r-52v), 〈할리 필사본〉(f. 31v) 등 일부 2계
열 동물지에만 등장하는 동물로, 이 항목의 내용은 〈보들리 필사본〉에 수록된 내
용을 가져온 것이다. MS Bodley(Hamel), p. 147-148과 MS Bodley(Barber), pp.
111-112.

282) Isidorus, p. 254(12.3.6).

283) 잠언 20:4.

284) 겨울잠쥐를 게으른 사람에 빗대는 내용은 Rabanus, pp. 243-244(8. 2).

오소리

285) 오소리는 〈보들리 필사본〉(f. 50v), 〈할리 필사본〉(ff. 30r-30v) 등 일부 2계열
동물지에만 등장하는 동물로, 이 항목의 내용은 〈보들리 필사본〉에 수록된 내용
을 가져온 것이다. MS Bodley(Hamel), p. 144와 MS Bodley(Barber), p. 108.

고슴도치

286) Isidorus, p. 254(12.3.7).

287) Isidorus, p. 263(12.6.57).

288) Ambrosius, pp. 239(6.4.20).

289) 이사야서 34:15.

290) 시편 104:18.

291) [ ] 안의 내용은 〈보들리 필사본〉(f. 53r)에서 가져온 것이다. MS Bodley
(Hamel), p. 149와 MS Bodley(Barber), p. 113.

개미

292) 개미의 세 가지 본성에 대해서는 *Physiologus Latinus Éditions préliminaires versio B*, pp. 22-25.

293) 코린토 신자들에게 보낸 둘째 서간 3:6.

294) 욥기 31:40. 원문은 "밀 대신 엉겅퀴가 나오고 보리 대신 잡초가 자라도 괜찮네"라고 되어 있다.

295) 잠언 6:6.

296) Ambrosius, p. 236(6.4.16).

297) Ambrosius, p. 238(6.4.20).

298) 금을 지키는 개미의 이야기는 헤로도토스의 『역사』와 14세기 문헌인 『맨더빌 여행기』에도 나온다. Herodotus, 『역사』, 334-335쪽(3. 102-105); John Mandeville, 『맨더빌 여행기』, 332-333쪽.

299) [ ] 안의 내용은 〈보들리 필사본〉(f. 53v)에서 가져온 것이다. 이는 이시도루스의 『어원』에서 인용한 것이다. MS Bodley(Hamel), p. 150과 MS Bodley(Barber), p. 114; Isidorus, p. 254(12.3.9).

3. 날아다니는 동물

새들의 본성

1) 라틴어 원문은 '작은 인간(*homo parvus*)'이다. 필립 아리에스는 중세 예술에서 12세기까지는 '어린이'가 '키 작은 어른'이나 '소형 인간'으로 묘사되었다고 말한다. Philippe Ariès, *L'enfant et la vie familiale sous l'Ancien Régime*, 문지영 옮김, 『아동의 탄생』(서울: 새물결출판사, 2003), 89-91쪽.

2) 새들의 본성은 『피지올로구스』와 초기 동물지(B-Is형, H형)에는 나오지 않으며, 이시도루스에게서 가져온 것이다. Isidorus, pp. 263-264(12. 7. 1-9).

비둘기

3) 시편 55:7-8.

4) 이사야서 38:14.

5) 이사야서 59:11.

6) 비둘기 항목의 처음부터 여기까지의 내용은 모두 『조류지』의 서문에서 가져온 것이다. 『조류지』는 수도사 위그 드 푸이로아(Hugues de Fouilloy, 1100?~1174?)

가 1130~1140년 무렵에 작성한 문헌으로, 주로 '새'를 이용해 도덕적 교훈을 전달한다. Hugues, pp. 116-121.

7) Hugues, pp. 120-123.

8) 『조류지』에는 이 문장 바로 앞에 "여기서부터 한 작가가 '인자한 마음을 가진 자'라 불린 평수사 레니에를 위해 작성한 소책자가 시작된다"는 말이 들어가 있다. 레니에는 위그 드 푸이로아와 같은 수도원에 있던 기사 출신의 평수사로 추정된다. Hugues, pp. 120-121.

9) 시편 68:14.

10) 집회서 21:1.

11) 시편 34:15.

12) 창세기 8:11.

13) 마태오복음서 3:17.

14) Hugues, pp. 120-123.

15) Hugues, pp. 124-127.

16) 시편 116:15.

17) Hugues, pp. 126-129.

18) 예로부터 비둘기는 '담즙'이 없는 새로 알려져 있었으며, 이러한 본성은 종종 '분노'를 지니지 않는 성직자의 특성과 연결되었다. Isidorus, p. 268(12. 7. 61) 참고.

19) 민수기 18:21-24.

20) 이사야서 33:17.

21) Hugues, pp. 128-131.

22) Hugues, pp. 130-131.

23) 시편 12:7, 65:10.

24) Hugues, pp. 130-132.

25) Hugues, pp. 132-133.

26) Hugues, pp. 132-133.

27) 아가 1:15.

28) Hugues, pp. 132-135.

29) Hugues, pp. 134-137. 2계열의 다른 동물지들은 비둘기의 특성이 '설교가'의 특성이라고 직접적으로 언급하고 있다. MS London, pp. 184-185

30) 비둘기는 『피지올로구스』와 초기 동물지에도 나오는 새이다. 과도기형과 2계열 일부 판본(11283형, 88A형)에서는 날짐승 후반부에 등장하나 2계열의

24&1511형 〈애버딘 필사본〉과 〈애쉬몰 필사본〉에서는 '검독수리'를 제치고 맨 앞에 나오는 새가 되었다. 이것은 『조류지』의 영향으로, 『조류지』에서는 비둘기가 맨 앞에 등장한다. 비둘기는 내용에서도 문헌과 필사본 유형에 따라 차이가 크게 나타난다. 『피지올로구스』에서는 주로 '비둘기의 여러 가지 색'을 다양한 성령들과 연결시킨다. 초기 동물지는 여기에 '비둘기의 어원'을 첨부한다. 과도기형 동물지에서는 '비둘기의 특성'에 관한 내용이 새롭게 등장하며, 2계열 동물지는 '비둘기의 특성'에 관한 내용만 수록하거나, 『조류지』에서 가져온 내용을 추가하고 있다. 『피지올로구스: 기독교 동물 상징사전』, 154-163쪽; MS Royal, pp. 64-66(1계열 B-Is형); MS Northumberland, pp. 204-207(과도기형); MS London, pp. 184-185; Hugues, pp. 116-137.

31) 북풍과 남풍은 『조류지』에서 가져온 내용으로, 초기 동물지와 과도기형 동물지, 다른 2계열 동물지에는 나타나지 않는다. 하지만 '북풍과 남풍'은 동물지가 유행했던 12~13세기에 이미 널리 알려졌던 설교 주제로 보인다. 예컨대 교황 이노켄티우스 3세(재위 1198~1216)도 그리스도의 부활 설교에서 「아가」의 구절(4:16)을 언급하면서 차가운 북풍을 악마로, 따뜻한 남풍을 성령에 빗댔다. Hugues, pp. 136-139; *Sermo in resurrectionem Domini*(No. 28 in Vat. lat. 700, ff. 35v-36v), ed. and trans. by John C. Moore, "The Sermons of Pope Innocent III", *Römische Historische Mitteilungen 36*(Böhlau Verlag, 1994), p. 139.

32) 예레미야서 1:14.

33) 이사야서 49:12.

34) 이사야서 14:13-14.

35) 하바쿡서 3:3.

매

36) 코린토 신자들에게 보낸 둘째 서간 11:20.

37) 처음부터 여기까지의 내용은 이시도루스에게서 가져온 것이다. Isidorus, pp. 267-268(12. 7. 55-56). 매는 『피지올로구스』와 초기 동물지에는 나오지 않는다. 그러나 『조류지』의 영향을 받은 2계열 동물지에서는 비둘기와 함께 비중 있게 다루어진다.

38) Ambrosius, p. 208(5. 18. 59).

39) 『조류지』에서 가져온 내용으로, 원래는 교황 그레고리우스 1세의 『욥기 주해』에 나오는 이야기이다. Hugues, pp. 138-143. Gregorius, p. 1015(31. 46. 92-93).

40) 욥기 39:26.

41) 골로새 신자들에게 보낸 서간 3:9.

42) 코린토 신자들에게 보낸 둘째 서간 4:16.

43) Hugues, pp. 142-143.

44) 이런 비유는 초대 교부인 아우구스티누스의 저술에도 나타난다. "나는 성자들을 교회의 이로 형언하는 편이 더 유쾌히 들린다. 성자들은 사람들을 오류로부터 물어 끊어서 마치 이빨로 물어 잘근잘근 다져놓은 것처럼 그 완고함을 누그러뜨린 다음 교회의 몸으로 데려오는 것이다." Augustinus, *De doctrina Christiana*, 성염 옮김,『그리스도교 교양』(칠곡: 분도출판사, 2003), 149쪽(2. 6. 7).

45) Hugues, pp. 142-145.

46) Hugues, pp. 144-145.

47) 아가 2:6.

산비둘기

48) Hugues, pp. 146-147.

49) 산비둘기의 이름부터 여기까지의 내용은 이시도루스에게서 가져온 것이다. 이시도루스는 산비둘기와 달리 비둘기는 사람들과 함께 사는 것을 좋아한다고도 적었다. 그러나 초기 동물지와 과도기형 동물지를 제외한 2계열 동물지들은 그런 내용은 싣지 않고 있다. Isidorus, p. 268(12. 7. 60).

50) 티모테오에게 보낸 첫째 서간 5:14.

51) 코린토 신자들에게 보낸 첫째 서간 7:8-9.

52) 산비둘기의 정절이 신에게 부여받은 덕이라는 내용은 암브로시우스에게서 가져온 것이다. Ambrosius, pp. 210-211(5. 19. 62-63).

53) Hugues, pp. 148-149.

54) 욥기 29:18.

55) Hugues, pp. 148-151.

56) 아가 7:8.

57) 코린토 신자들에게 보낸 둘째 서간 1:7.

58) Hugues, pp. 150-151.

59) 시편 92:14.

60) 시편 92:13.

61) Hugues, pp. 152-153.

62) 아가 7:9.

63) 시편 35:3.

64) 시편 34:9.

65) 산비둘기는 『피지올로구스』와 초기 동물지에도 나오는 새이다. 그러나 주된 내용은 조금씩 차이가 있다. 『피지올로구스』와 초기 동물지에서 정절을 지키는 암컷 산비둘기는 교회를, 죽은 수컷 비둘기는 수난을 당해 죽은 그리스도를 상징한다. 그러나 2계열 동물지에서는 그런 상징적 의미들이 사라지고 '신이 암컷 산비둘기에게 정절의 덕을 부여했다'는 내용이 강조된다. 나아가 〈애버딘 필사본〉과 〈애쉬몰 필사본〉은 여기에 종려나무와 관련된 내용을 『조류지』에서 가져와 덧붙였다. 산비둘기의 보금자리인 종려나무는 그리스도와 교회를 상징한다. 『피지올로구스: 기독교 동물 상징사전』, 116-121쪽; *Physiologus Latinus Éditions préliminaires versio B*, pp. 49-50; MS Royal, pp. 62-63; MS Northumberland, pp. 203-204; MS London, pp. 185-186.

참새

66) 아가 5:15.

67) 아가 3:9.

68) Hugues, pp. 158-161.

69) 마태오복음서 15:13.

70) '헤로디우스(*Herodius*)'는 '에로디우스(*Erodius*)'로도 불렸던 '매'의 일종이지만, 정확한 종은 확인되지 않는다. 여기에서는 새매와 구분해 '참매'로 옮겼다. 이 항목에서는 참새와 대비되는 나쁜 새들로 그려지지만, 타조 항목에서는 타조와 대비되는 좋은 새로 나온다.

71) 시편 29:5.

72) 시편 29:6.

73) 요한복음서 12:24.

74) 참새는 『조류지』의 영향이 강하게 나타나는 2계열 동물지에만 나오는 새이다. Hugues, pp. 156-159.

펠리컨

75) 시편 102:7.

76) 펠리컨의 어원과 새끼를 죽였다 되살리는 본성에 관한 내용은 이시도루스에게

서 가져온 것이다. Isidorus, p. 265(12. 7. 26). 펠리컨은 『피지올로구스』에서부터 계속 그리스도의 수난과 구원을 상징하는 의미를 부여받고 있다. 하지만 〈애버딘 필사본〉과 〈애쉬몰 필사본〉에서는 '고해'와 '욕망의 절제'를 상징하는 새라는 의미도 부여받고 있다. 『피지올로구스: 기독교 동물 상징사전』, 20-25쪽.

77) 요한복음서 11:35.

78) 요엘서 4:19.

79) 시편 32:5.

80) 펠리컨의 신비적 의미와 도덕적 의미에 관한 내용은 모두 『조류지』에서 가져온 것이다. Hugues, pp. 168-171.

헛간올빼미

81) 시편 102:7.

82) '밤까마귀'라는 뜻의 '닉티코락스(Nicticorax)'는 오늘날에는 '해오라기'를 가리키는 학명으로도 쓰인다. 그리고 성서에서는 번역본에 따라 '올빼미'와 '부엉이' 등으로 옮기고 있다. 이 책에서는 뒤에 따로 '올빼미'와 '수리부엉이' 항목이 있고, 그 습속이 폐허의 벽 사이에 집을 짓는다는 내용에 근거해서 닉티코락스를 헛간올빼미로 옮겼다. 헛간올빼미(barn owl)는 '가면올빼미'라고도 하는데, 속이 빈 나무나 건물, 탑 등의 틈에 둥지를 만드는 습성이 있다. 오늘날에도 헛간올빼미는 가면올빼미과로 구분되어 올빼미, 부엉이와 같은 올빼미과 동물들과 따로 분류된다. 헛간올빼미는 『피지올로구스』와 초기 동물지에서는 '올빼미(noctua)'와 같은 새로 취급되거나 혼동되는 일이 잦았다. 그러나 『조류지』의 영향을 받은 〈애버딘 필사본〉과 〈애쉬몰 필사본〉에서는 올빼미와 완전히 분리된 항목으로 수록되어 있다. 『피지올로구스: 기독교 동물 상징사전』, 24-29쪽; MS Royal, pp. 41-42; MS Northumberland, pp. 194-195; MS London, p. 178; Hugues, pp. 172-175.

83) Isidorus, p. 266(12. 7. 41).

84) 에제키엘서 18:32, 33:11.

85) 요한복음서 3:16.

86) 에페소 신자들에게 보낸 서간 5:8.

87) 마태오복음서 15:24.

88) 마태오복음서 8:4.

89) 욥기 38:15.

90) 요한복음서 1:9.

91) 욥기 18:5.

오디새

92) 탈출기 21:17.

93) '에포푸스(*Epopus*)'는 후투티를 가리키는 그리스어 '에폽스(*Epops*)'에서 비롯된
단어이다. 뒤에 나오는 후투티(*Hupupa*)와 같은 새라는 것을 드러내면서도 내용
을 구분하기 위해 '에포푸스'를 후투티의 별칭인 '오디새'라는 명칭으로 옮겼다.
이 새는 『피지올로구스』와 초기 동물지에도 등장하지만, 2계열 동물지에서는 '오
디새(*Epopus*)'와 '후투티(*Hupupa*)'가 별도의 항목으로 수록되어 등장한다. 두 항
목은 '효도'와 관련된 내용이 겹치지만, 오디새와 달리 후투티는 죄인을 상징하
는 부정적인 새로도 나타난다. 『피지올로구스: 기독교 동물 상징사전』, 38-41쪽;
MS Royal, pp. 43-44.

까치와 딱따구리

94) 고대 로마 시인 마르티알리스(Martialis, 40~104)의 『풍자시*Epigrams*』(14. 76)에
나오는 구절이다.

95) 오비디우스의 『로마의 축제들』에는 피쿠스 신의 능력이 언급된다. 그리고 같은
저자의 『변신』에는 피쿠스가 마녀 키르케의 구애를 거절하는 바람에 딱따구리로
변했다고 나온다. Ovidius, *Fasti*, 천병희 옮김, 『로마의 축제들』(고양: 숲, 2010),
153쪽(3. 291-293); 같은 저자, 『변신이야기』, 666쪽(14. 386-396).

96) 까치와 딱따구리는 『조류지』에는 나오지 않는 새들로 이시도루스의 『어원』에서
그 내용을 가져와 수록하고 있다. Isidorus, p. 267(12. 7. 46-47).

큰까마귀

97) Isidorus, p. 267(12. 7. 43).

98) 동물지에 나오는 큰까마귀에 관한 다양한 성서 해석은 모두 『조류지』에서 가져
온 것이다. Hugues, pp. 174-181.

99) 이시도루스는 큰까마귀의 습성을 이야기할 뿐 그에 대한 도덕적 해석을 하지 않
는다. Isidorus, p. 267(12. 7. 43).

100) 열왕기 상권 17:6.

101) 창세기 8:7.

102) 큰까마귀를 설교자로 해석한 것은 Gregorius, pp. 950-953(30. 9. 28-35).

103) 욥기 38:41.

104) "큰까마귀는 실로 학식 있는 설교자이다(Corvus profecto est doctus quisque praedicator)." Gregorius, p. 953(30.9.33).

105) 욥기 38:41.

106) 코린토 신자들에게 보낸 첫째 서간 3:7.

107) 큰까마귀를 부적절한 고위 성직자로 보는 해석은 그레고리우스 1세의 『욥기 주해』에는 나오지 않고 『조류지』에만 나온다.

수탉

108) 갈리(galli)는 갈루스(gallus)의 복수형이다. 고대 사람들은 대모신 키벨레를 섬기는 남자 사제를 갈루스라고 불렀다. 그들은 입문의식의 무아지경 속에서 스스로를 거세했으며, 그 뒤에는 여자 옷을 입고 화려한 장신구로 치장하고 다녔다. 그들의 거세는 키벨레의 연인인 풍요의 신 아티스가 자신을 거세하고 죽은 데에서 비롯되었다고 한다. James George Frazer, The golden bough, 『황금가지』(서울: 을유문화사, 2005), 58쪽.

109) Isidorus, p. 267(12. 7. 50).

110) 수탉의 울음소리의 유쾌함과 유용함에 관한 내용은 암브로시우스에게서 가져온 것이다. Ambrosius, pp. 223-224(5. 24. 88).

111) 『조류지』에서 가져온 내용으로 과도기형 동물지와 다른 유형의 2계열 동물지에는 나오지 않는다. Hugues, pp. 181-185.

112) 욥기 38:26.

113) Gregorius, pp. 950-953(30. 3. 9-16).

114) 민수기 10:2.

115) 민수기 10:5.

116) 두 가지 사랑의 명령은 신에 대한 사랑과 이웃에 대한 사랑을 의미한다. 이 책의 비둘기 항목 참조.

117) 『조류지』에서 가져온 내용으로 과도기형 동물지와 다른 유형의 2계열 동물지에는 나오지 않는다. Hugues, pp. 184-187.

118) 울음을 울기 전에 스스로를 치는 수탉부터 여기까지는 Gregorius, p. 945(30. 3. 15-16).

119) 수탉을 부적절한 고위 성직자로 보는 해석은 그레고리우스 1세의 『욥기 주해』

에는 나오지 않고『조류지』에만 나온다.

120) 사무엘기 상권 2:22-25, 4:18.

타조

121) 필리피 신자들에게 보낸 서간 3:14.

122) '다시 타조에 대하여'란 소항목들에 실린 타조에 관한 성서 해석들은 과도기형 동물지와 다른 유형의 2계열 동물지에는 나오지 않는다. 이것은 대부분『조류지』에서 가져온 내용이며, 그레고리우스 1세의『욥기 주해』와 유사한 부분이 많다. Hugues, pp. 188-199; Gregorius, pp. 979-988(31.11-28)

123) 욥기 39:13.

124) 마태오복음서 23:14.

125) 시편 4:3.

126) 이사야서 43:20.

127) 마태오복음서 7:16.

128) 욥기 39:14.

129) 욥기 39:14.

130) 욥기 39:15.

131) 마태오복음서 13:38.

132) 이사야서 35:9.

133) 욥기 39:16.

134) 욥기 39:18.

독수리

135) Isidorus, p. 264(12. 7. 12). 독수리는『피지올로구스』Y형에는 나오지만 초기 동물지에는 등장하지 않는다.『피지올로구스』에서 독수리는 해산석을 이용해 산통 없이 알을 낳는 새로, 동물지에서는 짝짓기 없이 알을 낳는 새로 나온다.『피지올로구스: 기독교 동물 상징사전』, 86-89쪽; "Physiologus Latinus Versio Y", pp. 107-108.

136) 짝짓기 없이 출산하는 독수리와 성모의 처녀 잉태에 대해서는 Ambrosius, pp. 211-212(5. 20. 64-66).

137) Plinius, X. 7.

138) 2계열의 24&1151형에만 나오는 내용이다. 이것은 대부분『조류지』에서 가져

온 내용이며, 그레고리우스 1세의 『욥기 주해』와 유사한 부분이 많다. Hugues, pp. 198-203; Gregorius, p. 586(18. 34. 54).

139) 욥기 28:7.

두루미

140) Isidorus, p. 264(12. 7. 14).

141) Solinus, pp. 118-119(10. 12-13).

142) Isidorus, p. 264(12. 7. 14).

143) Solinus, pp. 118-119(10. 13-16).

144) Ambrosius, pp. 200-201(5. 15. 50).

145) Isidorus, p. 264(12. 7. 15).

146) 과도기형 동물지와 다른 유형의 2계열 동물지에는 나오지 않는 내용으로, 대부분 『조류지』에서 가져온 것이다. Hugues, pp. 204-205.

솔개

147) Isidorus, p. 268(12. 7. 58). 솔개는 『조류지』의 영향을 강하게 받은 2계열의 24&1511형 동물지에 주로 등장하는 새이다. 다른 유형의 동물지들에는 나오지 않는다. Hugues, pp. 206-207.

앵무새

148) Solinus, pp. 300-301(52. 43).

149) 정확한 발음을 하게 해주는 앵무새의 큰 혀부터 여기까지의 내용은 이시도루스에게서 가져온 것이다. Isidorus, p. 265(12. 7. 24). 따옴표 안의 내용은 이시도루스가 고대 로마 시인 마르티알리스의 『풍자시』(14. 73)를 인용한 것이다.

150) Solinus, pp. 300-301(52. 43-44).

따오기

151) 따오기는 『피지올로구스』와 동물지 모두에서 부정적인 의미를 갖는다. 『피지올로구스: 기독교 동물 상징사전』, 176-179쪽; MS Royal, pp. 47-48; MS Northumberland, p. 198-201; MS London, pp. 172.

152) 갈라티아 신자들에게 보낸 서간 5:22.

153) 탈출기 17:11.

제비

154) 예레미야서 8:7.

155) Isidorus, p. 268(12. 7. 70).

156) 암브로시우스의『천지창조 6일』에서 가져온 내용이다. 이 부분은 다른 유형의 2계열 동물지와 과도기형 동물지에도 나온다. Ambrosius, pp. 205-207(5. 17. 56-57); MS Northumberland, p. 382; MS London, pp. 186-187.

157)『조류지』의 영향을 받은 부분이다. Hugues, pp. 208-211.

158) 토빗기 2:10.

159) Beda, *Bede: a Biblical Miscellany*, ed. and trans. by Arthur G. Holder & William Trent Foley(Liverpool: Liverpool University Press, 1999), p. 60.

160) 이사야서 38:14.

황새

161) 황새의 어원부터 여기까지의 내용은 이시도루스에게서 가져온 것이다. Isidorus, p. 264(12. 7. 16-17); Solinus, pp. 272-273(40. 25-27).

162) 마태오복음서 8:12.

163) 동물지에 나오는 황새에 대한 종교적인 해석은 Hugues, pp. 212-215.

지빠귀

164) Isidorus, p. 268(12. 7. 69). 지빠귀는『조류지』의 영향이 크게 나타난 2계열의 24&1511형 동물지에 주로 등장하는 새이다.『피지올로구스』와 다른 유형의 동물지들에는 나오지 않는다. Hugues, pp. 214-217.

165) Gregory the Great, *Dialogues*, trans. by Odo John Zimmermann(Washington D.C.: The Catholic University of America Press, c. 1959, 2010), pp. 59-60(2. 2).

166) 레아와 라헬은 라반의 큰 딸들과 작은 딸이다. 둘은 각각 야곱의 첫째 부인과 둘째 부인이 되었는데, 야곱은 모습이 아름다운 라헬을 레아보다 사랑하였고 이를 안타깝게 여긴 하느님은 레아가 아들을 낳도록 해주었다고 한다. 창세기 29:15-35 참조. 한편, 레아를 활동적인 삶과, 라헬을 정적이고 관조적인 삶과 연결시키는 전통은 중세 시대 다른 문헌들에도 나타난다. 예컨대 단테(1265~1321)의『신곡』에는 이렇게 나온다. "젊고 사랑스러운 소녀가 꽃을 따며 정원을 거닐고 있었다. 그녀는 노래를 부르고 있었다. '누구라도 내 이름을 알고 싶으시다면, 알려 드리지요. 내 이름은 레아, 예쁜 손으로 꽃목걸이를 엮으며 하루를 보낸답니

다. 그렇게 꽃목걸이를 걸고 거울 앞에 서면 난 기뻐요. 내 동생 라헬은 하루 종일 거울 앞에 앉아 떠날 줄 모르지요, 라헬이 사랑스러운 제 눈을 즐겨 들여다보듯, 나는 치장하는 걸 좋아한답니다. 라헬은 들여다보는 걸, 나는 행하는 걸 기뻐하지요." Dante Alighieri, *La divina Commedia*, 박상진 옮김, 『신곡: 단테 알리기에리의 코메디아(연옥편)』(서울: 민음사, 2007), 244-245쪽(27곡).

수리부엉이

167) Isidorus, p. 266(12. 7. 39). 수리부엉이는 『조류지』의 영향을 강하게 받은 2계열의 24&1511형 동물지에 유독 비중있게 등장하는 새로, 다른 유형의 동물지들에서는 독립된 항목을 갖지 않는다. Hugues, pp. 216-219.

168) Rabanus, p. 266(8. 6).

169) 레위기 11:17 참조.

후투티

170) Isidorus, p. 268(12. 7. 66). 후투티는 앞에 수록된 오디새와 실제로는 같은 새이다. 그러나 오디새가 효도하는 새로만 그려지는 것과는 달리 후투티는 죄인을 상징하는 불결한 새로 묘사된다. 이것은 『조류지』의 영향이다. Hugues, pp. 238-241.

171) Rabanus, p. 272(8. 6).

172) 테살로니카 신자들에게 보낸 첫째 서간 5:16-18.

173) 갈라티아 신자들에게 보낸 서간 5:22.

174) 『피지올로구스: 기독교 동물 상징사전』, 38-41쪽.

올빼미

175) Isidorus, p. 266(12. 7. 40-41). 올빼미는 헛간 올빼미(*Nicticorax*)와 종종 혼동된다. 그러나 〈애버딘 필사본〉에서 헛간 올빼미는 그리스도를 상징하는 긍정적인 새로, 올빼미는 유대인을 상징하는 부정적인 새로 그려진다.

176) 요한복음서 19:15.

177) 요한복음서 3:19.

178) 이사야서 9:1.

179) 사무엘기 하권 22:44절; 시편 18:44.

180) 로마 신자들에게 보낸 서간 9:24-25, 호세아서 2:1.

박쥐

181) Ambrosius, p. 223(5. 24. 87).

갈까마귀

182) Rabanus, p. 266(8. 6). 갈까마귀는 『조류지』의 영향을 많이 받은 2계열의 24&1511형 동물지에 주로 등장하는 새로, 다른 유형의 동물지들에는 나오지 않는다. Hugues, pp. 220-225.

183) Gregory the Great, *Dialogues*, pp. 267-270(4. 57).

184) 사도행전 8:20.

나이팅게일

185) Isidorus, p. 266(12. 7. 37).

186) Ambrosius, p. 222(5. 24. 85).

거위

187) Isidorus, p. 267(12. 7. 52). 거위는 다른 유형의 2계열 동물지에도 나오지만, 〈애버딘 필사본〉은 유독 『조류지』의 영향이 많이 나타난다. MS Northumberland, pp. 184-185; MS London, p. 189; Hugues, pp. 224-227.

188) Rabanus o, p. 267(8. 6).

왜가리

189) Isidorus, p. 265(12. 7. 20). 『피지올로구스』에는 종종 왜가리(*Ardea*)와 물닭 (*Fulica*)이 같은 새로 나온다. 그러나 〈애버딘 필사본〉은 『조류지』의 영향으로 왜가리와 물닭을 분리한다. 과도기형과 다른 유형의 2계열 동물지에는 왜가리는 나오지 않고 물닭만 등장한다. Hugues, pp. 226-229.

190) Rabanus, p. 265(8. 6).

191) [ ] 안의 내용은 유실된 부분을 〈애쉬몰 동물지〉(f. 65v)에서 가져온 것이다. MS Ashmole(Unterkircher), pp. 146-147과 MS Ashmole(Dupuis), p. 132 참조.

세이렌

192) 항목 자체가 유실된 것을 〈애쉬몰 필사본〉(ff. 65v-66r)에서 가져온 것이다. MS Ashmole(Unterkircher), pp. 146-147과 MS Ashmole(Dupuis), pp. 132-

133 참조. 『피지올로구스』와 초기 동물지에서 세이렌은 오노켄타우루스와 함께 겉과 속이 다른 이중적인 사람이나 이단들을 의미한다. 그러나 과도기형 동물지와 2계열 동물지에서는 현세의 쾌락이 초래할 파국을 상징하는 동물로 서술된다.

193) "사람들은 일부는 물고기이고 일부는 새인 날개와 발톱을 가진 세 세이렌을 상상한다. 하나는 노래를 부르고, 다른 하나는 플롯을 연주하고, 나머지 하나는 리라를 켠다. 그들은 노래로 선원들을 꾀어 배를 난파시킨다." Isidorus, p. 245(11. 3. 30).

194) [ ] 안의 내용은 〈노섬벌랜드 필사본〉(f. 14r)에서 가져온 것이다. MS Northumberland, pp. 89-91. 이시도루스의 『어원』에도 동일한 내용이 나온다. Isidorus, p. 245(11. 3. 31).

계피새

195) 항목 자체가 유실된 것을 〈애쉬몰 필사본〉(f. 66r)에서 가져온 것이다. MS Ashmole(Unterkircher), pp. 146-147과 MS Ashmole(Dupuis), p. 133.

196) Isidorus, p. 265(12. 7. 23).

에르키니아

197) 항목 자체가 유실된 것을 〈애쉬몰 필사본〉(ff. 66r-66v)에서 가져온 것이다. MS Ashmole(Unterkircher), pp. 146-147과 MS Ashmole(Dupuis) p. 133.

198) Isidorus, p. 266(12. 7. 31).

자고새

199) Isidorus, p. 268(12. 7. 63). 자고새는 『피지올로구스』와 초기 동물지에도 나오는 새로, 주로 다른 새의 알을 훔치는 부정적인 동물로 그려진다. 『피지올로구스: 기독교 동물 상징사전』, 82-85쪽; MS Royal, pp. 59-60; MS Northumberland, pp. 200-203; MS London, pp. 179-180.

200) 알을 훔치는 자고새를 악마로, 알들의 진짜 어미 새를 그리스도와 연결시키는 것은 『피지올로구스』에서부터 내려온 전통이다. 『피지올로구스: 기독교 동물 상징사전』, 85쪽.

201) 자고새가 만든 둥지부터 여기까지는 Solinus, pp. 102-105(7. 29-32).

물총새

202) Ambrosius, pp. 194-195(5. 13. 40).

물닭

203) 시편 19:11. 물닭은 『피지올로구스』와 초기 동물지에도 나오며, 평생 한 곳에서 살아가는 물닭을 충실한 신자에 빗대는 『피지올로구스』의 내용이 동물지에도 그 대로 이어진다. 『피지올로구스: 기독교 동물 상징사전』, 206-209쪽; MS Royal, pp. 55-56; MS Northumberland, pp. 200-201; MS London, pp. 173-174.

불사조

204) 과도기형 필사본인 〈노섬벌랜드 필사본〉(f. 42r)에는 불사조가 '3일째 되는 날' 에 재에서 다시 살아난다고 나온다. MS Northumberland, pp. 113-114.

205) 불사조의 어원부터 여기까지의 내용은 이시도루스에게서 가져온 것이다. Isidorus, p. 265(12. 7. 22). 불사조는 『피지올로구스』와 초기 동물지에도 나오 는 전설의 새이다. 주로 그리스도의 수난과 부활을 상징하는 동물로 그려진다. 『피지올로구스: 기독교 동물 상징사전』, 32-37쪽; MS Royal, pp. 42-43; MS Northumberland pp. 194-197; MS London, pp. 175-176.

206) 요한복음서 10:18.

207) 요한복음서 10:18-39 참조.

208) 불사조를 의로운 자에 빗대는 것은 Rabanus, p. 265(8. 6).

209) 이사야서 49:2.

210) 티모테오에게 보낸 둘째 서간 4:7-8.

211) 불사조가 부활을 위해 들어가는 그릇에 대해서는 Ambrosius, pp. 219-220(5. 23. 79-80).

212) Hugues, pp. 232-235.

칼라드리우스

213) 베드로의 첫째 서간 2:22.

214) 마태오복음서 8:17.

215) 에페소 신자들에게 보낸 서간 4:8.

216) Hugues, pp. 230-231. 칼라드리우스는 『피지올로구스』와 초기 동물지에도 나 오는 전설의 새이다. 칼라드리우스를 그리스도에 빗대는 『피지올로구스』의 전통

이 동물지에도 그대로 이어진다. 『피지올로구스: 기독교 동물 상징사전』, 14-21쪽; MS Royal, p. 40; MS Northumberland, pp. 190-193; MS London, pp. 170-171.

217) 레위기 11:19절; 신명기 14:18.

218) 요한복음서 3:14.

219) 창세기 3:1.

메추라기

220) 그리스 신화에 따르면 여신 아스테리아(Asteria)는 제우스의 구애를 피해 메추라기로 모습을 바꾸었다고 한다. 하지만 제우스의 집요한 추격이 계속되자 그녀는 결국 바다에 몸을 던졌다. 아스테리아가 몸을 던진 자리에서 섬이 솟아올랐고 사람들은 그 섬을 메추라기 섬이란 뜻의 오르티기아(Ortigia) 섬이라 불렀다고 한다.

221) Isidorus, p. 268(12. 7. 64-65).

222) 잠언 24:16.

223) Hugues, pp. 236-239.

까마귀

224) 로마 시인 베르길리우스(Vergilius, 기원전 70~기원전 19)의 『농경시』에 나오는 구절이다. Vergilius, *Aeneis · Georgica*, 유영 옮김, 『아이네이스 · 전원교향시』(서울: 혜원출판사, 1994), 480쪽(1. 449-450).

225) 까마귀의 어원부터 여기까지의 내용은 이시도루스에게서 가져온 것이다. Isidorus, p. 267(12. 7. 44). 까마귀는 『피지올로구스』 Y형에서는 정조를 지키는 새로, 동물지에서는 자식을 사랑하는 새로 그려진다. 『피지올로구스: 기독교 동물 상징사전』, 112-115쪽; "Physiologus Latinus Versio Y.", p. 130; MS Northumberland, pp. 180-181; MS London, pp. 183-184.

226) Ambrosius, pp. 207-208(5. 18. 58). 동물지가 유행한 12~13세기는 서양 귀족층에 장자상속제가 확대된 때이다. 영지를 상속을 받지 못한 차남 이하의 아들들은 성직자의 길을 걷거나 기사가 되어 스스로 삶을 개척해야 했다.

백조

227) 백조의 어원부터 여기까지의 내용은 이시도루스에게서 가져온 것이다.

Isidorus, pp. 264-265(12. 7. 18-19). 이시도루스가 인용한 아이밀리우스의 시 구절은 세르비우스(Servius, 4~5세기)의 『아이네이스 주석』에도 실려 있다. Servius, *Commentary on the Aeneid of Vergil*, ed. by Georgius Thilo(Leipzig. B. G. Teubner. 1881), 1. 393.

228) 백조에 대한 도덕적 종교적 해석은 Hugues, pp. 242-245.

오리

229) Isidorus, p. 267(12. 7. 51-52).

230) 새의 알에 관한 내용은 『피지올로구스』와 초기 동물지에는 나오지 않지만, 과도기형과 2계열 동물지에는 고정적으로 등장한다. 주로 오리에 뒤따라 나오며, 이시도루스의 『어원』에서 가져온 내용으로 구성되었다. MS Northumberland, pp. 184-185; MS London, pp. 189-190; Isidorus, p. 269(12. 7. 79).

231) 이 부분은 판본에 따라 약간씩 차이를 보인다. 〈애버딘 필사본〉이 '비비둠 *(vivium)*'이라고 한 것과 달리 이시도루스의 『어원』, 〈노섬벌랜드 필사본〉, 〈런던 필사본〉 등에는 "안쪽에 있는 액체는 〔축축하다'는 의미의〕 '우비둠*(uvidum)*'이라고 부른다"고 나온다.

공작

232) 마르티알리스, 『풍자시』 13. 70.

233) 과도기형 동물지와 다른 유형의 2계열 동물지의 공작 항목은 여기서 끝난다. 대부분 이시도루스의 『어원』에서 가져온 내용이다. Isidorus, p. 267(12. 7. 48). 공작은 과도기형과 2계열 동물지에 고정적으로 등장하지만, 특히 〈애버딘 필사본〉에는 『조류지』에서 가져온 내용이 첨부되어 분량이 다른 필사본들보다 훨씬 길게 나타난다. MS Northumberland, pp. 182-183; MS London, p. 188.

234) Hugues, pp. 244-247.

235) 역대기 하권 9:21절; 열왕기 상권 10:22.

236) 열왕기 상권 10:16.

237) 열왕기 상권 10:18.

238) "여호사팟 임금은 타르시스 상선들을 만들어 오피르에서 금을 가져오려고 하였으나, 그 상선들이 에츠욘 게베르에서 부서져 그곳에 가지 못하였다." 열왕기 상권 22:49.

239) Hugues, pp. 246-249.

240) Isidorus, p. 267(12. 7. 48).

241) Hugues, pp. 248-251.

검독수리

242) Isidorus, p. 264(12. 7. 10). 검독수리는 『피지올로구스』와 초기 동물지에도 나오는 새로 주로 그리스도로 인해 새 삶을 얻는 신자들을 나타낸다. 『피지올로구스: 기독교 동물 상징사전』, 28-33쪽; MS Royal, p. 42; MS Northumberland, p. 377, 380; MS London, pp. 166-167.

243) 태양을 그리스도로, 독수리를 그리스도교도에 빗대는 내용은 『피지올로구스』에서 이어받은 것이며, 시편(103:5)의 구절과 연관되어 있다.

244) 검독수리가 새끼를 시험하는 방식은 Ambrosius, pp. 208-209(5. 18. 60); Isidorus, p. 264(12. 7. 11).

245) 버려진 독수리 새끼를 키우는 물닭부터 여기까지의 내용은 암브로시우스에게서 가져온 것이다. Ambrosius, pp. 209-210(5. 18. 61). 한편, 다른 유형의 2계열 동물지와 과도기형 동물지의 검독수리 항목은 여기서 끝난다. 그러나 〈애버딘 필사본〉에는 『조류지』에서 가져온 내용이 계속 이어진다.

246) Hugues, pp. 250-253; Gregorius, p. 1016(31. 47. 94).

247) 애가 4:19.

248) 예제키엘서 17:3-4.

249) Hugues, pp. 252-255; Gregorius, p. 312(9. 32. 48).

250) 욥기 9:26.

251) Hugues, pp. 254-255.

252) 시편 103:5.

253) 그레고리우스 1세의 『시편 주해』에 나오는 이야기이다. Gregory the Great, *Expositions of the Psalms 99-120*, trans. by Maria Boulding(New York: New City Press, 2003), pp. 88-89.

벌

254) 고대 그리스어에서 접두사 'ἀ-(a-)'는 '없다, 아니다'는 뜻이다.

255) Isidorus, p. 269(12. 8. 1-3). 이시도루스의 『어원』과 라바누스의 『만물에 대하여』 등 중세 백과사전에서는 벌이 파리, 나방 등과 함께 날아다니는 작은 생물로 묶인다. 그러나 동물지에서는 개미가 네발짐승의 마지막 부분에 놓이는 것처럼

'벌'도 벌레나 곤충의 범주에 있지 않고 새와 함께 나온다. MS Northumberland, pp. 184-191; MS London, pp. 191-193.

256) Ambrosius, pp. 212-215(5. 21. 67-69).

257) Ambrosius, pp. 215-216(5. 21. 69-72).

258) 4세기 말과 5세기 초 사이에 제작된 불가타 성서에는 '벌'이 아니라 '개미'로 나온다(잠언 6:6절). 이 구절은 4세기 후반 활동한 암브로시우스의 『천지창조 6일』에서 가져온 것으로, 그는 불가타 성서 이전의 판본을 참조한 것으로 보인다. Ambrosius, pp. 215(5. 21. 70).

비둘기와 페린덴스 나무

259) 페린덴스 나무는 '페레덱시온(Peredecxion)'이나 '페리덱시온(Peridecxion)'이라고도 한다. 비둘기와 페린덴스 나무 이야기는 『피지올로구스』와 초기 동물지에도 나오며, 비둘기는 기독교 신자로 페린덴스 나무는 그리스도나 교회로 그려진다. 『피지올로구스: 기독교 동물 상징사전』, 148-153쪽; MS Royal, pp. 66-67; MS Northumberland, pp. 206-209; MS London, pp. 193-194.

260) 루카복음서 1:35 참조.

4. 기어다니는 동물

1) 초기 동물지에는 나오지 않으나, 과도기형과 2계열 동물지부터 고정적으로 등장하며, 내용은 이시도루스에게서 가져온 것이다. MS Northumberland, pp. 266-267; MS London, p. 194; Isidorus, p. 255(12. 4. 1-3).

2) 용의 어원부터 여기까지의 내용은 이시도루스에게서 가져온 것이다. Isidorus, p. 255(12. 4. 4-5). 용은 『피지올로구스』에서는 언급은 되지만 독립 항목으로 나오지는 않는다. 초기 동물지에서도 표범 항목에서 짧게 언급될 뿐이다. 하지만 과도기형과 2계열 동물지에서는 독립된 항목으로 등장한다. MS Royal, p. 58; MS Northumberland, pp. 264-265; MS London, pp. 194-195.

3) 바실리스크에 관한 내용은 이시도루스에게서 가져온 것이다. Isidorus, p. 255(12. 4. 6-9).

4) Isidorus, p. 255(12. 4. 10-11). 살무사는 『피지올로구스』 B형과 초기 동물지 B-Is형에는 나오지 않는다. 그러나 『피지올로구스』 Y, A, C형과 과도기형 동물지, 2계열 동물에는 고정적으로 등장한다. 『피지올로구스: 기독교 동물 상징사

전』, 44-49쪽; "Physiologus Latinus Versio Y", p. 110; Christoph von Steiger & Otto Homburger, *Physiologus Bernensis Voll-Faksimile-Ausgabe des Codex Bongarsianus 318 der Burgerbibliothek Bern*(Basel: Alkuin-Verlag, 1964), pp. 70-71; MS Northumberland, pp. 266-271; MS London, pp. 195-197.

5) 살무사의 성교와 관련된 배우자 설교는 모두 암브로시우스에게서 가져온 것이다. Ambrosius, pp. 173-175(5. 7. 18-19).

6) Isidorus, p. 256(12. 4. 12). '아스피스'는 살무사 등으로도 해석되지만, 고대의 신화 등에 등장하는 아스피스는 '이집트 코브라'를 가리키는 것으로 여겨지고 있다. 아스피스는 『피지올로구스』에는 족제비와 관련해 짧게 언급될 뿐이지만, 동물지에서는 별도의 항목으로 수록되었다. 『피지올로구스: 기독교 동물 상징사전』, 94-95쪽; MS Royal, p. 61; MS Northumberland, pp. 270-273; MS London, pp. 197-198.

7) 루카복음서 14:33.

8) Isidorus, p. 256(12. 4. 13-18).

9) Lucanus, *Pharsalia*, 9. 722.

10) Lucanus, *Pharsalia*, 9. 717. 스키탈리스에 관한 내용은 이시도루스에게서 가져온 것이다. Isidorus, p. 256(12. 4. 19).

11) Lucanus, *Pharsalia*, 9. 719. 안피베나에 관한 내용은 이시도루스에게서 가져온 것이다. Isidorus, p. 256(12. 4. 20).

12) 이드루스의 어원부터 여기까지의 내용은 이시도루스에게서 가져온 것이다. Isidorus, p. 256(12. 4. 21-23). 이드루스는 『피지올로구스』와 초기 동물지에도 나오는 동물이다. 악어를 악마로, 이드루스를 그리스도로 묘사하는 『피지올로구스』의 전통이 과도기형과 2계열 동물지에도 이어지고 있다. 『피지올로구스: 기독교 동물 상징사전』, 106-109쪽; MS Royal, pp. 52-53; MS Northumberland, pp. 274-278; MS London, p. 199.

13) 호세아서 13:14.

14) 보아에 관한 내용은 이시도루스에게서 가져온 것이다. Isidorus, p. 257(12. 4. 28).

15) Lucanus, *Pharsalia*, 9. 720. 이아쿨루스에 관한 내용은 이시도루스에게서 가져온 것이다. Isidorus, p. 257(12. 4. 29).

16) 그리스 신화에서 상반신은 인간의 여성, 하반신의 새의 모습을 지녔다고 전해지는 바다 괴물인 '세이렌*(Seiren)*'도 라틴어에서는 '시렌*(Siren)*', 복수형으로는 '시

레네스(Sirenes)'라고 하여 이 뱀과 표기가 같다. 오늘날에는 장어와 비슷하게 생긴 도롱뇽의 일종이 시렌 과(Sirenidae)로 분류되고 있다. 시렌에 관한 내용은 이시도루스에게서 가져온 것이다. Isidorus, p. 257(12. 4. 29, 31).

17) Lucanus, *Pharsalia*, 9. 723. 셉스에 관한 내용은 이시도루스에게서 가져온 것이다. Isidorus, p. 257(12. 4. 29, 31).

18) Lucanus, *Pharsalia*, 9. 737. 디프사에 관한 내용은 이시도루스에게서 가져온 것이다. Isidorus, p. 257(12. 4. 32).

19) Ovidius, 『변신이야기』, 252쪽(5. 461). 살라만드라와 사우라는 『피지올로구스』에도 등장하는 동물이다. 그러나 『피지올로구스』와 달리 동물지는 그것들의 도덕적, 종교적 의미에 대해서는 다루지 않는다. 동물지의 도마뱀에 관한 내용은 이시도루스에게서 가져온 것이다. Isidorus, p. 257(12. 4. 34-38).

20) Lucanus, *Pharsalia*, 9. 614.

21) 창세기 3:1.

22) 처음부터 여기까지의 내용은 이시도루스에게서 가져온 것이다. Isidorus, pp. 257-258(12. 4. 39-43). 뱀의 본성에 관한 내용은 과도기형과 다른 2계열 동물지에도 나온다. MS Northumberland, pp. 282-287; MS London, pp. 200-203.

23) 마태오복음서 7:13-14.

24) 다니엘서 13:52.

25) 에페소 신자들에게 보낸 서간 6:12.

26) 뱀의 세 가지 특성에 관한 내용은 『피지올로구스』 Y형에도 나온다. 『피지올로구스: 기독교 동물 상징사전』, 49-55쪽; "Physiologus Latinus Versio Y", pp. 110-112.

27) 자신을 치료할 방법을 알고 있는 뱀과 거북이에 관한 이야기는 암브로시우스에게서 가져온 것이다. Ambrosius, pp. 237-238(6. 4. 19). 플리니우스의 『자연사』에도 이에 관한 이야기가 실려 있다. Plinius, 8. 41.

28) 플리니우스의 말을 직접 가져온 것이 아니라, 세르비우스의 『베르길리우스 농경시 주해』에 나오는 내용을 가져온 것이다. Servius, *Commentary on Gerogics of Vergil*, 3. 422.

29) 뱀의 나쁜 시력에 관한 이야기는 솔리누스에게서 가져온 것이다. Solinus, pp. 204-205(27. 35).

30) 세르비우스의 『베르길리우스 아이네이스 주해』에도 나오는 구절이다. Servius, *Commentary on Aeneid of Vergil*, 2. 211.

31) Ovidius, 『변신이야기』, 714쪽(15. 389-390).

32) "플리니우스의 말에 따르면~"부터 여기까지의 내용은 이시도루스에게서 가져 온 것이다. Isidorus, pp. 258(12. 4. 43-48).

33) 벌레에 관한 내용은 이시도루스에게서 가져온 것이다. Isidorus, pp. 258-259(12. 5. 1-4, 8-19).

34) Plautus, *Cistellaria*, 4. 2.

5. 물에 사는 동물

1) 시편 104:25.

2) [ ] 안은 유실된 내용을 〈애쉬몰 필사본〉(ff. 86r-86v)에서 가져온 것이다. MS Ashmole(Unterkircher), pp. 188-189와 MS Ashmole(Dupuis) p. 156. 물고기의 이름부터 여기까지는 이시도루스에게서 온 것이다. Isidorus, p. 259(12. 6. 1-3).

3) 요나서 2:3.

4) Isidorus, p. 260(12. 6. 8).

5) [ ] 안은 유실된 내용을 〈애쉬몰 필사본〉(ff. 86r-86v)에서 가져온 것이다. MS Ashmole(Unterkircher), pp. 188-191과 MS Ashmole(Dupuis), p. 156.

6) 발레나와 무스쿨루스의 어원은 이시도루스에게서 가져온 것이다. Isidorus, p. 260(12. 6. 6-7).

7) 배와의 경주를 단념하는 세라를 믿음을 포기하는 신자들에 빗대는 것은 『피지올 로구스』에서부터 이어진 것이다. Physiologus, 『피지올로구스: 기독교 동물 상징 사전』, 172-175쪽; MS Royal, pp. 39-40; MS Northumberland, pp. 222-223; MS London, pp. 206-207.

8) 돌고래 내용은 이시도루스에게서 가져온 것이다. Isidorus, p. 260(12. 6. 11).

9) 바다돼지 내용은 이시도루스에게서 가져온 것이다. Isidorus, p. 260(12. 6. 12).

10) 황새치 내용은 이시도루스에게서 가져온 것이다. Isidorus, p. 260(12. 6. 15).

11) 톱상어 내용은 이시도루스에게서 가져온 것이다. Isidorus, p. 260(12. 6. 16).

12) 바다전갈 내용은 이시도루스에게서 가져온 것이다. Isidorus, p. 260(12. 6. 17).

13) 과도기형과 2계열 동물지에서 악어는 '네발동물'과 '물에 사는 동물'에 반복해서 등장한다. 네발동물의 악어 항목과 달리 물에 사는 동물의 악어 항목은 이시도루 스의 『어원』에서 가져온 내용만 서술되어 있다. MS Northumberland, pp. 230-231; MS London, p. 207; Isidorus, pp. 260-261(12. 6. 19-20).

14) 강꼬치고기는 이시도루스에게서 가져온 것이다. Isidorus, p. 261(12. 6. 24).

15) 노랑촉수 내용은 이시도루스에게서 가져온 것이다. Isidorus, p. 261(12. 6. 25).

16) 숭어의 내용은 이시도루스에게서 가져온 것이다. Isidorus, p. 261(12. 6. 26).

17) 물고기의 습성 항목은 초기 동물지에는 나오지 않으나, 과도기형과 2계열 동물지에는 고정적으로 등장한다. 암브로시우스의 『천지창조 6일』에서 그 내용을 가져왔다. MS Northumberland, pp. 232-237; MS London, pp. 208-210; Ambrosius, pp. 164-167(5. 3. 7-10), 168-170(5. 5. 12-14).

18) 놀래기의 내용은 이시도루스에게서 가져온 것이다. Isidorus, p. 261(12. 6. 30).

19) 빨판상어 내용은 이시도루스에게서 가져온 것이다. Isidorus, p. 261(12. 6. 34).

20) 뱀장어의 내용은 이시도루스에게서 가져온 것이다. Isidorus, p. 261(12. 6. 41).

21) 곰치의 내용은 이시도루스에게서 가져온 것이다. Isidorus, p. 262(12. 6. 43).

22) 문어의 내용은 이시도루스에게서 가져온 것이다. Isidorus, p. 262(12. 6. 44).

23) Plinius, 32. 2.

24) 전기가오리의 내용은 이시도루스에게서 온 것이다. Isidorus, p. 262(12. 6. 45).

25) 잠언 15:16-17.

26) 게에 관한 내용은 암브로시우스의 『천지창조 6일』에서 가져온 것이다. Ambrosius, pp. 177-178(5. 8. 22-23).

27) 마태오복음서 6:26, 30.

28) 욥기 38:41.

29) 욥기 39:19-25 참조.

30) 시편 104:24.

31) 마태오복음서 6:26, 30. 성계에 관한 내용은 암브로시우스의 『천지창조 6일』에서 가져온 것이다. Ambrosius, pp. 178-180(5. 9. 24-25).

32) '지소어(指小語)'라고도 하는 '데미누티부스(*deminutivus*)'는 접사를 붙여서 만든 파생어의 일종이다. '파리'와 '좀파리'의 관계처럼 접사를 사용해서 원래의 뜻보다 더 작은 하위 개념이나 'dog(개)'와 'doggy(멍멍이)'처럼 친밀도를 높인 낱말을 만들어낸 것을 뜻한다. 라틴어 사전에는 '콩카(*conca*)'는 조개, '콩클레(*concle*)'는 달팽이, '콩쿨라(*concula*)'는 '작은 홍합'을 가리키는 말로 나오지만, 실제로 사용할 때는 경계가 분명하지는 않았던 것 같다.

33) 필사본마다 *occoloe, oceloe, aceloe, oecoloe, eceloe* 등 다양한 이름으로 나타난다. 어원에 대해서도 여러 가설이 있다. 라틴어로 '하늘로부터'의 뜻을 나타내는 '압켈로(*ab caelo*)'나 '숨기다'라는 뜻을 나타내는 '옵 켈로(*ob celo*)'에서 비롯되었다

고 보기도 하고, '상륙하다'라는 뜻의 그리스어 '오켈로(okello)'에서 비롯되었다고 보기도 한다.

34) 무스쿨리는 홍합과의 '섭조개'를 뜻한다. 진주조개는 『피지올로구스』와 초기 동물지에도 등장한다. 그러나 나머지는 과도기형과 2계열 동물지부터 고정적으로 등장했으며, 이시도루스에게서 내용을 가져왔다. MS Northumberland, pp. 244-249; MS London, p. 213; Isidorus, p. 262(12. 6. 48-53).

35) 거북이의 내용은 이시도루스에게서 가져온 것이다. Isidorus, p. 262(12. 6. 56).

36) 라틴어 'lacertus'에는 '도마뱀'과 '고등어'라는 두 가지 뜻이 모두 있다. 플리니우스는 해양생물의 종류를 이야기하며 'lacertus'를 '도마뱀'으로도 사용하고 '고등어'의 뜻으로도 여러 번 사용했다. Plinius, XXXII, 53.

37) 개구리는 『피지올로구스』 Y형에도 등장하지만, 초기 동물지에는 나오지 않다가 과도기형과 2계열 동물지부터 고정적으로 등장한다. 『피지올로구스』가 개구리에서 종교적 교훈을 찾는 것과 달리 동물지는 이시도루스의 『어원』에서 가져온 내용만으로 항목을 구성하고 있다. "Physiologus Latinus-Vesio Y", p. 132; MS Northumberland, pp. 248-249; MS London, p. 214; Isidorus, p. 263(12. 6. 58, 63).

6. 나무

1) 동물지의 나무에 관한 서술은 대부분 이시도루스의 『어원』에서 내용을 가져온 것이다. Isidorus, pp. 341-347(12.7.1-53).

2) 이시도루스의 『어원』에서 가져온 문장으로 일부 구절이 생략되었다. 이시도루스의 원문은 다음과 같다. "아르부스툼은 어리고 잘 휘어지는 나무로 가지꽂이가 가능하다. 이것은 '나무의 싹'이라서 아르부스툼이라 불린다." Isidorus, p. 341(17. 6. 2)

3) 해당 부분의 이시도루스 원문은 다음과 같다. "루쿠스(lucus)는 나무가 빽빽한 숲이라 지면에 햇빛이 들지 않는다. 그 이름은 '빛이 들어오지 않는다(non lucere)'의 〔어구를 본래의 뜻과 반대로 쓰는〕 어의 반용으로 보인다. 또는 '빛(lux)'에서 비롯되었을 수도 있다. 숲의 어둠을 이기려면 불빛을 비춰야만 하기 때문이다." Isidorus, p. 341(17. 6. 7).

4) "Mortales primi ructabant gutture glandem" 출처가 확인되지 않은 시 구절이다.

5) 집회서 24:14 참조.

6) 창세기 13:18 참조.

7) Ovidius, 『변신이야기』, 467쪽(10.93).

8) 이사야서 30:8 참조.

7. 인간

1) 창세기 2:7.

2) Ovidius, 『변신이야기』, 28쪽(1. 84-86).

3) 인간의 본성에 관해서는 Isidorus, p. 231(11. 1. 1-5).

4) 요한복음서 10:18.

5) 요한복음서 19:30.

6) 창세기 1:26-27.

7) 인간의 혼과 몸에 관해서는 Isidorus, pp. 231-232(11. 1. 6-17).

8) 인간의 감각에 관해서는 Isidorus, p. 232(11. 1. 18-24).

9) Vergilius, *Aeneis*, 4. 359.

10) Terentius, *Adelphoe*, 397.

11) Cicero, "In Verrem", *The Orations of Marcus Tullius Cicero*, trans. by C. D. Yonge(London: George Bell & Sons, 1903), p. 513(2.5.110).

12) 머리와 얼굴에 관해서는 Isidorus, pp. 232-235(11. 1. 25-60).

13) Cicero, "In Catilinam", *M. Tulli Ciceronis Orationes*, ed. by Albert Curtis Clark(Oxonii: E Typographeo Clarendoniano, 1908), 3. 4.

14) 갈라티아 신자들에게 보낸 서간 2:9.

15) 팔과 손에 관해서는 Isidorus, pp. 235-236(11. 1. 62-72).

16) Nigidius, "De hominum naturalibus", *P. Nigidii Figuli operum reliquiae*, ed. by Antonius Swoboda(Amsterdam: Hakkert, 1964), 108.

17) 흉부와 가슴에 관해서는 Isidorus, p. 236(11. 1. 72-77).

18) 피부와 지방에 관해서는 Isidorus, p. 236(11. 1. 78-81).

19) 관절과 뼈에 관해서는 Isidorus, pp. 236-237(11. 1. 82-89).

20) 옆구리와 등에 관해서는 Isidorus, p. 237(11. 1. 90-96).

21) 욥기 38:3.

22) 허리와 엉덩이에 관해서는 Isidorus, p. 237(11. 1. 97-101).

23) 생식기와 항문에 관해서는 Isidorus, pp. 237-238(11. 1. 102-105).

24) Ennius, *Incerta*, 41.

25) 다리와 발에 관해서는 Isidorus, p. 238(11. 1. 106-115).

26) Sallustius, *Historiae*, 1. 52.

27) 근육과 장기에 관해서는 Isidorus, pp. 238-241(11. 1. 116-147).

28) 이사야서 9:5.

29) *The Fragmentary Latin Poets*, ed. by Edward Courtney, p. 455(Oxford: Oxford University Press, 1993).

30) 예레미야서 1:7-8.

31) 시편 10:14.

32) Horatius, *Odes*, 4. 5. 23.

33) 창세기 2:22.

34) Ovidius, 『변신이야기』, 575쪽(12. 464-465).

35) Terentius, *Hecyra*, 11.

36) Terentius, *Eunuch*, 357.

37) Vergilius, 『아이네이스 · 전원교향시』, 515쪽(3. 67).

38) Vergilius, 『아이네이스 · 전원교향시』, 547쪽(4. 255).

39) 인간의 생애에 관해서는 Isidorus, pp. 241-243(11. 2. 1-37).

8. 신비한 돌

1) '부싯돌'까지가 1200년 무렵에 작성된 본래의 애버딘 동물지이다. '아다마스'부터는 13세기 말이나 14세기 초에 새로 작성된 것이다. 그러나 추가된 『보석지』 부분은 부싯돌이 끝나는 바로 아랫줄에서 시작하고 조악하나마 앞선 동물지의 형식을 따르려고 애쓰고 있다. 이는 동물지가 13세기를 거치며 인간과 동식물을 넘어 돌까지 포섭하는, 그야말로 자연만물을 아우르는 '만물지'로의 변화를 시도했다는 것을 보여준다.

2) 아모스서 7:7.

3) 다니엘서 10:5.

4) 사도행전 2:22.

5) 코린토 신자들에게 보낸 둘째 서간 11:2.

6) 코린토 신자들에게 보낸 둘째 서간 13:3.

7) 요한복음서 14:10.

8) 요한복음서 14:9.

9) 이사야서 63:1.

10) 시편 18:29.

11) 티모테오에게 보낸 첫째 서간 3:16.

12) 코린토 신자들에게 보낸 첫째 서간 15:54-55.

13) 이사야서 1:7.

14) 테살로니카 신자들에게 보낸 둘째 서간 2:8.

15) 요한복음서 1:3.

16) 루카복음서 3:1.

17) 이사야서 11:1.

18) 이사야서 7:14.

19) 루카복음서 1:35.

20) 창세기 27:28.

21) 루카복음서 1: 38.

22) 요한묵시록 21:18-21.

23) 시편 15:1.

24) Prudentius, *Psychomachia*, praefatio. 21.

25) 히브리인들에게 보낸 서간 11:6.

26) 요한묵시록 21:19.

27) Marbode, p. 41.

28) 요한묵시록 21:19.

29) 필리피 신자들에게 보낸 서간 3:20.

30) 이사야서 54:11.

31) Marbode, p. 42.

32) 요한묵시록 21:19.

33) 아가 8:6-7.

34) 시편 141:5.

35) 코린토 신자들에게 보낸 첫째 서간 13:4-5.

36) Marbode, p. 44.

37) 요한묵시록 21:19.

38) 그리스도교에서 예수는 자주 어린 양에 빗대졌다. 예를 들어 「요한 묵시록」
(5:6-14)에서 어린 양은 옥좌에 앉아 계신 하느님으로부터 두루마리를 받고, 사

대복음을 상징하는 네 생물로부터 찬양받는 예수를 나타낸다. 클뤼니의 수도원장 가경자 피에르(Pierre le Vénérable, 1092?~1156)도 마르시니(Marcigny)의 수녀 자매 마가렛(Margaret)과 폰티아(Pontia)에게 보내는 편지에서 이렇게 썼다. "그대는 그가 어디를 가든 성모의 아들이신 어린 양을 따라야 합니다." Peter the Venerable, "A letter from Peter the Venerable", *Guidance for Women in Twelfth-Century Convents*, trans. by Vera Morton(Cambridge: Boydell and Brewer, 2003), p. 100.

39) Marbode, p. 45.

40) 요한묵시록 21:20.

41) Isidorus, p. 323(16.8.4).

42) 욥기 12:4-5.

43) 집회서 28:2.

44) Marbode, pp. 46-47.

45) 요한묵시록 21:20.

46) 앞서 '창조의 6세대'에도 나오듯이 이는 기독교의 전통적인 시대구분 이론이다. 성 아우구스티누스는 지상의 역사를 기독교의 주요 사건에 따라 여섯 시대*(Sex aetates mundi)*로 나누고, 이것을 사람의 일생에 비유한다. 그의 『83개의 다양한 질문들』 58장과 『신국론』 16권 43장에 따르면, 인류사의 첫째 시대는 최초의 인간 아담부터 노아까지로 사람으로 치면 아동기에 해당한다. 사람이 자라면서 아동기를 망각하는 것처럼 첫 세대의 인류는 대홍수로 몰살당했다. 둘째 시대는 노아부터 아브라함까지로 사람의 소년기에 비견된다. 인간이 아동기를 지나 말을 배우는 것처럼 이때 히브리어가 생겼다. 이후 셋째 시대는 아브라함부터 다윗 왕까지, 넷째 시대는 다윗부터 유대인의 바빌론 유배까지, 다섯째 시대는 바빌론 유배부터 그리스도 탄생까지이다. 이들은 차례로 인간의 청년기와 장년기, 중년기에 해당한다. 여섯째 시대는 그리스도의 강림부터 세상의 종말까지로 인간으로 치면 노년기이다. St. Augustinus, *De diversis quaestionibus octoginta tribus*, trans. by David L. Mosher, *Eighty-Three Different Questions*(Washington, D.C: Catholic University of America Press, 1982), p. 105; 같은 저자, *De civitate Dei*, 성염 옮김, 『(아우구스티누스의) 신국론』 2권(칠곡군: 분도출판사, 2004), 1805-1807쪽; 마태오복음서 1:1-17 참조.

47) 「창세기」에서 여섯 번째 날은 신이 인간을 만들면서 모든 창조 활동을 마무리한 날이다. 엿새 날에 그리스도가 피로 순교한 것은 그의 순교로 인해 인류가 다시

새롭게 태어났다는 것을 의미함과 동시에 지상에서의 그의 임무가 완료되었음을 뜻한다. St. Augustinus, *Eighty-Three Different Questions*, p. 103, 105; 창세기 1:27, 2:2.

48) Marbode, p. 48.

49) 요한묵시록 21:20.

50) 에제키엘서 1:7.

51) 지혜서 3:7.

52) 성령의 일곱 가지 선물은 지혜*(sapientia)*, 이해*(intellectus)*, 분별*(consilium)*, 용기*(fortitudo)*, 지식*(scientia)*, 신심*(pieta)*, 신을 향한 경외심*(timor Domini)*이다. 「이사야서」 11장 2절의 "그 위에 주님의 영이 머무르리니 지혜와 슬기의 영, 경륜과 용맹의 영, 지식의 영과 주님을 경외함이다."를 그 근거로 삼고 있으며, 성 아우구스티누스, 그레고리우스 등의 초기 교부들은 물론 이후 토마스 아퀴나스의 저작에서도 나온다. 선물의 구성과 순서는 시대와 저자에 따라 약간씩 달라지는데, 13세기 신학자 보나벤투라(Bonaventura)는 다양한 성서 구절들을 인용하며 성령의 일곱 가지 선물을 경외심, 신심, 지식, 용기, 분별, 이해, '지혜' 순으로 나열했다. St Bonaventure, *Collations on the Seven Gifts of the Holy Spirit(Works of St Bonaventure Vol. XIV)*, trans. by Zachary Hayes(New York, Franciscan Institute, 2008), pp. 48-49.

53) Marbode, p. 49.

54) 요한묵시록 21:20.

55) 자비와 관련된 대표적인 성서 구절로 「이사야서」(58:6-7)에는 "억울한 자들의 결박을 풀어주고, 억압받는 이들을 자유롭게 해주고, 굶주린 이들과 음식을 나누고, 떠도는 이들을 집으로 맞아들이고, 헐벗은 자들을 입히고, 혈육을 모른척하지 말라"고 나온다.

56) 잠언 25:21-22.

57) 마태오복음서 5:16.

58) 시편 128:2.

59) Gregory the Great, *Expositions of the Psalms 121-150*, trans. by Maria Boulding(New York: New City Press, 2004), pp. 107-108.

60) Marbode, p. 50.

61) 요한묵시록 21:20.

62) 「탈출기」에서 토파즈는 대사제의 가슴받이를 꾸미는 보석으로 나온다. "거기에

보석을 넉 줄로 박아라. 첫째 줄에는 홍옥수와 토파즈와 취옥, 둘째 줄에는 홍옥과 청옥과 백수정 …" 탈출기 28:17, 39:10.

63) 예수가 제자들과 함께 길을 가다가 어떤 마을에 도착하자 마르타라는 여자가 예수를 자기 집으로 들였다. 마르타에게는 마리아라는 동생이 있었는데, 마리아는 예수의 발치에 앉아 말씀을 듣고 있었지만, 마르타는 갖가지 시중드는 일로 분주했다. 그러자 마르타는 예수에게 자신을 돕도록 동생에게 일러 달라고 말했다. 그러자 예수는 "마르타야, 마르타야! 너는 많은 일을 염려하고 걱정하는구나. 그러나 필요한 것은 한 가지뿐이다. 마리아는 좋은 몫을 선택하였다. 그리고 그것을 빼앗기지 않을 것이다."라고 말했다. 루카복음서 10:38-42.

64) '천사들의 위계'는 중세 기독교에서 발달한 개념이다. 이시도루스에 따르면 "성서에는 천사의 아홉 계급이 나온다. 치품천사(seraph), 지품천사(cherub), 능품천사(potestas), 권품천사(principatus), 역품천사(virtus), 주품천사(dominatio), 좌품천사(thronus), 대천사(archangelus), 천사(angelus)이다." Isidorus, p. 160(7.5.4). 이들 천사들의 서열은 시기나 학자에 따라 약간씩 차이를 보이는데 대체로 첫 번째와 두 번째에 '치품천사'와 '지품천사'가 여덟 번째와 아홉 번째에는 '대천사'와 '천사'가 놓인다.

65) Marbode, p. 51.

66) 요한묵시록 21:20.

67) Isidorus, p. 322(16.6.7).

68) 성서에 나오는 '되찾은 은전의 비유'를 가리킨다. 예수는 바리새인들과 율법학자들이, "저 사람은 죄인들을 받아들이고 또 그들과 함께 음식을 먹는군"하고 투덜거리자 그들을 되찾은 양에 비유한 다음 이렇게 말한다. "또 어떤 부인이 은전 열 닢을 가지고 있었는데 한 닢을 잃으면, 등불을 켜고 집 안을 쓸며 그것을 찾을 때까지 샅샅이 뒤지지 않느냐? 그러다가 그것을 찾으면 친구들과 이웃들을 불러, '나와 함께 기뻐해 주십시오. 잃었던 은전을 찾았습니다'라고 말한다. 내가 너희에게 말한다. 이와 같이 회개하는 죄인 한 사람 때문에 하느님의 천사들이 기뻐한다."(루카복음서 15:8-10). 더불어 교황 그레고리우스 1세는 잃어버린 은화 열 닢에 대한 설교에서 이같이 말한다. "천사들의 위계는 아홉이다. 새롭게 창조될 인간이 열 번째가 되어 선택받은 열 개의 수를 완성한다." Gregory the Great, *Forty Gospel Homilies*, trans. by Dom Hurst(Cistercian Publications, 1990), p. 285(34. 304).

69) Marbode, p. 53.

70) 요한묵시록 21:20.

71) 코린토 신자들에게 보낸 첫째 서간 9:22.

72) 로마 신자들에게 보낸 서간 12:15.

73) Marbode, p. 52.

74) 요한묵시록 21:20.

75) Isidorus, p. 324(16.4.1).

76) 암브로시우스의 말은 13세기 신비주의 신학자 보나벤투라의『요한묵시록 주해』에도 나온다. Bonaventura, "Commentaria In Apocalypsin", in *Operum omnium supplementum: In Tria Volumina Distributum, 2*(Tridenti: Monauni, 1773), 982. 1623d-f.

77) 집회서 10:7.

78) Gregory the Great, *Forty Gospel Homilies*, p. 27(4).

79) 필리피 신자들에게 보낸 서간 2:3-7. 열 번째 자리에 관해서는 이 장의 주석 64 를 참조할 것.

80) "에메랄드의 표면을 평평하게 하면 마치 거울처럼 사물들의 상이 비춰진다. 네로 황제는 에메랄드를 착용하고 검투사 경기를 보았다." Plinius, XXXVII.16.

81) 필사본에 따라 사그다(*Sagda*)로도 나온다. 플리니우스는 이 돌을 배 밑바닥에서 찾을 수 있는 녹색 돌이라고 말했다. Plinius, XXXVII. 67.

82) 돌의 효능에 관한 내용은 순서와 내용으로 보아 마르보드가 쓴『보석지』의 영향을 많이 받은 것으로 보인다. 마르보드의『보석지』는 다미게론(Damigeron, 1세기?)의『보석의 효능*Virtutibus Lapidum*』, 이시도루스의『어원』, 솔리누스의『세상의 경이』, 플리니우스의『자연사』등 다양한 고·중세 저작들을 토대로 작성된 문헌이다. Marbode, pp. 35-37(다이아몬드), 37-38(아카테스), 39-40(엘렉토리우스), 68-69(세르나티테스), 40-41(벽옥), 41-43(사파이어), 44-46(에메랄드), (크리사피온), 46-47(붉은줄무늬마노), 48(홍옥수), 48-49(감람석), 49-50(녹주석), 50(토파즈), 53(녹옥수), 51-52(풍신자석), 53-54(자수정), 54-55(켈리도니우스), 55-57(흑옥), 57-59(자철석), 59-60(산호), 60(귀석류석), 60-61(코르넬리우스), 61-62(석류석), 62(리구리움), 63-65(독수리석), 64-65(월장석), 65-66(사가트로멘), 66-67(뇌석), 67-68(혈석), 69-70(에피스티테스), 70-72(적철석), 72(석면), 72-73(페나테스), 73(사그다), 73-74(모두스), (세라오르), 75(엑사콘탈리토스), 89-90(디오니시아), 90(에리셀렉트루스), 88-89(디아도코스), 87-88(황철석), 75-76(켈로니테).

※ 참고문헌

Aesop, *Aesop's Fables*, 천병희 옮김, 『이솝우화』, 고양: 숲, 2013.

Augustinus, *De doctrina Christiana*, 성염 옮김, 『그리스도교 교양』, 칠곡: 분도출판사, 2003.

Augustinus, *Sermones*, http://www.monumenta.ch/latein.

Avianus, *The Fables of Avianus*, trans. by David R. Slavitt, Baltimore: Johns Hopkins University Press, 1993.

Bartholomeus Anglicus, *On the properties of things: John Trevisa's translation of Bartholomaeus Anglicus De proprietatibus rerum*, Oxford: At the Clarendon Press, 1975.

Beda, *Bede: a Biblical Miscellany*, ed. and trans. by Arthur G. Holder & William Trent Foley, Liverpool: Liverpool University Press, 1999.

Bonaventura, "Commentaria In Apocalypsin", in *Operum omnium supplementum: In Tria Volumina Distributum, 2*, Tridenti: Monauni, 1773.

Cicero, *Catilinae orationes Pro Lucio Murena*, 김남우 외 옮김, 『설득의 정치』, 서울: 민음사, 2015.

Claudian, *De raptu Proserpinae*, trans. by Maurice Platnauer, Claudian volume II: Rare of Proserpine, Cambridge: Harvard Univserity Press. 1922.

Dante Alighieri, *La divina Commedia*, 박상진 옮김, 『신곡: 단테 알리기에리의 코메디아(연옥편)』, 서울: 민음사, 2007.

Debra Hassig, "Marginal Bestiaries", *Animals and the Symbolic in Medieval Art and Literature*, ed. Luuk A. J. R. Houwen, Groningen: Egbert Forsten Publishers, 1997.

Eyal Poleg, *Approaching the Bible in Medieval England*, Manchester and New York: Manchester University Press, 2013.

Gregory the Great, *Dialogues*, trans. by Odo John Zimmermann, Washington D.C.: The Catholic University of America Press, c. 1959, 2010.

Gregory the Great, *Expositions of the Psalms 121-150*, trans. by Maria Boulding, New York: New City Press, 2004.

Gregory the Great, *Expositions of the Psalms 99-120*, trans. by Maria Boulding, New York: New City Press, 2003.

Gregory the Great, *Forty Gospel Homilies*, trans. by Dom Hurst, Cistercian Publications,

1990.

H. L. Spencer, "The Middle English Sermon", *The Sermon*, ed. by Kienzle, Turnhout: Brepols, 2000.

Herodotus, *Histories apodexis*, 천병희 옮김, 『역사』, 고양: 숲, 2009.

Ilya Dines, "The Hare and its Alter Ego in the Middle Ages", *Reinardus*, Vol. 17, 2004.

James George Frazer, *The golden bough*, 박규태 옮김, 『황금가지』, 서울: 을유문화사, 2005.

John Mandeville, *The travels of Sir John Mandeville*, 주나미 옮김, 『맨더빌 여행기』, 인천: 오롯, 2014.

Marie de France, *French Medieval Romances from the Lais of Marie de France*, trans. by Eugene Mason, The Floating Press, c. 1911, 2014.

Michel Pastoureau, *L'ours: histoire d'un roi déchu*, 주나미 옮김, 『곰, 몰락한 왕의 역사』, 인천: 오롯, 2013.

Nigidius, "De hominum naturalibus", *P. Nigidii Figuli operum reliquiae*, ed. by Antonius Swoboda, Amsterdam: Hakkert, 1964.

Ovidius, *Fasti*, 천병희 옮김, 『로마의 축제들』, 고양: 숲, 2010.

Ovidius, *Metamorphoses*, 천병희 옮김, 『변신이야기』, 고양: 숲, 2005.

Peter the Venerable, "A letter from Peter the Venerable", *Guidance for Women in Twelfth-Century Convents*, trans. by Vera Morton, Cambridge: Boydell and Brewer, 2003.

Philippe Ariès, *L'enfant et la vie familiale sous l'Ancien Régime*, 문지영 옮김, 『아동의 탄생』, 서울: 새물결출판사, 2003.

Physiologus Bernensis Voll-Faksimile-Ausgabe des Codex Bongarsianus 318 der Burgerbibliothek Bern, trans. by Christoph von Steiger & Otto Homburger, Basel: Alkuin-Verlag, 1964.

Physiologus Latinus Éditions préliminaires versio B, ed. by Francis James Carmody, Paris: Droz, 1939.

"Physiologus Latinus Versio Y", ed. by Francis James Carmody, *University of California Publications in Classical Philology*, no. 12. vol. 7, 1941, pp. 95-134.

Physiologus, 노성두 옮김, 『피지올로구스: 기독교 동물 상징사전』, 서울: 미술문화, 1999.

Physiologus: The Greek and Armenian Versions with a Study of Translation Technique, ed. and trans. by Gohar Muradyan, Leuven-Paris-Dudley: Peeters, 2005.

Plautus, *The Comedies of Plautus*, trans. by Henry Thomas Riley, London. G. Bell and
   Sons. 1912.

Pope Innocent III, "The Sermons of Pope Innocent III", *Römische Historische
   Mitteilungen 36)*, ed. and trans. by John C. Moore, Weimar: Böhlau Verlag, 1994.

Prudentius, *Psychomachia*, http://www.thelatinlibrary.com/prudentius/prud.psycho.shtml.

Reman de Renart, 이형식 옮김, 『여우 이야기』, 서울: 궁리, 2001.

Sedulius, *The Paschal Song and Hymns*, trans. by Carl P. E. Springer, Atlanta: Society of
   Biblical Literature, 2013.

Servius, *Commentary on the Aeneid of Vergil*, ed. by Georgius Thilo, Leipzig. B. G.
   Teubner. 1881.

St Bonaventure, *Collations on the Seven Gifts of the Holy Spirit(Works of St Bonaventure
   Vol. XIV)*, trans. by Zachary Hayes, New York, Franciscan Institute, 2008.

St. Augustinus, *De civitate Dei*, 성염 옮김, 『(아우구스티누스의) 신국론』 2권, 칠곡군:
   분도출판사, 2004.

St. Augustinus, *De diversis quaestionibus octoginta tribus*, trans. by David L. Mosher,
   Eighty-Three Different Questions, Washington, D.C: Catholic University of America
   Press, 1982.

Suetonius, *C. Suetonius Tranquillus: Tomus secundus*, ed. by Petrus Burman, Amsterdam:
   Apud Janssonio- Waesbergios, 1736.

Terentius, *The Comedies of Terence*, tans. by Henry Thomas Riley, New York: Harper and
   Brothers. 1874.

The Fragmentary Latin Poets, ed. by Edward Courtney, p. 455, Oxford: Oxford
   University Press, 1993.

Vergilius, *Aeneis*, 천병희 옮김, 『아이네이스』, 고양: 숲, c. 2007, 2011.

Vergilius, *Aeneis · Georgica*, 유영 옮김, 『아이네이스 · 전원교향시』, 서울: 혜원출판
   사, 1994.

도판 목록

※ 출처 약어(동물지 필사본)

노섬벌랜드 필사본 Los Angeles, J. Paul Getty Museum, MS. 100(잉글랜드, 13세기)

로열 12.C.XIX 필사본 London, British Library, MS. Royal 12.C.XIX(잉글랜드, 13세기 초)

로체스터 필사본 London, British Library, MS. Royal 12. F. XIII(잉글랜드 남부, 13세기 초)

루트비히 XV3 필사본 Los Angeles, J. Paul Getty Museum, MS. Ludwig XV3(프랑스 북부, 1260–1280년)

루트비히 XV4 필사본 Los Angeles, J. Paul Getty Museum, MS. Ludwig XV4(프랑코-플랑드르, 13세기 말)

보들리 필사본 Oxford, Bodleian Library, MS. Bodley 764(잉글랜드, 1240–1250년)

슬론 필사본 London, British Library, MS. Sloane 3544(잉글랜드, 1300년 무렵)

애버딘 필사본 Aberdeen, Aberdeen University Library, MS 24(잉글랜드, 13세기)

애쉬몰 필사본 Oxford, Bodleian Library, MS Ashmole 1511(잉글랜드, 13세기)

옥스퍼드 필사본 Oxford, Bodleian Library, MS. Douce 151(잉글랜드, 14세기)

워크소프 필사본 New York, Morgan Library & Museum, MS. M.81(잉글랜드, 1185년 무렵)

캠브리지 100 필사본 Cambridge, Sidney Sussex College, MS. 100(프랑스, 13세기)

캠브리지 R.14.9 필사본 Cambridge, Trinity College, MS. R.14.9(잉글랜드, 13세기)

코펜하겐 필사본 Copenhagen, Royal Library, MS. Gl. Kgl. 1633 4°(잉글랜드, 15세기 초)

할리 3244 필사본 London, British Library, MS. Harley 3244(잉글랜드, 13세기)

할리 4751 필사본 London, British Library, MS Harley 4751(잉글랜드, 13세기)

헤이그 필사본 Den Haag, Meermanno Westreenianum Museum, MS. 10. B. 25(프랑스 북서부, 15세기 중반)

1. 원색 도판

[도판 1] 애버딘 필사본, f. 65r.

[도판 2] 로체스터 필사본, f. 5v.

[도판 3] 할리 3244 필사본, f. 63r.

[도판 4] 보들리 필사본, f. 25r.

[도판 5] 로체스터 필사본, f. 10v.

[도판 6] 로체스터 필사본, f. 11r.

[도판 7] 로체스터 필사본, f. 21r.

[도판 8] 루트비히 XV3 필사본, f. 78r.

[도판 9] 로열 12.C.XIX 필사본, f. 63r.

[도판 10] 할리 4751 필사본, f. 58v.

[도판 11] 헤이그 필사본, f. 8r.

[도판 12] 루트비히 XV3 필사본, f. 74v.

[도판 13] 할리 4751 필사본, f. 40r.

[도판 14] 할리 4751 필사본, f. 30r.

[도판 15] 할리 4751 필사본, f. 62v.

[도판 16] 할리 4751 필사본, f. 35v.

[도판 17] 할리 4751 필사본, f. 4r.

[도판 18] 할리 3244 필사본, f. 54v.

[도판 19] 로체스터 필사본, f. 50r.

[도판 20] 할리 3244 필사본, f. 62r.

[도판 21] 할리 3244 필사본, f. 61v.

[도판 22] 할리 3244 필사본 f. 61v.

[도판 23] 캠브리지 R.14.9 필사본, f. 95v.

[도판 24] 헤이그 필사본, f. 13v.

[도판 25] 보들리 필사본, f. 14r.

[도판 26] 로체스터 필사본, f. 24r.

[도판 27] 할리 3244 필사본, f. 45v.

[도판 28] 할리 4751 필사본, f. 2v.

[도판 29] 할리 4751 필사본, f. 6r.

[도판 30] 할리 4751 필사본, f. 31v.

[도판 31] 루트비히 XV3 필사본, f. 89v.

2. 본문 삽화

[1-1] 노섬벌랜드 필사본, f. 3v.

[1-2] 옥스퍼드 필사본, f. 5r.

[2-1] 보들리 필사본, f. 2v.

[2-2] 할리 3244 필사본, f. 36r.

[2-3] 노섬벌랜드 필사본, f. 25r.

[2-4] 애버딘 필사본, f. 8v.

[2-5] 로열 12.C.XIX 필사본, f. 28v.

[2-6] 애버딘 필사본, f. 9r.

[2-7] 루트비히 XV4 필사본, f. 112r.

[2-8] 할리 3244 필사본, f. 38r.

[2-9] 코펜하겐 필사본, f. 6r.

[2-10] 노섬벌랜드 필사본, f. 26r.

[2-11] 할리 3244 필사본, f. 39r.

[2-12] 할리 4751 필사본, f. 9v.

[2-13] 할리 4751 필사본, f. 10r.

[2-14] 애버딘 필사본, f. 11v.

[2-15] 워크소프 필사본, f. 37r.

[2-16] 로체스터 필사본, f. 17r.

[2-17] 노섬벌랜드 필사본, f. 22r.

[2-18] 애버딘 필사본, f. 14r.

[2-19] 할리 4751 필사본, f. 15r.

[2-20] 보들리 필사본, f. 22v.

[2-21] 로열 12.C.XIX 필사본, f. 37v.

[2-22] 워크소프 필사본, f. 70r.

[2-23] 노섬벌랜드 필사본, f. 27v.

[2-24] 로열 12.C.XIX 필사본, f. 30r.

[2-25] 코펜하겐 필사본, f. 16r.

[2-26] Hague, *Koninklijke Bibliotheek*, KB, KA 16, f. 53r.

[2-27] Hague, *Koninklijke Bibliotheek*, KB, KA 16, f. 50v.

[2-28] 런던 로열 12.C.XIX 필사본, f. 30r.

[2-29] 캠브리지 R.14.9 필사본, f. 97r.

[2-30] 워크소프 필사본, f. 28r.

[2-31] 보들리 필사본, f. 32r.

[2-32] 워크소프 필사본, f. 40r.

[2-33] 할리 3244 필사본, f. 46v.

[2-34] 워크소프 필사본, f. 40v.

[2-35] 할리 3244 필사본 f. 47r.

[2-36] 로열 12.C.XIX 필사본, f. 32r.

[2-37] 로열 12.C.XIX 필사본, f. 32v.

[2-38] 할리 3244 필사본, f. 47v.

[2-39] 할리 3244 필사본, f. 47v.

[2-40] 할리 3244 필사본, f. 48r.

[2-41] 워크소프 필사본, f. 19r.

[2-42] 로체스터 필사본, f. 42v.

[2-43] 애쉬몰 필사본, f. 32v.

[2-44] 캠브리지 100 필사본, f. 27v.

[2-45] 할리 4751 필사본, f. 30v.

[2-46] 로열 12.C.XIX, f. 37r.

[2-47] 코펜하겐 필사본, f. 29r.

[2-48] 코펜하겐 필사본, f. 29r.

[2-49] 보들리 필사본, f. 52r.

[2-50] 보들리 필사본, f. 50v.

[2-51] 로체스터 필사본, f. 45r.

[2-52] 코펜하겐 필사본, f. 29v.

[3-1] 애버딘 필사본, f. 26r.

[3-2] 루트비히 XV3 필사본, f. 2r.

[3-3] 할리 4751 필사본, f. 49r.

[3-4] 애버딘 필사본, f. 32r.

[3-5] 루트비히 XV4 필사본, f. 17r.

[3-6] 코펜하겐 필사본, f. 39v.

[3-7] 할리 4751 필사본, f. 46v.

[3-8] 할리 3244 필사본, f. 54v.

[3-9] 할리 3244 필사본, f. 55v.

[3-10] 노섬벌랜드 필사본, f. 37v.

[3-11] 할리 3244 필사본, f. 57r.

[3-12] 할리 4751 필사본, f. 42v.

[3-13] 애쉬몰 필사본, f. 56r.

[3-14] 노섬벌랜드 필사본, f. 34r.

[3-15] 애버딘 필사본, f. 46v.

[3-16] 할리 4751 필사본, f. 39v.

[3-17] 할리 3244 필사본, f. 52v.

[3-18] 할리 4751 필사본, f. 52v.

[3-19] 애버딘 필사본, f. 49r.

[3-20] 루티비히 XV3, f. 32v.

[3-21] 애버딘 필사본, f. 50r.

[3-22] 할리 4751 필사본, f. 55r.

[3-23] 할리 3244 필사본, f. 54v.

[3-24] 애버딘, f. 51v.

[3-25] 루트비히 XV3, f. 34v.

[3-26] 노섬벌랜드 필사본, f. 37r.

[3-27] 할리 4751 필사본, f. 54r.

[3-28] 할리 4751 필사본, f. 41r.

[3-29] 할리 3244 필사본, f. 55r.

[3-30] 노섬벌랜드 필사본, f. 35v.

[3-31] 할리 3244 필사본, f. 54r.

[3-32] 할리 4751 필사본, f. 48r.

[3-33] 로열 12.C.XIX, f. 41v.

[3-34] 노섬벌랜드 필사본, f. 43r.

[3-35] 애버딘 필사본, f. 56r.

[3-36] 노섬벌랜드 필사본, f. 40r.

[3-37] 로열 12.C.XIX, f. 44v.

[3-38] 노섬벌랜드 필사본, f. 37v.

[3-39] 노섬벌랜드 필사본, f. 34r.

[3-40] 코펜하겐 필사본, f. 46v.

[3-41] 할리 4751 필사본, f. 54v.

[3-42] 애버딘 필사본, f. 61v.

[3-43] 로열 12.C.XIX, f. 45r.

[3-44] 할리 3244 필사본, f. 58v.

[4-1] 로열 12.C.XIX 필사본, f. 62r.

[4-2] 할리 4751 필사본, f. 59r.

[4-3] 코펜하겐 필사본, f. 51r.

[4-4] 할리 4751 필사본, f. 60r.

[4-5] 애쉬몰 필사본, f. 80v.

[4-6] 할리 4751 필사본, f. 62r.

[4-7] 할리 4751 필사본, f. 62r.

[4-8] 로열 12.C.XIX 필사본, f. 67v.

[4-9] 로열 12.C.XIX 필사본, f. 69r.

[4-10] 헤이그 필사본, f. 42v.

[4-11] 로열 12.C.XIX 필사본, f. 69r.

[4-12] 로열 12.C.XIX 필사본, f. 69v.

[4-13] 코펜하겐 필사본, f. 55v.

[4-14] 로열 12.C.XIX 필사본, f. 69v.

[4-15] 애버딘 필사본, f. 70v.

[4-16] 애버딘 필사본, f. 70v.

[4-17] 애버딘 필사본, f. 70r.

[4-18] 할리 3244 필사본, f. 63v.

[4-19] 할리 3244 필사본, f. 64r.

[4-20] 할리 3244 필사본, f. 64r.

[5-01] 할리 4751 필사본, f. 69r.

[5-02] 노섬벌랜드 필사본, f. 46v.

[5-03] 할리 3244 필사본, f. 65v.

[5-04] 할리 3244 필사본, f. 65v.

[5-05] 할리 3244 필사본, f. 65v.

[5-06] 할리 4751 필사본, f. 68r.

[5-07] 헤이그 필사본, f. 12v.

[5-08] 할리 3244 필사본, f. 66r.

[5-09] 할리 3244 필사본, f. 66r.

[5-10] 할리 3244 필사본, f. 66r.

[5-11] 코펜하겐 필사본, f. 60v.

[5-12] 코펜하겐 필사본, f. 61r.

[5-13] 할리 3244 필사본, f. 66v.

[5-14] 할리 3244 필사본, f. 66v.

[5-15] 할리 3244 필사본, f. 67r.

[5-16] 할리 3244 필사본, f. 67v.

[5-17] 보들리 필사본, f. 54v.

[6-1] 루트비히 XV3 필사본, f. 10v.

[7-1] 애쉬몰 필사본, f. 95v.

[8-1] 애버딘 필사본, f. 93v.

찾아 보기

인명

가브리엘(대천사)Gabriel 248, 361
가이우스 카이사르Gaius Iulius Caesar 110
그레고리우스(교황)Gregorius Magnus 143, 164,
    168, 198, 207, 240, 368, 370, 372
네로(로마 황제)Nero 376
니기디우스Publius Nigidius Figulus 332
니코메데스(비티니아 왕)Nicomedes 111
라바누스Rabanus Maurus 200, 202, 205, 209
라헬Rachel 199
레아Leah 199
루카누스Marcus Annaeus Lucanus 260, 263, 268
리시마쿠스(왕)Lysimachus 83
마르타Martha 369
마르티알리스Martialis 64
바라바Barabba 95
바로Marcus Terentius Varro 327, 336
베네딕투스(성인)Benedictus 198-199
베다Beda Venerabilis 194
베레스Gaius Verres 329
베스파시아누스(로마 황제)Vespasianus 96
사투르누스Saturnus 162
살루스티우스Gaius Sallustius Crispus 343
솔리누스Gaius Julius Solinus 57, 80
수에토니우스Gaius Suetonius Tranquillus 94
아나Ana 108, 115

아이밀리우스Aemilius 230
아피우스 유니우스Appius Junius 83
안티오쿠스(셀레우코스 황제)Antiochus 111
암브로시우스Ambrosius 254, 371
압살롬Absalom 116
에사우Esau 115
엔니우스Ennius 338
오비디우스Ovidius 266, 217, 313, 316, 351
요나Jonah 276
유스투스Justus 207
이새Jesse 34
이시도루스Isidorus 163, 185, 192, 198-200, 235,
    366, 370-371
이아손Jasone 83
키케로Marcus Tullius Cicero 329-330
킨타레투스Cintaretus 111
티투스(로마 황제)Titus 69, 96
푸블리우스 실루스Publius Silius 83
플라우투스Titus Maccius Plautus 272
플리니우스Gaius Plinius Secundus 17, 41, 45, 49,
    270, 292, 300
피쿠스Picus 162
피타고라스Pytagoras 271
헤라클레스Hercules 261
호르텐시우스Quintus Hortensius Hortalus 329
히에로니무스Eusebius Sophronius Hieronymus
    235

지명

누미디아Numidia 68

레르나Lerna 261

리키아Lycia 350, 379

마므레Mamre 312

박트리아Bactria 104

사르디스Sardis 367

소돔Sodom 86

시르테Sirte 376

아라비아Arabia 92, 104, 214, 220, 263, 304, 369, 374, 377-378

아카이아Achaia 198-199

아카테스(강)Acates 374

안티오크Antioch 84

에르키니아(숲)Ercinia 215

에리다누스(강)Eridanus 314

타르시스Tharsis 232-235

티그리스(강)Tygris 39

티베르(강) 84

파시스(강)Phasis 64

히르카니아Hircania 39

사항

가라만테스Garamantes 83, 127

가축Pecus 30, 275

갈까마귀Graculus 205

감각Sensus 319, 320-321

감람석Crisolitus 367-368, 377-378

강꼬치고기Lupus 283

개Canis 33, 58, 63, 79, 83-86, 97, 126, 169, 274, 299, 327, 345

개구리Rane 265, 299

개머리유인원Scenophalos 115

개미Formica 68-69, 124-126, 273, 341

개심자Conversus 146

거머리Sanguissuga 271-272

거미Aranea 271, 295

거북이Testudo 270, 276, 299, 386

거위Anser 127, 209-210, 231

검독수리Aquila 182, 237-241

게Cancer 293-294, 298

겨울잠쥐Glis 121

견과나무Nux 308

겸허Humilitas 89, 106, 132, 153, 179, 236, 371-372, 377

계피나무Cinnamum 214

계피새Cinnamolgus 214

고래Balena 276-277, 285

고리버들Vimen 314

고슴도치Ericius 46, 76, 123-124, 295

고양이Musio 117-118

고착동물Philopporis 300

고해Confessio 62, 66, 86-88, 97, 144-145, 172, 187, 194, 201, 224, 233-235

곰Ursus 15, 68-69, 74

곰치Murena 254, 256, 291

공작Pavo 232-236

교만Superbia 66, 365, 371-372

구더기Vermis 274

구주콩나무Cilicicon 309

굴Ostrea 293-294, 297-298

굴레Camus 116, 348, 352

귀석류석Alemandina 381

그리핀Grifes 50

기억Memoria 133, 318-320

까마귀Cornix 129, 196, 227-228, 295

까치Pice 128, 162

꽃박하Ditampnum(Dictamnum) 62, 66

나귀Asinus 30, 70, 107-108, 114-115, 117, 243, 286, 378

나무딸기Rubus 307-308

나무벌레Tarmites 273-274

나이팅게일Lucinia 208

낙타Camelus 36, 77, 104-106

너도밤나무Fagus 309

네발동물Quadrupedia 30, 68, 128, 204, 339

노간주나무Juniperus 312

노랑촉수Mullus 283

노래기Multipes 271

노새Mulus 41, 54, 114-116, 243

녹옥수Crisopassus 370, 378

녹주석Berillus 365, 368, 378

놀래기Scarus/Escarius 287, 290

뇌석Ceraunius 382

누에Bombocis 272

느릅나무Ulmus 313

늑대Lupus 32, 41, 49, 79-83, 86, 116, 147, 283

다마사슴Dame 30

단봉낙타Dromedarius 106

대합Peloris 300

데카푼Decapun 373

도마뱀Lacertus 249, 265-266, 300

도토리나무Ilex 309

독수리Vultur 50, 127, 182-185, 224, 382

독수리석Ethites 382

돌고래Delphines/Simones 279, 285

돼지Suilli 30, 97-98

되새김질Ruminatio 97, 106, 287-288, 290, 328

두꺼비Rubete 299, 373

두꺼비돌Crapodinus 373

두더지Talpa 120

두루미Grus 185-188, 194

뒤쥐Sorex 118

디사Dissa 258

디아도코스Diadocos 385

디오니시아Dionisia 385

디프사Dipsa 264

따오기Ibis 191

딱따구리Picus 162

떡갈나무Aesculus 309

레굴루스Regulus 252

레바논Libanus 153-154, 156, 239

레오파르두스Leopardus 41

레온토포네스Leontophones 38

레우크로타Leucrota 70

렌덱스Lendex 273

룸브리쿠스Lumbricus 273

리구리우스Ligurius 49

리구리움Ligurium 381

리크leek 370

리키누스Ricinus 273-274

리키스키Licisci 86

마노Acates 366, 374, 377

마음Animus 318-319, 320

마음의 통곡cordis ploratus 87

마저럼Origanum 270

만드라고라Mandragora 51-52, 69

만티코라Manticora 73

말Equus 30, 32, 39-40, 50, 70, 110-117

말벌Vespa 243-244

매Accipiter 127, 129-130, 138-147

맹수Bestia 33, 356

메뚜기Locusta 272

메추라기Coturnix 225-226

멧돼지Aper 64, 78, 96, 115

명상Contemplatio 132, 199, 369

모노케로스Monoceros 67

모두스Modus 384

몸Corpus 316, 318-321, 329-330, 332-337, 339-
    346, 349, 352, 353

무스쿨리Musculi 298

무화과나무Ficus 307, 310

성찰Cogitatio 88, 132, 234

문어Poilippus 292

물닭Fulica 219, 238

물소Bubalus 101

물총새Altion 218

물푸레나무Fraxinus 313

미각Gustus 320-321

바다돼지Porci marini 280

바다전갈Scorpio 381

바다표범Foce 285

바닥짐saburra 295

바실리스크Basilisk 252

박쥐Vespertilio 120, 204

밤Castanea 308-309

배추벌레Eruca 272, 274

백조Cignus 127-128, 229-230

뱀독venenum 268

뱀장어Anguille 291

버드나무Salix 301, 313-314

버새Burdo 41, 115

벌Apes 242-246

벽옥Jaspis 363, 373, 375, 382

보아Boa 262

보트락스Botrax 265

본나콘Bonnacon 59

봉헌Oblatio 90

불사조Fenix 220-222, 304

붉은줄무늬마노Sardonix 366-367, 377

비둘기Columba 115, 127, 129-140, 146-147, 247-
    248

비르길리아Virgilia 173

비버Castor 55

빨판상어Echenais 290

뻐꾸기Cuculus 128

뿔고동Murex 297-298

사가트로멘Sagatromen 382

사과나무Malus 306,

사다Sadda(Sagda) 384

사랑Caritas 133, 140-141, 226, 368

사슴Cervus 30, 62-64, 66-67, 70, 74, 84, 112, 114

사우라Saura 265-266

사자Leo 32-38, 41, 50, 58, 69-70, 73, 79, 86-88,
    102, 109, 167, 224

사티로스Satiros 61

사파이어Saphirus 137-138, 236, 363-364, 372,
    376

사프란색croceus 71, 138, 282, 372

산토끼Lepus 76, 84

산호Corallus 374, 380-381

살Caro 319, 333-334, 339-340, 344

살라만드라Salamandra 265-266

살무사Vipera 254-257

삼나무Cedrus 153-156, 239, 311

새끼 양Agnus 41, 92-93

새끼 염소Hedi 41, 94

새매Accipiter 154, 174-175

새우Locusta 300

생각Sentencia 319

서대기Solea 300

석류석Carbunculus 381

석면Abestos 384

설교가predicator 66, 86-87, 100, 103, 108, 136-
137, 153, 163-164, 166, 168, 170-171, 177,
184, 236

성게Echinus 295-296

세라Serra 278-279

세르나티테스Sernatites 375

세이렌Siren 212-213

셀라오르Selaor 385

셉스Seps 264

소Bos 30, 100-102

소나무Pinus 310

소쩍새Ulula 128

솔개Milvus 127-128, 188-189

수리부엉이Bubo 128, 200-201, 203

수벌Fucus 243

수탉Gallus 37, 167-172

수학자mathematicus 295

순종Obediencia 175, 187, 348, 356, 371

숫양Aries 91-92, 115-116

숫염소Hircus 64, 92, 94-95, 116

숭어Mugilis 283

스라소니Lynx 36, 49

스키탈리스Scitalis 259-260

스펙타피쿠스Spectaficus 258

스핑게스Spinges 61

시각Visus 320-321

시렌Siren 263

시빌루스Sibilus 252

신앙심pietas 88

실재Praesentia 320

심판Iudicium 66, 77, 76, 82, 94, 121, 124, 170,
192, 197, 234

아다마스Adamas 356-360, 373

아드모디테Admodite 268

아르크투르스Arcturus 62

아몬드Amigdala 94, 308

아빌레네 견과nuclei avellani 360

아스카리다Ascarida 273

아스피스Aspis 257-259

아이벡스Ibex 56

악어Cocodrillus 71-72, 262, 275, 279, 282

안탈롭스Antalops 46

안피베나Anphivena 260

알Ovum 72, 173, 176-177, 179, 196, 208, 216-
218, 231-232, 271, 282, 285-286

알레고리allegoria 81

암탉Gallina 167

앵무새Psittacus 190

야생나귀Onagri 30, 108-109, 115

야생염소Caprea 65-66, 382

야수Fera 30, 33

양Ovis 30, 32, 38, 57, 69, 79, 83, 90-91, 94, 101-
102, 106, 108, 115-116, 159, 258, 307

양서류Anphibia 275

에그레둘레Egredule 299

에르키니아Ercinia 215

에리셀렉트루스Eriselectrus 385

에메랄드Smaragdus 365, 372-373, 376, 383

에모로시스Emorrosis 258

에미그라무스Emigramus 273

에알레Eale 78

에피스티테스Epistites 383

엑사콘탈리토스Exacontalitos 385

엘레판티에Elephantie 268

엘렉토리우스Electorius 375

여우Vulpis 32-33, 75

역축Iumenta 32, 286

염소Caper 32, 47, 60, 65, 94, 116, 360, 373-374

영Spiritus 316, 318-319, 320

영원Stellio 266

오노켄타우루스Onoceantaurus 117

오디새Epopus 161

오르티고메트라Ortigometra 225-226

오리Anas 231

오리나무Alnus 313

오소리Taxus 122

오징어Loligo 300

옥수Calcedonius 364-365

올빼미Noctua 203

왜가리Ardea 211-212

요비스Iovis 99

용Draco 43-44, 52-53, 102, 167, 174-175, 247-248, 250-251, 261

우시아Usia 273-274

원숭이Simia 33, 37, 60-61, 115, 233-234

원형의 세계Archetipus mundus 28

월계수Laurus 306

월장석Celnites 382

유니콘Unicornis 47-48

유대Consortio 287

육화Incarnatio 43, 48, 64, 102

은전 열 닢Decima dragma 370

이Pediculi 273

이드라Idra 261

이드루스Idrus 261-262

이성Ratio 12-13, 60, 108, 161, 182, 189, 203, 221, 241, 268, 296, 319, 333

이아쿨루스Iaculus 263

이프날리스Ypnalis 258

자고새Perdix 127, 216-217

자비misericordia 36, 88, 131-132, 163

자수정Amatistus 371-373, 379

자철석Magnates 380

재갈Frenum 111, 116

적철석Ematites 383

전갈Scorpio 37, 73, 252, 266, 271, 272, 298

전기가오리Torpedo 292

전나무Abies 310

정감Affectus 187

정결함mundicia 88, 98

제비yrundo 127, 192-195, 197, 379

조개Conca 297-298, 300

족제비Mustela 119, 252

좀벌레Tinea 273

종려나무Palma 149-152, 304, 331

주야평분시aequinoctium 109

줄무늬마노Onix 366-367, 372, 377

쥐Mus 51-52, 117-119, 340

지각intellectus 88, 133

지각능력intelligentia 168-172, 177

지능Mens 318-319

지빠귀Merula 127, 198-199

지옥gehenna 80, 141, 156, 230, 236, 251, 262, 279

지혜sapientia 12, 43, 86, 88, 123, 125, 193, 219, 233, 248, 296, 345, 352, 367-368

진술Locutio 234

진주Margarita 98, 297, 360-361, 373

진주조개occeloe 297, 361

참나무Quercus 312

참매Herodius 154, 174-175

참새passer 147, 153

천문학자astrologus 295

청각Auditus 320-321, 326

청개구리Calamites 299

촉각Tactus 320-321

카메드라콘테스Camedracontes 268

카멜레온Cameleon 77

카멜레온파르두스Cameleonpardus 77

칼라드리우스Caladrius 223-224

칼리트리케스Callitrices 61

케노팔리Cenophali 60

케라스티스Cerastis 258

케르베로스Cerberus 82

켄타우루스Centaurus 112, 117

켈로니테Chelonite 386

켈리도니우스Celidonius 379

코끼리Elephans 36, 48, 51-54, 67, 78, 234, 250-
251

코르넬리우스Cornelius 381

코스타Costa 273

크로코타Crocota 58

크리사파키온Crisapacion 377

큰까마귀Corvus 128, 163-167

키르코페티키Circopetici 60

키멕스Cimex 273-274

키타라Cythara 169, 229-230

타르무스Tarmus 273-274

타조Assida 173-181

탄탈루스Tantalus 211

터키옥Turgesius 372

테아스Theas 462

토파즈Topazius 369, 372, 378

톱상어Serra 281

트라겔라푸스Tragelaphus 64

티리우스Tyrius 116

파란드루스Parandrus 74

파르두스Pardus 41, 49, 77

파충류Reptilia 249, 265, 275

페난테스Penantes 384

페린덴스Perindens 247-248

펠리컨Pellicanus 157-158

편백나무Cipressus 311

포플러나무Populus 313-314

표범Pantera 32-33, 43-45

풀리케스Pulices 273

풍신자석Iacinctus 365, 370-371, 378-379

프레스테르Prester 258

플라타너스Platanus 307, 312

플로무스Flomus 68

피스타치오 나무Pistatia 309

피지올로구스Physiologus 43, 55, 109, 117, 202,
212, 223, 356, 358-359

하마Ypotami 275

하이에나Yena 57-58

행동Operatio 88, 234

허물Exuvie 259-260, 270

헛간올빼미Nicticorax 159-160, 203

혈석Eliotropia 383

호랑이Tigris 32-33, 36, 39-40, 86

호박벌Crabro 243

혼Anima 316-321

홍옥수Sardius 366-367, 373, 377, 381

활동하는 삶Activa vita 199

황금Chrysos 126, 132-133, 136, 193, 367-368,
    370

황새Ciconie 192, 196-197

황새치Gladius 280

황소Taurus 32, 52, 59, 69, 74, 77, 95, 99-103, 106,
    110, 255, 307, 349

황철석Pirites 385

회개penitentia 87-88, 132, 170, 194-195, 210

회양목Buxus 314

회향풀Feniculum 269

후각Odoratus 84, 320-321

후투티Hupupa 202

흑옥Gagates 379-380

히솝풀Ysopo 153

히에니아hyenia 58

히포마네스hippomanes 111-112

중세 동물지

초판 1쇄 발행 2017년 11월 27일
초판 2쇄 발행 2023년 12월 20일

옮긴이   주나미
펴낸이   김두희
펴낸곳   도서출판 오롯
출판등록   2013년 1월 10일 제251002013-000001호
주소   인천시 계양구 장제로 863번길 15, 시티2000오피스텔 702호
전자우편   orot2013@naver.com
홈페이지   http://orot2013.blog.me
전화번호   070-7592-2304
팩스   0303-3441-2304

© OROT, 2017. printed in Incheon, Korea
ISBN   979-11-950146-7-5 93920

이 도서의 국립중앙도서관 출판시도서목록(CIP)은 서지정보유통지원시스템 홈페이지
(http://seoji.nl.go.kr)와 국가자료공동목록시스템(http://www.nl.go.kr/kolisnet)에서 이
용하실 수 있습니다.(CIP제어번호: CIP2017028978)

※ 책값은 뒤표지에 있습니다. 잘못된 책은 바꾸어 드립니다.